KB068017

풋워크

FOOT WORK

풋워크

242억 켤레의 욕망과 그 뒤에 숨겨진 것들

탠시 E. 호스킨스 지음 | 김지선 옮김

FOOT.WORK

소소의책

눈길을 끄는 매혹적인 책. 단순한 일상용품을 통해 세계화와 환경 파괴의 감춰진 대가를 명쾌하게 보여준다.

_ 오언 존스(영국 작가, 사회운동가)

이 책의 저자는 인류가 진 빚의 진정한 대가를 가장 예리하게, 가장 열정적으로 분석하는 전문가다. 이 책은 우리가 신는 신발과 그 공급 사슬이 우리, 특히 그 시스템에 속한 노동자들을 어떻게 더한층 디스토피아적인 미래로 몰아가는지를 보여준다. 세심하고 때로는 공포스러운, 내려놓기 힘든 책. 이 책을 읽으면 모든 패션과, 나아가 모든 소비재 상품에 관해 더 나은 결정을 내리게 될 것이다.

_ 루시 시글(영국 작가, 저널리스트)

시초의 가내수공업에서 로봇 생산까지, 운동화광에서 시리아 난민까지, 그리고 도축장에서 아시아의 재택 노동자들까지, 이 책은 신발 산업의 모든 측면을 파고든다. 그리고 거기서 멈추지 않고 신발 생산을 둘러싼 세계화, 자본주의와 소비주의라는 더 넓은 맥락을 보여준다. 우리가 사는 세상의 모든 잘못된 점과, 그걸 바로잡기 위한 첫걸음이 무엇인지 알고 싶다면 가장 먼저 읽어야 할 책이다.

〈뉴인터내셔널리스트〉

이 분야 연구의 호전적인 개척자.

〈네이처〉

탠시 E. 호스킨스는 주목해야 할 이야기꾼이다. 신발 산업과 인류의 문제를 더없이 생생하게 포착했다. 최고의 탐사 다큐멘터리에 뒤지지 않는다.

_ 베터 슈즈 파운데이션(지속 가능한 신발 산업을 추구하는 비영리재단)

매일 아침 난 망각에 빠져
도시를 온통 뒤덮은 연기를
하염없이 응시하지.
난 속한 곳 없는 외톨이.

그때 난 내 신발을 떠올리지
신발을 신어야 한다는 걸
끈을 꿰려고 허리를 숙이면
땅을 보게 된다는 걸.

_ 찰스 시믹(시인)

브린에게, 여행을 위해

| 서문 |

의류와 신발 부문을 포함한 패션 산업은 2019년 한 해 동안 전 세계적으로 2조 5,000억 달러라는 수익을 올려 세계 최대의 산업 중 하나로 자리 매김했다.[1] 하지만 2020년 코로나 19 팬데믹의 습격을 받자 그 산업은 실제로 무너졌다. 전 지구적 봉쇄령lockdown으로 인해 쇼핑객은 집에 머물러야 했고, 소매상은 가게 문을 닫고 수십억 달러어치 주문을 취소해야 했으며, 정부의 공식 폐업령을 받은 공장은 일시 또는 영구적으로 폐업했다. 2020년 한 해 동안 신발 생산은 거의 40억 켤레 수준으로 추락했다.[2]

첫봄 봉쇄령 기간에 영국에서는 국민들에게 제한된 목적을 위해서만 외출을 허락했는데, 그중 하나는 '하루에 한 종류의 운동'이었다. 난 동네를 한 바퀴 돌며 불안과 긴장 가운데에서 평화를 찾으려 애썼다. 이처럼 매일 산책할 수 있었던 것은 남색과 오렌지색 운동화 한 켤레 덕분이었는데, 찾아보니 '메이드 인 인도네시아' 상표가 달려 있었다.

우리의 전 지구적 공동체가 코로나 19에 맞서려 애쓰는 상황에서 이런 신발들은 더 이상 쓰고 버리는 소모품이 아니었다. 극적으로 줄어든 육체적 반경 속에서나마 내가 계속 움직일 수 있었던 것은 이런 신발들 덕분이었다. 그 답례로 난 진흙을 긁어내고 너덜너덜해진 끈을 교체하고 밑창 모양과 바느질을 확인하며, 그것을 한 땀 한 땀 바느질한 인도네시아의 누군가가 부디 일자리를 잃지 않았기를, 붐비는 공장에서 병에 걸리지 않았기를 빌었다.

가장 좋은 시기에도 빈곤 임금으로 근근이 살아가는 노동자들에게 코로나 19 팬데믹은 곧 재앙을 의미했다. 아시아 최저임금동맹이 코로나 상황에 대해 실시한 면밀한 조사 결과 팬데믹 동안 '노동자들의 대처 방법은 자신의 정신과 육체를 소모하는' 것이었고, 팬데믹은 '노동자들의 육체를 갈아 넣었'다. 이 구절들을 난 도저히 머릿속에서 몰아낼 수 없다.[3]

한편 나 역시 팬데믹 조건들에 대한 조사를 했는데, 스리랑카의 한 여성은 '소금 뿌린 쌀'로 6주간 연명했다고 전했다. 너무 절박한 나머지 자식들을 살해할 생각까지 했다는 가족도 있었다.[4] 코로나 19라는 위기는 패션 산업에서 이미 착취당하고 있던 사람들을 급속히 덮쳤다. 그 사람들의 대다수는 여성이고, 그중 다수가 이주자이며, 또한 그중 다수가 글로벌 사우스에 있다.

생산 라인 전역에서 노동자 수만 명이 일자리를 잃었고, 비좁은 공장에 코로나 19가 퍼지면서 수천 노동자들이 심각한 병에 걸렸다. 또한 봉쇄령과 권위주의 강화로 인해 글로벌 사우스의 노동조합과 활동가들이 노동자 지원 활동을 위해 가까운 지역으로도 이동하지 못하는 경우가 늘어났다. 노동법 위반 건수가 7년 만에 최고로 치솟은 상황에서 감히 위험이나 불공정 노동조건에 관해 목소리를 높인 사람들은 종종 정리해고나 가혹 행위를 당했다.[5] 팬데믹 기간에 내가 보고한 가장 괴로운 사례 중 하나는 미얀마의 카우보이 부츠 공장 앞에서 열린 미지불 임금 요구 시위에서 군인들의 발포로 노동자 세 명이 목숨을 잃었다는 것이었다. 게

다가 여섯 명은 군사 법정에 세워져 금고 3년형을 받았다.[6]

슈퍼 승자들

팬데믹이 진척되면서 일부 패션 브랜드는 파산하여 문을 닫았지만 사람들은 확실히 필수적이지 않은 쇼핑, 특히 온라인 쇼핑을 그만두지 않았으니, 다른 브랜드들은 오히려 번창했다. 맥킨지 컨설팅사는 연간 총수입을 기반으로 선정한 최고 20위의 패션 기업들, 즉 패션 산업 내 '슈퍼 승자들'의 목록을 갖고 있다. 거기에 속하는 회사는 H&M, 자라 모회사인 인디텍스, 버버리, 그리고 구찌 모회사인 케어링을 비롯해 신발 브랜드인 나이키와 아디다스 등이다.[7]

2020년 3월 주식시장이 곤두박질쳤을 때, 이런 브랜드들은 폭풍을 견뎌냈다. 그리고 같은 해 10월 무렵에는 주가가 위기 이전 수준보다 오히려 11퍼센트 더 올랐다. 세계의 억만장자들 또한 지극히 잘 버텨서, 총자산이 10조 2,000억 달러로 상승했다. 온라인 쇼핑 거물인 제프 베조스는 총자산 1,890억 달러로 세계 최고의 부자에 이름을 올렸다.[8]

패션 산업의 꼭대기에 축적된 이러한 부는 사슬 밑바닥에 존재하는 고난과 분리할 수 없다. 자본주의는 평등을 위해 만들어진 구조가 아니다. 극소수에게 은하계 수준의 부를 안겨주면서 수십억 명의 인구를 가난에 가둔다. 위기가 닥치면 꼭대기의 사람들은 보호받고, 가장 큰 타격은 노동자들에게 가도록 만들어진 체제다.

무엇이 잘못되었을까?

이 책에서 제시한 위기를 악화시킨 팬데믹은 세계화가 모두의 삶을 더 낫게 만들 거라는 약속이 거짓임을 폭로했다. 의류가 한 국가 전체 수출의 50~80퍼센트를 차지하는 상황에서 사람들이 갑자기 옷과 신발을 덜 사기 시작하면, 그 위기는 단순히 한 산업에 그치지 않고 국가적 위기가 된다. 금융기관들은 글로벌 사우스에 의류와 신발 부문을 키우도록 장려했다. 그 조건은 낮은 생산 비용, 저임금과 노조 억압이라는 조건을 유지해야 한다는 것이었다. 수십 년째 세금에는 최소한도로만 기여하는 브랜드들 역시 위기를 심화시킨다. 글로벌 사우스의 국가들은 보건과 실업급여 보장 같은 필수적인 팬데믹 관리를 위한 지출 능력이 빈약하다.

공정한 체제였다면 팬데믹은 이런 엄청난 죽음과 혼돈을 야기하지 않았을 것이다. 문제는 우리가 본질적으로 폐단이 내재된, 자본주의라는 역기능적 체제 아래 살고 있다는 것이다. 코로나를 통해 확인된 것 중 우연은 하나도 없다. 수백만 명이 너무 심하게 착취당해, 잠시 삐끗하거나 긴급 상황이 닥쳤을 때를 대비한 여유분과 비축력이 전혀 없다는 현실이 명확히 드러났을 뿐이다.

2021년 초, 노동교육재단 소속 칼리드 마흐무드(독자 여러분도 본문에서 만나게 될 것이다)와 이야기를 나누었다. 칼리드는 파키스탄 라호르 내 산업 구역에서 의류와 신발 노동자들이 경제적으로 얼마나 어려운 상황에 처해 있는지 들려주었다. 수입원을 잃은 노동자들은 수입과 지출을 맞추기 위해 아이들을 더 이상 학교에 보내지 못하고 휴대전화나 세탁기 같은 집안 물건을 내다 팔고 더 작은 집으로 이사해야 했다. 이사할 때 밀린 월세를 내기 위해 집기를 몽땅 두고 가야 하는 경우도 드물지 않았다. 이 위기는 패션 산업 전반을 덮쳤고, 팬데믹 동안 의류 노동자의 75퍼센트가 대출을 받아야 했다.[9]

2008년 금융위기 때처럼, 비공식 부문 또한 팬데믹 때문에 극심한 타격을 입었다. 이미 2020년 1월부터 비공식 부문에서는 무언가가 잘못됐다는 신호가 나타났다. 인도 티루푸르 시의 재택 노동자들(이들은 국내 및 해외 시장의 가장 미미한 변화에도 항상 민감하다)은 중국에서 오는 발주와 원료가 확

012

연히 줄어든 것을 느꼈다. 그리고 그해 3월 무렵에는 아예 일감이 사라졌다. 한때 북적이던 거리가 정적에 잠겼다.

동시에, 이런 비공식 노동자들 중 다수는 상호 지원과 구호 활동에서 핵심적인 역할을 했다. 인도 뭄바이 시 외곽의 빈민가인 다라비에서 식량을 배급하고, 배급 줄에 선 사람들 사이에 사회적 거리 두기를 실시하고, 배급 자격이 없는 이주노동자들을 먹이고 위기에 처한 가정을 보살핀 것은 비공식 노동자 공동체에 속한 여성들이었다. 다른 재택 노동자 네트워크들은 손을 잡고 제조업체 및 협동조합을 조직해, 마스크와 수술모 같은 개인 보호 장구 생산 발주를 따냈다.

쌀쌀해진 날씨에 맞춰 가장 아끼는 검은 부츠를 꺼내 신었다. 이 부츠는 북런던의 상점으로 운송되기 전에는 '메이드 인 차이나'였다. 2020년 신발 생산량이 20억 켤레 감소하긴 했지만 중국은 여전히 세계 최대의 신발 생산 국가다.[10] 내가 동네 산책을 할 수 있게 해주는 이런 신발들은 코로나19 위기 못지않게 세계화된 신발 공급 사슬의 상징으로, 이 시스템이 노동자의 권리, 무상 의료 접근권과 환경정의 같은 새로운 토대 위에 재구축되어야 할 필요성을 일깨워준다. 오로지 그때 가서야 우리는 브랜드들이 경제적 고통과 위기로 인한 사회적·개인적 비용을 공급 사슬의 숨겨진 부문에 부과하는 관행을 끝장낼 수 있다.

2021년 11월

● 저자의 일러두기

스니커 콘에 참석한 어린아이와 젊은이들의 이름은 사생활 보호를 위해 변경했다.

신변의 안전을 위해 제2장의 '셰브넴'은 가명이고, 신분은 모호하게 처리했다.

제5장에서 인터뷰한 난민들의 이름 또한 변경했다.

이 책에서 다룬 국가 모두를 실제로 방문하지는 않았다. 특히 제3장에 나오는 재택 노동자들과의 인터뷰는 파키스탄 라호르의 노동교육재단 소속 칼리드 마흐무드와 잘바트 알리, 그리고 홈넷 네팔 소속 옴 타팔리야가 주선해준, 여러 차례에 걸친 스카이프 통화를 통해 이루어졌다. 세 분께 대단히 감사드린다.

신발이 뭘 어쨌기에?

고대 그리스의 철학자이자 역사가였던 스트라본은 멱을 감느라 벗어놓은 샌들을 독수리에게 도둑맞은 아름다운 창녀 로도피스의 설화를 들려주었다. 독수리는 이집트 왕의 무릎에 그 샌들을 떨구었는데, 왕은 신발의 모양새에 크게 감탄한 나머지 그 주인을 아내로 맞이하겠다고 마음먹고 주인을 찾을 임무를 띤 특사를 즉시 내보냈다고 한다.[1]

고대 중국에도 신발 때문에 운명이 바뀐 아름다운 젊은 여성의 설화가 있었다. 예시안 설화의 최초 기록은 9세기로 거슬러 올라가는데, 기록 당시에도 이미 옛날이야기였다고 한다. 스트라본의 이야기와 다른 점은 못된 계모와 이복언니가 등장한다는 것이다. 예시안에게는 물고기의 모습을 한 마법의 은인이 있었고, 예시안이 잃어버린 구두는 금사金絲를 물고기 비늘무늬로 짜서 만든 것이었다. 결말에서 예시안은 왕과 결혼하고, 계모와 이복언니는 돌팔매에 맞아 죽는다.

미국 원주민, 자바 섬 주민, 러시아인, 줄루족과 페르시아인 등등을 포함해 세계 방방곡곡의 민담에는 비록 신분은 낮지만 씩씩하고 능동적인 여성이 결국 신발의 도움을 받아 결혼을 통한 신분 상승에 성공하는 이야기가 나온다.

1697년 파리에서 샤를 페로는 이런 이전 이야기들에 등장하는 피투성이 발과 잘린 발가락, 그리고 혼령 같은 요소를 배제하고 살균 처리한 「신데렐라」를 발표했다. 그리고 그것은 디즈니에게로 쭉 미끄러져 내려가 처음에는 생쥐들에게, 나중에는 왕자에게 구원받기를 기다리며 몸을 낮춘 채 공연히 생글거리는 여자아이의 이야기가 되었다. 전통적인 민담의, 자신의 운명을 스스로 결정하는 여주인공의 능동성은 사라져버렸다.[2]

신데렐라의 유리 구두에서 그리스 신화의 전령신 헤르메스가 신었다는 날개 달린 샌들, 그리고 한 걸음에 7리그(약 33.9킬로미터 – 옮긴이)를 가게 해준다는 요술 장화와 「오즈의 마법사」에 등장하는 도로시의 루비 구두에 이르기까지, 신발을 통한 변신transformation은 여러 문화에서 공통으로 등장하며 세월이 흘러도 사랑받는 테마였다. 신발이 나오는 이야기엔 마법이 나오게 마련이다.

하지만 신발은 마법의 산물이 아니다. 모든 신발에는 인간의 손길이 들어간다. 전래동화에서 뭐라고 하든, 신발의 본질은 그저 가죽, 나무, 금속, 고무, 면직, 그리고 플라스틱으로 만들어진 물건일 뿐이다.

심지어 전설적인 이야기꾼 한스 크리스티안 안데르센이 「빨간 구두」에서 들려준 마법 같은 이야기도 본질적으로는 구두 만드는 작업대로 꽉 차서 남은 공간이 거의 없는 단칸방에서 살았던 어린 시절의 기억을 담고 있다. 매일 밤, 꼬마 한스는 밤늦게까지 구두를 꿰매고 망치로 두드리는, 그리고 거의 웃는 일이 없는 아버지 옆에서 잠을 잤다.[3]

신발의 유래

2019년에는 전 세계에서 매일 6,660만 켤레의 신발이 만들어졌다. 이는 연간 총 243억 켤레에 이른다.*

    이처럼 신발 가격이 저렴한 적은 없었고, 그로 인해 우리가 치러야할 대가가 이처럼 큰 적도 없었다. 잘사는 나라들의 과잉소비에 따른 과 잉생산은 우리가 일회용 세상에 살고 있는 양 착각하게 만든다. 혁신과진보는 오로지 높이 쌓아놓고 헐값에 팔 수 있는 상품을 만드는 데로 쏠렸다. 한편 세계의 선도적인 기후 과학자들은 지구가 대규모의 재난을피하려면 기온 상승폭을 섭씨 1.5도 아래로 유지해야 하며, 그 전까지 우리에게 남은 시간이 겨우 11년에 불과하다고 경고한다.[4]

    이 지구상에서 추위와 위험한 땅바닥으로부터 발을 보호하기 위해신발을 일상적으로 착용하는 생물은 인간뿐이다.[5] 신발이라는 창조물은인류에 심오한 영향을 미쳐왔다. 현대인의 신체는 원시 선조의 신체로부터 수백만 년에 걸쳐 진화했다. 우리는 네 발이 아닌 두 발에 온 체중을실어 지탱하기 시작했고, 직립 자세로 걷고 뛰기 시작했다. 척추는 형태를 바꾸었고 골반은 넓어졌으며 발가락은 더는 나뭇가지를 붙잡고 매달리지 못하게 되었다. 이러한 이족 보행으로의 이행은 인류의 진화상 가장 중요한 단계로 손꼽힌다. 그 변화는 우리 발에 많은 압박을 가했다.

    그리하여 마침내, 오래전에 사라진 우리 조상 중 누군가가 먹잇감을쫓고 포식자로부터 더 빨리 도망치기 위해, 그리고 새로운 사냥터를 찾아 사막이나 빙원을 더 쉽게 건널 수 있도록 발에 나무껍질을 감는다는영리한 생각을 떠올렸다.

    고인류학자인 에릭 트린카우스Erik Trinkaus는 인류가 무려 4만 년 전부터 신발을 신기 시작했다고 믿는다. 모카신 자국으로 보이는 흔적 하나와 유골의 발에 감겨 있는 꿰맨 구슬 장식 정도를 제외하면 당시의 고고

---

* http://www.worldfootwear.com/news/footwear-production-with-new-record-of-243-billion-pairs/5356.html[November 2020].

학적 증거가 거의 남아 있지 않아서, 트린카우스 박사는 발가락을 살펴 보기 시작했다. 그리고 연구를 통해 고대 인류 잔해의 발가락이 점차 약 화되는 경향을 발견했다. 그는 신발의 전파가 그 원인이라고 믿는다.[6]

선사시대의 신발은 식물섬유와 썩기 쉬운 원료로 만들어졌기 때문 에 거의 보존되지 못했다. 초기 유물 중에는 미국 오리건 주에서 발견된 산쑥 껍질로 만들어진 1만 년 된 샌들과 미주리 주 중부의 어느 동굴에서 발견된 8,000년 된 샌들이 있다. 미주리 주의 샌들은 마른 나뭇잎을 엮어 짜서 만들었는데, 앞코가 약간 뾰족하고 꼬인 끈으로 묶게 되어 있다.

또한 미국의 한 동굴에서 양의 똥 더미에 보존된 채로 발견된 동기 시대銅器時代의 모카신 풍 신발도 있다. 5,500년 전에 만들어진 이 신발은 소가죽 한 장을 발에 두른 후 발 모양에 맞춰 꿰맨 형식이다. 오늘날의 기 준으로는 대략 220밀리미터 크기에 해당하는데, 여성용이었을 수도 있 고 아니면 체구가 작은 남자나 어린아이의 것이었을 수도 있다. 누구였 든, 그 주인은 놀랍도록 고대의 것인 동시에 기묘할 정도로 흔하고 쉽게 알아볼 수 있는 소유물을 남기고 사라졌다.

인류 역사의 여명기에 처음 등장한 이후로 수천 년이 흐르도록 신발 은 여전히 작은 공동체 안에서 인간의 손으로 만들어지는 물건이었다. 인류가 마을과 소도시를 이루어 살기 시작한 좀 더 가까운 과거에도 신 발은 그다지 상업화되지 않고 여전히 지역 수준에서 생산되었다.

신발은 무척이나 단순하게 정의할 수 있다. '튼튼한 원료로 만들어 진, 발목 위로 올라오지 않는 발싸개.' 우선 제화공은 오늘날까지도 여전 히 쓰이는 도안을 이용해 '구두골'을 만든다. 구두골은 신발 모양을 잡는 데 쓰이는, 나무(또는 플라스틱)로 만든 발 모형이다. 다음으로, 작업대 위에 펼쳐놓은 원단(주로 가죽)에 신발을 완성하는 데 필요한 각 부분의 도안을 베낀다. 그 후 재단용 칼로 도안을 따라 잘라낸다. 이때 재단 담당 조수는 낭비를 최소화하는 데 온 힘을 다한다.

그 후 그 조각들을 한데 꿰매는데, 이 과정을 '클로징closing'이라고 부른다. 전통적인 방식으로는 송곳을 이용해 가죽에 구멍을 뚫었다. 각 부분을 하나로 꿰매 붙인 뒤에는 재단용 망치로 솔기를 납작하게 눕히고 주름을 매끈하게 펼 차례다. 여기까지가 신발의 윗부분, 즉 '갑피'를 만드는 과정이다. 이제 이 갑피를 구두골에 둘러 모양을 잡은 후 밑창을 부착한다. 그 후에는 들쭉날쭉한 가장자리를 잘라내고, 완성된 신발이 반짝거릴 때까지 광을 낸다.[7]

비록 오늘날에는 이 과정의 많은 부분이 기계화·분업화되고 종종 자동화되기도 했지만, 신발의 기본 디자인 자체는 거의 바뀌지 않았다. 예컨대 재단용 칼 대신 요즘은 날이 여러 개 달린 템플릿을 이용하는 기계가 쓰인다. 하지만 디자인은 예전과 비슷해 보일지 몰라도 생산 규모는 그렇지 않다. 터놓고 말해 통제를 크게 벗어난 상태다.

어쩌다 이런 일이 벌어졌는지를 이해하려면 이 일상용품에게 스스로 자신의 이야기를 들려달라고 요청해야 할 것이다. 우리는 이 수십억 켤레의 신발이 어디서 오며 우리에게 무엇을 말해주는지를 살펴보아야 한다. 이 이야기가 펼쳐지는 과정에서 지구화라는 개념은 우리에게 그 속내를 드러내고, 거기에 따라붙는 모든 복잡성과 논란을 보여줄 것이다.

전 지구적 교역과 세계화

세계지도를 그려보자. 지구를 빙그르르 돌리고 유럽이 눈에 들어올 때까지 확대한 후, 그 대륙의 최서단으로 시선을 옮겨 조금 더 확대한다. 이제 여러분은 포르투갈의 수도인 리스본에 있다. 그 남서쪽으로 벨렝 지구가 보인다. 벨렝은 포르투갈어로 베들레헴이라는 뜻이다.

벨렝은 성모 마리아 교회의 보금자리다. 호리호리하고 하얀 교회 기둥들은 마치 높은 배의 돛대처럼 우뚝 솟아 있고, 건물 몸체에는 똬리를 튼 밧줄과 바다 괴물들, 그리고 코끼리가 돋을새김되어 있다. 문틀을 둘러싼 석재에서는 끌로 새겨진 얼굴들이 바깥을 내다보는데, 아시아와 아프리카 사람들의 외양을 상상한 모습이다.

교회의 한쪽 구석에는 공들여 꾸며놓은 무덤이 있는데, 원래 그 주인이 되었어야 할 사람은 그 안에 없을 가능성이 높다. 비석에 새겨진 이름의 남자는 1524년 인도의 도시인 코친에서 죽었기 때문이다. 바로 크리스토퍼 콜럼버스와 동시대인이었던 포르투갈 출신의 항해자 바스코 다 가마이다. 다 가마는 인도로 가는 해상로를 '발견'해, 포르투갈에 한 세기가 넘도록 막대한 부를 가져다준 교역로의 지도를 그렸다.

이는 국제 교역이나 국제 여행의 최초 사례가 아니었다. 예컨대 한 대륙에 걸쳐 뻗은 실크로드는 유럽과 아시아의 교역을 허용했고, 비단과 향신료 및 귀금속으로 이탈리아의 도시국가들을 융성하게 했다. 하지만 진정한 의미에서 전 지구적인 교역이 시작된 것은 포르투갈인들의 해상 경로를 통해서였다.

벨렝의 해안선은 세계화에 관한 이야기를 시작하기에 걸맞은 장소라고 할 수 있다. 포르투갈의 '발견의 시대'와 바스코 다 가마의 항해는 누가 뭐래도 부와 정복을 좇아 이루어졌기 때문이다. 대포와 생명 경시는 포르투갈이 부를 축적하는 데서 그 무엇보다도 큰 비중을 차지했다.

벨렝의 성모 마리아 교회와 타호 강 사이에는 옛 노예시장 터가 있다. 비록 영국 같은 나라들 역시 곧 그 야만 행위에 한몫 끼려고 달려왔지만, 대서양 횡단 노예무역은 15세기 포르투갈 식민주의에서 꽃을 피웠다. 아프리카 해안으로 몰려든 유럽의 선박들은 인류 역사상 최대 규모의 강제 이주를 시작했다. 추정컨대 1,100만 명에 이르는 사람들을 고향에서 강제로 잡아다 노예로 팔아넘긴 것이다.[8] 인어 그림으로 장식된 흰색과 붉은색의 돌 지도에는 포르투갈의 '카라벨caravel'(소형 범선 – 옮긴이)이 지나다닌 바닷길이 새겨져 있다. 그 길은 서쪽으로 브라질과 캐나다, 남쪽으로 희망봉, 그리고 동쪽으로 멀리 일본에까지 이르렀다. 선박들은 저마다 보석과 향신료, 그리고 겁에 질린 동물들과 사로잡힌 인간들을 화물로 싣고 있었다. 1983년에 등장해 널리 퍼진 '세계화'라는 단어는 인류 역사상 가장 빠르면서 위태로운 사회 변화의 한 양상을 가리킨다.[9] 하지만 세계화는 과연 새로운 현상인가, 아니면 바스코 다 가마가 1497년 밤샘기도를 마치고 항해에 나선 그때 이후의 교역과 여행의 연장선상에 있는 현상인가?

일부 학자들은 '세계화'라는 용어가 서로 다르고 분리되어 있는 재정적·정치적 변화를 각기 구분하여 분석할 능력이 없는 이들의 게으름의 산물이라고 본다.[10] 하지만 나는 이렇게 주장하고 싶다. 세계화는 우리 시대의 최우선적인 현실이라고.[11] 1983년, 인터넷 모뎀으로부터 정유 공장과 제트기 같은 것들이 경제, 정치, 그리고 문화적인 측면에서 세계를 어떻게 바꾸었는지를 묘사할 수 있는 새로운 단어가 필요했다.[12] 이 변화는 생산, 소비, 생물권, 그리고 심지어 인간의 장기적 생존 가능성까지 급격히 바꿔놓았다. 그러므로 이 책은 '세계화'를 산업의 급속한 정복 과정에 이정표를 세우는 데 유용한 용어로 사용한다.

하수구에서 쏟아져 나오는 순금

세계화의 핵심은 무엇보다도 인간과 원료의 공급이었다. 산업혁명은 영국의 제조업을 공방이 띄엄띄엄 흩어져 있던 지방으로부터 런던과 맨체스터처럼 인구가 밀집된 도시 지역으로 옮겨다놓았다. 이 거대 신흥도시들은 사유재산인 공장을 채우기 위해 막대한 인구를 끌어들였다. 땅은 석탄과 구리, 그리고 철광석을 수확하기 위해 쪼개지고 파헤쳐졌다. 굶주린 도시 인구를 먹이기 위한 식량, 건물을 짓기 위한 목재와 벽돌, 그리고 기계를 만들기 위한 쇠붙이가 모두 그 아수라장으로 집결되었다.

1835년 맨체스터를 방문한 알렉시스 드 토크빌Alexis de Tocqueville은 도시를 뒤덮은 검은 연기, 반쯤 가려진 태양이 발하는 흐릿한 빛, 한시도 멈추지 않는 산업의 '수천 가지 소음'과 '축축하고 역겨운 토굴'에 12~15명이 욱여넣어져 사는 지하창고의 '비참한 주거'를 지적했다.[13] 토크빌은 맨체스터를 '하수구'로 일컬으면서도 그곳 사람들이 엄청난 부를 생산하고 있다는 사실은 놓치지 않았다. '이 더러운 하수구에서 순금이 쏟아져 나온다.'

이 아귀 같은 공장 도시의 패턴은 북아메리카, 서유럽과 일본까지 장악했다. 바로 근방에서 도시에 필요한 것들을 조달할 수 없다는 사실이 명확해지자 선박과 교역자, 군대와 노예 상인은 더 많은 원료를, 사로잡거나 살해할 더 많은 사람을, 부를 약탈할 더 많은 땅을 찾아나섰다. 식민주의는 나머지 세계에 '후진국'이라는 꼬리표를 붙여주면서 기존의 공장 도시를 팽창시켰다.

20세기와 더불어 봉기가 찾아왔다. 해방을 위한 전투가 벌어졌고 공산주의의 깃발이 휘날렸다. 신의 깃발들도 휘날렸다. 총명한 젊은 장교들과 대학 졸업생들이 강철 군화에 짓밟힌 조국을 일으키고자 총탄과 책을 들고 맞서 싸웠다. 국가들은 식민지에서 벗어났으나 자본주의 체제는 벗어나지 못했다. 새로 해방된 아시아와 라틴아메리카, 동유럽과 아프리카의 국가에서는 도시 지역으로의 이주가 일어났고 교육과 기술이 조금씩 향상되었다. 훈련을 받은, 일에 굶주리고 저임금에 익숙한 사람들의 집단이 형성되었다.

냉전의 기세가 꺾이고 국가들이 문을 열어젖히면서 새로운 국면이 치열하게 전개되었으니, 그것은 가속되는 산업의 집약화였다. 기술의 발전으로 고속 여행과 원격통신이 가능해지면서 원조 공장 도시에서 자랐지만 이제는 유럽과 북아메리카의 세금과 임금, 그리고 규제의 압박에서 벗어나고 싶어진 기업들은 이런 인구 집단을 자원으로 삼을 수 있게 되었다. 회사의 중역들은 아시아와 아프리카, 그리고 라틴아메리카 전역의 수도로 날아가 일확천금을 꿈꾸는 정치가 및 업계의 수장들과 회동했다.

수억 명의 노동자는 단순히 기업의 자원이 된 것이 아니라 기업의 관심을 끌기 위해 서로 경쟁해야 했다. 아울러 기업은 고무와 기름, 물과 가축 및 맑은 공기 같은 풍요로운 자원을 새로 손에 넣었다. 착취를 막는 엄격한 선이 그어져 있지 않은 지역에서는 더 많은 토지가 쪼개지고 파헤쳐졌다.[14]

양극단의 스펙트럼

이제 새로 떠오르는 질문은 이 과정이 불가피한 것인가, 아니면 정치적인 것인가이다. 값싼 노동력과 자원을 찾는 사냥은 어느 시점부터 통제를 벗어났는가, 아니면 처음부터 그럴 의도였는가? 많은 경제학자가 세계화는 불가피한 과정이라고 주장한다. 지역 경제에서 국가 경제로, 그리고 다음은 세계화로 이행되는 것이 자연스러운 수순이라는 것이다. 이 주장은 정치적 스펙트럼의 양극단에서 모두 제시된다. 대처주의자들은 '다른 길은 없다'고 주장하고, 마르크스주의자들은 자본주의의 불가피한 모순이라고 말한다.[15]

세계화가 불가피한 과정이라는 주장은 1990년대에 시장의 힘을 마치 허리케인 같은, 막을 수 없는 자연력인 양 규정한 토니 블레어와 빌 클린턴에 의해 강력하게 밀어붙여졌다.[16] 하지만 나는 이 책에서 세계화를 불가피하고 얼굴 없는 과정으로 보는 것은 심각한 문제라고 주장한다. 그런 접근법은 우리가 세계화를 불가피한 기정사실인 것처럼 받아들이

도록 몰아간다. 유순하게, 상황이 저절로 좋아지기만을 기다리는 신데렐라처럼. 세계화를 정치와 무관하고 얼굴 없는 과정으로 봄으로써 우리는 자신의 주체 의식을 잃을 뿐만 아니라 타자들 역시 행위의 주체로 보지 못하게 된다. 그 타자란 국가의 수장일 수도, 기업의 CEO일 수도, 아니면 국제통화기금IMF이나 세계은행 같은 국제적 행정기구일 수도 있다.[17]

책의 전반부에서 독자 여러분은 이와는 다른 주장을 보게 될 것이다. 세계화는 정치적 권력을 휘두르는 정치적 행위자들이 어떤 행위를 의도적으로 하거나, 혹은 하지 않은 결과다.[18] 우리는 지금 벼랑 끝에 서 있는데, 그것은 자연스럽고 불가피한 과정이 아니라 이념이 초래한 과정이다. 우리는 사람들이 아니라 금전적 이익을 앞세우는 정치적 결정이 불러온 세계에 살고 있다.[19]

세계화를 정치적 선택의 결과로 보면, 우리는 누가 힘을 쥐고 있는지를 볼 수 있다. 이는 단순히 제화 산업만이 아니라 전 세계에 해당하는 이야기다. 은행을 긴급 구제하고, 자본에 대한 규제를 풀어버리고, 무역 협정을 작성하거나 갈기갈기 찢어버리고, 자원을 사유화하고, 공장 생산 환경을 변경하거나 환경규제의 목을 조를 결정을 내릴 권한을 누가 쥐고 있는가?[20] 이 과정은 또한 이 시스템이 누구를 위해 작동하는지를 드러낸다. 누가 '가진 자'이고 누가 '못 가진 자'이며 누가 '요트를 가진 자'인가? 세계화는 불투명한, 전문용어로 떡칠된 주제가 아니다. 승자와 패자가 선명히 구분되는 권력관계다. 힘 있는 자가 결정을 내리고, 힘없는 자들은 피해를 본다.

그다음 질문은, 과연 세계화가 답인가이다.[21] 세계화를 지지하는 측은 세계에 경제적 번영과 민주주의, 그리고 조화의 시스템이 자리잡는 데 세계화가 앞장섰다고 단언했다.[22] 밀물에는 모든 배가 뜰 수 있고 낙수효과가 경제의 정답이며, 소비자들은 값싸고 멋진 장난감을 가지게 될 테고, 가난한 사람들은 일자리를 얻어 가난에서 벗어날 거라고 말이다. 하지만 아무 신문이나 한번 펼쳐보라. 아니면 어느 뉴스 사이트에 들어가보라. 이런 질문이 떠오르는 게 무리도 아닐 것이다. 망할, 도대체 어쩌다 이 지경이 됐지?

'세계화'라는 용어가 아직 등장하기 전인 1970년대에 세계화의 이 새로운 단계가 서둘러 시작되었다. 당시는 엄격한 정치적 이념이 지배하는 시대였다. 우리가 사는 세계를 조형하는 그 이념의 심장부에는 통제와 규제, 그리고 경제적 지휘권을 시장에 넘겨야만 한다는 믿음이 자리한다. 국가와 정부, 그리고 법의 역할이 최소화되면서 시장은 거의 무제한적인 통치권을 손에 넣었다.

세계화의 과정에서 자본주의는 거의 신화적인 지위로 올라섰다. 칠레의 아우구스토 피노체트, 영국의 마거릿 대처, 그리고 미국의 로널드 레이건이 진정한 유일의 구세주로 떠받든 '신자유주의'적 자본주의는 희생을 요구했다. 은행과 기업의 편의를 봐주기 위해 국가 간 자본 흐름의 규제를 철폐하고, 사람들의 삶을 이롭게 하는 국가의 역할을 축소하고, 기업과 부유층이 내야 할 세금을 깎아주고, 온 세상 구석구석까지 '자유시장'을 공격적으로 밀어붙였다. 부의 창출은 세계무대의 중앙을 확고히 차지했고 금융기관, 편향적인 무역협정과 기업 변호사들이 그 주위에 포진했다. 많은 사람들에게 민주주의와 공공선公共善은 구석으로 밀려난 것이 현실이었다.

이사회실과 대학 강당에서는 세계화를 성공담으로 칭송했지만, 우리가 신고 있는 신발은 그와 다른 이야기를 들려준다. 그것이 바로 내가 이 책을 쓴 이유다. 중국의 공장 노동자, 방글라데시의 무두질 노동자, 브라질의 환경운동가, 또는 이 체제에 갇힌, 상품에 집착하는 10대에게 세계화가 무엇을 뜻하는지 알지 못하면서 우리가 어떻게 그것을 칭송할 수 있겠는가? 세계화는 변화의 이야기이지만 그 과정은 평등하지도, 유익하지도 못했다. 기업의 영향력이 확산되고 생산수준이 높아지는 과정에서 수많은 사람들의 삶의 질과 수준이 추락했다.

세계화가 현실인지 아닌지, 그리고 그것이 불가피한 과정인지 아니면 정치적 과정인지를 둘러싼 모든 논쟁을 마주할 때 우리는 지금 일어나는 이 모든 일을 반드시 염두에 두어야 한다. 세계화의 결과를, 그 사연들을 시야에서 놓쳐서는 안 된다.

덫에 빠진 현실

세계화의 이야기는 아시아와 라틴아메리카, 동유럽과 아프리카의 노동시장을 개방하는 대목에서 끝나지 않는다. '초기 공장 도시의 사람들은 언제까지나 행복하게 살았답니다' 같은 후일담은 없다. 기업들이 어마어마한 부를 좇아 배에서 뛰어내리자 그 뒤에 남은 건 대규모의 실업과 세입 손실이었다. 이윤이 하늘로 치솟는 동안 부자와 낙오된 자들의 간극은 더욱 멀찌감치 벌어졌다. 가장 부유한 억만장자 26명의 총자산이 전 인류의 절반인 38억 명의 총자산과 맞먹는다는 것이 2019년의 현실이다.[23]

불평등은 오래된 산업 중심지와 새로운 공장 지대 양쪽에 뿌리를 내렸다. 정치가와 기업가는 수입이 치솟는 반면 그들에게 고용된 사람들은 보잘것없는 임금으로 간신히 입에 풀칠했다. '그리하여 가파르게 상승하는 수입과 부의 불평등은 자본주의의 구중심지뿐만 아니라 신중심지의 특성이기도 했다. 세계화는 자본주의의 깊어가는 불평등을 전 세계로 퍼뜨렸다.' 리처드 울프Richard Wolff 교수는 1970년대 이후의 시기를 그렇게 묘사했다. 불평등의 덫에 빠져 개인 부채, 투기, 부동산 거품, 부패와 부자들의 터질 듯한 과시적 소비 또한 널리 퍼졌다.[24]

세계화, 그러니까 자본주의의 세계화가 불러온 결과로 우리는 기업이 자연을 약탈하고, 노동자의 권리가 악랄하게 침해당하고, 기후가 파괴되고, 겨우 소형 버스 한 대분의 인원이 전 인류의 절반을 합친 것보다 더 많은 재산을 소유할 정도로 불평등한 세상에 살고 있다. 세계화는 약속했던 경제적 이득을 가져오지 않았고, 그렇다고 안전을 확보하지도 못했다. 그것은 그저 다국적기업의 필요를 따를 뿐이다.[25]

그렇다고 세상이 사회 꼭대기에 있는 사람들에게 유리한 방향으로 돌아가게 되었다고 할 수도 없다. 제아무리 개인 소방대와 개인 소유의 섬, 그리고 개인 벙커를 가지고 있다 해도 코앞에 닥친 기후 붕괴로부터 완전히 단절될 수는 없다. 정치적 혼란도 무시할 수 없는 상황이다.

2016년 6월, 유럽연합은 영국이 브렉시트에 찬성표를 던지는 것을 보고 경악했다. 그로부터 몇 달 후, 세계는 도널드 트럼프의 당선에 경악했다. 둘 다 세계화의 그림자를 담고 있는 대규모 투표이다. 불만을 세계 무대의 정중앙에 올려놓은 그 두 사건을 계기로 긴축정책과 금융위기가 불러일으킨 절망, 그리고 낙오에 대한 공포가 불러일으킨 파벌주의와 인종주의가 만천하에 드러났다.

트럼프는 2018년 9월 유럽연합에서의 연설에서 세계화를 대놓고 배격했다. "우리는 세계화 이데올로기를 거부하고 애국심이라는 노선을 취할 것입니다." 세계의 지도자들은 그 연설을 대놓고 비웃었지만 트럼프는 미국이 보호주의를 내세워 세계무대에서 물러나고 자국 국경에 벽을 세우는, 지금까지의 정책을 완전히 뒤집는 순간을 전 세계에 보여주었다. 한편 중국은 일대일로 ─帶─路 투자계획(시진핑이 2014년에 제의한, 중국과 유라시아 국가들 사이의 연대와 협력을 목적으로 하는 경제권 구상─옮긴이)과 국가 주도 산업 및 자본 통제에 전력을 다함으로써 다자주의(무역 문제 해결을 위해 양자가 아니라 여러 나라 간 협의체를 두어 가치체계나 규범 등을 만들고 참여한 나라들이 이를 지키는 것

─옮긴이)와 세계화에 박차를 가하고 있는 듯하다.[26]

왜 굳이 신발일까?

우리가 신고 있는 신발은 세계화의 추동력인 동시에 그 결과물이다. 신발은 생산의 세계화를 최초로 경험한 물품 중 하나이며 우리 세계를 조형하는 상호 의존과 불평등을 고스란히 담고 있다. 통신 및 운송 기술의 변화와 저임금 노동자의 세계적 분포 덕분에 신발 제조 공정은 전 세계로 분산되었다. 따라서 우리가 소유하는 하나하나의 신발은 한 세계 안에 존재하는 또 하나의 세계라고 할 수 있으며, 그중 엄청난 다수는 대부분 고위험 저임금의 생산 라인에서 복잡한 부품들로부터 만들어졌다.

고작 90초 만에 약 1,138명이 목숨을 잃은 2013년 방글라데시의 라나 플라자 공장 붕괴 사건 이후로 패션 산업은 줄곧 조명을 받아왔다. 그 사건은 패션업계 역사상 가장 큰 산업재해, 아니 산업 학살이었지만, 결코 유일한 사건은 아니었다. 알리 엔터프라이즈 화재, 타즈린 공장 화재, 스펙트럼 공장 붕괴를 비롯해 수많은 끔찍한 사건은 모두 패션 산업의 문제를 폭로하는 피로 얼룩진 증거다.

치명적인 화재와 공장 붕괴 사례로 따지자면 결코 그에 뒤지지 않는데도 신발 산업은 대체로 주목의 시선을 비껴갈 수 있었다. 그 결과, 이 책을 준비하면서 인터뷰한 업계 전문가들은 제화업계가 임금, 근로조건 및 사업 표준 측면에서 나머지 패션 산업에 비해 한참 뒤처져 있다고 입을 모았다. 신발 제조 공정을 이루는 사슬 하나하나가 모두 위태로운 상태다. 오늘날 제화 노동자들의 업무는 유독가스, 독성 화학물질과 빈곤 임금으로 가득하다. 생물권과 동물, 그리고 생물 세계에 미치는 신발의 영향은 말 그대로 어마어마한 수준이다.

나는 독자 여러분이 이 책을 통해 각자의 신발을 신고 도살장, 열악한 작업장, 쓰레기장, 그리고 임시로 세운 난민 센터 같은 세계화의 가려진 후미로 들어가보길 바란다. 이 책에는 각각 28개국을 대표하는 사람들과의 인터뷰가 실려 있다.

제1장에서는 소비의 아찔한 세계를 탐사하면서 그 세계가 가진 게 너무 많은 사람과 너무 적은 사람들을 어떻게 나누고 있는지를 살펴본다. 그리고 강박적인 신발 수집가들을 만나 신발의 매력을 탐구한다. 제2장은 중국에서 발칸 반도에 이르는 지구상의 신발 공장들을 탐사한다. 이 과정에서 공장 노동자와 공장주를 만나고, 우리가 어쩌다 매년 242억 켤레의 신발을 만들게 되었는지 알아본다.

제3장은 1차 하청 공장 밑으로 이어지는 공급 사슬을 따라가 세계화를 떠받치는 비밀의 기둥, 즉 재택 노동자들을 만난다. 이 가려진 사람들은 누구이고, 수많은 가정을 공장으로 바꾸는 시장자본주의는 어떤 결과를 낳고 있으며, 도대체 우리 신발은 얼마나 유해한가?

기업이 신발 생산의 현실을 숨기는 능력은 제4장에서 다룬다. 브랜딩은 어떻게 시작되었는지, 기업들은 왜 신발을 우리의 감정과 연결 짓고 싶어 하는지, 우리 신발에 붙은 상표를 믿어도 되는지, 그리고 짝퉁 스니커즈는 세상에 관해 우리에게 무엇을 말해주는지.

제5장은 임시 난민 수용소에서 시작해 비에 젖고 낡아빠진 신발을 신은 사람들의 사연을 들여다본다. 왜 돈과 상품은 자유롭게 국경을 넘나드는데 인간은 그러지 못하는가? 튀르키예(구 터키)의 지하실에서 신발을 만드는 사람들은 누구이며, 수천만 명의 중국 아이들은 어쩌다 부모와 떨어져 살게 되었는가? 제6장은 가죽 생산에 관해, 수십억 마리의 동물이 희생되는 도살 산업에 관해, 열대우림 파괴에 관해, 노동자의 평균 기대수명이 50세에 불과한 방글라데시의 무두질 공장에 관해 폭로한다. 정치적 폭력에서 노예제와 기후 대재앙에 이르기까지, 가죽 산업은 자신

의 손이 닿는 모든 대상에 벌을 내린다.

제7장은 그 뒤에는 무슨 일이 일어나는지를 묻는다. 신발이 구매된 후, 인간의 손으로 만들어진 이 자원집약적이고 복잡한 물품이 폐기될 때는 무슨 일이 일어나는가? 이 242억 켤레의 신발은 버려지면 과연 어디로 가는가? 구두 수선소로부터 중고품 창고와 재활용 공장에 이르기까지, 우리가 일회용 세계에 살면서 치러야 하는 비용을 따져본다.

제8장은 현재의 쓰레기장을 뒤로하고 미래의 공장으로 떠난다. 로봇으로 인해 신발 산업은 어떻게 달라졌으며 자동화가 더 확산되면 또 어떻게 달라질까? 여성 노동자 수백만 명이 로봇에게 일자리를 빼앗긴다면 무슨 일이 일어날까?

제9장은 신발 같은 일상용품이 도대체 어떻게 이처럼 엄청난 파국을 불러올 수 있는지를 묻는다. 기업은 어떻게 이토록 오랫동안 그 많은 책임을 회피해왔으며, 인류와 지구를 지켜주어야 할 법률은 도대체 무엇을 하고 있는가? 우리는 기업 프로그램과 그린워싱이 어떻게 사회 진보를 막아왔는지를 알아본다. 마지막으로, 제10장은 이런 상황을 어떻게 바꿀 수 있을까를 생각해본다. 우리는 그간 자본주의의 세계화를 시도해왔다. 지금은 아래로부터 출발하는 세계화라는, 새로운 체제를 맞이할 시기일까? 좀 더 평등한 방식으로 재배치된 세계는 어떤 모습이며, 그렇게 되려면 우리는 무엇을 해야 할까?

환상과 진실 사이

신발은 신체와 어우러지는 방식이 여타의 옷가지들과 다르다. 벗어놓은 후에도 신발은 오래도록 우리 몸의 형태를 그대로 띠고 있다. 바로 그 이유 때문에, 발에 맞지 않는 신발을 신는 것은 그야말로 고문이다. 신발이 없다는 것은 곧 무력해진다는 뜻이다. 가망 없는 사람이나 광인으로 여겨지고 동정 또는 공포의 대상이 된다. 신발은 우리를 보호해주고 삶의 여정으로 우리를 실어 나를 뿐더러, 혹시 운이 더 좋다면 우리의 정체성 같은 것을 표현해줄 수 있을지도 모른다. 하지만 이처럼 우리를 도울 힘을 가졌음에도 신발은 그 자체가 어떤 행위자인 것은 아니다. 신발이 요술을 부릴 수 있는 것은 오직 동화 속에서나 가능한 이야기다.

한편 신발이 요정 대모가 손가락을 튕기면 분홍 연기와 함께 나타나는 마법의 물건이라는 환상을 여러분에게 심어주기 위해 수십억 달러가 쓰이고 있다. 기업들은 공급망 같은 건 존재하지 않고, 신발이 수백억 켤레씩 만들어지고 팔리고 구매되고 폐기되어도 아무런 뒤탈이 없다는 환상을 유지하고 싶어 한다. 이 환상과 진실의 거리는 위험할 정도로 떨어져 있어서, 이 책의 많은 부분은 불가피하게 신발에 대한 신화를 무너뜨리려고 노력하는 데 할애해야 했다.

여러분이 각 장을 차례차례 읽어나가면서 주위의 신발을 보고 그것들이 만들어진 과정을 머릿속으로 그려볼 수 있으면 좋겠다. 이 공급 사슬을 항상 염두에 두시라. 그래야 하는 가장 큰 이유는, 신발 생산의 현실이 흐릿하게 가려지지 않으려면 무엇보다도 이 세상의 모든 신발은 인간 노동의 산물이라는 사실을 여러분이 항상 기억해야 하기 때문이다. 그리고 둘째로, 여러분이 이 현실을 잊는다면 뭔가 멋진 것 또한 함께 잊히고 말기 때문이다. 우리는 국왕들, 최고경영자들, 그리고 널리 이름이 알려진 유명인들이 우리 세계를 만들었다고 배우지만, 이는 사실이 아니다. 모든 부와 마법의 근원이 결국 지구와 인간의 노동이라는 사실을 잊으면, 우리는 이 상황을 바로잡고 공정하고 지속 가능하며 다 함께 살아갈 수 있는 사회를 만드는 데 필요한 모든 것이 이미 우리 수중에 있다는 사실을 잊고 말 것이다.[27]

1

발로 차

스니커 콘Sneaker Con은 비행기 격납고 크기의 공간에서 이루어지는 행사다. 시간이 지날수록 실내공기는 점점 더 악취를 띤다. 지금 런던에서 진행 중인 이 거대한 행사는 바로 전에는 라스베이거스에서 열렸고, 곧 베를린에서 열릴 것이며, 그다음 차례는 뉴욕이 될 것이다. 25파운드짜리 입장권을 사서 들어온 수천수만 명의 '스니커광'들이 스니커와 후드티, 티셔츠와 배낭, 그리고 다시 스니커를 높다랗게 쌓아놓은 가판대를 훑어보고 있다. 이 신발들의 가격표는 심약한 사람들이 함부로 볼 게 못 된다. 550파운드, 600파운드, 700파운드. 박람회장의 게임에 참여하면 한정판 스니커를 차지할 기회를 준다. 사람들은 유명 유튜버들과 함께 셀카를 찍으려고 줄을 서 있다. 때나 빗물로부터 운동화를 보호해준다고 선전하는 세제 회사들의 반짝거리는 부스가 눈에 띈다.

열두 살인 새미는 해리포터 안경을 쓰고 머리에는 슈프림 헤드밴드를 둘렀다. 아이의 발밑에는 한 번도 신은 적 없는 거대한 나이키 에어 업템포 운동화 한 켤레가 놓여 있다. 어찌나 큰지, 한 짝에 아이의 조그만

두 발이 쑥 들어갈 정도다. 손에 쥔 지폐 뭉치 역시 아이에게는 너무 크다. 새미는 더 나이 많고 훨씬 큰 남자아이 두 명에게 운동화 한 켤레를 230파운드에 팔아 번 그 돈을 세고 또 세며 연신 싱글벙글 중이다.

새미를 가까이서 지켜보며 돈을 그만 집어넣으라고 거듭 말하는, 오버사이즈 면 재킷을 입고 긴 머리를 정수리에 땋아 올린 젊은 여성은 제이드이다. 새미는 사람들에게 제이드가 자기 유모라고 말한다. 그러면 제이드는 유모가 아니라 가정교사라고 고쳐 말한다.

새미와 제이드는 '트레이딩 핏'에 있다. 50명의 사람들이 바닥에 상품을 잔뜩 쌓아놓아 임시로 만든 좌판이다. 이것은 10대 남자애들이 운영하는 중고 거래소로, 모든 상품은 깨끗한 새것이며 아주 고가이다. 티셔츠와 후드와 모자는 셀로판지에 싸여 있고, 한정판 신발은 얼룩 한 점 없는 신발 상자 위에 고이 얹혀 있으며, 배낭에는 태그가 아직 달려 있다. 행사장 앞쪽의 공식 판매대와 무관하게 운영되는 트레이딩 핏은 신발을 사고팔고 교환하려는 스니커광들이 찾는 곳이다. 한쪽 벽에는 농구 골대가 설치되었고 배경에서는 요란스러운 힙합 음악이 쩌렁쩌렁 울린다.

새미는 사우디아라비아에 사는 사촌의 영향을 받아 스니커광이 되었다. 제다(사우디아라비아 홍해 연안의 도시-옮긴이)의 너무 작은 스니커 판이 아쉬웠던 새미는 런던에서 활짝 열린 가능성을 만끽하고 있다. 스니커 콘을 찾은 목적은 '옷과 스니커를 팔아 다른 스니커를 사는 것'이다. "기본적으로 돈을 버는 거죠."

제이드는 새미가 듣지 못하는 곳에서(새미는 제이드가 말하는 걸 썩 좋아하지 않는 눈치다) 그 애의 가족이 '엄청난 부자'라고 귀띔한다. 새미는 런던에서 기숙학교를 다닌다. 스니커를 줄곧 사들이기만 하던 새미가 그중 일부를 되팔 생각을 하게 된 데는 제이드의 조언이 한몫했다.

새미 옆에 있는 친구는 레스터(영국의 도시-옮긴이)에서 온 열여덟 살의 아미르로, 바닥에 딱 한 켤레의 신발을 놓아둔 채 그 옆에 다리를 꼬고 앉아 있다. '이지 350 V2s 세미 프로즌 옐로 색상, 9.5사이즈(약 265밀리미터-옮긴이).' '예브라스'라는 별명이 붙은 이 운동화는 방금 나왔는데, 극히 한정판이라 아미르는 그걸 170파운드에 사기 위해 추첨에서 당첨되어야 했다. 누구나 갖고 싶어 하는 이 이지 스니커는 2015년 독일의 스포츠웨어 브랜드인 아디다스와 래퍼 카니예 웨스트Kanye West의 협업으로 세상에 첫선을 보였다.

아미르는 이지를 450~500파운드에 팔 수 있기를 바란다. 온라인에서는 1,500파운드에 파는 것도 보았다고 한다. 아미르는 신발 가격이 500파운드나 하는 게 전혀 이상하지 않다고 말한다. 벌어들인 수익을 어떻게 쓸지는 이미 계획을 세워놓았다. 버질 아블로(미국 출신의 패션 디자이너-옮긴이) x 나이키 스니커 한 켤레를 살 것이다.

스니커 콘에 모인 군중의 약 95퍼센트는 남성이다. 여기에 있는 여자들은 대부분 어린 남자애들의 어머니다. 적으나마 예외가 있는데, 그중 한 명은 사우스 런던의 루이셤 구에서 온 열여섯 살의 카이라다. "저랑 오빠들은 이지 드롭스나 슈 드롭스에서 운동화를 사다가 재판매해요. 오늘은 새로운 사람들도 만날 겸 우리 물건도 팔 겸 해서 왔어요." 카이라와 오빠들은 어머니에게서 받은 종잣돈으로 어느 드롭스에서 이지 한 켤레를 처음 산 이후로 신발 거래를 시작했다. 드롭스drops란 새로운 디자인을 대중에게 공개하는 행사를 말한다.

"저는 오늘 갖고 있던 휴먼 레이스를 팔았어요. 195파운드에 사서 300파운드에 팔았죠." 카이라가 말한다. 아디다스가 퍼렐 윌리엄스와 협업해 출시한 휴먼 레이스 운동화를 손에 넣으려고, 카이라는 카나비 스트리트에서 새벽 3시부터 아홉 시간이나 비를 맞으며 기다렸다.

자신이 어쩌면 좀 미친 짓을 하는 게 아닐까 생각한 적은 없을까?

"제가 좋아서 하는 건데요 뭐. 재밌잖아요."

"저 가방 안에는 이지 오레오가 있고 저 가방 안에는 이지 벨루가가 있어요. 이 스프레이그라운드 가방은 오늘 샀고요." 카이라는 상어 아가리가 그려진 검은 배낭을 자랑스레 들어올린다. 신고 있는 운동화는 흰색과 검은색의 이지 지브라다. 카이라는 슈 드롭스에 줄을 서 있는 사람들 중 여자는 자기 혼자뿐일 때가 드물지 않다고 한다. "판 분위기는 대체로 호의적이지만, 어떤 드롭스에서는 남자애들이 텃세를 부리기도 해요. 새치기를 한다거나요. 하지만 친구를 몇 명 사귀어놓으니까, 그 애들이 도와줘서 많이 심하지는 않아요."

가판대에는 '난 옛날 카니예가 그리워'라는 슬로건이 박힌 야구 모자가 쌓여 있다. 카이라는 자신이 그토록 사랑하는 이지 브랜드의 배후에 있는 카니예 웨스트의 특이함과 예측 불가함이 그 남자를 위대하게 만드는 특질이라고 생각한다.

새미와 아미르, 그리고 카이라를 비롯한 스니커 콘의 군중은 모두 스니커의 소구력과 가치를 결정하는 모호한 특성인 하이프hype를 추구한다. 맨체스터에서 온 스물한 살의 크리스는 이렇게 말한다. "누가 만들고 누가 신느냐가 하이프한 스니커를 만드는 요소죠." 마른 체형에 키가 껑충한 크리스는 얼굴 아래쪽의 절반을 완전히 가리는 천 마스크로 의상에 포인트를 주었다. 매매를 목적으로 스니커 콘을 찾은 크리스가 현재 하이프하다고 꼽는 세 브랜드는 이지, 베이프, 그리고 슈프림이다.

스니커 콘에서는 하이프의 핵심에 관해 대체로 합의가 이루어져 있는데 첫째는 유명 인사, 둘째는 한정판이다. 카니예 웨스트는 그 두 가지에 통달했다. 래퍼로서의 명성을 통해 자신이 디자인한 스니커를 전 세계에 광고할 수 있고, 한정판매라는 수법을 통해 팬들이 항상 굶주려 있게 만들 수 있다.

그 여자가 일요일에 신는 운동화

지금으로부터 400년 전, 17세기 영국의 통계학자 그레고리 킹Gregory King
은 연간 국내 총 신발 소비량을 조사했다. 킹의 추산치는 1,200만 켤레,
총금액은 100만 파운드였다. 거기다 버클과 신발 끈을 감안해 약 5만 파
운드를 추가했다. 킹에 따르면 당시 영국에는 신발이 한 켤레도 없는 사
람이 10만 명이나 있었는데, 이들은 최빈곤층이었다. 이는 그들을 제외
한 다른 모든 사람이 매년 평균 두 켤레를 구매하고 신는다는 뜻이지만,
오늘날과 마찬가지로 부자는 절대다수의 사람들은 꿈도 못 꿀 만큼 많은
신발을 소유했다.[1]

1953년 무렵의 제화 교본에서는 직장에 다니는 젊은 여성이 신발 여
섯 켤레를 소유한다고 가정했다. '일하러 갈 때 신는 신발, 일요일에 신거
나 격식 있는 자리에 필요한 신발, 댄스용 신발 한 켤레, 휴가 때나 해변
에서 신는 샌들, 겨울 부츠, 그리고 침실용 슬리퍼. 혹시 테니스 같은 운
동을 한다면 추가로 한 켤레가 더 필요할 것이다.'[2] 발을 다치지 않게 보
호하고 기본적인 사회적 기대에 부응하는 데 필요한 신발의 수는 여섯
또는 일곱 켤레였다.

21세기로 접어든 지 20년이 지난 지금, '평균적인 영국 여성'은 신발
스물네 켤레를 소유한다는 보고가 있다. 그리고 그중 몇 켤레는 한 번도
신은 적이 없다고 한다.[3] 그런 통계는 대단히 모호하지만('평균적인 여성'이라
는 개념 자체와 마찬가지로), 더 부유한 사회에 사는 대다수의 사람들이 실제로
신는 것보다 훨씬 더 많은 신발을 소유하고 있다는 것은 변함없는 사실
이다. 우리가 아무리 242억 켤레의 신발을 만들어도, 그것이 세계의 77억
인구에게 평등하게 분배되지는 않는다. 부유하고 유명한 사람들의 신발
수집 규모는 많으면 수천 켤레에까지도 이른다. 필리핀의 마리키나 신발
박물관에 소장되어 있는 이멜다 마르코스의 수집품 3,000켤레는 이제

그리 놀랍지도 않다.

2016년 기준, 아시아는 전체 대륙 중 신발을 가장 많이 소비했다. 세계 인구의 60퍼센트가 전 세계 신발의 53퍼센트를 소비한 것이다. 중국은 아시아만이 아니라 전 세계에서도 신발을 가장 많이 산 국가였다. 생산된 신발 다섯 켤레 중 거의 한 켤레를 산 셈이다. 유럽연합 국가들은 중국 다음으로 큰 시장을 형성한다. 유럽을 바짝 추격하는 곳은 미국으로, 양측 모두 인구수에 비해 훨씬 많은 신발을 샀다.[4]

모든 소비자의 처지가 동등하지는 않다. 과잉생산과 심각하게 불공평한 분배로 인해, 가난에 찌든 사람들은 필수품조차 공급받지 못하고 신발을 살 경제적 능력이 제도적으로 부정당한다. 〈세계 신발 연감The World Footwear Yearbook〉은 제화 산업의 생산과 무역 데이터를 분석하는 연례 보고서이다. 거기서 펴낸 세계 신발 소비 지도에는 아프리카, 라틴아메리카, 그리고 중동 지역이 전부 회색으로 표시되어 있다. 이는 그 지역의 소비 수준이 전 세계적 규모에 비해 미미하다는 뜻이다.[5]

열대 아프리카의 고산지대, 예컨대 카메룬이나 르완다, 부룬디 등지의 농민들은 십이지장충이나 상피병 같은 토양 매개성 기생충과 질병의 위험에 늘 노출되어 있다. 둘 다 발을 통해 인체에 들어오고, 심신을 약화시키는 질병과 통증을 일으킨다. 그런 병의 예방책은 비교적 간단하다. 신발을 신는 것이다. 하지만 농민과 마을 주민들, 그리고 걸어서 통학하는 아이들은 신발을 살 돈이 없어서 건강에 위협을 받는다.[6] 한편 기록상 가장 값비싼 신발은 가죽과 비단과 금가루로 만든 원단에 다이아몬드 238개를 박아 만들어진 것인데, 1,700만 달러라는 가격표를 달고 있다.[7]

현대의 과잉생산은 전례가 없는, 충격적인 수준이다. 과거 사회에서는 사람들에게 생산자와 병사가 되길 요구했다면 현대인들이 받는 가장 기본적인 요구는 소비자가 되라는 것이다.[8] 소비주의에 탐닉할 돈이 있는 모든 이에게, 세계화는 선택지와 풍족함을 이전에는 상상조차 할 수 없었던 수준으로 끌어올렸다. 이에 응답하여, 소비주의는 세계화 체제가 제대로 돌아가도록 뒷받침한다. 상품은 한 번에 수십억 톤씩 팔려나가고, 이윤은 쌓이고 또 쌓인다. 자본주의가 기능할 수 있는 건 오직 상품 생산과 판매를 통해서이며, 그토록 많은 이들이 과잉소비의 삶을 살 수 있는 것은 오로지 낮은 임금과, 그보다도 더 낮은 규제를 추구하는 세계화된 자본주의를 통해서이다.

경쟁의 시간

스니커 콘에서, 열네 살의 대니얼은 녹색과 보라색의 나이키 에어 조던 한 켤레를 팔려고 하는데 영 쉽지 않다. 대니얼이 신발을 특히 좋아하는 이유는, 신발은 신은 사람을 두드러지게 해주는 힘이 있기 때문이다. "남들과 달리 독특해 보이고 싶고, 더 멋있어 보이고 싶거나…… 아니, 꼭 더 멋있어 보이지는 않더라도 남들과 다르다는 걸 보여주고 싶거든요." 한데 어찌된 일인지 이 거대한 홀에 모인 수천 명의 10대 소년들은 서로 구분하기 힘들 만큼 비슷한 옷을 입고 있다.

대니얼의 친구 레이먼드는 대니얼보다 키가 30센티미터쯤 작지만 신발에 대한 열정만큼은 뒤지지 않는다. 레이먼드에게 신발은 사회적 지위와 곧장 연결된다. "길을 가다가 별로인 운동화를 신은 사람을 보면 그다지 친하게 지낼 만한 사람이 아니라는 걸 알 수 있어요. 하지만, 그러니까 눈에 확 띄는 운동화를 신고 있다면 그 사람이 돈을 현명하게 쓰는 사람이라는 걸 알 수 있죠." 레이먼드는 런던에서 가장 불우한 지역인 대거넘 출신이지만, 아빠에게서 한 달에 100파운드의 용돈을 받는다. 레이먼드는 이날 나이키 '스페이스 잼' 한 켤레를 교환하고, 사겠다는 사람이 아무도 없던 프라다 운동화를 250파운드 손해를 보고 팔았다. 레이먼드는 돈이 없다는 게 곧 그 사람이 별로라는 뜻은 아니라는 데 동의하지만, 자신이 '별로인' 운동화를 신고 있다면 부정적인 평가를 받을 거라고 말한다. "이렇게 생각할 거예요. 아, 저 애는 자기 관리를 잘 못하네. 누가 날 본다면, 내가 뭘 신고 있느냐가 '나한테' 영향을 미치겠죠." 레이먼드의 말에 따르면 그건 자신이 누구랑 친하게 지내고 누구를 멀리하느냐의 기준이 되는 가치체계다.

트레이딩 핏에서, 열일곱 살의 벤지 역시 비슷한 말을 한다. "멋져 보이고 싶으면 좋은 옷을 입고 좋은 신발을 신어야죠. 그건 사람을 두드러지게 만들어주거든요." 벤지는 퍼렐 윌리엄스 한 켤레를 팔려고 종일 애를 썼지만 그건 하이프해지지 못해 '벽돌'이 되었다. 벽돌이란 잘 안 팔리는, 인기 없는 신발을 일컫는 말이다. 벤지는 대충 팔아치워야겠다고 말한다. "멋져 보이면 남들 앞에 내세우기도 좋고, 어떤 면에서 더 나은 사람이 되는 거죠."

현대 사회를 살아가는 우리는 무엇을 입고 무엇을 먹고 무슨 차를 모는지가 우리의 평가 기준이라는 메시지의 폭격을 받는다. 수천 편의 광고가 소비를 우리의 사회적 지위와 연결시키고, 우리가 가진 것들에 안주하지 않도록 떠들어대면서 우리를 끝나지 않는 경쟁의 쳇바퀴에 가둔다. 이 과정은 어릴 때부터 시작된다.

스니커 콘에서 가장 들떠 있는 두 사람은 열두 살의 휴와 열세 살의 올리버다. 방금 가장 좋아하는 유튜버를 만나서 말 그대로 깡충깡충 뛰고 있다. "블레이즌데어리랑 어번 니세시티스도 왔어요!" 올리버는 열에 들떠 쏟아낸다. 두 아이의 뒤쪽에는 1만 4,000파운드짜리 운동화를 신은 미국인 유튜버와 함께 사진을 찍고 싶어 하는 남자애들이 줄을 지어 서 있다.

"완전 재밌어요! 그냥 완전 멋져요. 우린 저 사람 유튜브를 맨날 보거든요. 그리고 우리는 신발이 너무 좋고요! 미쳤어요! 완전 미쳤어요!"
휴가 말한다.

도대체 운동화의 어떤 점이 이렇게나 좋은 것일까? "모르겠어요. 우선 멋있고, 음, 신을 수도 있으니까, 그래서 좋아요." 올리버가 대답한다. 휴 또한 진지하게 생각해서 대답하기엔 너무 들떠 있다. "제가 여기에 진짜로 와 있다는 것도 그렇고, 이 엄청난 신발들이 전부 다 제 앞에 있다는 것도 그렇고…… 완전 다르고 미쳤어요. 완전 미쳤어요."

보스턴 칼리지의 줄리엣 쇼어Juliet Schor 박사는 소비 연구 분야에서 세계를 선도하는 전문가다. 그녀의 말에 따르면 사람들이 소비재를 사는 이유 중 하나는 그것이 돈이 있음을 보여주기에 매우 좋은 방법이기 때문이다.

"은행에 큰돈을 넣어두었다고 말하기는 쉽지만 그걸 어떻게 입증하죠? 우리가 사는 체제에서는 은행에 돈이 있다는 걸 보여주려면 어느 정도는 돈을 쓰는, 아니 낭비하는 능력이 있어야 해요. 지위를 전달하는 소비재에 관해 생각해보면, 그 핵심적인 성질은 사회적 가시성이죠." 쇼어 박사의 설명이다. 그녀는 스니커가 사람들이 공공장소에서 신는 물건이기 때문에 이 설명의 좋은 예시라고 말한다.

쇼어 박사는 현대인의 과잉소비를 소스타인 베블런Thorstein Veblen의 고전적인 과시적 소비이론과 연결시킨다. 베블런은 부유한 유한계급이 소비를 부와 권력의 증거로 이용한다고 주장했다. 방법은 간단하다. 자신이나 아내 또는 아이들의 몸에 값비싼 물건을 주렁주렁 달고 사람들이 볼 수 있는 곳에서 뽐내며 돌아다니는 것이다.

지금은 항구적인 소셜 미디어의 존재 때문에 사람들이 과거의 어느 때보다도 더 잘 기록되고 전시되는 시대라는 점을 제외하면, 그때에 비해 바뀐 것은 그리 많지 않다. 온라인 스니커 문화의 어두운 측면을 잘 보여주는 것은 유튜브 콘텐츠인 '몸에 걸친 게 전부 얼마예요?'의 경향이다. 사람들에게 몸에 걸친 모든 물품의 가격을 공개적으로 밝히게 한 후 총계를 내어 돈을 가장 많이 쓴 사람을 칭송하는 내용이다.[9]

지위 과시는 사람을 판단하기에 끔찍한 방식일 뿐만 아니라 흔히 환상에 불과하다. 쇼어 박사는 실제 재정적·경제적으로 취약한 지위에 있는 사람들이 지위를 얻기 위해 스니커 같은 물품을 이용하는 현상을 강조한다. 신체에 착용되고 신체와 함께 움직이는 신발은 사람들이 그것을 신고 남들 앞에 섬으로써 지위를 얻게 해준다. 비록 실제 형편은 그보다 훨씬 어렵더라도 말이다.

영화 제작자이자 사진작가인 로렌 그린필드Lauren Greenfield는 부자들과 부자가 되기를 꿈꾸는 사람들의 삶을 탐사하면서 부富라는 주제에 관한 기록을 남기는 작업에 25년째 매진 중이다. 그린필드는 25년 전에 비해 불평등이 심화되고 사회적 이동 가능성이 더 낮아진 지금은 부를 투사하는 일이 심지어 더한층 중요해졌다고 믿는다. 이는 사람들이 실제로 부를 가졌는가 그렇지 않은가와 무관하다. "어찌 보면 허구의 사회적 이동성, 화려함과 과시가 진짜 사회적 이동성을 대체해온 거죠. (……) 왜냐하면 가질 수 있는 게 그것뿐이니까요." 그린필드가 NPR과의 인터뷰에서 한 말이다.[10]

세계지도에서나 길거리에서나 신발은 사회적 불평등을 반영한다. 가장 기본적으로는 누가 값비싼 신발을 살 수 있으며 누가 그럴 수 없는지를 보여준다. 과시적 소비는 부의 불평등 징후, 돈이 고르게 분배되는 게 아니라 부자들이 가난한 사람들의 희생을 대가로 돈을 갈퀴로 긁어모으고 있다는 징후이다. 신발은 또한 사회적 불평등이 재생산되는 데 필요한 수단이다. 프랑스의 사회학자 피에르 부르디외Pierre Bourdieu는 소비가 부자들에게 '문화자본'을 제공함으로써 사회적 불평등을 재생산한다고 주장해왔다. '올바른' 취향을 습득하는 능력은 일자리, 자본, 인맥, 승진 등에 더 쉽게 다가가도록 도와주는 지렛대 역할을 할 수 있다.[11] 고전적인 지위의 상징으로서 신발은 특권층에 사람들을 포함시키거나 거기서 배제하기 위해, 그리고 계급의 구분선을 유지하기 위해 이용된다.

스니커 콘에 모인 10대에게, 과시적인 운동화 소비 행위는 가장 긍정적으로 말하자면 10대, 특히 소수인종 10대에게 자주 씌워지는 부정적 이미지가 아닌 다른 무언가로 눈에 띄고 싶은 욕망의 발현이다. 그것은 자신에게 고정관념을 씌우고 주변부로 밀어내는 사회에서 존중을 갈구하는 외침이라는 점에서 울림이 있다.

하지만 뭔지 모를 만화 캐릭터가 그려진 배낭을 메거나 녹색과 보라색 운동화를 신음으로써 실제로 어떤 존중을 받을 수 있을까? 바깥 사회의 시각에서 이들은 무시당하는 상징이다. 스니커 콘에서 이들이 입는 옷과 신는 신발은 서로 별 차이 없고 주목할 가치가 없어 보인다. 심지어 이런 상품들이 높이 칭송받는 하위문화subculture 내에서도 그 상품들을 생산한 시스템의 가치 복제가 일어난다. 다른 사람보다 낫다는 데서, 그리고 나보다 '낮은' 사람들을 배제하는 데서 만족감을 얻는 경쟁 지위competitive stance이다.

벽이 무너지리라

'스니커광'은 스콧 프레더릭Scott Frederick에게 붙이기엔 적합한 꼬리표가 아닌 듯하다. 1990년대 이래로 줄곧 운동화에 집착하고 있긴 하지만, 스콧이 이지나 슈프림 티셔츠를 사려고 줄을 서 있는 모습은 절대 볼 수 없을 것이다.

그 대신 25년 된 J. C. 페니 백화점 카탈로그를 샅샅이 살피며 구식 운동화를 찾는 것이 스콧의 소일거리다. 때로는 국제 우주정거장의 직원이었던 찰스 L. 페린Charles L. Perrin이 1995년에 연 찰리의 스니커 페이지 같은, 세계 최초의 신발 블로그들을 뒤지기도 한다.

스콧은 스니커 문화사의 사관이자 스니커 감정가이다. 스콧이 소장한 신발들 중에는 온라인에 올라온 사진이 딱 한 장뿐일 정도로 희귀한 것도 있다. 그 사진은 스콧 자신이 운영하는, 음악·패션 및 스니커에 관한 글을 쓰는 웹사이트인 디파이DeFY에서 볼 수 있다. 박물관에서 제의해오지 않는 한, 그 신발을 파는 일은 결코 없을 것이다. 요즘 스콧은 브랜딩과 마케팅의 지극히 모호한 역사에 몰두하는 정도로 만족하지만, 늘 이렇지는 않았다. 한때는 스니커를 강박적으로 사들여 400켤레 가까이 소장하기도 했다. 정확한 숫자는 모르는데, 세다가 포기했기 때문이다. 스콧은 이렇게 말한다.

"재밌었어요. 그게, 당시에는 그렇지 않았지만 지금 생각해보면 재미있죠. 저는 이 신발들을 벽장과 아래층 차고에 보관했어요. 어느 날 벽장에 새로 선반을 설치했죠. 그중 한 칸은 대들보에 걸쳐졌는데, 어떻게 된 건지는 모르겠지만 몽땅 쓰러지고 말았어요. 그냥 무너져버렸죠. 벽장 안에서 벽이 완전히 무너지는 바람에 전 그것들을 피해 누워 자야 했어요."

신발 상자와 돌무더기에 둘러싸인 스콧에게 깨달음이 찾아왔다.

"바로 그때 '아 맙소사, 내가 무슨 짓을 하고 있는 거지? 내가 뭐가 잘못된 거지?' 싶었어요. 침대가 말 그대로 수백 개의 상자에 에워싸여 있었죠. 이건 통제를 벗어났다는 생각이 들더군요. 그때부터 1년 반인가 2년쯤 걸려서 몽땅 처분했어요. 마지막 한 켤레까지. 제가 갖고 있던 신발 전부 다요."

소장품을 놓아 보낸 스콧은 이제 자신을 '일종의 미니멀리스트'로 규정한다. 지금 가지고 있는 스니커는 50~60켤레다. 스콧은 키득대며 이렇게 말한다.

"저는 미니멀리스트 수집가예요. 말이 되는 소린지는 모르겠지만요. 정말이지 제가 뭘 사는지, 그리고 왜 사는지를 속속들이 파헤쳐 들여다보려고 애쓰는 중이에요. 그러지 않으면 통제를 벗어나니까요. 이전의 저는 통제를 벗어났던 것 같아요. 그건 사람을 완전히 잡아먹죠. 결국 가장 중요한 점은, 이건 그냥 상품이라는 거예요. 우린 이런 것들을 가져 '야만 한다'고 느끼지만, 이 회사는 이런 신발들을 만들지 않으면 파산할 테니…… 그게 신발의 존재 이유인 거죠. 하지만 신지 않으면 낭비에 불과해요."

스콧은 원래 부유한 태생이 아니었다. 처음으로 가지게 된 안드레 애거시 시그니처 운동화는 할머니가 1990년에 특별히 선물로 사준 것이었다. 나이가 들어 스스로 돈을 벌게 되자, 스콧은 자신이 사랑하는 구식 스니커를 찾아 뉴욕의 벼룩시장으로 향했다. 그리고 1996년, 스콧의 삶에 인터넷이 등장했다. 스콧은 온라인에서 왕성하게 활동하는 스니커 공동체를 발견하고 깊이 빠져들었다. 영국인, 프랑스인, 그리고 일본인들과도 친분을 쌓게 되었는데, 그들 중 대부분과 한 번도 만나보지 못했지만 몇 년째 연락을 주고받고 있다고 한다. 이제는 거의 가족이나 다름없이 느껴진다고 스콧은 말한다.

신발을 매개로 이루어지는 전 세계적 우정은 사람들이 운동화 같은 물건을 소비하는 이유를 한 가지는 짐작하게 해준다. "사회생활에서 상품은 정말 중요한 역할을 합니다." 쇼어 박사는 말한다. 그녀는 사람들이 소비재를 통해 정체성을 형성한다며, 소비재는 사회생활에서 사람들에게 의미를 형성하는 것의 핵심이라고 설명한다.

수많은 소비이론이 쇼핑을 고독한 행위, 즉 불행한 결과로 이루어지는 행위라고 규정한다. 교외의 외로운 가정주부가 삶의 공허함을 메우기 위해 무의미한 소비를 하는 등의 흔한 이야기처럼 말이다. 하지만 쇼어 박사는 소비주의를 그런 시각으로 보는 데 동의하지 않으며, 쇼핑은 단독적 행위라기보다는 압도적으로, 본질적으로 사회적인 활동이라고 주장한다. 심지어 교외의 가정주부도 단체로 소비하며, 자신이 속한 또래 집단과 그 안에서 자신이 차지하는 위치를 고도로 민감하게 의식하고 있다. 쇼어 박사는 말한다. "소비를 자극하는 근원적 힘은 사회적 힘, 사회적 역학, 불평등과 사회적 경쟁의 역학, 그리고 지위 규정에서 물건이 담당하는 역할입니다."

이는 소비 사회가 곧 행복으로 가는 길이라는 뜻이 아니다. 만족감을 얻기 위해 반복적으로 상점과 웹사이트를 뒤지는 것은 영혼 없는 작업이다. 손 틈새로 빠져나가는 모래 같은 트렌드와 새로운 제품군은 그 어떤 즐거움도 찰나에 지나지 않는다는 뜻이다.

만족은 없다

1953년, 『제화 교본Textbook of Footwear Manufacture』의 저자는 어떤 신발을 구매하느냐에 패션이 발휘하는 영향력에 관해 한탄했다. 디자이너가 아무리 최고의 원료와 제조 기술로 완벽한 신발을 만들더라도 유행에 뒤떨어져 보이면 아무도 그 신발을 사지 않을 거라고 주장했다.[12]

소비를 자극하는 사회적 요인은 다양하지만 그중에서도 가장 만연하고 지배적인 요인이 바로 패션이다. 패션은 그 정의상 변화가 핵심이다. 반드시 뭔가 새로운 물건이 나와야 하고, 심지어 전에는 가장 좋아하던 물건에 대해서도 질리게 만들어야 한다. 기업들은 이 권력을 이용해 신발이 더는 그저 필수품이 아니게 만들었고, 우리가 완벽하게 멀쩡한 물건을 보면서 후지다는 느낌을 받게 만들었다.

그 결과 우리는 망가졌거나 낡아서가 아니라 유행에 안 맞는다는 이유로 물건을 새로 바꾸게 된다. 이전 수십 년간 패션의 기반은 시즌별 컬렉션이었고, 디자이너들은 1년에 불과 몇 차례만 새로운 디자인을 선보였다. 하지만 트렌드 기반의 입고 버리는 옷을 초고속으로 생산하는 패스트패션이 등장해 전통적인 컬렉션 주기를 밀어내면서 판을 완전히 바꿔놓았다. '높이 쌓아놓고 싸게 팔아라'의 새로운 세계에서, 일부 하이스트리트 상점(대중적인 패션 브랜드 중 비교적 고가에 속하는 것들을 판매하는 상점-옮긴이)들은 매주 새로운 라인을 내놓아, 트렌드 따라잡기를 갈수록 더 어렵게 만든다.

하지만 애초에 이 게임의 목표는 사람들이 트렌드를 따라잡게 해주는 것이 아니다. 이미 우리가 죽을 때까지 써도 다 못 쓸 소비재가 넘쳐흐르는 세상에서는 사람들이 더 많은 걸 원하게끔 몰아가야만 한다. 1920년대에 자동차 제조사들은 시장 포화 상태에 맞닥뜨렸다. 차를 살 돈이 있는 사람들은 모두 차를 가지고 있었다. 차는 튼튼하고 오래가기 때문에, 제조사들은 차를 이미 소유한 부유층의 허영심을 건드리기 위한 전략을 꺼내 들었다. 매년 변화하는 디자인이 매년 신차를 구입해야 하는 이유라고 설득한 것이다. 제너럴모터스 회장은 이렇게 말했다. "신형 모델의 변화는 수요를…… 그리고 구형 모델에 대한 상대적 불만감을 이끌어낼 만큼 혁신적이고 매력적이어야 한다."[13]

그것은 신차의 수명 단축에 의도적으로 초점을 맞춘 전략이었다. 1950년대에 그 과정을 간략히 설명한 산업디자이너의 말을 들어보자. "우리는 좋은 제품을 만들고, 사람들이 그걸 사도록 유도하고, 그다음 해에는 의도적으로 그 제품을 구식이고 뒤떨어지고 한물간 것처럼 보이게 만들 새 제품을 소개합니다. 우리가 그렇게 하는 이유는 매우 타당합니다. 돈을 벌기 위해서죠."[14] 오늘날과 1950년대의 차이는 쇼핑 주기가 더는 연 단위가 아니라는 것이다. 역사상 패션이 이처럼 급속히 움직인 시기는 없었다. 사람들이 쇼핑에 이처럼 의존하게 된 것은 부유한 사회의 많은 가정이 이제 자원집약적 물품으로 넘쳐나기 때문이다.

라코스테 사에서 제화 부문을 총괄하는 마크 헤어Marc Hare는 이전에 자신의 명품 신발 브랜드인 '미스터 헤어Mr Hare'를 운영했다. 사람들이 이미 신발장을 꽉 채우고도 계속해서 새 신발을 사는 이유가 뭐라고 생각하느냐는 질문에 마크는 이렇게 대답한다. 신발이 닳아서 어쩔 수 없는 경우도 있지만, 그보다는 사람들이 필요한 정도를 한참 뛰어넘는 신발을 사기 때문이고, 그 이유는 그냥 신발이 계속 새로 나오기 때문이라고.

마크는 새 신발이 거의 매일 새로 출시되어 사람들의 지갑을 공략하는 하이프비스트Hypebeast 같은 사이트를 거론한다. 브랜드가 사람들로 하여금 계속 쇼핑하게 몰아가는 것에 관한 이야기를 하다 보면 단순한 패션 이야기로 돌아오게 된다고 한다. 그리고 결국 그 핵심은 끝없는 변화이다. "아예 스위치를 딱 내려버리고 '아니, 난 그쪽에는 완전히 발을 끊겠어'라고 하지 않는 한, 그냥 간편하고 거기에 있으니까요."

끝없는 쇼핑의 압박에서 벗어나기란 그리 간단한 일이 아니다. 어쩌면 진정한 도피를 위해서는 극단적인 행보가 필요할지도 모른다. 츠와강 돌마 라캉 수도원은 해발 4,570미터의 동티베트 어느 산꼭대기에 자리잡고 있다. 지구상 최악의 기후 조건으로 손꼽히는 이곳은 연중 8개월은 꽁꽁 얼어붙어 있다. 이곳에서는 그 어떤 나무나 곡물도 자랄 수 없고, 숨을 쉬기조차 쉽지 않다. 가장 가까운 상점까지 가려면 험난한 지형을 사흘간 2,000킬로미터 가까이 가로질러야 한다. 그리고 건축 자재부터 약품에 이르기까지 필요한 모든 물품을 산 위로 실어 날라야 한다.[15]

한번 쇼핑을 하러 갈 때마다 이 정도의 노고가 든다면, 우리는 분명 우리에게 정말로 필요한 것이 뭔지 곰곰이 생각해보는 데 더 많은 시간을 할애할 것이다. 하지만 세계의 지붕에 살고 있지 않은 사람들은 지속적인 투쟁 상태에 처해 있다. 소비재는 필요와 동떨어진 채 자존감, 사회적 지위 및 조작된 욕망이 들끓는 감정의 롤러코스터가 되고 말았다.

신발은 대중적 물품이다. 그것은 우리가 만나는 사람들의 눈에 보이고, 즉각적인 소셜 미디어 업로드를 통해 수천 명 앞에 전시된다. 신발은 우리가 자신을 어떻게 인식하느냐만이 아니라 타인이 우리를 어떻게 판단하느냐와도 긴장을 빚는다. 패션 이론가인 조앤 아이허Joanne Eicher가 학생들에게 수십 년째 되풀이하는 이야기가 있다. "옷이 중요하지 않다고 생각하면, 어디 옷 없이 일하러 나가봐요." 자신이 옷에 관심이 없음은 옷의 선택으로 증명할 수밖에 없다.[16] 신발의 경우에도 마찬가지다. 사회적 표준에 어떤 식으로든 저항할 때도 여전히 뭔가 신발을 신는 수밖에 없다. 아니면 아예 맨발 시위를 하거나.

신발 구매를 즐기는 사람들을 비판하는 것과, 소비를 향해 사람들을 지속적으로 몰아가는 자본주의를 비판하는 것은 다르다.[17] 강박이 작용하고 있다는 사실을 바로 알지 못하면, 사람들의 불안감을 조종해야만 존재할 수 있는 다국적기업에 판을 깔아주는 꼴이다.

과잉소비는 소비자에게 안녕을 주지 못한다. 오히려 흥분과 불만 양쪽을 지속적으로 느끼며 결코 마음의 안정을 찾지 못하는 심리 상태를 만든다.[18] 사회학자 지그문트 바우만Zygmunt Bauman은 사람들이 자기가 사는 물건에 애착이나 장기적 관계를 맺지 않는 것이 소비주의에는 더 이롭다고 썼다. 소비주의는 오래가는 사랑이라기보다 다수의 짧은 만남에 가깝다. 한 물건의 어깨 너머로 다른 어떤 물건이 새로 나왔는지를 곁눈질하는 식이랄까.[19] 이런 방식으로 모든 소비재 거래에는 일시성이 본질적으로 내재해 있다. 평생 가는 것은 아무것도 없다.

전통적으로 인류가 충족시키려 애써온 필요들이 있었다. 오늘날의 소비 사회에서는 그 필요와 만족의 관계가 뒤집혔다. 이제는 상점에서 만족을 발견할 수 있다는 약속이 필요를 앞지른다.[20] 쇼핑몰이 하루 쉬는 동안에도 인터넷은 영업을 하고 있다. 이제는 매 시각이 쇼핑 시간이고, 사람들은 자정에 브루클린의 어느 상점에서, 새벽 2시에 중국 선전의 어느 공장에서, 또는 새벽 4시에 파리의 이베이 계정에서 신발을 살 수 있다. 세계화는 쇼핑을 주 7일 24시간 가능한 활동으로 만들었다. 쇼핑은 더는 상점이나 구매자의 위치에 제약받지 않으며, 우리가 소비하는 물건에 대한 그 어떤 자연적 필요도 까마득히 넘어섰다.

쇼어 박사는 돈과 시간을 모두 잡아먹는 과정을 따라잡으려고 애쓰는 것이 얼마나 사람을 지치게 만드는지 이야기한다. 패스트패션은 심지어 쇼핑할 금전적 여유가 있는 사람들 사이에서도 이미 가진 물건에 관한 불만과 뒤처진다는 불안감을 부추긴다.[21] 이는 항구적 소비주의에 맞서는 평형추, 즉 쳇바퀴 경주에 의식적으로 질문을 던지고 이미 가진 것에 대한 만족감과 감사를 키우는 것과는 대척점에 있는 심리 상태이다.

단순한 산책을 넘어서

신발의 역할은 단순히 땅바닥으로부터 발을 보호하거나 몸이 잘 움직일 수 있게 도와주는 것을 넘어선다. 고대 이집트에는 왕족이 신는 샌들과 사제와 부유한 공직자가 신는 샌들이 각각 따로 있었다. 투탕카멘의 무덤에서 나온 샌들은 밑창에 이집트의 적들이 그려져 있었는데, 파라오가 한 걸음 한 걸음 내디딜 때마다 적들을 짓밟는다는 상징적 의미가 있었다.[22] 또한 신발은 성스럽지 못한 것들에 대한 상징으로도 쓰여서, 성스러운 장소에 접근하려면 먼저 벗어야 했다.[23]

오늘날에는 비록 누가 무슨 신발을 신을 수 있는가를 정하는 법이 없지만, 사람들은 여전히 자신이 모종의 법칙에 얽매여 있음을 깨닫게 된다. 직장에서는 어떤 신발을 신어야 하는가, 혹은 사회적 행사에서는 어떤 신발이 용인되는가 하는 규칙들 중 다수는 시대에 뒤떨어진 것이다. 여자들은 레드카펫에서 하이힐을 신어야 한다는 낡아빠진 규칙에 저항하려고 칸 영화제에서 맨발로 시위한 줄리아 로버츠를 떠올려보자.

브랜드는 자기네 제품과 관련해 어떤 상징성을 창조하고 제품과 결부시키려 애쓴다. 그들은 우리가 사랑이나 우정, 사회적 지위나 권력 따위를 물건과 연관시키도록 부추긴다. 어떤 물건이 연상시키는 모든 비물질적인 것을 '상징 가치'라고 부를 수 있다. 물건에 적절한 상징 가치가 가득 채워지면, 거기에 저항하는 건 거의 불가능해진다. 성적 매력을 상징하는 루부탱의 빨간 밑창, 권력을 상징하며 번쩍번쩍 광이 나는 존 로브 브로그(보통 가죽에 무늬가 새겨져 있는 튼튼한 구두 ─ 옮긴이), 미국 힙합의 창조성을 상징하는 아디다스 운동화, 또는 영국 그라임 음악의 스트리트풍 멋을 상징하는 나이키 에어의 위력을 생각해보라.

상징 가치는 더 볼품없지만 좀 더 실용적인 자신의 사촌, 즉 사용 가치를 판에서 완전히 밀어냈다. 사용 가치는 어떤 물건이 인간의 필요를 얼마나 잘 충족시킬 수 있는가를 말하는데, 이는 신발처럼 실용적인 물건에서 분명 최우선점이 되어야 한다. 그럼에도 우리의 신발은 여전히 상징주의를 잔뜩 담고 있다. 마크 헤어는 신발의 변화 능력이 신발이 가진 물리적 영향력에서 온다고 믿는다. 신발은 신체의 모양과 움직임을 바꾸고, 그것을 신은 사람들이 세상을 헤쳐 나가는 방식을 바꾸게 만들 수 있기 때문이다. "물리적으로, 신발은 우리가 걸어가는 땅과 우리의 접촉면을 바꿉니다. 그런데 어떻게 우리에게 영향을 미치지 않을 수 있겠어요?"

게다가 신발이 심리에 미치는 모종의 영향력이 있다. 마크는 이렇게 설명한다. "멋진 신발을 신으면 내 가치가 수백만 달러는 나가는 기분이 듭니다. 목적지가 선명해지고 남들과 다르게 걷는 듯한, 다르게 행동하는 듯한 느낌이 들죠. 새 스니커를 신으면 전혀 새로운 방식으로 길을 통통 튀어 가는 기분이 듭니다. 무슨 신발을 신느냐가 나를 바꾸지 않는다고 감히 말할 수 있는 사람은 없을 겁니다."

신발은 우리 몸과 물리적 공간을 연결하는 아주 중요한 역할을 한다. 또한 우리를 자유롭게 해주고, 운신의 폭을 넓혀주는 도구 역할을 한다.[24] 마크는 청바지처럼 운동화 역시 지위를 상징하는 의복에 속한다고 본다. 그 둘은 디자이너나 캣워크, 패션 잡지 따위가 아니라 노동계급의 반항적이거나 주변화된 문화적 공간을 바탕으로 발전하면서 멋지다고 여겨지게 되었다.

엘리자베스 세멜핵Elizabeth Semmelhack은 캐나다의 바타 신발 박물관에서 17년째 재직 중인 상임 큐레이터이다. 엘리자베스의 설명에 따르면 다른 액세서리들의 인기가 하락하는 가운데 신발의 극단적 가시성은 더한층 강화되어왔다. 예컨대 한때 모자가 계급과 성별의 상징으로 매일 착용되었음을 생각해보라.[25] 또한 신발이 문화에서 특정한 위치를 확보하게 되었으며, 그 이유는 산업화로 인해 시장에 전례 없을 정도로 많은 신발이 무수히 다양한 양식과 가격으로 밀려들었기 때문이라고 엘리자베스는 말한다. 그리하여 사람들은 신발을 골라서 신고, 신발을 통해 사회적 정체성을 구축할 수 있게 되었다.[26]

신발이 전달하는 메시지는 굳이 셜록 홈스가 아니라도 해독할 수 있다. 신발은 신고 있는 사람의 성별, 성적 지향, 음악 취향, 문화적 배경이나 사회적 관심사를 표출하는 데 이용될 수 있다. 특히 신발은 내가 전통적 노동이 필요 없는 삶을 산다고 세상에 알리기에, 즉 지위를 드러내기에 좋은 방식이다. 16세기 베네치아의 귀족 여성이 신은 통굽 구두인 '초핀'으로부터 전 미국 영부인 멜라니아 트럼프가 허리케인 하비의 피해 지역을 방문할 때 신은 스틸레토 힐까지, 그 예시는 다양하다. 실용적이지 않은 신발은 의도적인 메시지를 보낸다. 그것을 신은 사람은 노동을 할 필요도, 힘들게 대중교통을 이용할 필요도 없다는 것이다.

하이힐의 힘

「섹스 앤 더 시티」에서 값비싼 구두에 광적인 집착을 보이는 주인공 캐리 역의 배우 사라 제시카 파커는 구두를 두고 '전 세계 여성들의 양식과 위상, 그리고 지위를 끌어올리는 메커니즘'이라고 썼다.[27] 하지만 과연 그게 진실일까? 구두는 여성의 지위를 격상시키는가?

성차별(종종 계급 차별과 인종차별을 동반하는)의 장벽 때문에 여성이 자신의 잠재력을 실현하지 못하는 사회에서 여성들이 구두를 물신화物神化하는 것은 당연시된다. 칼 마르크스는 포르투갈의 인류학 문헌에서 종교적 성상, 조형물과 토템폴(특히 아메리카 원주민 사회에서 신성시되는 상징물 – 옮긴이)이 특별한 힘을 가졌다는 믿음을 접하고 '상품 페티시즘'의 개념을 발전시켰다. 아무리 아름답게 조각되어도 물건 그 자체는 단지 돌이나 나무로 만들어진 사물에 불과하다. 그럼에도 부를 가져오고 병을 치유하거나 전투에서 이기도록 도와주는 힘을 가졌다고 믿어진다.

신발의 경우도 마찬가지다. 가죽끈과 플라스틱 밑창, 거기다 소량의 접착제. 거기에 투사되는 힘은 우리의 머릿속에서 나온다. 그리고 그걸 만든 것은 과거의 사제와 주술사를 대신하는 광고 책임자와 마케터이다.

하이힐이 근골격계 문제와 호흡장애 및 수많은 발의 질병, 심지어 생식 문제까지 야기한다는 점에는 의심할 여지가 없다. 하이힐은 움직임을 극도로 제한하고 여자들을 취약하게 만든다. 9·11 추모 박물관에는 목숨을 걸고 뛰어야 했던 사무직 직원이 신었던 피 묻은 하이힐이 전시되어 있다.[28] 크리스찬 루부탱Christian Louboutin이 자신은 편안함이라는 생각 자체를 '혐오한다'는 말을 입에 달고 살았는데도 하이힐은 여전히 여성

권력의 상징으로 마케팅된다.[29]

하이힐이 여성에게 권력을 주느냐는 물음에 엘리자베스 세멜핵은 이렇게 대답한다. "사실 하이힐이 진정 권력을 상징한다면, 여자들 못지 않게 남자들 역시 기꺼이 하이힐을 신고 다니겠죠."[30] 문제는 하이힐이 성적 권력과 연결된다는 것인데, 엘리자베스는 그것 자체로는 진정한 권력이 아니라고 말한다. 타인이 나에게 매력을 느끼느냐 그렇지 않느냐에 달려 있기 때문이다. 엘리자베스는 이렇게 설명한다. "성적 매력의 가치는 지속적 협상으로 결정되죠. 섹시하려고 애쓰는 사람은 그 거래에서 '그래, 넌 섹시해'라고 말하는 쪽보다 적은 권력을 가지고 있다는 게 제 생각이에요." 성적 권력은 대단히 주관적이라서 내가 섹시하다는 데 동의하는 사람이 없으면 나는 아무런 자본도 가지지 못한다. 그리고 연령주의 사회에서는 성적 권력에 성차별적인 연령 제한 역시 따른다. 여성은 그런 거래를 받아들여서는 안 된다.

권력을 가진 남자가 하이힐을 즐겨 신던 시대가 있었다. 엘리자베스의 연구에 따르면 하이힐은 원래 남자의 신발이었다. 하이힐은 페르시아와 오스만 제국의 군사 및 승마 복장에 필수 요소였는데, 발을 계속 등자에 얹고 있어야 했기 때문이다.[31] 16세기에 근동에서 유럽에 도착한 하이힐은 귀족 남성들 사이에서 대유행을 일으켰다.

안토니 반 다이크 같은 궁정화가들의 작품에서는 찰스 1세 같은 왕을 위시한 남성들이 현대인의 눈에는 지극히 여성스러워 보이는, 방울 달린 하이힐을 신고 있는 모습을 볼 수 있다. 프랑스 궁정에서 루이 14세가 선명한 빨간색 하이힐을 신었다는 사실은 이미 잘 알려져 있지만, 왕은 자신이 아끼는 사람들만 빨간 하이힐을 신을 수 있다는 칙령을 내렸다. 진정한 권력의 장신구로 삼은 것이다.

그 후 상황이 백팔십도 달라졌다. 18세기의 계몽주의는 성을 두 진영으로 확고히 나누었다. 강하고 이성적인 남성과 약하고 비이성적인 여성. 패션, 그중에서도 특히 하이힐은 감정적인 비실용성을 상징하게 되었다. 패션 이론가인 J. C. 플뤼겔J. C. Flügel은 이를 '위대한 남성적 금욕'이라고 불렀다. 하이힐과 특이한 패션을 대중화했던 남자들은 이제 장신구와 밝은 색상과 하이힐을 버리고 어둡고 근엄한 외양으로 돌아섰다.[32]

원래 여성들이 남성 의복의 특징을 가져오는 전반적 경향의 일부에 불과했던 하이힐이 이제는 완전히 뿌리를 내렸다. 이는 아마도 패션과 신발에서 일어난 가장 큰 이념적 전환일 것이다. 여자들은 하이힐을 신는 것이 비이성적이고 어리석은 행위라는 생각과, 성적 매력과 사회적 지위를 유지하려면 계속 하이힐을 신어야 한다는 사회적 압박으로부터 이중 공격을 받고 있다. 프랑스 혁명을 통해 평등 개념이 널리 퍼지면서 하이힐을 신는 것 같은 귀족의 관행은 퇴출되었다. 몇몇 두드러지는 예외, 즉 여성을 모사하는 드래그 퀸이나 키를 키우고 싶어 하는 단신 남성들을 예외로 치면, 그 후로 하이힐은 줄곧 엄격히 여성 전용이었다. 사람들이 생각하는 여성과 하이힐과 비이성 간의 연결고리 또한 여전히 제자리를 고수했다. 신발은 영화와 대중음악에 중요한 역할로 등장한다. 선물 가게에 구두 모양의 깜찍한 소품이 쌓여 있고, 여성용 티셔츠에는 '구두 주면 일함Will Work for Shoes!' 같은 슬로건이 적혀 있으며, 여성을 대상으로 하는 축하 카드에는 거의 필수적으로 구두가 등장한다. 구두는 신격화되어왔고, 여자들은 구두를 무자비하게 욕망해야 한다고 학습된다. 이쯤에서 잠깐 멈추어 그것이 과연 진실인지 생각해봐야 하지 않을까?

수많은 사람들이 신발과 그저 평화롭게, 또는 마지못해 공존한다. 패션 전문 저술가인 콜린 맥도웰Colin McDowell은 구두에 미친 사람 한 명당 '신발은 그저 길면 2~3년쯤 신은 후 잊어버리도록 만들어진 옷가지의 하나일 뿐, 항구적이거나 중요한 무언가가 아니라고 보는 수백만 명이

존재한다'고 썼다.[33] 하지만 여성의 경우 이는 사회적으로 용인되는 사고
방식이 아니다.

대중매체는 여자들에게 신발을 사랑하는 것만으로는 부족하며 신
발에 집착해야 하고 중독되어야 하고 노예가 되어야 한다는 메시지를
무차별적으로 쏟아붓는다. 여성학자인 데비 징Debbie Ging은 이렇게 썼다.
'광고, 잡지, 자기계발서, 그리고 여성 대상 문학이나 영화 같은 문화 장
르에서는 유전자에 신발 숭배를 가지고 태어난 듯한 여성들이 단골로 등
장해왔다.' 데비는 페미니즘이 급신장하던 1960년대와 1970년대에 여
성을 이처럼 고정 관념화했다면 모욕적으로 여겨졌을 거라고 주장한다.
하지만 지금은 그것이 용인되는 수준을 넘어 구두가 아예 여성해방의 일
부로 여겨진다.[34]

그렇다면 하이힐이 과연 허상의 권력 말고 뭔가를 더 제공하긴 하는
가? 마케팅은 평등을 위한 전쟁터에서 하이힐이 여성의 무기라고 주장
하지만, 데비 징은 신발이 여성의 적이라고, 여성이 비합리적이고 탐욕
적이고 자기애적이며 사소한 데 집착한다는 신화를 영속화하는 무기가
되어왔다고 말한다. 여자들이 진정 신발을 무기로 사용하고 싶다면 빅토
리아 베컴이 아니라 문타다르 알자이디의 행보를 따라야 한다고 그녀는
주장한다.[35]

텔레비전 기자로서 몇 년에 걸쳐 이라크 전쟁과 점령 상황을 보도해
온 문타다르 알자이디는 2008년 기자회견에서 조지 W. 부시에게 신발
을 던졌다. 그리고 그 사건으로 감옥살이를 마치고 나온 후 이렇게 썼다.
'내가 던진 그 신발이 얼마나 많은 무너진 집에 들어갔다 나왔는지 아는
가? 무고한 희생자의 피를 얼마나 많이 밟았는지 아는가? (……) 내가 범
죄자인 조지 부시의 면상에 신발을 던진 것은 그자의 거짓말에, 내 나라
를 점령하고 내 동포를 살해한 그자에게 저항하기 위해서였다.'[36]

알자이디의 뒤를 이어 전 세계에서 수많은 저항의 불꽃이 타올랐고, 런던의 미국 대사관 앞에는 헌 신발이 든 상자들이 버려졌다. 그리고 이라크의 티크리트에는 청동으로 된 거대한 신발 조형물이 세워졌다.

내가 걷는 모습이 보고 싶어?

신발은 일부 사람들에게 실로 심오한 호소력을 발휘한다. 발과 더불어 유서 깊은 집착의 대상인 신발은 강렬한 성애적 쾌락을 자극할 수 있다. '단언컨대 그 어떤 미술 애호가도 페티시스트가 신발을 사랑하듯 미술을 사랑하지는 못한다.' 프랑스의 초현실주의자인 조르주 바타유Georges Bataille는 그렇게 썼다.[37]

1980~1990년대에 페티시 전문 잡지인 〈레그 쇼Leg Show〉의 편집자였던 디안 핸슨Dian Hanson은 페티시 팬들에게서 수천수만 통의 편지를 받았다. 그중 디안이 가장 좋아한 것은 자기 가죽을 보낼 테니 구두로 만들어달라는 한 남자의 편지였다. '저는 평범한 남자입니다. (……) 평범한 키. 평범한 외모. 여자들은 절대 저를 돌아보지 않죠. 저는 투명인간이에요. 하지만 여자들은 구두를 사랑하죠. 제가 구두라면 여자들은 저를 원할 겁니다. 저는 구두가 되는 공상을 합니다.'[38]

이것은 신발 페티시의 극단이다. 이 남자는 자신의 신체를 욕망의 대상이나 성적인 존재로밖에 보지 못한다. 사람들이 무언가를 페티시의 대상으로 삼는 이유를 일반화해서 설명하기란 불가능하지만, 신발은 페티시즘에서 특히 확고한 자리를 차지해왔다.

사회에서 페티시는 일반적으로 우스꽝스럽거나 기괴한 것으로 취급되지만, 합의되고 합법적이며 고립을 야기하지 않는 페티시는 건전한 성적 쾌락을 제공할 수도 있다. 비록 오늘날에는 순수하게 프로이트적 실천을 하는 심리치료사가 많지 않지만, 성적 페티시에 관한 사고의 기틀을 놓은 것은 지그문트 프로이트Sigmund Freud였다. 1927년, 프로이트는 신발이 페티시의 대상이 되는 이유를 설명하기 위해 '호기심 많은 남자 아이가 (자기 어머니의) 성기를 아래에서 엿보는 상황'을 이야기했다.[39] 프로이트에게 신발은 남자아이가 자기 어머니에게 남근이 없다는 사실을 깨닫는 순간을 상징한다. 프로이트의 주장에 따르면 이는 거세 공포를 일깨우는데, 대다수의 남자들은 이를 극복하지만 일부 남자는 신발을 남근의 대체물로 지정하게 된다고 한다.

신발이 발휘하는 성적 매력은 그것을 신었던 발에 대한 연상작용 때문일 수 있다. 발은 제압할 수 있는, 성애화된 여성(또는 남성)의 신체에 속한다. 널리 알려진 바와는 달리, 마릴린 먼로의 그렇게 유혹적인 걸음걸이에는 굳이 높은 구두가 필요치 않았다. 하지만 먼로가 죽고 60년이 지난 지금, 하이힐이 엉덩이와 가슴을 튀어나오게 하고 다리근육을 팽팽하게 만들면서 섹스를 암시하는 방식은 여전히 매혹으로 작용한다. "당신 스타킹의 그건 올이 풀린 건가요, 아니면 천국으로 가는 계단인가요?" 이 느끼한 대사에는 신발에서 욕망의 대상인 성기로 가는 길을 떠올리는 상상이 담겨 있다.

페티시가 남모르는 숨겨진 비밀이라는 사실에서 매력을 느끼는 신발 페티시스트들도 있다. 아니면 그 매력은 인간이 아닌 물건은 그 어떤 유혹이나 노력도 요구하지 않는다는 사실에서 나올 수도 있다. 신발은 그저 신발장에서 꺼내기만 하면 그만이니까.

하이힐에 느끼는 매력을 가리키는 구체적인 용어가 있다. '알토칼시필리아altocalciphilia'. 이 경우에도 일반화는 불가능하다. 하이힐의 매혹은 거기에 굴복하고 싶은 욕망, 뾰족한 굽이 남기는 자국에 대한 흥분, 그리고 고통을 야기하는 신발에 키스하고 감사하라는 역설적 요구에서 나올 수도 있다. 또는 하이힐이 성적 가능성을 과시한다는 상상에서 나올 수도 있다. 아니면 지배욕에서, 하이힐을 신은 여성은 '무력한 먹잇감'이라는 생각에 매혹을 느끼는 것일 수도 있다. 이는 여자가 고통을 느끼고 도망칠 수 없다는 점에서 더 불길한 구석이 있다.

원숭이 덫

정치이론가인 벤자민 바버Benjamin Barber는 소비주의를 묘사하기 위해 원숭이와 안에 땅콩을 넣어둔 작은 철제 우리라는 비유를 이용했다. 원숭이는 손을 납작하게 펴서 우리 안에 손을 집어넣을 수 있지만 안에 든 땅콩을 쥐면 손을 뺄 수 없다. 주먹을 쥐면 손이 너무 커지기 때문이다. 원숭이가 도망치려면 그저 땅콩을 놓고 손을 빼기만 하면 된다. 하지만 탐욕에 사로잡힌 원숭이들이 심지어 죽는 한이 있어도 땅콩을 놓지 않는다는 것을 알게 된 영리한 사냥꾼들은 원숭이를 몇 시간, 길게는 며칠 동안 붙잡아놓을 수 있게 되었다고 한다. 그 후 바버는 이런 질문을 던진다. 원숭이는 자유의 몸인가 아닌가.[40]

손이 덫에 갇혀 있는 사회는 거기에 속한 개인들과 우리 지구 양측에 심각한 위협을 제기한다. 좋은 소비자가 되려면 먼저 반드시 선택이라는 개념과 사랑에 빠져야 하고, 그다음으로 소비 자체와 사랑에 빠져야 한다는 이야기가 있다.[41] 이처럼 선택에 대한 중독적 사랑에 빠지면 소비자들은 그 선택을 제약한다고 느끼는 모든 대상에 반대의 목소리를 높이게 된다.

예컨대 강력한 규제는 화학물질에 찌든 신발을 소비하지 못하게 막을 수 있지만, 규제는 선택지를 제한한다는 점에서 반대해야 할 대상으로 프레이밍된다. 소비자는 새로움을 무자비하게 추구하는 과정에서 자신이 무엇을 잃는지 잠시 생각할 틈도 없이 기업과 자유시장을 위한 치어리더의 처지로 전락하고 만다. 유럽연합의 규제에 맞선 영국의 격렬한 저항이나 미국의 무상 의료보험 제공에 대한 대중적 공분을 떠올려보라.

쇼어 박사는 자신의 책 『과소비하는 미국인 The Overspent American』에서 중산층 '과소비'의 만연과 바로 그 중산층이 교육, 사회복지, 공공안전, 여가 활동과 문화 같은 것들을 위한 공적 지출에 거부감을 나타내는 현상이 동시에 나타난다고 지적했다. 소비 사회가 낳는 결과 중 하나는 빈곤층과 거의 빈곤에 가까운 계층이 공공복지나 사회안전망의 보호를 받지 못한다는 것이다. 그 결과는 빈곤의 심각한 증가, 가난한 동네의 낙후화, 그리고 범죄와 마약 이용 증가라고 쇼어 박사는 썼다. 돈이 있는 사람들은 어쩌면 개인적으로 돈을 써서 그런 문제를 회피하려 하겠지만, 이는 사회적 병폐에 대한 해법이 될 수 없다.[42]

소비주의와 민영화는 사람들이 공적 영역으로부터 물러나 사적 자원이 쓰레기 수거, 치안과 학교 같은 공공 서비스를 사적 상품으로 만드는 게이티드 커뮤니티(자동차와 보행자의 유입을 엄격히 제한하고 보안을 향상시킨 주거 지역 – 옮긴이)로 향하게 만든다. 이는 사회 전체의 청결과 안전과 교육을 유지하는 것을 목적으로 하며 고립을 방지하고자 하는 사회복지의 핵심 그 자체를 무너뜨린다.[43] 이는 '내가 무엇을 원하는가'와 '우리에게 무엇이 필요한가'를 묻는 것의 차이라고 바버는 믿었다. 첫 번째 질문에 답하는 것은 시장이지만, 두 번째 질문에 답하는 것은 공동체다.

신발을 얻고 길을 잃다[44]

헬렌은 런던 외곽의 방 세 개짜리 월셋집에서 남편 루크, 그리고 남편이 수집한 운동화들과 함께 살고 있다. 다락방과 또 하나의 방은 신발로 빼곡하다. 신발이 헬렌의 방까지 침범하기 시작하자, 헬렌은 남편에게 자신의 공간이 필요하다고 말했다.

부부는 스니커 콘에 부스 하나를 잡았다. 부스에는 운동화가 쌓여 있다. 루크는 어디에 있는지 보이지 않는다. 헬렌이 설명한다. "우리는 개인 소장품인 나이키 에어 조던을 팔러 왔어요. 정말 안 팔려요. 다들 애들이라 사이즈 8 아니면 9를 원하는데, 이것들은 10이랑 11이거든요."

한 손님이 판매대로 다가와 나이키 에어 조던을 집어 들어 손안에서 이리저리 돌려보고 밑창을 살핀다. 얼마냐고 묻는다. 헬렌은 대답한다. "250파운드요. 다른 사람들은 350파운드에 팔고 있어서, 가격이 아주 좋다고들 하네요." 남자는 고개를 끄덕이고는 신발을 내려놓고 다음 판매대로 걸어간다.

탁자에 진열되거나 상자에 담겨 바닥에 놓인 수많은 운동화의 가격을 합치면 수십만 파운드는 나갈 것이다. 부부는 이러한 지출 때문에 그간 갈등을 겪어왔다. 헬렌이 말한다. "그래서 남편은 그만둬야만 했죠. 이 중 몇 켤레는 기습 출시 행사에서 산 거예요. 우리는 밤 외출을 하러 나왔다가 트위터에 뜬 링크를 따라가려고 차를 고속도로 갓길에 세워야 했어요. 새로 출시된 운동화를 사려고요."

헬렌은 루크가 지금은 재출시되어 특별함을 잃어버린 한정판 운동화에 많은 시간을 허비했다고 말한다. "남편은 '그건 내 주택자금이야'라고 말해요. 하지만 그러려면 먼저 그걸 팔아야죠."

이윽고 탁자로 다가온 루크가 얼굴을 찌푸리며 어깨를 으쓱한다. 루크가 말한다. "조던은 죽었어. 아무도 조던은 안 사."

원치 않는 운동화들은 전 세계적으로 인증받은 제품이다. 미국에서 디자인되고 동남아시아에서 제조되고 유럽에서 구매되었다. 헬렌과 루크는 살 집과 그 신발들을 바꾸었다. 이 규모를 242억 켤레로 확장해보면, 이는 그저 한 가정에 대한 위협을 넘어서는, 전 세계에 대한 위협을 제기한다. 이 책에서 앞으로 보게 되겠지만, 이 같은 규모의 생산이 요구하는 진정한 비용은 실로 무시무시한 수준이다.

2

공장에서 무슨 일이 벌어지고 있을까?

셰브넴은 1주일에 6일은 혼자 잠자리에서 일어난다. 머리카락을 말총머리로 모아 묶고 레깅스와 점퍼를 입는다. 6시 30분에 오는 공장 버스에 늦지 않도록 아침 6시 25분에 집을 나선다. 버스를 놓쳤다가는 3킬로미터를 꼬박 걸어가거나 택시비를 내야 한다. 버스들은 적막에 싸인 거리를 일렬로 달려 졸음에 겨운 수백 명의 노동자를 시 외곽의 공장으로 실어 나른다.

셰브넴은 층계를 올라 자신의 작업장에 도착한다. 근무는 7시 정각에 시작되지만 몇 시에 끝날지는 아무도 모른다. 앞에 놓인 새 부츠 더미를 세제로 닦는다. 화학약품 방울이 튀자 피부가 타는 듯 따갑다. 눈이 따갑고 입 안은 역겨운 맛으로 가득하다.

몇 해 전 겨울, 공장 주인이 겨우 30분간 온열기를 튼 후 온기가 빠져나가지 않게 창을 모두 가리라고 했다. 바람이 들어오는 곳은 공장의 문 두 개가 전부다. 오전 내내, 흐릿한 공장 안은 접착제와 염료에서 나오는 연기로 자욱하다. 이따금 감사관이 공장을 방문할 때마다 셰브넴은 마스크를 지급받아 착용한다. 하지만 통풍구조차 없는 곳에서 마스크를 쓰려니 질식할 것만 같다.

"진실을 보지 못한다면 그냥 멍청한 거죠." 공장 안 이곳저곳을 돌아다니며 사진을 찍는 감사관을 볼 때마다 셰브넴은 그런 생각을 한다. 감사관은 구석구석 확인하고 메모를 하지만 그런다고 달라지는 건 아무것도 없다.

25분짜리 휴식 시간이 곧 점심시간이다. 직원 식당이나 휴게실이 있을 리 없으니, 셰브넴은 일하던 작업대 앞에 그대로 앉아 집에서 직접 싸온 음식을 먹는다. 벌써 15년째 이 일을 하고 있는데도 상처투성이인 손을 보면 여전히 마음이 좋지 않다. 씻고 싶지만 화장실까지 가려면 거의 15분은 걸리고, 그 후에는 세면대에 줄을 서서 기다려 물통에 물을 받아야 한다. 그때쯤이면 쉬는 시간이 거의 끝났을 것이다.

점심을 먹고 나면 부츠에 광을 내야 한다. 한 짝 한 짝 손을 팔꿈치까지 깊숙이 집어넣고 번쩍번쩍 광이 날 때까지 문지른다. 그러다 보면 팔이 새까매진다. 주머니에는 작업이 끝나면 광택제를 씻어내려고 집에서 가져온 비누가 들어 있다. 그때는 오후 2시 30분일 것이다. 셰브넴이 생각하기엔 분명히 공장에 들어올 때 그렇게 정한 것 같다. 하지만 셰브넴의 계약서에는 근무시간 조항이 없다. 모든 직원이 시간제일지도 모른다는 소문이 공장 전체에 돌고 있다. 어떤 노동자들은 자신이 합법적으로 고용되었는지 아닌지조차 모른다.

언제 퇴근할지 아무도 모르는 게 정상이 되었다. 공장에서 가장 힘든 철은 겨울용 부츠와 신발을 만드는 여름이다. 납기를 맞추라는 압박은 더한층 심해지고, 지글지글 끓는 듯한 공장에서 셰브넴은 오후 5시까지 강제 무보수 노동을 해야 한다. 매니저들은 더 열심히 일하라며 고함치고 욕설을 한다. 그래서 셰브넴은 뇌를 아예 꺼버리려고 한다. 무감각해지라고 자신에게 말한다. 여기가 아닌 다른 곳에 있다고 상상하는 거야.

공장 일을 처음 시작할 때 셰브넴은 곧 새신랑과 함께 다른 도시로, 심지어 타국으로 이민을 갈 작정이었다. 당시에는 공장에서 일하는 사람이 훨씬 많았고, 노조를 결성하자는 말도 나왔다. 이제 셰브넴은 하루가 더 빨리 지나가게 라디오가 있었으면 하는 꿈을 꾼다.

셰브넴은 산책을 하거나 가족과 어울리며 토요일을 보내는 꿈도 꾸지만, 토요일에 출근하기를 거부했다가 해고당한 친구가 있다. 작업량이 많은 사람을 항상 도와주던 착한 남자였다. 며칠 연속으로 휴가를 내는 것도 셰브넴의 꿈 중 하나다. 하지만 법적으로 정해진 21일의 연차 대신 셰브넴이 쉴 수 있는 것은 겨우 5일이 전부다. 매니저가 공장에 일이 적은 날로 알아서 결정한다.

몇 시간을 근무하건 셰브넴의 월급명세서에는 변화가 없다. 어느 때는 시간당 보수라고 하고, 어느 때는 공장에서 생산한 신발 켤레당 보수라고 하고, 또 어느 때는 정해진 할당량을 맞추지 못해서 보수가 삭감되었다고 한다. 잔업을 얼마나 많이 했든 상관없이 셰브넴은 매달 197유로를 받는다.

때로는 상품에 가격표 붙이는 일을 한다. 셰브넴이 광을 낸 부츠는 서유럽에서 200유로에 팔릴 것이다. 셰브넴이 한 달 꼬박 주 6일 근무를 해서 받는 월급보다 더 많은 돈이다.

공장에는 주문 생산을 감독하러 온 이탈리아인들이 있다. 셰브넴은 그 이탈리아인들이 지역 매니저들보다 더 좋다. 노동자들에게 고함을 치지 않기 때문이다. 값비싼 휴대전화와 노트북을 가진 그 사람들은 이탈리아에서 이런 일을 시키려면 한 달에 1,600~2,000유로는 줘야 할 거라고 말한다.

복잡한 가죽 신발 주문 생산이 중단되었다. 처음부터 다시 시작해야 한다. 이탈리아인들이 염료의 색이 잘못되었다고 지적했기 때문이다. '왜 여기로 와요?' 셰브넴은 그 사람들에게 묻고 싶다. 우리가 일을 잘해서? 아니면 그냥 싼 맛에? 그 사람들은 이 많은 일을 다 감당할 수 있느냐고 결코 묻지 않는다.

퇴근 버스에서 내리면 열한 살 된 아들이 잠자리에 들기 전까지 몇 시간쯤 같이 있어줄 수 있다. 환한 웃음을 가진 다정한 아이다. 숙제가 뭐냐고 물으면 아이는 늘 없다고 말한다. 아이 아버지, 즉 셰브넴의 전남편은 새로운 삶을 시작하려고 외국으로 떠났다. 여름까지 돈을 좀 모을 수 있다면 아버지에게 다녀오라고 아이를 보내줄 것이다.

아들이 잠자리에 들 시간이 되자 셰브넴은 전 시부모의 집까지 걸어서 아이를 데려다준다. 아이는 거기서 자는데, 셰브넴이 일하러 간 오전 중에 아이를 봐줄 사람이 필요하기 때문이다. 아이는 혼자 걸어가기엔 겁이 너무 많다. 셰브넴은 부모님 댁에 얹혀산다. 식구들 중에 집에서 노는 사람은 아무도 없다. 부모님은 셰브넴에게 월세를 받지 않을 뿐더러 공공요금까지 내준다. 셰브넴의 월급은 가족의 식비, 그리고 아들의 옷과 신발, 학비와 학교 활동비에 들어간다. 아이는 애플 로고가 박힌 노트북을 몹시 갖고 싶어 한다. 셰브넴은 아들에게 외국어 교습도 시켜주고 싶지만, 수업료와 차비가 너무 비싸다.

예전에는, 결혼하기 전에는 공장에 돈을 더 달라고 따지곤 했다. 이제는 오랜 세월 공장에 다닌 후 호흡기에 문제가 생겨 밤새 기침을 하는 어머니를 생각하면, 뭔가를 바꿀 수 있다는 걸 믿지 않게 된다. 셰브넴은 친구들에게 말한다.

"이탈리아인들은 부자야. 공장주는 부자야. 하지만 회사가 우리한테 뭘 주지? 아무것도 안 줘. 심지어 공짜 신발 한 켤레도. 흠집이 난 건 차라리 폐기 처분하고, 남는 게 생기면 갖다 버리고 말아. 흠집이 있어도 나

같으면 좋다고 신을 텐데, 그 사람들은 그냥 갖다 버린다니까."

권리 요구와 책임 회피

통제를 벗어난 소비주의는 우리가 구매하는 모든 물건이 사람들에 의해 만들어졌음을 의식하지 못하게 만든다. 지구상에 존재하는 모든 신발은 허공에서 요술처럼 홀연히 나타난 게 아니라 사람들에 의해 공들여 만들어졌다. 그 사람들 중 압도적 다수는 여자들이고, 그 여자들 대부분은 먹고사는 데 필요한 수준에 한참 못 미치는 보수를 받고 있다.

세계화는 낮은 노동기준, 그리고 공장에 발주하면 몇 주 안에 납품될 거라는 기대를 널리 퍼뜨렸다. 공장 밑바닥의 노동자들은 그 압박을 고스란히 짊어져야 했다. 그 결과로, 이 인종차별적이고 성차별적인 노동 시스템의 예봉을 맞고 있는 셰브넴 같은 여자들을 세계 방방곡곡의 제화 도시에서 만날 수 있다.

셰브넴은 무보수 잔업과 극도로 낮은 임금 및 위험한 노동조건이라는 현실에 처한 실제 인물이지만, 또한 전 세계의 제화 공장 노동자들을 표상한다. 가족을 부양하려 애쓰는 노동계급 여성으로서, 교육을 거의 받지 못했고 노동시장에서 거의 선택권을 가지지 못한 사람으로서 셰브넴은 우리가 사는 경제 시스템을 떠받치는 사람들을 표상한다. 셰브넴은 글로벌 사우스를 표상한다.

글로벌 사우스와 글로벌 노스는 단순히 지리적으로만 구분되는 것이 아니다. 비교적 최근에 만들어진 용어인 '글로벌 사우스'는 이전에 '제3세계'나 '미개발국'이라는 두루뭉술한 이름표가 붙었던 곳을 가리킨다. 그것은 또한 세계화 및 그 문제들과 관련된 용어이다. 인류학자 토마스 힐란드 에릭슨Thomas Hylland Eriksen의 설명을 빌리자면, 글로벌 사우스는 '전 지구적 신자유주의의 위력에 휘둘리는' 국가들을 나타내게 되었다.[1]

간단히 말해, 어느 국가가 전 지구적인 신자유주의적 자본주의 경제로부터 이득을 보면 글로벌 노스, 그 시스템 아래서 고통을 받으면 글로벌 사우스라는 것이다. 하지만 그 용어에는 단서 조항이 따라붙는데, 전 지구적 자본주의의 피해자와 수혜자는 국경을 가운데에 놓고 양쪽으로 칼같이 나뉘지는 않기 때문이다.[2] 인도에도 억만장자와 강력한 엘리트들이 있는가 하면, 영국에도 푸드뱅크와 극빈 노숙자들이 있다. 따라서 '글로벌 사우스'는 단순히 지도상에 그어진 선이라기보다는 개념에 더 가깝다.

신발이 주로 글로벌 사우스에서 만들어지는 것은 우연이 아니라 의도적인 사업 전략의 결과다. 임금과 노동비용이 싼 국가, 환경규제 기준이 낮고 건강과 안전기준을 강제할 능력이 빈약한 나라에서는 기업 이윤이 꽃을 피운다. 값싼 공장을 원하는 제화 브랜드들은 바로 이런 곳들을 적극적으로 찾아나선다. 아시아는 세계 신발 생산량의 83.3퍼센트를 담당한다.[3] 최근 태국은 신발 생산국 순위에서 이탈리아를 밀어내고 10위로 올라섰다. 이제 10위 안에 있는 비아시아 국가는 단 두 곳, 브라질과 멕시코뿐이다.[4]

1990년대 이후로 아시아의 제화 산업은 최악의 인권 침해 사례를 보여주었다. 인도네시아의 제화업체인 PT 파나루브 인더스트리는 1980년대 말에 아디다스와 제휴하여 월드컵 경기에서 전 세계적으로 두루 홍보된 아디다스 프레데터 X 축구화를 비롯해 다양한 모델을 생산했다.[5]

2012년, 주로 여성으로 이루어진 노동자 2,000명이 PT 파나루브 인더스트리 산하의 PT 파나루브 드위카랴 베노아에서 더 나은 임금과 노동조건, 그리고 노조 결성권을 요구하며 파업을 벌였다.[6] 강제 잔업과 낮은 임금, 그리고 법으로 보장된 이틀간의 유급 생리휴가를 사용하려는 여성들에게 굴욕적인 신체검사를 강요하는 등 제조사는 노동자들을 형편없이 대우해온 역사가 길었다.[7] PT 파나루브 드위카랴 베노아는 1,300명의 노동자를 해고함으로써 2012년 파업에 맞섰다. 그로부터 6년 후에도 해고 노동자 327명은 여전히 퇴직금을 받지 못했고, 아디다스는 '유엔 기업과 인권에 관한 이행 지침UNGPs'과 경제협력개발기구OECD의 다국적기업 가이드라인을 위반한 혐의로 기소되었다. OECD 독일 연락사무소와 손을 잡은 클린 클로즈 캠페인Clean Clothes Campaign, CCC이라는 단체가 제기한 이 소송은 OECD에 의해 기각되지 않았고 아직 진행 중이다.[8] 클린 클로즈 캠페인 소속 미르얌 반 회흐턴Mirjam van Heugten은 이렇게 주장했다.

"아디다스는 지난 5년간 주요 신발 공급업체인 파나루브에 노동자들에게 퇴직금을 제공하라는 압박을 충분히 가하지 않았습니다. 노동자들은 집에서 쫓겨나거나, 더는 학비를 댈 수 없어서 아이들의 학업을 중단시켜야 했습니다."[9]

2012년 파업의 도화선이 된 문제들을 포함해 PT 파나루브 드위카랴 베노아에서 일어나는 노동자의 권리 침해에 대해 아디다스가 이미 오래전부터 알고 있었다는 추측이 있다. 또한 아디다스가 PT 파나루브 인더스트리에 해고 여성 노동자 327명에게 퇴직금을 지급하게 만들고도 남을 만큼의 압력을 행사할 수 있다는 주장도 있다. 이런 비판에 대한 대응으로, 아디다스는 자신들이 '이 사태의 해결을 돕기 위해 일반적으로 고객사에 기대할 법한 선을 넘어서까지 노력했다'고 주장하면서 PT 파나루브 드위카랴 베노아와의 계약을 중단했지만 PT 파나루브 인더스트리와는 계속 협력 중이다.[10] 이 글을 쓰는 지금까지도 OECD 소송이 해결될 전망은 보이지 않는다.

2016년 10월, 국제노동기구ILO 산하 결사의 자유 위원회는 중간보고서에서 PT 파나루브 드위카랴 베노아의 노동자들이 정당한 사유 없이 해고되었으며 기본권인 결사의 자유를 침해당했다는 판결을 내렸다.

2019년 2월, 장장 몇 년에 걸친 캠페인 끝에 지역 노조에서 조합원들을 대표해 합의를 수락했고, 그 결과 한 달 뒤 ILO는 사건을 종결했다.

베트남에서는 과도한 잔업과 불완전고용 계약, 그리고 독립노동자 대표제independent worker representation 거부가 의류 및 제화업계에 지속적인 그림자를 드리운다.[11] 캄보디아의 공장 노동자들은 반복되는 집단 실신 사태로 지속적 괴로움을 겪고 있다. 2017년 나이키, 푸마, 아식스와 VF 코퍼레이션에 의류나 신발을 공급하는 여러 공장의 노동자 수백 명이 32도의 열기에서 주 6일, 하루 열 시간 노동을 하다가 병원 신세를 져야 했다. 공장의 실내 온도를 32도로 제한하는 베트남과 달리 캄보디아는 온도 제한 규정이 없다. 비록 고용주는 '고열'로부터 노동자를 보호해야 한다는 규정이 있고 일부 브랜드는 자체적인 윤리강령을 가지고 있지만 말이다.[12]

집단 실신이 2018년 내내 반복되면서, 그 원인을 살펴본 다양한 연구는 제각각 이런저런 결론을 내놓았다.[13] 우선 여성 공장 노동자들의 영양상태가 문제라는 주장이 있었다. 노동자들이 너무 가난해서 제대로 된 식사를 할 수 없다는 것이었다. 극한적 기온, 음용수 부족 및 과도한 잔업 같은 공장 환경의 물리적 압박 또한 지적을 받았다.

공장 노동자들이 받는 생리적 압박에 더해, 다른 노동자들이 쓰러지는 모습을 목격한 극도의 공포로 인한 스트레스와 불안감을 집단 실신의 이유로 보는 연구들도 있다. 공장에 크메르루주 정권의 피해자나 사망한 노동자의 '귀신에 씌었다'는 문화적 믿음 또한 가능한 원인으로 지목되었다. 마지막으로, 집단 실신이 가혹한 노동조건에 맞선 사회적 저항의 한 형태라는 의견도 있다. 캄보디아의 노조 결사권 및 시민권의 야만적 박탈에 우회적으로 저항하는 방식이라는 것이다.[14]

"의류 산업에 비하면 제화 산업의 노동조건과 브랜드 정책이 크게 뒤처져 있습니다." 영국의 비정부기구인 '상표 뒤의 노동Labour Behind the Label'의 정책이사 도미닉 멀러Dominique Muller는 말한다. 의류 산업에 비교하면 제화 산업은 그간 감시의 눈길에서도, 언론의 조명에서도 비껴나 있었다. 1,138명의 목숨을 앗아간 라나 플라자 의류 공장과 맞먹는 재앙이 제화 산업에서는 아직 일어나지 않았다는 사실 역시 여기에 한몫한다. 도미닉의 설명에 따르면 신발 산업의 공급 사슬이 더 길어서 감시하기가 더 어렵다는 점도 있다. 신발의 각 부분은 주문이 들어오는 즉시 다양한 국가에서 제조되고 그 후에 조립된다. 그 결과로 신발 브랜드가 의류 산업보다 10년은 뒤처져 있다고 도미닉은 말한다. 많은 기업은 공급 사슬을 밝히라는 요구에 맹렬히 저항하고 있다.

세계의 공장

제화업 부문에서 논란의 여지가 없는 선두주자는 아시아의 한 국가, 바로 중국이다. 중국의 공장들은 6년간 지속된 침체에서 벗어나, 2018년에는 전 세계 신발 생산량의 64.7퍼센트를 담당하고 있다.[15] 그 어떤 국가도 중국 공장들의 생산량에 필적하지 못한다.

중국 신발 공장의 노동조건에 관해서는 고강도 노동, 저임금, 위험한 현장, 그리고 노조 결성을 허용하는 결사의 자유가 없는 것을 포함해 다양한 우려와 보고가 제시되어왔다. 이방카 트럼프는 2017년 간저우 소재 화젠 인터내셔널 슈 시티 사를 이용했다는 이유로 포화를 맞았다. 2017년, 비정부기구인 '중국 노동 감시China Labor Watch'는 극히 고된 잔업 및 저임금과 직원들에게 가해지는 폭력적 위협에 대한 신고를 접수하고 해당 공장을 조사했다. 노동자들은 남성 노동자가 화난 매니저에게 폭행당한 사건을 보고했다. 그 노동자는 매니저에게 하이힐로 머리를 얻어맞고 출혈상을 입었다.[16] 화젠 그룹은 합법적으로 공장을 운영하고 있다며 모든 혐의를 부인했다. 이방카 트럼프 브랜드는 그러한 보고들에 관해 공개적으로 우려를 표했고, 육체적 학대와 아동노동을 금지하는 회사의 윤리강령을 언급했다.

〈워싱턴 포스트〉는 선적 자료를 바탕으로 이방카 트럼프의 제품들이 2010~2017년에 중국 전역에 세워진 스무 곳 이상의 공장에서 제조되어왔다고 보도했다.[17] 이방카 트럼프 패션 브랜드는 2018년에 문을 닫았다.

2015년 봄과 2016년, 홍콩 기반의 비정부기구인 SACOM(기업의 부당 행위에 맞서는 학생과 학자 연합)은 주요 패션 브랜드에 납품하는 중국의 공장 몇 군데에 비밀 감시팀을 보냈다. 그중 하나는 광둥성 난하이구에 위치한 난바오 제화 공장이었다. 감시팀은 해당 신발 공장의 열악한 조건에 관해 보고했다. 그곳의 몇 가지 조건이 의류 공장에 비해 확연히 떨어진다는 내용이었다.

브랜드가 정한 촉박한 마감 시한에 쫓기는 것은 의류 공장이나 제화 공장이나 마찬가지이지만, 통상적으로 제화 공장의 노동시간이 더 과중하기 쉽다. 난바오의 포장 부서에서 일하는 한 노동자는 잔업이 새벽 3시에야 끝나는 경우도 드물지 않다고 SACOM에 말했다. "포장 부서에서는 늘 잔업을 시켜요. 특히 공장이 납기를 맞추려고 바삐 돌아갈 때는요. (……) 월급은 4,000위안(약 470파운드)쯤 돼요. 긴 근무시간에 임금은 낮은 데다 일도 힘들죠."[18]

조사 결과 고된 노동시간을 두 배로 고되게 만드는 것은 각 과정을 몇 초 안에 끝내야 한다는, 매니저들의 지시에 기반을 둔 생산 목표였다. 거기에 더한층 스트레스를 가중하는 요인이 있으니, 노동자들이 팀 단위로 평가와 보수를 받는다는 것이다. 작업 속도가 느린 사람은 매니저뿐 아니라 동료 노동자들로부터 질책을 당해야 했다.

SACOM의 프로젝트 간사인 첸핀위는 이렇게 말한다. "난바오의 노동자들은 소변을 보러 화장실에 가려면 뛰어야 한다더군요. 다른 사람들한테 피해를 주기 싫어서요. 생산 라인은 한번 가동하면 멈추지 않습니다. 화장실에 간 사이 자기 자리 앞에 신발이 쌓이고, 그러면 다음 단계의 동료 노동자들이 그 사람을 기다려야 하죠." 또한 SACOM의 보도에 따르면 결근을 한 노동자는 벌금을 물어야 했다. 때로는 병가조차 예외가 아니었다.

신발 공장을 의류 공장보다 더 열악하게 만드는 또 다른 요인은 노동자들이 독성 화학물질에 지속적으로 노출되기 때문이다. 접착제와 세척용 화학물질을 다룰 때 종종 엉성한 장갑과 마스크를 지급하는 공장이 있는가 하면, 심지어 장갑과 마스크가 아예 없는 곳도 있다. 이는 노동자들을 독성 화학물질에 노출시킨다. 난바오에서 신발의 각 부품을 접착하는 고무 접착 시트를 다루는 작업은 보수가 비교적 좋은 축에 든다. 이 과정에서는 유독성 먼지가 구름처럼 피어오르는데, 적합한 마스크를 쓰지 않은 노동자는 그 먼지를 흡입할 위험이 있다. 난바오의 노동자 다수는 SACOM 조사팀에 코피가 자주 나고 병원비 지출이 이전보다 늘어났다고 보고했다.[19] SACOM의 이러한 조사 결과에 난바오 공장이 어떤 식으로 반응했는지, 그 이후로 어떠한 변화가 이루어졌는지는 전혀 알려진 바가 없다.

중국 제화 산업의 또 다른 큰 특징은 치명적인 화재와 건물 붕괴다. 2015년 중국 동부에 위치한 원링시 제유 신발 공장에서 56명의 노동자가 근무하던 중 건물이 무너져 내려 적어도 12명이 목숨을 잃었다.[20] 같은 원링시에 위치한 타이저우 다둥 제화 공장에서 일어난 화재로 노동자 16명이 목숨을 잃은 지 1년 만에 일어난 비극이었다.[21]

쿠마노보 이야기

〈2017년 세계 신발 연감〉에 따르면 유럽은 전 세계 신발 수출량의 13.8퍼센트를 차지하는데,[22] 유럽 공장들의 노동조건 또한 극도로 열악할 수 있다. 추정컨대 최저 생계 임금의 25~35퍼센트를 받는 동유럽의 제화 노동자는 흔히 중국 노동자보다 더 어려운 처지인데, 동유럽은 임금이 낮은 데 비해 물가는 낮지 않기 때문이다.[23] 조사에 따르면 알바니아나 루마니아에서 평균임금을 받는 제화 노동자는 고작 우유 1파인트(약 570밀리리터)를 살 돈을 벌려면 꼬박 한 시간을 일해야 했다. 이는 최저임금을 받는 영국 노동자가 겨우 4분만 일해도 벌 수 있는 돈이다.[24] 전 세계에는 제화 공장이 수만 개이고, 수백만 명의 노동자가 매년 242억 켤레의 신발을 만들고 있다. 이런 공장들 중 수백 개는 옛 유고슬라비아와 마케도니아 공화국에 위치해 있는데, 지역 노조의 추산에 따르면 방직 및 의류 공장 노동자는 3만 4,819명인 데 비해 가죽과 가죽 관련 생산 노동자는 3,331명에 불과하다.[25]

노스 마케도니아 공화국은 삼림이 우거지고 비옥한 토지를 가지고 있으며 전체 인구 210만 명 중 80퍼센트는 기독교정교인이고 20퍼센트는 무슬림이다. 남동부 유럽 내륙에 위치한 이 작은 땅에는 알바니아인과 롬인(북부 인도에서 기원한 유랑 민족으로, '집시'는 이들에 대한 멸칭이다-옮긴이) 역시 대규모로 살고 있다. 이 나라는 유고슬라비아의 분리 이후 발칸 반도의 많은 지역을 짓밟은 끔찍한 전쟁에 말려들지 않을 수 있었다.

여러 이름과 형태를 거쳤던 유고슬라비아의 여섯 국가는 1964년 티토 장군의 통치하에 유고슬라비아 사회주의 연방공화국이 되었다. 이 신생 연방은 세계무대에 중요 일원으로 등장해, 구소련과 미국 어느 쪽과의 동맹도 거부하며 1980년 티토가 사망하기까지 경제 발전을 달성했다.

유고슬라비아는 공화국 전역에 제조업의 기틀을 놓으려고 노력했다. 방직 생산의 역사가 있는 마케도니아는 의류와 신발 공장의 중심지로 번영하기 시작했는데, 그곳에서 랭글러 같은 다수의 유명 브랜드가 만들어졌다. 사회주의 시대에는 이런 공장들이 대부분 사회 소유 기업으로 운영되었다.[26]

북동부에 위치한 쿠마노보 시에는 사회 소유 제화 공장인 치크가 있었는데, 전성기에는 그곳에서 3,600명의 노동자가 일했다.[27] 오늘날 그곳을 찾아가보면, 공장 부지는 여전히 그곳에 있지만 모습은 달라졌다. 입구는 나무와 예쁜 잔디밭으로 꾸며져 있다. 분수는 이제 물이 말랐지만 건물들은 다채롭고, 앞쪽에 위치한 건물들 중 하나에는 이탈리아 회사인 포르멘티니의 대형 간판이 달려 있다. 하지만 그 길로 더 가서 주요 단지로 이어지는 계단을 내려가면 분위기가 확 달라진다. 그곳은 대형 산업 단지이다. 페인트가 군데군데 벗겨지고 전선이 대롱대롱 늘어진 2층짜리 건물이 거리를 따라 늘어서 있다. 판자를 대놓지 않은 몇몇 더러운 창문 너머로 기계 앞에 줄을 지어 선 노동자들이 보인다. 각 작업장에는 각기 다른 회사의 이름이 붙어 있다. 세계적 스포츠 브랜드의 이름과 로고가 찍힌 신발 상자가 창 하나 앞에 쌓여 있다. 쓰레기장에는 판지로 꽉 찬 쓰레기통들이 있고 다 쓴 금속 접착제 용기가 산더미처럼 쌓여 있다.

공장에서 보고 듣다

2018년 4월 19일 아침, 치크로 향했다. 건물에 들어서자마자 강렬한 접착제 냄새가 코를 찌른다. 나선형 콘크리트 계단은 두 층을 휘감아 올라간다. 계단 측면에는 금속 사슬과 도르래가 겉으로 노출된 산업용 승강기가 설치되어 있다. 계단 꼭대기에는 위쪽 경첩이 떨어진 금속 안전 차단기가 두 층 아래의 콘크리트 바닥으로 이어지는 계단통을 드러내고 있다.*

몇 개의 이중문을 통과하면 노동자들이 붉은 티셔츠를 단체로 맞춰 입고 일하는 제화 공장이 나온다. 몇 명을 제외하면 모두 여성이다. 녹색 컨베이어벨트를 중심으로 배치된 작업대 앞에서 허리를 숙이고 있다. 노동자들은 컨베이어벨트에 부착된 초록색 바구니에서 신발을 짝 맞춰 꺼낸다. 그러고는 작업을 마치고 다음 단계로 넘어가는 바구니에 도로 올려놓는다. 컨베이어벨트는 천천히 돌아가지만 결코 멈추는 법은 없다. 모두가 박자를 맞춰 일해야 한다.

구석에 위치한 사무실은 드 마르코 두엘 공장 및 브랜드의 창립자 겸 사장의 것이다. 리디야 밀라노프스카Lidija Milanovska는 날씬하게 재단된 검은 바지에 검은 하이힐을 신었고, 검은 셔츠의 열린 목깃 사이에서 은 목걸이가 반짝인다. 긴 손톱에는 검은색 매니큐어를 칠했고 밤색 머리카락은 짧게 잘랐다. 선반 위에 작은 구두 모양의 막대사탕이 담긴 통이 보인다. 컴퓨터 화면에는 공장 내부의 CCTV 영상이 떠 있다.

내가 이곳에 오게 된 것은 가죽 공급 사슬을 비판하는 다큐멘터리를 촬영하는 독일 텔레비전 제작진의 초청 덕분이었는데, 전 마케도니아 고용인연합회 회장인 앙겔 디미트로프Angel Dimitrov의 지시를 받은 리디야는 감사하게도 제작진에게 공장을 공개해주었다.

제화 산업에 몸담은 지 23년째인 리디야는 공장 노동자에서 시작해 공장주 자리까지 올라갔고 쿠마노보 제화업자협회 회장이 되었다. 공장 이름은 아들의 이름을 따서 지었지만, 그렇다고 자신의 공장에 대해 환상 같은 건 전혀 가지고 있지 않다. 마케도니아의 공장 전체를 기준으로 따지면 이곳은 '중간' 정도라며, 더 나은 곳도 더 못한 곳도 있지만 적어

---

* 리디야 밀라노프스카에게 내가 드 마르코 공장을 방문한 2018년 4월 이후로 어떤 변화가 있었느냐고 물었다. 2019년 12월 2일 리디야가 보낸 이메일 답신에 따르면 다른 공장에서 파견한 노동자들이 기계를 내릴 수 있도록 금속 차단기를 제거했다고 한다.

도 자신이 고용한 56명의 여성 노동자에게 더 나은 조건과 월급을 제공하고자 애쓰고 있다고 말한다.* 공장은 하루 최대 300개의 신발 갑피를 생산한다. 복잡한 모델인 경우에는 생산량이 200개로 줄어들지만, 샌들처럼 단순한 모델은 하루 400개를 생산할 수 있다.

노동자들은 일렬로 서서 꿰매고 자르고 접착하고 납땜하는 각자의 업무를 하루에도 수백 번씩 반복한다. 재봉틀은 윙윙 돌아가다 멈추고, 윙윙 돌아가다 멈춘다. 한 여성은 가죽 위에 기계를 올려놓은 후 기계를 내려 템플릿을 재단한다. 찬장만 한 비좁은 방 안에서, 마스크를 쓴 여자가 아플리케 작업을 할 준비가 된 작은 은색 타원형 가죽에 로고를 스크린 인쇄한다. 연기가 눈과 코를 따갑게 찌른다. 창문은 열려 있지만 환기 시스템은 어디에도 보이지 않는다.

실 선반들 옆에는 접착제가 든 대형 금속 용기가 쌓여 있다. 각 용기에는 선명한 빨간색으로 인화물질 경고 표지가 붙어 있다. 한 여자가 뚜껑이 열린 접착제 용기에서 몇 미터 떨어지지 않은 곳에서 양초를 태우고 있다. 신발 원단의 가장자리를 그을리기 위한 것이다. 다른 작업대에는 작은 가스레인지가 놓여 있고 커피 주전자가 끓고 있다. 나중에 리디야한테 듣기로, 노동자들은 안전 훈련을 받았고 작업대에 접착제가 있을 때는 결코 양초나 불을 사용해서는 안 된다는 점을 인지하고 있다고 한다. 그렇다 해도 공장 입구가 하나뿐이라, 만에 하나 화재가 발생하면 긴 직사각형 건물의 안쪽에 있는 노동자들이 빠져나갈 방법은 2층 창으로 뛰어내리는 것밖에 없어 보여 우려스럽다.**

---

* 리디야 밀라노프스카는 2019년 12월 2일자 이메일에서 '……노동자 수는 현재 30명이며 매일 줄어들고 있습니다'라고 밝혔다.
** 리디야 밀라노프스카는 2019년 12월 2일자 이메일에서 '화재 비상구를 설치하기 위한 공사가 진행 중입니다. 건물 도면에 따라 철제 계단이 설치될 예정입니다'라고 언급했다.

그날 공장에서는 회색과 남색과 연한 금색의 신발 갑피로 가득한 상자를 조립하는 중이었다. 아동용 신발이었다. 그날 생산되는 브랜드 중에는 이탈리아 나투리노 브랜드에서 판매하는 아웃도어 아동화 라인인 레인스텝이 있었다. 나투리노의 소유주는 '아동화 시장을 선도하는 이탈리아 회사'로 자처하는 Falc SpA다.[28] Falc SpA가 소유한 또 다른 유아용 신발 브랜드는 팔코토인데, 역시 드 마르코에서 생산된다.

레인스텝 신발은 온라인에서 켤레당 80~90유로로 판매된다. 리디야는 드 마르코 공장 노동자들에게 각자 맡은 업무에 따라 한 달에 200~350유로를 지급한다.* 리디야는 이 정도의 봉급이면 2인 가족이 그럭저럭 생활할 수 있지만, 외벌이인 경우에는 꽤 힘들 거라고 인정한다. 리디야는 남성이 맨 위의 직급을 전유하는 다른 공장들과 달리 자신은 여성이 그 자리까지 올라갈 수 있도록 유의하고 있다고 말한다.

이곳 신발 공장들이 직면한 문제는 그 지역 전체에 만연한 문제와 다르지 않다. 많은 사람들이 더는 이 일을 원치 않는다는 것이다. 쿠마노보의 연륜 있는 노동자들은 대부분 치크에서 잔뼈가 굵었지만, 이제는 은퇴했거나 은퇴를 앞두고 있다. 누구든 다른 선택지가 있는 사람은 제화와 의류업계를 피하려 한다.

시내에는 공장 취업을 위한 직업훈련학교가 있다. 리디야의 말에 따르면 공장주들은 학교 등록을 장려하기 위해 청년들에게 현장훈련 교과목에 해당하는 수업비의 30퍼센트를 공동 지원한다. 리디야는 쓸쓸한 미소를 지으며 이 전략이 기존에 비해 100퍼센트 증가 효과를 보았다고 설명한다. 이제는 학생이 세 명에서 여섯 명으로 늘어났다고. 하지만 희망이 없는 것은 아니다. 직업 관련 자격증을 따지 못한 졸업생들은 다른

---

* 리디야 밀라노프스카는 2019년 12월 2일자 이메일에서 '월급은 250유로에서 400유로로 인상되었습니다'라고 말했다.

직업 선택지가 거의 없다는 사실을 깨달으면 결국 공장 문을 두드리게 될 테니까.

사람들이 신발 공장에서 일하고 싶어 하지 않는 이유 중 하나는 이게 한철 직장이라는 것이다. 사람들은 9월부터 2월까지 고용되어 일한 후 다시 3월부터 8월까지 고용된다. 2월과 8월은 다음 시즌 신발 생산이 이미 완료되어 브랜드들에서 새로 발주가 들어오지 않는 시기이다. 리디야는 그 공백기가 20일에서 길면 한 달까지 이어진다고 한다(임금은 10일치까지만 지급된다). 회사에 돈이 들어오지 않으면 노동자들은 해고된다.

리디야는 제화 산업을 개선하고 노동자들에게 돈을 더 줄 수 있는 방안에 관해 열변을 토한다. 세금을 낮추거나 사회의료보험 혜택을 크게 줄여 노동자들이 월급으로 그 돈을 직접 받게 해줘야 한다는 것이다. 하지만 고객사에 돈을 더 달라고 하기는 어렵다. "우리는 심지어 단가 인상을 요구하지도 않아요. 그쪽에서 얼마까지 낼 생각이 있는지 훤히 알거든요." 리디야의 말이다. 쿠마노보는 그나마 가진 얼마 안 되는 시장 지분을 잃을까봐 바짝 얼어붙어 있다. 공장들은 이중으로 위협을 받는다. "여기 마케도니아에서 가장 우선적인 위협은 (고객들이) 다른 공장으로 옮겨간다는 겁니다. 튀니지나 인도, 또는 알바니아의 공장으로 옮겨간다는 거죠."

하지만 고객사는 노동자들이 수령하는 금액에 큰 영향을 미친다. 리디야는 브랜드들이 각 품목의 추정 생산시간을 바탕으로 계산한 가격을 기준으로 공장에 돈을 지불한다면서, 직원 부족과 직원의 숙련도 부족 때문에 생산성에 문제가 생길 수 있다고 설명한다. 이는 수입 저하를 초래할 수 있다. 공장 측에서 생각하는 최선책은 그 아까운 몇 푼에서 자기 몫을 떼어가는 이탈리아와 마케도니아의 중간상인들을 따돌리는 것이다.

그러나 쿠마노보의 모든 공장이 더 나은 협상을 위해 한자리에 모일 전망은 멀기만 하다. "심지어 (제화업자)협회에도 몇 년간 동일한 브랜드들과 협력해왔고 얼마를 받는지 말해주지 않는 대형 공장들이 있어요." 리디야는 말한다. 그녀는 고객사 두세 곳 정도에 의존하는 작은 공장들은 더 힘든 상황이라고 설명한다. "우리는 문제를 일으키면 안 돼요."

건물주의 입장

그렇다면 드 마르코 두엘의 기본적인 보건과 안전은 어떠한가. 환기가 제대로 되지 않는다. 점심을 먹을 곳이 마땅치 않아 노동자들은 접착제 용기로 뒤덮인 작업대에서 식사를 해야 한다. 변기 좌석이 없고 창이 깨져 있는 화장실 두 칸을 56명이 함께 쓴다.* 화재라도 났다가는 어떤 재앙이 벌어질 것인가.

리디야 밀라노프스카는 이런 문제들을 인정하지만 임차한 공장이라서 그렇다고 해명한다. 화재 탈출구와 직원 식당용 별실이 제공될 거라고 들었다는 것이다. 하지만 우리가 방문했을 때 그 약속은 실현되지 않았다.** 리디야는 자체적인, 환경이 더 나은 시설을 짓기 위해 돈을 모으고 있다고 한다. 리디야는 노동자들이 더 행복할 수 있는 곳을 원한다. 무엇보다도 생산성 증가는 곧 소득 증가를 뜻하기 때문이다.

공장 주차장에 세워진 흰색 승합차는 치크의 현 소유주에 대한 실마리를 던져준다. 승합차 측면에는 수도인 스코페의 음식점 광고가 인쇄되어 있다. 주차장을 어슬렁거리던, 몸에 문신을 한 건장한 남자가 공장단

---

* 리디야 밀라노프스카는 2019년 12월 2일자 이메일에서 '화장실은 여전히 두 개이지만 재정비했습니다. 하지만 노동자 수는 현재 30명이며 매일 줄어들고 있습니다'라고 말했다.
** 리디야 밀라노프스카의 2019년 12월 2일자 이메일에 따르면 우리가 다녀간 이후로 노동자들이 이웃 건물의 직원 식당을 이용할 수 있게 되었다고 한다.

지에서 사진과 영상을 찍는 우리가 못마땅한 듯 '지노'에게 전화하겠다고 으름장을 놓는다. 그 역시 식당 승합차 측면에 적혀 있는 이름이다.

지노 구아치니Gino Guazzini 씨는 이탈리아 토스카나 출신이다. 식당 홈페이지에는 숱이 듬성한 은발에 붉은색과 흰색으로 된 셔츠를 입고 깔끔하게 면도한 남자의 조그만 사진이 실려 있다.[29] 또한 그의 트위터 계정에는 신축 기계공장 개장식에서 주 마케도니아 이탈리아 영사와 함께 찍은 사진이 있다.[30] 연락이 닿은 구아치니 씨는 자신이 치크 단지의 현 소유주인 레지아 사의 지분 50퍼센트를 가지고 있다고 말했다.

구아치니 씨는 또한 드 마르코 두엘이 임차한 건물이 마케도니아의 법적 기준에 부합하기 위해 2006년에 개축되었지만, 그러려면 25명의 노동자만 수용해야 한다고 말했다. 공장 감사는 건물주가 아니라 국가 감사기관의 임무라는 것이 구아치니 씨의 의견이다.

구아치니 씨는 이렇게 말을 맺었다. "힘 있는 사람들이 얼마나 이기적인지, 그리고 시장이 어떤 식으로 돌아가는지는 아시죠? 예컨대 저희는 영국 회사에 신발을 파는데, 저희가 10펜스 더 달라고 하면 그쪽에서는 너희한테 일감을 뺏어서 자기네가 제시하는 가격을 받아들이는 딴 데다 주겠다고 나오거든요. 보세요, 당신네 언론인들이 노동조건이 좋지 않고 투자가 부족하고 임금이 낮다며 이른바 제3세계 국가를 감시하는 와중에 바로 그 영국인들이 우리에게 빈곤 가격을 강요한다니, 실소가 나올 밖에요."

우리가 이메일로 연락을 취한 마케도니아 직업안전보건협회 회장 밀란 페트코프스키Milan Petkovski는 마케도니아 법에 따르면 공장 노동자의 직장 내 안전과 보건 책임은 고용주에게 있으며 고용주는 직원의 건강을 위협할 가능성이 있는 모든 요인을 파악하고 최소화해야 한다고 대답했다.

노스 마케도니아 공화국의 사회 소유 공장에서 일어난 일들은 그 업계에 한때 몸담았거나 지금도 몸담고 있는 수많은 사람들에게 논란과 고충을 안긴다. 한때는 유고슬라비아 제조업의 자랑이었던, 전 세계를 대상으로 수출하고 유명 브랜드의 계약을 따낸 공장들이 갑자기 수익성 악화나 부도를 선언하고 부유한 국내인이나 해외투자자에게 헐값에 넘어갔다.

기계의 도입

1878년, '제화공의 본고장'이라 불리던 런던 북부의 노샘프턴셔에서는 땟국이 흐르는 얼굴에 가죽 앞치마를 걸친 남자들이 길거리를 배회했다.[31] 영국의 제화공들은 수 세기에 걸쳐 처자식과 견습생의 도움을 받으며 비좁은 가내 공방에서 신발을 만들어 지역민의 발을 보호했다. 비록 부자가 될 일은 결코 없었지만, 그들은 자신이 가진 기술로 지역사회에 핵심적인 서비스를 제공하면서 만족스러운 지위를 누렸다. 또한 제화공들은 높은 수준의 문해력과 당시로서는 드문 수준의 자치권을 지니고 있었는데, 작업시간과 속도를 스스로 정할 수 있었기 때문이다.*

제화는 초기 투자비용이 낮은 직업이었다. '필요한 것은 연장과 반半 크라운(영국의 옛 주화—옮긴이)이 전부다.' 적어도 그게 세간에 도는 말이었다.[32] 그러나 산업혁명으로 가속화된 경제와 기술 발전은 이를 영영 바꿔놓았다.

1840년대 무렵 노샘프턴에서는 아직 집에서 일하는 제화공이 완전히 사라지진 않았지만, 다수는 이제 바로 꺼내 신을 수 있는 신발이 가득

---

* 제화공을 신발 수선공과 혼동하지 말라. 수선공은 신발을 만드는 게 아니라 수선하는 사람이다. 수선공은 전통적으로 제화공에 비해 사회적 지위가 낮았고, 그 이유는 몰라도 썩 명예롭지 못한 별명으로 불렸으니, 역사적으로 그들을 일컫는 군집명사는 '주정뱅이들'이었다. 왜 유독 수선공이 술꾼으로 꼽히게 되었는지 그 누가 알겠는가. 하지만 아마도 수선공들이 한 주의 노동을 마무리하면서 중세의 에일을 즐겼으리라는 추측이 인정받아온 듯하다.(C. Rhodes, *An Unkindness of Ravens: A Book of Collective Nouns*, Michael O'Mara, 2014)

한 창고를 가진 대형 제조업체에 고용되어 있었다. 이런 신발들은 런던 같은 대도시로 보내지거나 영국의 해외 식민지로 운송되었다. 또한 당시 대다수의 사람들은 자신을 위해 맞춤 제작된 신발을 더 이상 신지 않게 되었다. 아주 드문 경우를 제외하고 대부분의 신발은 대량 생산되었다.

노샘프턴에 기계들이 도착하기에 앞서, 귓속말과 소문과 공포가 떠돌았다. 운송과 증기기관에 들어간 막대한 투자는 신발 생산을 자본집약적 산업으로 바꿔놓기 시작했다. 대규모의 실직이나 연기 자욱한 생산 라인에서의 고된 노동에 대한 불안으로 인해 1858년 4월에 결성된 노샘프턴 제화공 상호 보호 협회를 비롯한 여러 조직이 창립되었다.

그로부터 1년 후, 영국 전역에서 이미 사용되고 있는 재봉틀의 도입을 더 이상 미룰 수 없다는 내용의 포스터가 노샘프턴셔 전역에 나붙었다. 노샘프턴에 최초로 도착한 기계들은 신발 갑피를 꿰매는 용도였다. 이 기계들이 받아들여진 것은 전통적으로 여성이 하던 일을 보완할 목적으로 가내에 설치되었기 때문이었다. 1864년 무렵에는 노샘프턴 한 곳에만 이런 기계가 1,500대나 있었다.[33]

변화는 거기서 멈추지 않았다. 더 크고 더 무거운 기계들이 들어왔다. 이 기계들은 큰 자본과 넓은 공간이 필요했기에 가정에서 사용하기엔 적합하지 않았다. 소자본 독립 업종이었던 제화업은 이제 막대한 액수의 투자금을 가진 자본주의자들이 주무르는 산업이 되었다.

최초의 공장 소유주들은 자기들이 공장을 운영하고 있다는 사실을 부정하려고 진땀을 뺐다. 이삭 캠벨 사는 이렇게 주장했다. "우리가 제시하는 시스템은 '공장 시스템'이 아닙니다. 그것은 세심하게 운영되는, 질서 있고 지속적이며 잘 조정된 작업 시스템으로, 여러분에게 공장 시스템에 대한 거부감을 심어준 나쁜 점들은 전혀 없습니다."[34] 저항도 소용없이, 장인 공방 방식은 이제 막을 내렸고 다시는 돌이킬 수 없었다.

1861년 무렵, 예컨대 노샘프턴의 터너 브라더스 공장은 증기 동력 기계로 1주일에 신발 10만 켤레를 생산하고 있었다. 이는 그 어떤 가내 공방도 감히 범접할 수 없는 생산 규모였다. 이제는 공장이든 공방이든 한쪽을 택해야 했다.

땅 위의 부츠들

무엇이 초고속 생산의 원동력이 되었는지를 모르고서 인류가 어쩌다 연간 242억 켤레의 신발을 만들게 되었는지를 제대로 이해하기란 불가능하다. 기술 변화는 미美에 대한 집착이나 소비자 수요보다는 흔히 인간 본성의 가장 어둡고 가장 치명적인 측면으로부터 자극을 받았다. 신발 생산의 역사 또한 전쟁의 역사와 갈라놓을 수 없다.

노샘프턴의 초기 번영은 내전의 결과였다. 찰스 1세가 세금 인상, 전쟁 추진, 종교 탄압과 의회 무시로 민심을 잃으면서 피비린내 나는 영국 내전의 불씨를 당겼다. 의회주의자인 올리버 크롬웰Oliver Cromwell은 왕당파에 맞선 투쟁을 진두지휘했다. 기록에 따르면 크롬웰은 단지 노샘프턴을 점령하는 것으로 그치지 않고 왕당파에 맞서 싸우는 데 필요한 신발과 군화 생산을 발주했다고 한다. 1642년, 열세 명의 노샘프턴 제화공이 아일랜드의 반란을 야만적으로 진압할 목적으로 파병된 군대에 지급될 군화 600켤레와 신발 4,000켤레의 계약을 수주했다.[35]

19세기 초 나폴레옹 전쟁이 시작되면서부터는 군부대에 보급하기 위한 막대한 수의 군화와 신발이 필요해졌고, 해군국은 노샘프턴셔에 수천 켤레의 군화와 신발을 여러 차례 발주했다.[36]

하지만 영국 제화 산업이 대량 생산에 나서게 만든 진정한 원동력은 제1차 세계대전으로 인한 어마어마한 산업적 갈등일 것이다. 20세기 초, 영국 산업은 위기에 처했다. 대서양 전역의 정착민들은 어마어마한 부와 토지를 이용해 공장을 지으면서 '미국 서부' 영토를 약탈하고 있었다.[37] 영국은 '미국 침공'에 위협을 느끼기 시작했다. 가난한 사람들을 위한 싸구려 제품부터 부자를 위한 고급 패션 제품까지, 다양한 수입 신발이 어마어마한 양으로 쏟아져 들어왔다. 수입품은 1890년부터 1905년까지 대규모의 파업과 손을 잡고 영국 제화업계의 전망을 황폐화했다.

제1차 세계대전으로 인해 치솟은 군수품 수요는 영국 산업의 운명을 바꿔놓았다. 전쟁 중에 영국의 제조사는 영국군뿐 아니라 러시아와 프랑스를 비롯한 다른 동맹국 군대를 위해 대략 7,000만 켤레의 부츠와 신발을 생산했다. 도보 행군, 중장비, 더위나 추위, 거기다 '부패, 녹, 박테리아와 거머리, 오토바이, 그리고 심지어 지브롤터의 석회암 지대를 통과하는 고난'까지 견뎌낼 수 있는 군화를 디자인하는 데 거금이 투입되었다.[38]

1914년 어니스트 섀클턴Ernest Shackleton이 이끄는 남극 원정대를 위한 전문화 생산을 막 마친 노샘프턴의 크로켓앤존스 공장은 군화를 제작하면서 기존 생산량을 두 배로 늘렸다. 기록에 따르면 군에서 사용된 전체 군화의 70퍼센트 이상을 차지하는 5,000만 켤레가 노샘프턴셔에서 생산되었다고 한다. 신체 건강한 남성이 군에 입대하는 것이 당연시되면서 신발 공장의 문이 여성 노동자에게 열렸다.[39]

신발은 군에서 기본적 필수품이었기 때문에,[40] 제2차 세계대전이 발발하자 영국의 제화공들은 독일 침공 당시 구소련에 보내진 50만 켤레를 포함해 다시금 수천만 켤레의 신발과 부츠를 생산했다.

그러나 전통적인 가죽 전투화는 늪과 정글 지대에서 거의 쓸모가 없음이 드러났고, 그리하여 침수 지대에서 싸우는 병사들에게서는 미국의 정글용 전투화가 크게 각광받게 되었다.[41] 영국 육군 공수특전단 소속으로 1952년부터 1954년까지 말레이시아 정글에서 복무한 영화 제작자리처드 굿윈 Richard Goodwin은 이질에 걸려 항공기로 병원에 이송되기 전에 들은 조언을 이야기했다. "우리 부대의 병장님이 마지막으로 해준 조언은 '절대 군화를 내주지 말라'는 거였습니다. 병세가 나아졌다고 느끼면 바로 일어나서 떠날 수 있게, 또는 병원이 공습을 당하면 도망칠 수 있도록 군화를 가까이 두어야 한다는 뜻이었죠. 그 이후로 저는 늘 군화를 곁에 두었습니다."[42]

신발은 단순히 효율적인 교전 도구였을 뿐만 아니라 전투의 형언하기 어려운 끔찍함에 대한 상징으로 쓰였다. 러시아의 붉은 군대가 1945년 1월 아우슈비츠 수용소를 해방했을 때 4만 3,525켤레의 신발이 발견되었다. 아우슈비츠로 이송된 130만 명 중 23만 명은 18세 이하의 어린아이와 젊은이였다고 추정된다. 노스 마케도니아 공화국의 수도 스코페의 중앙부에 자리한 홀로코스트 기념관 앞에는 청동 조형물이 있다. 빈 의자 옆에 두 아이가 앉아 있고, 그 앞에는 주인 없는 신발들이 놓여 있는데, 어린 남자아이가 그중 한 신발을 끌어안고 있다.

헝가리에 있는 '다뉴브 강가의 신발들'은 파시스트 민병대에 살해당한 유대계 헝가리인들에게 바치는 가슴 아픈 기념비인데, 철로 만든 1940년대의 신발 60켤레가 콘크리트에 박혀 있다. 민병대는 피해자들을 살해해 시신을 강에 빠뜨리기 전에 신발을 벗게 했다. 신발은 전시에 귀중한 생필품이었기 때문이다. 그런 조각상의 힘은 공공장소에서 주인 없는 신발을 보는 불편한 심경에서 나온다. 그 신발들의 주인은 누구였으며, 도대체 무슨 일이 있었기에 그것들이 인체의 형태를 그대로 보존한 채로 주인을 잃고 혼자 남았을까?[43]

저스트 두 잇 : 그냥 닥치고 일해

인간이 어쩌다 단 한 해에 수백억 켤레의 신발을 제조하려는 욕망과 그러한 능력을 갖게 되었는지를 이해하기 위한 다음 단계로는 20세기 말엽 공장에서 일어난 커다란 변화를 살펴보아야 한다. 1970년대부터 1990년대까지 20년간 신발은 어디서 어떤 조건에서 만들어졌으며, 그것을 만들기 위해 얼마나 많은 사람이 고용되었는가.

1996년, 국제노동기구는 몇 가지 핵심 요인을 지적했다. 지난 25년간 신발과 옷이 어디서 만들어지느냐에 급격한 변화가 일어났다. 유럽과 북아메리카는 큰 일자리 손실을 겪은 반면 아시아와 글로벌 사우스의 다른 지역은 일자리가 크게 증가했고, 이러한 전 지구적 이동은 더 많은 일자리를 창출했지만 제화 산업이 공공 부문에서 민간 부문으로 옮겨가면서 임금과 노동조건에는 부정적 변화가 따라왔다.[44]

보고에 따르면 1970년부터 1990년까지 방직 및 의류와 신발TCF 부문의 노동자 수는 말레이시아와 방글라데시에서 각각 597퍼센트와 416퍼센트, 그리고 스리랑카와 인도네시아에서 각각 385퍼센트와 334퍼센트 증가했다. 그리고 같은 기간 글로벌 노스의 국가들은 일자리 출혈을 겪었다. 독일은 TCF 노동자의 58퍼센트가 증발했는가 하면 영국은 55퍼센트, 프랑스는 49퍼센트, 그리고 미국은 31퍼센트의 손실을 보았다. 생산이 남쪽으로 방향을 틀면서 공장 시계는 멈추었다.

고소득 국가와 저소득 국가 간에 임금 격차가 벌어지자 브랜드들은 그 차익을 노리고 몰려갔다. 이제는 독일이나 프랑스의 노동자에게 시간당 18.40달러나 13.40달러를 지불하는 대신 멕시코나 대만에서 시간당 1.70달러나 3.80달러를 지불하면 되니까.[45] 이러한 임금 하락은 신발을 높이 쌓아놓고 싸게 팔 수 있다는 뜻이었다. 그럼에도 그 신발들은 그걸 만드는 사람들이 사기엔 여전히 너무 비쌌다. 1주일에 50시간씩 격무에 시달리는 중국인 노동자가 나이키 운동화 한 켤레를 사려면 월급의 절반을 바쳐야 할 것이다.[46]

세계화는 또한 엄청나게 많은 수의 회사가 신발 생산을 중단하게 만들었다. 이런 회사들은 공장 운영을 하청 업체에 맡기고, 그 대신에 꿈을 판매하는 일에 집중했다. 생산은 이제 다단계로 나뉜다. 1차 하청 공장은 브랜드 및 소매상과 직접 계약하는 제조업체이다. 그중에는 아디다스나 클라크 같은 브랜드와 오랫동안 협력 중이거나 끈끈한 관계를 맺고 있는 곳들도 있다. 그 소유주는 외국인이거나 외국 회사인 경우가 많다. 예컨대 캄보디아 의류 공장의 85퍼센트는 중국, 대만, 싱가포르와 말레이시아 투자자들이 운영한다.[47]

1차 하청 공장은 2차 하청 공장에 정기적으로 생산을 발주한다. 2차 하청 공장은 1차 하청 공장이 수주한 조립 작업을 하거나, 예컨대 자수나 염색 같은 전문 기술을 제공할 수 있는 더 작은 생산업체이다. 3차 하청 공장은 그보다 더 작은 작업장 또는 공장 형태로, 1~2차 하청 공장으로부터 일감을 수주한다. 그러나 TCF 산업에 속한 다양한 브랜드는 각각 하청 단계를 다르게 정할 수 있으며 실제로 그렇게 한다.[48]

갑자기 가능해진 이 모든 값싼 생산물을 움직이기 위해, 신발은 단순한 발싸개를 한참 뛰어넘는 뭔가가 되어야 했다. 브랜드들은 이제 노동자의 권리 침해에 대한 고발에 꼬리 자르기로 대응하면서 그 기술에 걸맞은 집착을 만들어내는 데 집중하고 있다.

광고와 유명 인사 마케팅, 그리고 대중문화는 신발의 물질적 가치와 분리된 상징적 가치를 만드는 데 일조했다. 글로벌 노스에 속한 탐욕스러운 소비 국가의 국민들은 그곳의 공장들이 문을 닫으면서 상품과의 연결고리를 잃어버렸다. 그들의 친구나 가족 중에는 더 이상 신발을 만드는 사람이 존재하지 않는다. 상점 진열창에 전시된 물건들은 신비감을 띠기 시작했다.

그 신비감을 더한층 끌어올린 것은 점점 더 늘어나는, 터무니없는 고액의 스폰서십 계약이었다. 마이클 조던Michael Jordan이 1992년 스폰서십 계약으로 벌어들인 2,000만 달러는 나이키 에어 조던을 꿰매는 모든 동남아시아 여성 노동자의 임금을 합친 것보다 더 많은 것으로 추정된다.[49] 또한 알려진 바에 따르면 베트남의 나이키 하청 업체에서 일하는 전체 노동자의 1년 치 임금의 두 배라고도 한다.[50]

나이키는 1964년 필 나이트Phil Knight와 빌 바워만Bill Bowerman이 창립했다. 두 사람은 각각 500달러씩 투자해 일본 운동화를 수입하는 사업을 시작했다. 매출액이 200만 달러에 육박한 1970년대 초부터 회사는 제품을 직접 디자인하고 하청을 주기 시작했다.[51] 2002년경 나이키는 51개국에 흩어져 있는 700개 이상의 공장에서 50만 명의 노동자를 고용해 제품을 생산했고, 총수익 95억 달러 중 59퍼센트는 신발에서 나온 것이었다.[52]

하지만 그러한 수익을 위해 사람들은 끔찍한 대가를 치러야 했다. 1997년 어니스트앤영에서 실시한 내부감사 보고서에 따르면 베트남의 호치민 시 인근에 위치한 한 공장의 노동자들은 지역의 법정 한도보다 최소 여섯 배에서 최고 177배가 넘는 수준의 발암물질에 노출되었다. 피고용인의 77퍼센트는 호흡기에 문제가 있음이 밝혀졌고, 노동자들은 10달러를 벌기 위해 1주일에 65시간을 일해야 했다.[53]

스웨트숍(주로 제3세계의 노동 착취 공장 - 옮긴이)의 아동노동과 경악스러운 노동조건이 폭로되면서, 나이키는 반세계화 운동의 대표적인 표적이 되었다. 필 나이트는 결국 1998년에 '나이키 프로덕션은 노예 임금, 강제 잔업, 그리고 전횡과 동의어가 되어버렸습니다'[54]라고 인정한 후, 나이키가 그동안 이룩해온 변화를 나열하고 계속해서 변화를 일궈나가겠다고 말했다. 2016년에 사임한 나이트의 재산은 349억 달러에 이른다.[55] 나이키는 자신들이 '책임감 있는 고용 행위를 위해 헌신적으로 노력하며 공급업체에도 동일한 기준을 기대한다'고 말한다. 또한 공급업자에게 '잔업이나 복지에 대한 추가 비용 지불을 포함해' '피고용인에게 적어도 지역 최저임금이나 일반 직종별 임금을 (더 높은 쪽으로) 지불하도록' 요구한다[56]고 한다. 나이키는 노동권 침해와 환경 침해를 근절하겠다고 서약하면서 지속 가능한 공급 사슬 관리에서 선두주자로 자리매김하고자 노력해왔지만, 외부 평가와 감사에서는 지속적으로 위반에 대한 지적을 받고 있다.[57]

여성 노동자들

국제노동기구는 적어도 6,000만 명이 전 세계 의류 산업에 공식적으로 종사하고 있다고 추정했다. 이들 중 대략 80퍼센트는 여성이다. 이 여성들은 대체로 18~35세이고, 일자리를 찾아 시골에서 이주해온 경우가 많다.[58] 또한 국제노동기구는 아시아에서 TCF 산업에 종사하는 공식 인구는 4,300만 명이며, 그중 압도적 다수는 여성이라고 추정한다. 캄보디아, 라오스, 미얀마, 태국, 그리고 베트남에서 TCF 노동자 중 적어도 75퍼센트는 여성이다.[59]

신발 부문에 한정해서 이야기하자면, 전 세계 노동자 수는 유엔 산업개발기구UNIDO에서 제시하는 430만 명과 업계에서 추정하는 710만 명으로 갈린다. 산업개발기구는 비록 확언할 수는 없지만 제화 노동자의 46퍼센트가 여성이라고 추정한다.[*60] 전체 제화 노동자 중 몇 퍼센트가 여성인지 확인하기 어려운 것은 업체 단계에서 여성 고용 관련 자료를 기록하는 생산국의 수가 한정되어 있기 때문이다. 하지만 우리가 분명히 아는 건, 여성에 대한 구조적 착취가 없다면 제화 산업 자체가 존재하지

---

* 이 수치에는 방글라데시, 파키스탄, 베트남, 캄보디아 등지의 자료가 포함되어 있지 않다. 추가로, 국제노동기구에 따르면 가죽 산업에 종사하는 전 세계 노동자는 110만~600만 명이다.

않으리라는 것이다.

　TCF 산업은 여성들에게 집 밖에서 일할 기회를 준 수백만 개의 일자리를 창출했다. 하지만 그것은 여전히 양날의 검이다. 제화 시스템에서 공장 노동의 현실은 고용 불안과 저임금 및 착취이다. 제화 산업은 지속적인 저임금 상태이고, 이는 특히 여성에게 더욱 심각하다. 여성들이 지속적으로 대부분의 업무를 맡고 있는데도 성별 임금 격차가 매우 커서 파키스탄에서는 66.5퍼센트, 인도에서는 36.3퍼센트, 스리랑카에서는 30.3퍼센트에 이른다는 조사 결과가 있다.[61]

　여성에 대한 성차별과 사회적 차별은 그들이 TCF처럼 빈곤 임금과 조건을 수반하는 산업에 지나치게 집중되어 있다는 뜻이다. 이러한 성차별은 임금과 조건을 향상시킬 수 있는 동력이 더 적다는 뜻이고, 성별과 계급 기반 사회 표준을 극복할 방편을 제공할 수 있는 시민사회 및 TCF 노조 단체가 억압을 당하면서 문제는 더한층 가중된다. TCF 노동자들이 침묵당한다는 것은 곧 여자들이 침묵당한다는 것이다.

　그렇다면 이런 제화 산업을 좌우하는 것은 누구인가? 도미닉 멀러는 권력이 브랜드에 집중되어 있다고 말한다. "식민지를 대하는 방식이랄까요? 대기업은 전 세계를 무대로 자기네가 원하는 곳이면 어디로든 옮길 수 있어요. 그리고 어떤 국가로 가는 조건으로 자기들이 세운 기준을 강요하죠." 이어 도미닉은 제화 브랜드가 받는 세금 우대 조치, 노조 활동 억압, 그리고 최저임금 면제 같은 혜택을 열거한다. "지금 일어나는 아프리카로의 이동도 동일한 현상의 일환이에요. 다음번 변경으로 옮겨가는 거죠."[62]

에티오피안 드림

패션이 '다음번 대박' 사냥에 나선다는 것은 그저 다음번 컬러 트렌드나

스트리트 패션 뮤즈, 또는 참신한 디자이너를 찾는다는 뜻이 아니다. 착취 가능한 또 다른 노동력 시장을 끈질기게 찾아나선다는 뜻이기도 하다. 이 사냥의 결과, 대규모의 제화 산업이 아프리카로 옮겨왔다. 아프리카 대륙은 현재 전 지구적 신발 생산에서 고작 3.6퍼센트밖에 안 되는 부분을 차지한다.[63] 하지만 특히 중국의 기업들은 공장을 세움으로써 이 시장의 지분을 늘리려 애쓰고 있다. 이 전략은 중국이 국가적 영향력을 확대하는 동시에 교역과 경제성장을 촉진하기 위해 야심차게 시작한 '일대일로' 프로젝트의 일환이다.

이런 규모의 투자 덕분에 2017년 중국 회사인 화젠 그룹(이전에 중국에서 이방카 트럼프 회사의 구두를 만들었던 바로 그곳)은 1,930만 달러어치의 신발을 수출함으로써 에티오피아 최대의 신발 수출업체가 되었다.[64] 중국 정부에서 제작한 영화 「놀라운 중국Amazing China」에서는 이 업적을 칭송하는데, 화젠 그룹은 에티오피아에 경제 성공을 수출하는 자비로운 회사로 그려진다.

하지만 중국을 방문한 (미국) 연합 통신사의 취재진은 에티오피아 노동자들에게서 무척 다른 이야기를 듣게 되었다. 다수가 지극히 낮은 임금 및 열악한 보건과 안전을 포함해 자신들의 노동조건에 대한 심각한 불안감을 토로하고 있었다. 에티오피아 방직, 가죽과 의류 산업노동조합 연맹의 고위층 인사인 앤게섬 게브레 요하네스Angesom Gebre Yohannes는 외국의 투자가 제화 부문으로 쏟아져 들어오면서 산업에 엄청난 변화가 일어나는 광경을 직접 목격해왔다.

앤게섬은 이제 인구가 1억 명을 넘어선 에티오피아가 제화 부문으로 득을 보고 있다고 말한다. 일자리 증가, 에티오피아의 축산업 및 가죽 산업의 교역 확대, 그리고 수출로 인한 외화벌이 같은 것들이다. 하지만 이제 날개를 펴려 하는 그 분야는 막대한 도전을 앞두고 있다. 그중에는 임금과 노동조건의 개선을 가능케 하는 노조 결성권을 위한 공장 노동자들의 투쟁도 당연히 포함된다. 앤게섬은 이렇게 말한다.

"(해외)투자자들은 노조 결성을 달가워하지 않습니다. 특히 중국 투자자들은 내키지 않아 하는 경우가 많아요. 처음에, 투자 단계에서는 에티오피아의 노동법을 존중하겠다고 합의했죠. 하지만 우리가 막상 공장에서 노조를 결성하려고 하자 싫어하더군요."

비록 일부 공공 부문 조직과 사업체에서 자체적으로 정한 최저임금은 있지만, 에티오피아에 통일된 최저임금이 정해져 있지는 않기 때문에 적정한 임금을 확보하려는 노력에는 어려움이 있다.[65] 공장 소유주들은 스스로 기준을 정할 수 있고, 그 기준들이 아주 바닥이라는 사실은 놀랍지도 않다. 뉴욕 대학교의 스턴 비즈니스 및 인권 센터가 2019년에 내놓은 보고서에는 에티오피아 정부가 '해외투자를 유치하려는 열의에서 그 어떤 의류 제조국보다도 낮은 기본임금을 밀어붙인' 과정이 기술되어 있다. '기본임금은 이제 한 달에 약 26달러로 결정되었다.'[66] 앤게섬은 제화 부문의 월급은 보통 50~100달러라고 말한다. 이는 의류 노동자보다 낮지만 여전히 매우 낮은 수준이다. 앤게섬이 묻는다. "한 달에 50달러로 도대체 어떻게 사람답게 살 수 있죠?"

아울러 화젠 공장 노동자들은 일부에서는 굴욕적이라고 묘사하는 노동 행위를 당하고 있다. 2017년, 언론인 장지주는 화젠 공장에서 일어나는 장면을 다음과 같이 묘사했다.

"우측 주시! 전방 주시!" 팀장이 중국어로 명령을 외치자 노동자들은 시키는 대로 따랐다. 고개를 옆으로 돌리면서 손으로 허벅지 측면을 때렸다. "행군! 하나 둘, 하나…… 하나 둘…… 하나! 둘! 셋! 넷!"

노동자들은 '100퍼센트 이해, 100퍼센트 협동, 100퍼센트 복종의 100퍼센트 실행'이라고 적힌 표어 밑에서 하루 두 번 제자리 행군을 해야 한다. 뿐만 아니라 중간중간 중국어로 된 공장가를 불러야 한다.[67]

앤게섬은 화젠 공장에서 이런 행위가 실제로 이루어진다고 확인해주면서, 이는 에티오피아에서 흔한 일이 아니라고 강조했다. 한 공장 관리자는 장지주에게 이렇게 말했다. "조회와 공장가 합창은 노동자들에게 애사심을 키워주기 위한 기업 문화 교육의 한 형태입니다. 노동자들에게 올바른 정신과 문화를 심어주려는 목적이죠."[68]

에티오피아 정부는 해외투자자에게 막대한 인센티브와 세금 우대 정책을 제공하면서 방직과 제화를 중점 산업으로 삼아왔다. 아울러 에티오피아는 아프리카 성장기회법AGOA 덕분에 면세로 미국 시장에 접근할 수 있다. 하지만 에티오피아의 가장 큰 매력은 저임금 노동력이다.

기업들은 이제 생산의 거미줄로 세계를 포위한다. 이 거미줄은 점차 확장되면서 수천만 인구를 작업장과 공업단지로 끌어들여 세계경제로 통합한다. 이때 전제는 그 인구가 싸구려 노동력의 원천으로 남아 있어야 한다는 것이다. 이 거미줄, 그리고 이 착취는 우리 신발의 각 부분을 연결하는 모든 바늘땀에, 갑피에 견고하게 접착된 모든 밑창에, 우리가 구매하는 모든 신발에 선명하게 새겨져 있다.

이것은 인간의 손으로 이루어지는 노동이다. 바늘에 찔리고 독한 화학약품 때문에 갈라지고 피가 나는 손, 꿰매고 붙이고 문지르는 손, 그리고 한 주의 노동이 끝나면 쥐꼬리만 한 임금을 집으로 가져가는 손.

여러분의 신발 상표에는 어느 나라의 이름이 찍혀 있는가? 중국에서 완성되었는가, 아니면 베트남에서 완성되었는가? 아니면 혹시 불가리아나 멕시코에서? 운이 좋다면 잉크로 자그맣게 찍힌 한 국가의 이름을 찾아볼 수 있을 것이다. 국가명 옆에는 도시명, 공장명, 그리고 여러분의 신발을 만든 사람의 이름이 마땅히 있어야 한다. 하지만 이런 필수적인 세부 사항은 우리가 알아서는 안 되는 무언가로, 소리 없이 지워진다.

3
신발 끈에 매달린 삶

어깨에 커다란 빈 가방을 둘러멘 무함마드 이크발은 걸어서 30분 거리의 공장으로 출발한다. 공장에 도착한 이크발을 기다리는 것은 신발 부품 무더기다. 꽉 찬 가방을 걸머지고 다시 집으로 돌아간다. 집에서는 아내인 이슈라와, 열일곱 살과 열다섯 살인 두 딸이 무함마드를 기다리고 있다. 무함마드가 가방을 비우자 가족은 한데 모여 앉아 일을 시작한다.

무함마드의 가족은 '신사용' 갑피 한 켤레를 꿰맬 때마다 16.6루피를 받는다. 주문은 세트 단위로 들어오고, 한 다스를 완성하면 200루피를 받는다. 오전 8시부터 시작해 밤늦게까지 일하면 하루에 네 다스를 작업하고 800루피를 받을 수 있다. 이는 8달러에 약간 못 미치는 금액이다.

무함마드가 갑피를 다시 공장으로 가져가면 그것들은 밑창을 부착하기 위한 생산 라인으로 보내진다. 무함마드는 어릴 때부터 신발을 만들어왔지만 처음부터 집에서 가족과 함께 일한 건 아니었다. 9년 전에는 파키스탄 북서부 펀자브에서 두 번째로 큰 도시인 파이살라바드에 있는 공장에서 일했다. 그 지역은 심각한 환경오염 및 아동노동과 보세 노동

(빚 대신 노동력을 제공하는 것 - 옮긴이)을 포함한 열악한 노동조건으로 악명 높은 곳이다.

남편 옆에 앉아 있는, 무함마드의 아내 이슈라의 붉은색 '살와르 카미즈'(파키스탄 여성들이 일상적으로 입는 투피스 형태의 전통 복장 - 옮긴이)에는 진한 금색의 사각 체크무늬가 들어가 있다. 무함마드는 앉은 자세를 바꾸고 꼬았던 팔짱을 푼다. 파란 재킷 밑으로 흰 셔츠 소매가 드러나는데, 한쪽 끝에는 있어야 할 손이 없다.

무함마드는 파이살라바드에서 보세 노동자가 아니었다. 그저 가족을 부양하기에는 턱도 없는 임금에 진력이 났을 뿐이었다. 공장주에게 임금이 너무 낮다고, 이곳을 그만두고 다른 일자리를 찾겠다고 했다. 하지만 공장주는 무함마드에게 떠날 자유가 없다고 했다. 몸싸움이 벌어졌고, 다른 남자들도 가담했다. 격해진 몸싸움 끝에 급기야 공장주가 무함마드의 손을 자르고 말았다.

무함마드는 셔츠 소매를 걷어 올린다. 오른팔은 뭉툭한 덩어리로 끝난다. 경찰서에 갔지만 사건은 8개월을 끌다가 결국 기각되었다. 공장주가 부자이고 정치적으로 영향력이 있었기 때문이다. 정의도 배상도 없이, 무함마드와 이슈라는 두 딸을 데리고 라호르로 이사 왔다.

더 아래의 세계

무함마드는 공장 노동자에서 재택 노동자가 되면서 세계경제에서 더욱 낮은 계급으로 내려앉았다. 전 세계적으로, 판매용 카펫을 짜고 옷을 바느질하고 밧줄을 삼고 땅콩을 까고 공예품을 직조하는 노동은 전통적으로 가정에서 이루어졌다.

오늘날 지역 시장 또는 세계 시장을 위한 상품을 만드는 재택 노동자는 경제의 필수 요소이다. 공급 사슬이 이전의 어느 때보다도 길어지

고 생산이 분업화되고 전 세계로 흩어지면서 사람들은 심지어 가전제품을 집에서 조립하기도 한다.[1]

하지만 그 숫자가 무려 수억에 이르는데도 재택 노동자는 여전히 눈에 띄지 않고 임시 고용 상태이며, 심지어 공식 공장 노동자가 얻을 수 있는 그 빈약한 보호마저 받지 못한다. 세계 최대의 브랜드를 위해 일할 때도 종종 있지만, 그들의 노동은 임시적이고 보호받지 못하며 임금과 일거리는 극심하게 요동친다.

다단계 공급 사슬은 3차 하청 공장으로 끝나지 않는다. 어떤 단계에서든, 어떤 공장이든 재택 노동자에게 하청을 줄 수 있다. 재택 노동자는 공장과 아무런 계약관계가 없으며 삯일 임금 말고는 아무것도 받지 못한다. 공장은 이로써 제조의 부담과 위험을 가능한 한 많이 덜어내고, 그것을 집에서 일하는 사람에게 떠넘길 수 있다. 공간과 전기 같은 생산에 드는 비용과 발주가 중단되고 일거리가 없어서 노는 시간은 모두 재택 노동자의 부담으로 돌아간다.

재택 노동은 1차, 2차, 3차 하청 공장 아래의 세계이다. 이 공급 사슬의 세계는 종류를 막론하고 어떤 규제나 공장 감사 시스템도 미치지 못하는 저 한참 아래에 존재한다. 무시당하는 세계이다.

재택 노동의 실상

파키스탄에서는 전체 노동인구의 80퍼센트가 경제의 비공식 부문에 종사하며 종류를 막론하고 그 어떤 인식, 규제 또는 국가 보호 대상에도 포함되지 못한다고 추정된다. 이 비공식 부문은 건축 현장의 일용직 노동자들, 작은 공장의 직원들, 거리에서 음식이나 담배, 신문 행상을 하는 사람들, 그리고 작업장 견습공들과 폐품 줍는 사람들을 포함한다. 또한 집에서 일하는 노동자들도 있다. 이들의 역할은 의류를 바느질하거나 유리 팔찌를 만드는 것부터 자수, 카펫 직조, 그리고 축구공 꿰매기까지 다양하다.

파키스탄 내 재택 노동자의 수에 대한 통계는 아주 제각각이다. 유엔 여성 기구는 재택 노동의 규모에 대한 정확한 데이터를 제공하는 전국 단위의 대규모 조사는 존재하지 않는다고 결론 내렸다.[2] 그러나 파키스탄에서 이 범주에 수백만 명의 노동자가 존재한다는 데는 모든 연구가 동의한다. 국제노동기구는 남아시아 전역에 5,000만 명의 재택 기반 노동자가 존재하며 그중 80퍼센트는 여성이라고 추정한다.[3]

나기나는 집에서 여성용 신발의 자수 놓인 갑피를 만드는 일을 한다. 나기나는 라호르의 가난한 공장 지대인 바다미 바그에 사는데, 집 근처 공장의 중개인이 일감을 갖다 주고 일이 끝나면 도로 가져간다. 나기나가 맡은 작업 중 하나는 공장에서 주는 전기 글루건으로 아주 작은 구슬을 부착하는 것이다. 이 작업을 하려면 전기를 사용해야 하고 어두운 곳에서 정밀한 작업을 하려면 눈이 아프니 밝은 조명이 필요하다. 거기에 들어가는 전기료는 나기나의 몫이다.

갑피를 꿰매고 구슬을 붙이는 작업은 아무리 시력에 해롭다 해도 나기나와 네 아이의 생존에는 필수적이다. 나기나는 결혼을 한 번 했는데, 나기나의 말에 따르면 그 남자는 일하기 싫어했다고 한다. 결혼해 함께 살 때도 일을 하지 않았던 남편은 이혼한 후에도 부양의무를 전혀 이행하지 않는다.

위의 두 아들은 다 커서 일을 하고, 두 딸은 아직 학생이다. 지금 직면한 가장 큰 문제 중 하나는 공장에서 일감이 규칙적으로 들어오지 않는다는 것이다. 길게는 1주일씩 갑자기 싹 말라버리는 일도 있다고 한다. 그럴 때면 집세와 값비싼 공공요금을 내는 데 애를 먹는다. 그리고 잔고에 맞춰 다른 모든 가정생활을 조정해야 한다.

진빨강색 살와르 카미즈를 입고 긴 머리카락에는 머릿수건을 두른 야스민 또한 재택 노동자다. 야스민이 맡은 작업 중에는 여성용 신발 갑피에 도안을 꿰매 붙이는 것이 있다. 그에 따른 보수로 켤레당 최대 4루피(미화 4센트)를 받는데, 도안 하나를 완성하는 데는 5~10분이 걸린다.

나기나와 마찬가지로 야스민 역시 그 일이 주 수입원이다. 야스민은 결혼해서 아이가 둘 있지만 남편의 둘째 부인이다. 부모님이 돌아가시기 전까지는 부모님 집에서 살았고, 이제 야스민과 두 아이, 열두 살인 아들과 여덟 살인 딸은 야스민의 미혼 여동생과 함께 산다. 여동생은 집에서 의류를 삯바느질한다.

재택근무를 하면 이 여자들은 아이들을 돌볼 수 있고, 때때로 아이들이 일손을 도울 수 있으니 이득이다. 공장이라는 공적 공간을 꺼리는 것은 남자로 가득한 작업장이 자신에게 적합하지 않다고 생각하기 때문이다. 또한 공장에 다니면 아이들을 제대로 보살피기 힘들어질 것이다. 하지만 긴 삯일 시간에 더해 가사노동, 식사 준비와 아동 양육 같은 부담까지 이중으로 져야 한다.

로열블루색 머릿수건을 두르고 상대의 눈을 똑바로 보며 이야기하는 습관이 있는 라지아 니사르는 재택 기반 제화 노동자이면서 재택 노동자의 권리를 위해 싸우는 활동가이다. 라지아는 재택 노동자가 공장 노동자보다 더 힘들다고 단언한다. "집에서 일할 때는 시간 제약이 없어요. 공장 노동자는 보통 여섯 시간에서 여덟 시간 동안 일해야 하지만 여기서는 제약이 없죠. 때로는 밤늦게까지 일해요. 어떤 날엔 자정까지도 일하고, 거기다 휴일은 하루도 없죠."

라지아 니사르는 말을 잇는다. "공장 소유주는 노동자들에게 모든 기본적 필요를 제공하지만 우리 같은 경우에는 심지어 휴가조차 없어요. 우리가 휴가를 냈다간 당장 일당이 깎일걸요. 공장 노동자들은 그렇지 않아요. 월급이 고정되어 있고, 심지어 일이 서툴더라도 돈은 줘야 하죠."

라지아는 공장주가 재택 노동자들에게 하청을 주는 이유에 관해 조금의 환상도 품고 있지 않다. "공장주는 초과 작업량을 우리한테 넘겨서 비용을 절약하려는 거죠. 그렇게 하면 전기 소비량을 줄일 수 있으니까요. 그뿐인가요, 우리한테는 사회복지비와 의료비도 지출할 필요가 없죠."

재택 노동은 사람들을 끔찍한 가난에 가둔다. 파키스탄의 이른바 '비숙련노동자'가 받는 최저임금은 현재 월 1만 5,000루피(대략 미화 142달러)이다.[4] 많은 재택 노동자가 결국 그 최저임금의 20~25퍼센트밖에 벌지 못한다. 한 달에 받는 3,000~4,000루피(28~38달러)는 저축을 하거나 비상 의료비로 쓸 여분을 전혀 남기지 못하는 기아 임금이다. 심지어 식량, 월세, 그리고 공공요금 같은 기본적 필요도 해결되지 않는다. 재택 노동자들은 종종 친척이나 친구들에게 부탁해 돈을 빌리고, 그 후 빚을 갚느라 허덕인다.

저축이 없고 그 어떤 규제 제도의 보호로부터도 벗어나 있다는 것은 재택 노동자들이 아무런 사회보장이나 연금도 받지 못한다는 뜻이다. 노동권 보호를 위해 결성된 비정부기구인 노동교육재단의 이사 칼리드 마흐무드Khalid Mahmood는 말한다. "나이가 들어 전에 하던 일을 더는 할 수 없게 된 여자들을 많이 봐왔어요. 그런 여성들은 정부로부터 아무런 보호도 받지 못하고, 등록된 노동자가 아니니 당연히 아무런 연금도 받지 못해요. 같이 사는 자녀나 남편에게 기대어 살면서 근근이 목구멍에 풀칠하죠." 기댈 만한 가족이 전혀 없는 노년 여성은 길거리에서 구걸하는 처지로 전락한다.

전 지구적 위기가 다가올 때

재택 노동자들은 비록 눈에 띄지 않을지 몰라도 바로 소비재의 가격표에 존재한다. 재택 노동자들에 대한 극한적 착취는 제품의 가격을 높이기보다는 노동을 쥐어짬으로써 기업 이윤을 창출하는 전략에 핵심적이다.[5] 신발처럼 조립하는 데 그토록 많은 노동이 투입되는 물건들이 그처럼 싼 가격표를 달고 있는 이유의 핵심이 바로 그것이다.

재택 노동은 시대에 뒤떨어져 보이고 심지어 사소해 보이기까지 하지만, 그렇다고 유행에 뒤떨어진 생산양식은 전혀 아니다. 현대 경제는 공장 노동과 재택 노동의 양자택일이 아니라 재택 노동자와 공장의 상호 의존으로 돌아가고 있다. 생산 활동이 이루어지는 곳, 그리고 공장주가 극도로 낮은 가격에 상품을 생산하도록 압박하는 모든 곳에서 여러분은 재택 노동자들을 발견하게 될 것이다. 인도에서 영국, 과테말라와 튀니지까지, 생산이 증가할수록 재택 노동도 증가한다.[6] 많은 국가의 수출 주도형 성장 정책은 재택 기반 생산의 확장과 맞닿아 있는데, 공장주가 다국적기업의 비용 절감 요구에 맞추려면 다른 방법이 없는 경우가 흔하기 때문이다.

재택 노동자들은 단순히 자기 가족만 먹여 살리는 것이 아니라 지역, 국가, 그리고 세계경제에 막대한 기여를 한다. 그럼에도 세계 시장이라는 바다에서 이리저리 표류하는 처지다. 세계경제 불황기에 재택 노동자들은 맨 처음으로 일감과 소득을 잃은 집단에 속했다.[7]

2008년 세계적 금융위기로부터 1년이 지난 2009년, 포괄적 도시 프로젝트는 글로벌 사우스 소속 도시 열 곳을 대상으로 재택 노동자를 포함한 비공식 경제가 그 위기로부터 어떤 영향을 받았는지에 관한 연구를 수행했다. 그 결과 글로벌 가치사슬(다국적기업을 위한 수출)을 위한 제품을 생산해온 재택 노동자의 일감 수주가 가파르게 하락했음을 밝혔다. 국내 시장을 위해 일하는 노동자는 형편이 조금 나았지만, 그래도 여전히 경쟁 증가와 전 세계적인 구매력 하락으로부터 영향을 받았다.[8]

다시 그로부터 1년 후인 2010년, 포괄적 도시 프로젝트는 다시금 비공식 부문이 공식 부문에 비해 회복이 뒤처지고 있음을 발견했다. 공식 경제 부문의 지속적인 실직과 불완전고용으로 인해 많은 사람이 이미 포화 상태인 비공식 경제 부문으로 밀려났다. 주문과 판매는 증가하지 않는데 인플레이션과 생활비는 증가했다. 이로 인해 재택 노동자들은 자신과 가족을 위한 식비를 절감하고 아이들의 학업을 중단시켜야 했다.[9]

여자의 일에는 끝이 없다

공장 노동과 마찬가지로 재택 노동은 성별화된 착취이다. 전 세계 재택 노동자의 절대다수는 여성이다. 브라질에서는 70퍼센트, 가나에서는 88퍼센트, 그리고 파키스탄에서는 75퍼센트를 차지한다.[10] 파키스탄에서는 전체 여성 노동자의 65퍼센트가 재택 기반 노동자로 추정되는 반면 남성 노동자에서는 그 비율이 4퍼센트에 불과하다.[11]

이러한 수치는 직업에 따라 달라진다. 제화는 재택 노동 중 그나마 보수가 좋은 편이라서 남성 노동자를 적잖이 찾아볼 수 있다. 제화 부문의 여성들은 나기나와 야스민처럼 재택 제화 노동에서 여전히 소득이 가장 낮은 업무를 벗어나지 못한다. 공장 중개인으로부터 자수나 구슬 장식을 다는 삯일을 일감이 들어올 때마다 받는 식이다.

성차별은 가난 및 도시의 낙후도와도 교차한다. 사회에서 최빈곤층에 속하는 도시 거주 재택 노동자는 종종 공공복지와 기반 시설이 안정적이지 못한 인구 밀집 지역, 슬럼가에 사는 경우가 많다. 나기나, 야스민, 그리고 라지아 같은 여성들은 삯일, 가사노동과 육아만 해야 하는 게 아니다. 빈곤한, 인구 과밀집의 재택 노동 공간 때문에 지속적으로 물건을 이리저리 옮겨야 하고 그만큼 청소와 빨래도 더 자주 해야 한다.

단순히 집 안에서 일한다는 이유로, 작업 공간을 관리하는 것은 보통 여성의 몫으로 돌아간다. 위생이 엉망이고 쓰레기 처리 절차가 거의 또는 전혀 존재하지 않는다는 사실은 여성의 부담을 더욱 가중시킨다.[12] 물을 길어 오거나 쓰레기를 치우는 데 들이는 시간만큼 임금 노동을 할 시간을 빼앗길 수밖에 없다. 거기에 엉망으로 지어진 집 또한 누수, 곰팡이, 더러움이나 홍수 때문에 상품이 망가질 위험을 더한다.

인도의 12 슬럼 프로젝트에서 실시한 연구에 따르면 물 공급과 홍수 방지책 및 가로등 설치는 특히 여성들에게 도움이 된다. 여성이 안전하게 일할 수 있는 공공장소, 붙박이 탁자와 의자가 있고 아이들을 지켜볼 수 있는 운동장이 딸린 공용 마당이 있으면 재택 노동자들에게는 엄청난 도움이 된다.[13] 하지만 현실에서 도시 재택 노동자들은 지속적으로 모든 것을 잃고 쫓겨날 위협에 처해 있다.[14] 가정들을 파괴하는 슬럼가 정리 프로젝트는 이 공동체를 이중으로 짓누르는 부담인데, 집들만이 아니라 생계 역시 빼앗아가기 때문이다.[15]

재택 기반 제화 노동자들은 주문과 재료를 받고 배달하기 위해 공장과 시장을 왔다 갔다 해야 한다. 걸어 다니기도 하지만 인력거나 버스를 타기도 한다. 한 연구에 따르면 교통비는 재택 노동자가 지출하는 비용의 3분의 1을 차지한다. 또한 길거리에서 일상적으로 성희롱과 괴롭힘을 당하는 여성들에게 대중교통수단이 과연 안전한 환경인가 하는 문제도 있다.

즐거운 나의 집?

페르빈과 무함마드는 라호르의 바다미 바그에 있는 집에서 함께 일한다. 무함마드는 15분 거리의 근처 공장까지 걸어가, 여성용 신발 갑피로 가득한 자루들을 받아 집으로 돌아온다. 하루 열두 시간, 아침 8시부터 저녁 8시까지 일한다. 일감이 정기적으로 들어오지 않기 때문에 그만큼 더 열심히 일해야 한다. 1주일에 며칠씩 일감이 뚝 끊기는 경우도 있다고 무함마드는 말한다. 그래서 가진 것으로 어떻게든 버티고, 늘 더 많은 일감을 구하려 애를 쓴다.

그들이 작업하는 갑피는 바느질도 풀칠도 필요하다. 페르빈과 무함마드는 공장에서 받은 재료를 집에 가져다 두고 일한다. 이는 가정에 대량의 산업용 접착제를 보관해야 한다는 뜻이다. 안전한 작업장에서라면 그런 물질 보관은 엄격한 보건 및 안전 규정의 규제를 받고, 감사관 및 현장 감시 요원에 의해 관리와 감독을 받을 것이다. 노동자들은 화재 비상구, 스프링클러 시스템, 화재감지기와 대피 절차로 보호받아야 한다. 모두 바다미 바그의 개인 가정에서는 전혀 찾아볼 수 없는 것들이다.

어느 날 무함마드가 집에서 일에 정신 파는 사이 아이들이 부엌에서 불장난을 했다. 집에 있던 접착제에 불이 붙는 바람에 심각한 화재가 일어나 집이 크게 망가졌고, 무함마드는 아이들을 구하느라 발에 화상을 입었다.

그 사건 이후로 무함마드는 자신이 다루는 접착제에 화재 위험성이 있음을 알게 되었다. 그래서 불과 조금이라도 연관된 곳으로부터 멀찍이 보관하고 있다. 무함마드는 바다미 바그에서 제화업에 종사하는 사람들이 접착제가 위험하다는 걸 알지만, 사고 예방법은 주로 그 위험성에 관해 서로 이야기를 나누는 것이 전부라고 말한다. 여전히 집에 화재가 났다는 소문이 여기저기서 들린다. 하지만 다들 일을 해야 하기 때문에 위험을 감수한다는 것이다.

제화 산업에 쓰이는 가연성 용제와 접착제는 만만하게 볼 물건이 아니다. 2002년, 인도 아그라의 제화 공장에서 드럼통 저장고의 전기 합선이 원인으로 추정되는 화재로 인해 노동자 24명이 사망했다.[16]

시장자본주의가 사람들의 가정을 침략하면 그 결과는 단순히 임금 착취에서 그치지 않는다. 이것은 단순히 노동비용 절감만이 아니라 기본적 산업 표준을 지키는 데 드는 누적 비용을 회피할 방법을 추구하는 시스템이다. 여기서 침략당하는 것은 그저 무작위적인 누군가의 가정이 아니라 위험한 일터로 변한 글로벌 사우스의 가정들이다. 생산비 절감을 위한 사냥은 초국적기업을 글로벌 사우스의 가장 빈곤한 지역으로 이끌었고 노동을 개별 가정으로 분산시키도록 몰아갔다.[17]

이 시스템은 위험한 노동을 규제하려는 전 지구적 노력에 부정적 영향을 미쳐왔다. 건물 임대료와 공공 비용을 개인적으로 떠안는 데 더해, 재택 노동자들은 더 많은 불길한 비용을 짊어져야 한다. 가정이 일터가 되어서는 안 된다. 이상적인 세계에서라면 가정은 음식을 요리하고 가족과 개인이 마음 편히 쉴 수 있는 깨끗하고 안전한 장소일 것이다. 반면 공장은 소음과 연기로 가득하다. 사람과 위험한 기계로 미어터지는, 압박이 심한 환경이다. 사람들은 공장에서 살 수 없고, 집이 공장이 되어서는 안 된다.

인도 남부의 타밀나두는 가죽 신발 수출의 중심지이다. 재택 노동자들의 조건을 조사한 비정부기구 '홈워커스 월드와이드Homeworkers Worldwide'는 환기와 좌석 배치가 공장보다 훨씬 열악한, 비좁은 아파트에서 일하는 여성들을 발견했다. 이들은 오랜 시간 웅크려 앉은 채 일하느라 심신이 약화되어가고 있었다. 질긴 가죽을 꿰매는 장시간 노동으로 인해 등과 관절에 염좌가 생기고 세세한 작업을 계속하느라 눈에 손상을 입는가 하면, 화학물질에의 노출 때문에 피부 문제도 겪고 있었다.

그중 다수의 여성이 결혼 전에는 공장에서 일했다. 그리고 몇 년씩 공장에 다녔는데도 연금이나 건강보험, 사회보장을 가진 사람은 아무도 없었다. 일부는 그 후 40파운드에 팔리는 신발의 가죽 갑피를 손으로 꿰매는 일로 적게는 9펜스까지 받았다.[18]

가내 작업장은 비좁고 붐빈다. 조명은 흐릿하고, 공기는 먼지와 연기로 매캐하다. 눈을 가늘게 뜬 노동자들은 기침을 멈추려고 셔츠나 머릿수건을 코 위로 끌어당긴다. 제대로 된 작업대가 없다 보니 마룻바닥에 웅크려 앉아 있기 일쑤다. 등, 어깨, 그리고 양손의 염좌는 건강에 해로운 자세로 보내는 시간이 길어질수록 더욱 심해진다.

이런 직업적 위험 요소는 의료비 지출로 이어진다. 폐와 눈의 질환, 등의 통증 등을 치료하는 비용은 비싸고, 건강하지 못한 집 안 환경은 식구 모두에게 영향을 미칠 수 있다. 만약 의료비를 지불할 방법이 없으면 재택 노동자는 생산성이 떨어져, 가정의 수입이 더한층 곤두박질칠 수밖에 없다.[19] 그 착취는 국제통화기금이 부과하는 구조조정 프로그램SAPs 같은 신자유주의 정책에 의해 가중된다. 구조조정 프로그램은 원조를 필요로 하는 국가가 거액의 융자를 받게 해준다. 하지만 거기에는 선제 조건이 붙는데, 그것은 국가 경제의 자유화에 초점을 맞추는 경향이 있다. 그들은 전형적으로 의료 민영화와 교육 및 공중보건에 대한 지출 감소를 밀어붙이는데, 이 모두는 이미 어려움을 겪고 있는 그 나라의 국민들에게 부정적 영향을 미친다.[20]

노동자로 붐비는 바다에서

라호르 동쪽으로 1,100킬로미터쯤 떨어진, 네팔의 수도 카트만두에 있는 작은 집을 찾아가보자. 크리슈나 바하두르 네팔리는 가죽 조각과 신발 밑창, 연장과 접착제 용기로 뒤덮인 작업대 앞에 앉아 있다. 그 좁은 직사각형 방 안쪽으로 더 들어가면 크리슈나의 아내가 카펫을 직조하고 있는 커다란 베틀이 있다. 부부는 나란히 앉아, 각자 자신이 맡은 작업에 몰두해 있다.

크리슈나 바하두르는 열한두 살 때부터 신발을 만들어왔다. 아버지에게서 직접 일을 배웠다. 제화는 크리슈나의 할아버지, 증조할아버지,

그리고 고조할아버지까지 거슬러 올라가는 가업이었다. 어렸을 때 크리슈나는 학교에 가기 전에도, 학교에 다녀와서도 신발을 만들었다. 그러다 결국 가난한 가족을 돕는 데 전념하기 위해 학교를 자퇴했다. 이제는 다 자란 자신의 아이들을 두고 있다.

크리슈나는 묵직한 광을 낸 가죽으로 만든, 끈이 꿰어진 아동용 신발을 들어올린다. 교복 구두 주문은 근처 시장의 한 도매업자에게서 들어온다. 한 켤레당 100루피를 받는데, 대략 1달러쯤 된다. 파키스탄의 재택 노동자들과 달리, 이것은 안정적인 일거리이고 크리슈나 바하두르는 늘 바쁘다.

오랜 세월에 걸쳐 장시간 웅크리고 앉아 일하다 보니 크리슈나는 등의 통증이 아주 심하다. 병원에 가서 치료비로 500루피를 썼고, 이제는 물리치료를 받아야 한다. 더는 일을 쉴 수 없기 때문이다.

등의 통증뿐 아니라 옆 테이블에 놓인 페인트 깡통 크기의 접착제 용기 역시 크리슈나에게는 문젯거리다. "이건 엄청나게 독한 물건이에요." 크리슈나는 시장에서 산 접착제를 들어 보이며 말한다. 더 가까이서 살펴보니 상표에 인쇄된 안전 경고는 아이들의 손이 닿지 않게 하라는 내용이 전부다.

크리슈나 바하두르는 접착제를 사용하면 졸리고 '감각이 둔해진다'고 한다. 신발을 조립하려고 접착제를 사용할 때 양손이나 눈을 보호하는 수단은 전혀 사용하지 않는다. 창문은 열어둔다. 정사각형 창을 통해 어린 수탉의 시끄러운 울음소리가 들려온다.

도대체 신발을 만드는 데 쓰이는 접착제는 뭘까? 미국 매사추세츠 주 로웰 대학교의 화공학자이자 연구교수인 피아 마카넨Pia Markkanen 박사는 업무와 관련하여 태국, 인도네시아와 필리핀의 재택 제화 작업장 수십 곳을 방문했다. 그녀는 태국에서 방문한 최초의 재택 작업장을 잊지 못한다. 그곳은 화재 비상구도 없는 2층짜리 아파트로, 그녀의 묘사에 따르면 노동자로 붐비는 바다였다. 그녀는 2층에서 재봉틀, 접착 작업대와 패턴 제작 작업대 사이에 있는 어린아이들을 보았다. 그곳의 공기는 매캐한 화학약품 냄새로 뒤덮여 있었다. 마카넨 박사는 이렇게 말한다.

"접착제의 상표에서는 안전에 관한 내용을 거의 찾아볼 수 없어요. 접착 효과를 최대화하는 방법에 대한 지침은 있지만 활성 성분에 관한 내용은, 안전 지침에 관한 건 아무것도 없어요. 접착제니 프라이머니, 광을 내는 세제니 하는 화학물질을 흡입하면 건강에 무척 해롭습니다. 호흡기, 개별 장기, 생식계를 가리지 않죠. 이것들은 신경독소예요."

하루도 빠짐없이 신경독소를 사용해 작업하는 건 장난이 아니다. 이런 독성물질은 신경계에 작용하고, 두통부터 기억상실과 인지장애, 우울과 만성피로까지 수많은 심각한 문제를 야기할 수 있다.[21] 용제들, 다른 물질을 용해하거나 희석할 수 있는 물질들 또한 제화 산업에서 큰 비중을 차지한다. 탄소계 유기용제는 페인트, 바니시, 접착제와 세제 같은 제품에 사용된다.[22] '유기'라는 단어가 들어감에도 이것들은 인체에 이롭지 않으며, 생식 문제를 포함해 수많은 증상을 유발할 수 있다. 제화업계에서 유기용제를 사용하는 제품으로는 접착제, 프라이머, 그리고 신발 세척제 등이 있다. 수많은 유기용제가 신경독소[23]일 뿐더러 발암물질(단기적이거나 지속적인 노출로 암을 유발할 수 있는 물질이나 환경 요인)로 여겨진다.[24]

그런 화학물질은 주로 세 가지 방식으로 인체에 들어온다. 가장 흔한 경로는 호흡, 둘째는 피부를 통한 흡수이고, 셋째는 소화이다. 집에서 신발을 만드는 사람들은 특히 셋 모두에 취약하다.

시간에 쫓기는 재택 노동자들은 보통 휴식 시간이나 점심시간에도 작업대 앞을 떠나지 못한다. 마카넨 박사는 이렇게 설명한다. "가능한 한 일을 많이 하려고 하루 세 끼를 전부 일하면서 먹더군요. 접착제를 바르기 위해 막대를 이용할 수도 있겠지만, 때로는 맨손으로 하고 그 후 밥을 먹죠."

작업대에서 점심을 먹는 행위는 지구상의 그 어떤 사무실에서도 권장되지 않는다. 스트레스에 대한 우려 때문이다. 특히 독성 화학물질에 둘러싸여 일하는 사람들에게 그것은 생명을 위협할 수도 있다. 마카넨 박사는 노동자들이 일하는 틈틈이 그 자리에서 간식이나 밥을 먹고 담배를 피우는 모습을 보았다고 말한다. 그러면 화학물질을 섭취할 수 있고, 화학물질이 소화계인 위와 간으로 직행하고, 몸 전체로 퍼져 장기들을 노린다.

보이지 않는 위협

1970년대에 장기적인 용제에의 노출이 불러오는 엄청나게 부정적인 효과를 일컫는 '제화공의 다발신경증shoemaker's polyneuropathy'이라는 용어가 만들어졌다. 제화공의 다발신경증에 걸린 사람들 중 가장 유명한 인물은 나이키의 공동 창립자 빌 바워만으로, 연기로 뒤덮인 비좁은 작업장에서 새로운 운동화 디자인에 집착적으로 몰두하다 보니 독성물질에 중독되었다.[25] 영국 데번에 살았던 작가인 조앤 브래디Joan Brady는 바로 옆집의 신발 공장에서 넘어온 고농도 화학 매연 때문에 그 병에 걸렸다.[26] 그 제화업자는 자신들의 용제가 피해를 유발했다는 사실을 전면 부정했지만, 브래디는 결국 법정 외 협상으로 11만 5,000파운드를 배상받았다.

감시의 눈길을 비껴난 제화 산업은 화학물질과 극도로 오염된 공기에 점령당했다. 제화에 쓰이는 화학물질과 암 사이의 연결고리가 입증되면서 용제 기반 접착제에 대한 대안으로 수용성 접착제가 등장했다. 또한 독립적 디자이너들은 조립하는 데 접착제가 전혀 필요하지 않은 모듈식 신발을 만들기도 했다. 그러나 접착성이 더욱 강한 용제 기반 접착제가 여전히 선호되고 있다. 본질적으로, 재택 노동 환경은 현재까지 공급 사슬 가운데서 규제가 가장 약한 부문이다. 시야에서 벗어난 공급 사슬에는 그 어떤 감시나 규칙도 적용되지 않는다.

접착제와 용제에 함유된, 건강에 큰 위협을 가한다고 입증된 화학물질 세 가지는 메틸 에틸 케톤(MEK 또는 부타논), 벤젠과 톨루엔이다. 메틸 에틸 케톤은 산업에서 용제로 사용되며 페인트와 바니시 및 접착제에 들어 있다. 어떤 식으로 노출되든 모두 유독하며 호흡, 섭취나 장기 피부 노출을 통해 체내에 흡수될 수 있다. 그러면 두통, 현기증, 피로, 언어기능 저하, 저체온, 발작과 혼수상태, 심장 문제와 고혈당 등이 일어날 수 있다.[27]

벤젠은 플라스틱과 염료 및 용제 제조에 사용된다.[28] 공기를 통한 단기 노출은 호흡 곤란과 더불어 눈, 코와 목을 자극할 수 있다. 업무상 벤젠 노출은 백혈구 감소, 백혈병과 DNA 손상을 포함한 질병과 관련성이 있으며 국제 암 연구기관IARC에서는 벤젠을 인체 발암물질로 분류했다.[29] 이러한 위험성 때문에 벤젠 농도는 영국에서 엄격히 통제하고 있으며, 영국 정부는 '업무와 물 및 공기를 통한 벤젠 노출은 건강 위협 가능성을 최소화하기 위해 최저한도의 실용적 수준으로 낮출 것'이라고 명시한다.[30]

마지막으로, 톨루엔은 접착제, 페인트와 염료 및 플라스틱에 사용된다. 달달하고 톡 쏘는 냄새가 나며 연기를 흡입하면 졸음, 현기증, 두통, 메스꺼움과 기억력 장애를 겪을 수 있다. 대량이면 신경계에 영구 손상을 야기할 수 있으며 혼수상태, 심장병과 심지어 사망에까지 이르기도 한다.[31] 혹시 금연을 하고 싶은 분들을 위해 말씀드리자면 메틸 에틸 케톤, 벤젠, 그리고 톨루엔 모두는 산업 환경 외에 담배 연기에도 들어 있다.[32]

마카넨 박사는 사람들이 완전히 이해하지 못하는 위험한 제품을 적극적으로 판매하는 강력한 석유화학 산업을 비난한다. "이런 해로운 화학물질을 지역 생산자의 문간에 밀어놓으면 그 사람들은 이렇게 질문할 힘이 없어요. '이 접착제들이 정말 내 아이, 우리 가족에게 도움이 되나요? 이것들이 우리에게 해를 끼치지는 않나요?' 그 사람들은 그렇게 묻지 않아요. '다음 달에 내 월급을 주는 곳이 어디지? 우리 식구의 밥값을 어떻게 벌지?' 하고 묻죠."

뒤이어 마카녠 박사는 이렇게 덧붙인다. "뭔가가 소비자에게 해로울 수 있다는 논란이 생길 때, 그러면 사람들은 깨어나요. 특히 어린아이들에게 해로울 때는요. 하지만 노동자들, 이 나쁜 물질에 날마다 노출되어 있는 노동자들에게는 그런 것이 보이지 않아요."

'댄디'에 취한 아이들

이렇게나 위험한 화학물질은 신발 공급 사슬에만 묶여 있지 않다. 재택노동은 산업과 산업용 원료가 엄격한 관리에서 벗어난다는 뜻이다. 이는 독성물질이 사회에 널리 퍼지는 결과를 부른다. 신발을 조립하고 카펫의 미끄럼을 방지하거나 타이어를 수리할 목적으로 쓰이는 접착제와 용제는 매일 밤 잠긴 공장 안에 갇혀 있기는커녕 상점과 시장에서 아무 때나 구할 수 있다. 이미 규제가 없는 사회 전역으로 산업이 확산되면 해로운 화학물질이 아무런 제약 없이 판매되기 쉽다. 이는 파괴적 결과를 낳는다.

카트만두의 폐기물 하치장, 쓰레기 매립지, 그리고 뒷골목에는 수천 명의 집 없는 아이들이 있다. 아이들은 유기, 극한의 굶주림이나 추위, 폭력과 성적 착취를 겪는다. 이 아이들 중 다수는 삶에서 육체적·감정적 괴로움을 피할 얼마 안 되는 기회를 찾으려 애쓰다가 지독한 접착제 흡입 중독에 사로잡힌다.

네팔 컨선드 센터Nepal Concerned Center의 차일드 워커스Child Workers에 8년째 몸담고 있는 비슈누 프라사드 파우델Bishnu Prasad Paudel은 거리의 아이들을 위해 일해왔다. 비슈누는 아이들이 접착제 흡입의 이유로 꼽는 것들이 모두 일종의 통증과 관련되어 있다고 말한다. 아이들은 굶주림, 외로움, 공포, 싸움으로부터 도피하기 위해, 그리고 다른 아이들과 어울리고 친분을 맺기 위해 접착제를 흡입한다.

네팔의 길거리 구멍가게에서는 접착제가 씹는 허브인 '판paan'과 나란히 판매된다. 비슈누는 이렇게 설명한다. "보통은 '판'을 팔지만, 그것 말고 거리의 아이들을 대상으로 접착제도 파는데 그게 더 잘 팔려서 수익성이 더 높아요." 치약 튜브만 한 크기의 접착제 가격은 하나에 65~70네팔 루피이지만, 거리의 아이들은 그보다 더 높은 100~150루피를 내야 한다. 상점 주인들이 아이들이 중독자임을 알기 때문이다.

이 문제는 지역 전체에서 반복적으로 나타난다. 샤헤드 이브네 오바에드Shahed Ibne Obaed는 방글라데시에 위치한 야간 대피소 겸 노숙 아동을 위한 청소년 센터에서 일한다.[33] 그는 방글라데시에서 '댄디'라는 별명으로 불리는 신발 접착제에 중독된 거리의 아이들을 자주 마주친다. 지역 잡화점에서 쉽게 구할 수 있는 댄디는 알코올이나 대마초, 또는 헤로인 같은 약물보다 훨씬 싸다. 너무 싸서 길거리에서 사는 아이들도 살 수 있다. 샤헤드는 접착제를 팔지 않으려 하는 가게는 없다고 말한다. 아이들은 그걸 사서 연기를 흡입할 수 있도록 비닐봉지에 붓는다.

샤헤드의 센터에서 실시한 연구에 따르면 남자아이들뿐만 아니라 여자아이들 역시 접착제를 사용하고 있었다. 이러한 접착제 사용은 아동 성매매와도 관련되어 있다. 겨우 열 살밖에 안 된 여자아이들이 접착제를 사기 위해 성매매를 한다. 샤헤드는 말한다. "이 아이들은 길에서 살아요. 나이가 열 살, 열한 살, 열두 살, 열네 살이죠. 성인들이 아니에요."

크리슈나 바하두르 네팔리가 작업장에서 사용하는, 두통을 유발하는 접착제의 브랜드명은 덴드라이트이다. 밝은 노란색 통에 든 이 제품은 길거리 아동들이 이용하는 접착제 중 하나다. 덴드라이트가 아동 중 독자들에게 인기가 있는 것은 달콤한 향이 나는 용제인 톨루엔이 들어 있기 때문이다. 이는 극도로 위험한 중독이다. 톨루엔을 소량 흡입하면 술에 취한 듯한 반응이 일어난다. 단시간에 대량으로 흡입하면 의식을 잃거나, 심지어 목숨까지 잃을 수도 있다. 장기적 영향으로는 근육 손실, 그리고 신체와 두뇌의 영구적 손상을 가져올 수 있다.[34]

덴드라이트 브랜드는 콜카타에 본사를 둔 회사인 찬드라스 화학 소유이다. 그곳에서는 접착제와 프라이머 및 퍼티를 제조한다. 덴드라이트 제품은 파키스탄을 제외한 아시아 전역에 수출되고 두바이와 바레인, 그리고 카타르에까지 판매된다. 수출과 기술 판매 부회장인 아미트 다스굽타 Amit Dasgupta는 튀르키예와 북아프리카로 사업 확장을 준비하고 있다고 한다.

거리의 아이들이 덴드라이트 접착제를 흡입하는 상황에 관해 묻자 아미트는 필요한 주의 조치를 모두 취하고 있다고 말한다. 화학물질의 농도는 허용 가능한 한도를 절대로 넘지 않으며, 사람들에게 위험성을 경고하는 '눈에 확 띄는 스티커'를 겉포장에 붙여놓았다는 것이다. 아미트의 말에 따르면 이것은 교육의 문제다.

"아시다시피 이 세상에는 과일을 깎는 등 집 안에서 쓰기 위해 만들어진 칼이나 가위 같은 것이 아주 많죠. 하지만 사람들은 그런 칼과 가위로 살인을 저지르기도 합니다. 칼이 사람을 죽이는 데 쓰인다고 해서 칼의 생산을 막을 수야 없는 노릇 아닙니까. 그러면 다른 문제들이 생길 테니까요." 덴드라이트의 몇몇 자매품은 톨루엔 무첨가로 팔리지만, 인도에서 쉽게 살 수 있는 접착제 튜브들은 톨루엔이 첨가되어 있고 포장에는 내용물에 대한 그 어떤 경고도 담겨 있지 않다.

인도 반쿠라 사밀라니 의과대학 소속 연구자들의 발표에 따르면 용제 남용 문제는 점점 확대되고 있으며 아시아 국가의 아동들에게 이는 '저주'와 같은 상황이다.[35] 연구자들은 용제가 값이 싸고 구하기 쉽다는 점에 우려를 표하며, 정부가 미성년자 대상의 접착제 판매를 규제해야 한다고 말한다. 논문에서는 화학 기업이 그간 공적 압박에 무릎을 꿇었던 사례를 지적하는데, 남아프리카의 한 접착제 회사는 수많은 길거리 아동을 마비시킨 접착제에서 특히 유독한 화학물질을 제거했으며, 필리핀의 한 회사는 아이들이 싫어하도록 접착제에 불쾌하고 쓴 냄새가 나는 성분을 첨가했다.[36]

보호받지 못하는 존재

자기 집에 혼자 앉아 있는, 원자화된 재택 노동자들의 고립은 세계화가 약속하는 상호 연결성의 허구를 반박한다. 그들은 초국적 공급 사슬의 일부이지만, 수익은 그들이 이 상호 연결성에 결코 접속하지 않는 데서 나온다. 세계화된 기업은 서로 단절되어 집단으로 임금을 올리고 노동조건을 개선할 수 없는 저비용 노동자들에 의존하는 저가 생산을 모색한다. 하지만 재택 노동자들이 이 함정을 피해 갈 수 있을까?

재택 기반 노동자들이 권리를 빼앗기는 이유 중 하나는 그들이 노동자로 제대로 인식되지 못하기 때문이다. 큰 장애물을 하나 꼽으려면 명확한 고용관계의 부재다.[37] 신발 공급 사슬은 전 세계로 퍼져 있어, 종국적으로 재택 노동자들의 고용주가 누구인가 하는 질문을 남긴다. 라호르의 나기나 같은 경우 고용주는 공장을 대리하는 대행인인가, 공장 자체인가, 공장에 일을 준 도급업자인가, 도급업자를 고용한 공급사인가, 아니면 완성된 상품을 판매하는 소매상인가?[38]

"도급업자는 아니에요. 종종 도급업자는 같은 지역 출신이고 자신들도 아주 적은 마진밖에 남기지 못하죠. 사슬을 거슬러 올라가 기업에 연대책임을 물어야 해요." 하버드대 케네디 공공정책대학원 교수이자 WIEGO Women in Informal Employment: Globalizing and Organizing의 공동 창립자인 마르타 첸Martha Chen 박사의 말이다.

첸 박사의 말에 따르면 다국적기업들이 자기네 공급 사슬의 어두운 끝부분에서 무슨 일이 일어나는지 모르기 일쑤이며, 굳이 알려 하지도 않는다는 게 문제다. 따라서 재택 노동자들에게 조명을 비추어 그들을 브랜드나 소매상과 분리된, 공장과 이어진 사슬의 보이지 않는 고리가 아니라 노동자로 가시화해야 한다는 것이다. WIEGO는 노동자들에게 단체 협상의 기준을 제공하기 위해, 전국적·지역적으로 합의된 재택 노동자들을 위한 도급단가제piecework rate를 추진하고 있다.

또 다른 문제는 재택 노동자들에 관련된 법의 명백한 부재이다. 국제노동기구가 1996년 C177로 알려진 가내근로에 관한 협약을 채택한 지 20년이 지났다. 그 협약은 집에서 일하며 고용주를 위한 제품을 생산하는 사람들의 권리를 증진하고 보호하는 것을 목적으로 했다. C177은 재택 노동자들이 공식 경제의 월급 생활자로 대우받아야 한다고 진술한다. 공정한 임금을 받아야 하고, 출산휴가 같은 복지 혜택을 받아야 하며, 안전한 작업환경 및 단체를 조직할 권리를 가져야 한다. 20년 후, C177을 인준한 국가는 10개국에 불과하다. 알바니아, 아르헨티나, 벨기에, 보스니아 헤르체고비나, 불가리아, 핀란드, 아일랜드, 노스 마케도니아, 네덜란드, 타지키스탄이다.

이는 전 세계 재택 노동자의 압도적 다수가 아무런 권리도 인정받지 못하고 있다는 뜻이다. 예컨대 파키스탄의 두 주, 신드와 펀자브는 재택 노동자의 권리를 인정하고 사회적 보호를 제공하는 정책을 통과시켰는데, 신드 의회는 2018년 신드 재택 기반 노동자 법안을 통과시켰지만 그 외 지역의 재택 노동자는 자국 내 노동법의 보호를 받지 못한다.[39]

금지할까 말까?

충격적인 폭로와 더불어 공급 사슬을 흠 없이 유지하려는 기업의 욕구가 결합한 결과로 재택 노동 자체를 금지하려는 움직임이 가끔 일어났다. 그러나 마르타 첸 박사는 이는 '끔찍하기 짝이 없는 실수'가 될 거라고 단언한다. 그녀는 금지가 역효과를 낳은 예시로 파키스탄의 축구공 산업을 지적한다. 최근 통계에 따르면 파키스탄은 전 세계의 경기용 축구공의 80퍼센트를 생산한다. 작은 육각형과 오각형 가죽 수백만 개를 한데 꿰매는 것을 기본으로 하는 이 작업은 매년 파키스탄 경제에 약 5,000만 달러의 기여를 하는 것으로 추산된다.[40]

과거에는 이 작업의 많은 부분이 가정에서 여성들에 의해 이루어졌다. 그러다 보니 아이들이 자연스럽게 어머니에게 일손을 보태곤 했지만, 아동노동에 조명이 비춰지면서 축구공 생산은 작업장과 공장으로 옮겨졌다. 이는 여성이 공장처럼 남성이 지배하는 공공장소에서 일하는 것을 금하는 파키스탄의 사회적 장벽을 무시한 처사였다.

"문제는, 파키스탄의 일부 여성들은 집 밖에서 일을 할 수 없다는 겁니다. 그런 처사는 무척이나 모순적인 결과를 낳았습니다. 어린아이들만 더 이상 축구공 만드는 일을 못하게 된 게 아니라 어머니들도 그 일을 못하게 됐죠." 첸 박사의 설명이다.

아동노동이 발생하는 이유는, 가족이 극도로 가난해서 작업 할당량을 채우려면 아이들도 같이 일을 해야 하기 때문이다. 아동노동을 근절하겠다고 사회에서 여성이 돈을 벌도록 허용하는, 아마도 유일한 방법을 금지한다면 역효과만 낳을 뿐이다. 아동노동을 막으려면 재택 노동자의 임금과 노동조건을 개선해야 한다.

첸 박사는 재택 노동이 비록 '세계화 체제의 어두운 그늘'이지만, 다른 한편으로는 너무나 두꺼운 성차별의 장벽 때문에 집 밖에서 일할 수 없는 여성들이 돈을 벌 수 있는 방법이라고 인정한다. 첸 박사는 말한다. "재택 노동을 금지하면 안 됩니다. 그것이 세계화 생산 체제의 필수적인 일부이고, 다른 방법이 없을 경우 여성이 집에서 일할 수 있게 해주는 수단임을 인정해야 합니다. 일부는 문화적 표준이나 성별 표준 때문에 그럴 수밖에 없거든요. 또한 여성이 인생에서 온갖 것을 동시에 건사해야 하는 특정한 나이대에 있어서 그래야 할 때도 있고요."

아이들을 보살피고 싶은 여성들의 욕구에 대해서도 더 많은 이해가 필요하다. 방과 후 시설이 부족한 환경에서, 어머니들은 아이들이 길거리를 돌아다니며 말썽거리에 엮이는 것보다는 같이 집에 있는 쪽을 선호할 수밖에 없다.

뭉치면 살고 흩어지면 죽는다

재택 노동을 금지하는 대신, 대안은 단체를 조직하고 노동조합을 결성해 적절한 임금과 노동조건을 밀어붙이는 것이다. 다시 라호르의 노동 교육재단으로 돌아와보면, 프로젝트 간사인 잘바트 알리Jalvat Ali는 지난 12년간 재택 노동자들을 조직하는 일을 하면서 맞닥뜨린 장애물 몇 가지를 꼽는데, 가장 큰 것은 가정에서 남편이나 아버지 또는 남자형제들이 여자들을 집 밖으로 나가지 못하게 막는 성별화된 사회 표준이었다. 또한 아이를 키워야 한다는 의무 역시 여자들을 가정에 가둬놓는다. 잘바트는 말한다. "심지어 교육 워크숍에서도 이런 말을 해요. '아이들은 어떡하고요?'"

잘바트가 보기에, 파키스탄 재택 노동자의 절대다수가 여성인 가장 큰 이유는 이와 같은 이동의 제한이다. 집에 있으라는 압박을 받고 아이들 때문에 집에 매인 처지의 여자들은 흔히 집에서 노동을 해야 하는 상황에 처한다. 고립되어 있는 이런 사람들은 그냥 준다는 대로 돈을 받기 쉽다.

공장이라는 환경에서는 노조가 사람들을 조직하기가 한결 수월하다. 조 단위로 근무하므로 조직자들은 이미 함께 모여 있는 다수의 사람을 모집해 교육하기만 하면 된다. 일단 어느 정도 실질적인 규모에 이르면 노조는 공장주를 상대로 임금과 조건 협상에 착수할 수 있다. 그런 반면 재택 노동자들은 자신들의 권리에 대해 완전히 깜깜하기 일쑤다. 또한 노조에 가입하면 일이 끊길까 겁이 나서 꺼릴 수도 있다.[41]

잘바트는 그동안 이런 조건하에서 외부인이 여성 재택 노동자들의 신뢰를 얻거나, 상황이 바뀔 거라고 기대하기가 힘들었다고 말한다. 또한 여성 재택 노동자들은 채워야 하는 노동량 때문에 조직 활동을 할 시간이 거의 없다. 하지만 잘바트의 말에 따르면 최근 들어 눈에 띄게 변화하고 있다. 여성들이 행동에 나선 것이다. 잘바트는 설명한다. "재택 노동자들은 스스로 조직하지는 않지만 우리가 개입해서 그 사람들의 권리와 중간상인으로부터 원하는 걸 얻어내고 임금을 높이는 방법을 알려주면 행동에 나섭니다. 우리와 함께하는 여성이 많습니다. 그분들은 이제 지도자가 되어, 공동체에서 다른 노동자들을 동원하기 위한 밑거름 역할을 하죠. 기본적으로 우리는 그분들을 활성화하기만 하면 됩니다."

"노조에 속하지 않은 노동자는 혼자 있는 나뭇가지와 같아요. 고용주의 뜻에 따라 쉽게 꺾이거나 휘어지죠." 1907년, 사슬 제조업에 종사하던 여성 재택 노동자들을 조직하던 메리 맥아더Mary Macarthur가 남긴 말이다. 맥아더는 노조가 나뭇단과도 같다고 말했다. 한데 뭉친 노동자들은 강해진다. 오늘날 재택 노동자들을 조직하는 것은 달성 가능한 목표이며, 최근 인도네시아와 불가리아의 사례는 그 가능성을 어느 정도 보여준다.

2017년에 세계 4위의 신발 생산국인 인도네시아는 전 세계 총생산량의 4.1퍼센트인 8억 8,600만 켤레의 신발을 생산했다.[42] 신발 수출은 인도네시아 경제의 핵심 부문이고, 50만 개 이상의 일자리를 창출한다. 나이키는 1988년 이후로 줄곧 인도네시아 공장을 이용하고 있으며, 바타(체코의 국민 신발 브랜드 – 옮긴이)는 무려 1940년부터 인도네시아에 생산을 위탁해왔다.[43]

독일 신발 브랜드인 아라는 인도네시아에 공장 하나를 소유하고 있다. 아라 웹사이트에는 이런 문구가 있다. '아라의 신발은 고난도의 수작업과 최고 130단계의 개별 공정을 필요로 하는 생산 과정을 통해 제작됩니다.' 2017년, 독일의 연구 협회인 쥐트빈트 연구소는 50세가 정년퇴직 연령인 PT 아라 신발 인도네시아 공장에서 일감을 받아 일하는 인도네시아인 재택 노동자 37명을 인터뷰했다.

쥐트빈트 연구소 직원과 인터뷰한 PT 아라의 재택 노동자들은 신발 갑피와 밑창을 꿰매 붙이는 작업을 맡고 있었다. 노동자들은 신발 열 켤레가 담긴 자루 두 개를 받아 이틀 만에 작업을 완수해야 한다. 임금은 일하는 시간이나 작업이 얼마나 복잡하냐에 상관없이 무조건 켤레당으로 지불된다. 샌들이든 부츠든 모두 마찬가지다. 재택 노동자 중 3분의 1은 신발을 꿰매는 작업에 아이들의 도움을 받아야 했다고 말했다. 신발이 공장이 정한 기준에 부합하지 못하면 노동자들은 벌금을 물었다.

아라의 계산과는 달리, 임금은 재앙 수준으로 낮다. 평균 월 임금은 27.74유로로, 지역 최저임금의 4분의 1이다. 쥐트빈트와의 인터뷰에서 재택 노동자들은 임금 인상을 위해 아라에 조직적 압박을 가할 준비가 되어 있다고 했다. 쥐트빈트는 독일로 돌아가 이런 조사 결과를 아라 본부에 전했다. 아라는 그 대응책으로 재택 노동자의 임금을 인상하고 신발 운반용으로 새 가방을 제공하고 재택 노동자가 멀리까지 다닐 필요가 없도록 가정에 더 가까운 지점을 열었다. 이런 조치들은 개선이자, 행동에 나서는 것이 효과가 있음을 보여주는 신호로 환영받았다. 그러나 쥐트빈트는 곧바로 임금이 여전히 낮으며 '완전히 해결되지 않은 기저의 문제가' 다수 남아 있다는 점을 지적했다.[44]

한편 WIEGO는 2002년에 결성된 불가리아의 재택 노동자 조합의 사례를 제시한다. 조합은 불가리아 남서부 페트리치 시 주변 마을의 노동자 150명이 신발 생산을 위탁받아 일하고 있음을 알게 되었다. 그런데 그곳 노동자들은 페트리치의 노동자들에 비해 더 낮은 임금을 받고 있었다. 페트리치에서 신발 한 켤레를 꿰매면 0.60레바(한화로 약 400원 - 옮긴이)를 받는 데 반해 그곳에서는 0.40레바밖에 받지 못했다. 4개월에 걸친 노력으로 마을 사람들의 신뢰를 얻는 데 성공한 조합은 마침내 그들을 설득해 임금 인상을 요구하게 만들었다.

마을 여성들은 중개인에게 떼 지어 몰려가 페트리치의 여성들과 동일한 임금을 주지 않으면 일을 그만두겠다고 했다. 일감을 나눠 주는 역할이 전부인 중개인은 노동자들이 머지않아 다시 돌아와 일감을 달라고 매달릴 거라 믿고 퇴짜를 놓았다. 조합과 페트리치 노동자들의 지원을 받은 마을 여성들은 작업을 중단했다.

일감은 1주일에 2회씩 마을로 배달되었지만 생산이 중단되면서 중개인의 고용주는 크게 당황하기 시작했다. 신발을 꿰매는 것은 숙련노동이라 짧은 시일 내에 빈자리를 채우기가 쉽지 않았다. 하루 1,000켤레어치의 생산 손실, 그리고 계약 불이행으로 인한 적지 않은 손해를 떠안을 위험에 처한 고용주는 결국 2주 만에 손을 들었다. 여덟 마을의 여성들은 페트리치의 노동자들과 동일한 임금을 얻어냈다.[45]

숨겨진 진실

비공식 부문은 세계화의 숨겨진 진실이다. 갈수록 불안해지는 시장 상황에서 기업은 비용을 절감하고 수요 변동의 부담을 가장 취약한 공동체에 떠넘기기 위해 노동의 분산과 유연화에 의지한다.

세계화는 상호 의존과 혼합의 과정이지만, 그렇다고 그것이 곧 유쾌하거나 호혜적인 과정이라는 뜻은 아니다. 공급 사슬이 더 길고 복잡해지면서 제조는 다단계 하도급으로 분절화되어 전 세계로 퍼진다. 이처럼 최저 비용에 대한 욕망을 무자비하게 추구하는 다국적기업은 글로벌 사우스의 가정을 생산 입지로 노리게 된다.

고립된 상태에서, 그리고 불평등한 성 역할에서 이득을 취하는 기업에 맞서 싸운다는 것은 재택 노동자들에게 엄청난 과업이다. 소비재가 아주 낮은 가격을 유지할 수 있는 것은 이처럼 극한의 착취를 당하는 노동자들이 존재하기 때문이다. 기업은 제품 가격을 높이는 대신 노동을 쥐어짜는 것을 이윤 창출 전략으로 삼는다.

가정은 노동을 위한 장비를 갖추고 있지 않으므로, 이런 경제적이고 성차별적인 착취의 아수라장은 지구상에서 가장 가난한 사람들이 등으로, 눈으로, 손가락으로, 피부와 폐로 짊어지고 있는 세계화이다. 신발 같은 상품이 계속 낮은 가격을 유지할 수 있는 것은 바로 그런 고통 덕분이다. 그럼에도 우리는 이 과정을 전혀 보지 못한다. 브랜딩과 상표를 만들어내는 신화의 거미줄 뒤에 거의 철저히 숨겨져 있기 때문이다. 그 거미줄은 모든 것이 좋고 멋있기만 한 척 위장한다.

4
브랜딩

1769년 7월 9일, 영국 홀본의 킹스헤드 펍. 도축업자의 조수인 대니얼 스펜서는 마시던 커다란 맥주잔을 내려놓고 가게에서 나와 어두운 거리를 걸어 집으로 향했다. 에일에 얼큰하게 취해 얼른 잠자리에 들 생각뿐이던 스펜서는 불시에 한 남자에게서 기습을 당했다. 어깨를 세게 얻어맞은 것이다. 뒤돌아보니 어두운 그림자 여섯이 스펜서를 둘러싸고 있었다. 일격에 무릎을 꿇은 스펜서는 곧 차가운 자갈길 위에 뻗고 말았다.

스펜서를 공격한 괴한들은 뒤이어 스펜서의 모자, 주머니에 든 반페니 동전 여섯 개, 그리고 금속 버클이 달린 신발까지 탈탈 털었다. 그리고 낡은 슬리퍼 한 켤레와 헌 모자를 스펜서에게 던진 뒤 이건 강도질이 아니라 물물교환이라고 고함치고는 비웃으며 도망쳤다.

맨발로 간신히 일어난 대니얼 스펜서는 근처의 선술집으로 들어가는 남자들을 휘청대며 뒤따라갔다. 그리고 야간 순찰대에 신고했다. 공식 직업이 제화공이었던 순경은 수사를 시작해 결국 홀번에 있는 엘슨이라는 가게에서 대니얼 스펜서의 신발을 발견했다.

가게 주인은 그 장물을 팔러 온 사람이 존 스태퍼드라는 남자였다고 증언했다. 존 스태퍼드는 체포되어 킹스 하이웨이에서 강도짓을 저지른 죄로 기소되었다. 스태퍼드는 탄원서를 제출했지만 자유나 사면을 얻을 만큼 설득력 있는 변론은 제시하지 못했다. 결국 유죄 판결에 이어 사형 선고가 내려졌다.[1]

법정에서 대니얼 스펜서는 굽을 둘러 두 줄로 박힌 못으로 미루어 자신이 도둑맞은 신발임이 분명하다고 맹세했다. 만약 다른 제화공에게서 샀다면 또 다른 알아볼 수 있는 표지가 있었을 것이다.

다른 사건에서도 그런 일이 있었다. 런던 세인트앤 교구의 한 전당포 앞을 지나가던 제화공 에드워드 피트먼은 자기 눈을 의심했다. 진열창에 자신의 것임이 분명한 구두 몇 켤레가 걸려 있었던 것이다. 주인에게 물어본 피트먼은 그 구두를 맡긴 사람이 자신이 절도 혐의로 5년 전에 해고한 조수 찰스 포터임을 알게 되었다. 사건은 법정으로 넘어갔고, 피트먼은 그 신발들이 자기 것이 맞는지에 대해 교차검증을 받았다. 피트먼은 그 신발들이 고유의 표지를 담고 있다고 대답했다.

질문 : 당신의 표지가 무엇인가?
피트먼 : 'P.'라는 글자가 있습니다.
질문 : 'P.'는 당신 말고도 피고의 이름과 수백 명의 이름을 뜻하지 않는가?
피트먼 : 그럴 수도 있습니다. 하지만 난 내 솜씨를 잘 알고, 다른 신발들 속에서 그걸 알아보았습니다. 그리고 전당포 명부에 그자가 가져왔다고 쓰여 있었습니다.

찰스 포터 또한 유죄 판결을 받아 오스트레일리아로 7년간의 추방

형을 받았다. 그것은 생존을 보장할 수 없는 가혹한 처벌이었다.[2]

이와 유사하게, 앤 퓨라는 여성은 여성용 신발 한 켤레를 과일 바구니에 숨겨 훔친 죄로 유죄 판결을 받았다. 제화공인 윌리엄 클레먼트는 법정에서 이렇게 말했다. "여기 가죽 갑피 안쪽에 제 표지가 있습니다. 이건 제 물건입니다." 신발 가격은 2실링이었다. 앤 퓨에게 내려진 형벌은 상체를 드러낸 채 공개적으로 채찍질을 당하는 것이었다.[3]

종이쪽지를 붙이다

대영제국의 심장부인 1760년대의 런던은 야만적이고 질병이 창궐하는 곳이었다. 선술집, 공동주택 작업장, 선착장, 진흙탕 길과 불결한 주택이 그 도시의 특징이었다. 인체의 노폐물은 분뇨 수거원이 수레에 실어 치웠고, 물은 공용 펌프에서 손으로 길어 올려야 했다. 그럼에도 이 벼룩투성이 지옥굴은 현대 세계가 태어난 장소이자 시간으로 기록된다.[4] 신발 산업의 브랜딩 역사 또한 이곳에서 시작되었다.

앞서 제시된 소송 사건들은 빈자가 빈자를 강도질한 사례이고, 제화공이 아니면 알아볼 수 없는 신발의 표지나 밑창의 인장을 브랜딩이라고 말하기는 어렵다. 하지만 빈민가에서 멀찍이 떨어진 곳에는 웨스트엔드의 광장과 공원, 그리고 대저택이 있었다. 그쪽의 분리된 삶은 댄스와 만찬, 그리고 응접실, 즉 보는 것과 보이는 것으로 이루어졌다. 그때는 인구 성장과 기술의 진보, 그리고 상류층 및 중류층의 팽창이 일어난 시기였다. 부자들은 여전히 맞춤 신발을 주문해 신었지만, 창고나 고급 구두 상점에서는 화려하고 유행에 맞는 기성품 신발을 더 낮은 가격으로 구할 수 있었다.[5]

이런 신발들을 생산한 측으로 말하자면 새로운 문제가 하나 있었다. 이전에는 생활 단위가 마을이나 소도시이다 보니 지역 제화공은 구매자가 신발을 던지면 닿을 거리에 살았다. 구매자는 새로 산 신발이 마음에 들면(또는 안 들면), 정확히 어디로 가야 할지 알았다. 제화공 한 명이 누군가가 평생 신을 신발을 전부 만들 수도 있었다. 그러나 이제는 시장이 엄청나게 확대되어, 신발은 한 도시나 고장의 반대편이나 심지어 파리 같은 상상도 안 될 만큼 멀게 느껴지는 장소에서 만들어졌다. 자신이 만든 제품이 전 세계로 보내진 후, 제화공은 어떻게 소비자가 자신을 찾게 만들 수 있겠는가?

노샘프턴 박물관 및 미술관의 선임 신발 큐레이터인 레베카 쇼크로스Rebecca Shawcross는 말한다. "대략 1760년대 무렵부터 제화공들이 신발에 상표를 붙이기 시작했습니다. 밑창 안감에 작은 종이쪽지를 붙이는 방식이었죠. 모두 개인적으로 이루어졌고, 기본적으로 제조자가 누구이고 제조 지역이 어디인지를 알려주었죠. 기성품에 대한 소비자층을 열어젖힌 이 새로운 대형 시장에서 그 자체로 광고 같은 역할을 했습니다."

이런 정보는 그림이 그려진 명함과 함께 고객이 같은 제화공으로부터 반복 구매할 수 있게 해주었다. 이로써 장인들은 자신이 가진 기술을 과시하고 그것으로 인정받을 수 있었다. 레베카의 말에 따르면 그것은 또한 자신의 작업에 자부심이 있거나, 소비자가 불만이 있는 경우 어디로 가야 할지 알려주고 싶은 제화공들이 책임을 다하는 방편이었다.

이런 조그만 종이 상표가 발견된 신발은 대부분 여성용이었는데, 모두 부유한 사람들을 위해 만들어진 것이었다. 레베카는 그 이유가 고급 여성 신발이 좀 더 잘 보존되고 수집되었기 때문이라고 설명한다. 가난한 사람들의 신발은 거의 발견되지 않았고, 발견된 경우에도 너무 닳고 여러 차례 수선을 거쳤기 때문에 애초에 상표가 있었더라도 남아날 수 없었을 것이다.

브랜드 제품을 선호하는 이유

1992년 나이키의 창립자 필 나이트는 이렇게 말했다. "시초부터 우리는 고객과 감정적 끈을 만들려고 노력해왔습니다. 왜 사람들은 결혼을, 아니 애초에 뭔가를 할까요? 왜냐하면 감정적 끈 때문이죠. 그게 고객과의 장기적 관계를 만드는 겁니다. 그리고 그게 우리 캠페인이 주력하는 겁니다."[6]

현대 세계에서, 상표는 종이에 손으로 글씨를 써서 신발 안감에 붙이던 관행으로부터 먼 길을 왔다. 광고와 브랜딩은 수십억 달러 규모의 사업이다. 1760년대의 작업장으로부터 몇 광년은 떨어져 있는 미국 마케팅 협회는 브랜드를 '이미지와 아이디어의 총합으로 제시되는 고객 경험'이라고 정의한다. 종종 그것은 이름, 로고, 슬로건, 그리고 디자인 계획 같은 하나의 상징을 가리킨다.[7] 2018년, 전 세계적으로 광고 집행에 6,286억 3,000만 달러가 투입되었다. 2020년까지는 모든 광고의 50퍼센트가 디지털 플랫폼에서 이루어질 것으로 예측되었다.[8]

오늘날 소비자로 하여금 기능적으로는 더 값싼 것과 똑같은 제품에 더 높은 비용을 지불하도록 설득할 수 있는 브랜딩의 위력은 놀라울 정도다.[9] 브랜딩을 제외하면 거의 동일한 제품에 신화를 만들어 입히는 것이다. 그 신화는 사람들로 하여금 충성심만 갖는 것이 아니라 특정 브랜드에 자신을 동일시하게 만들기까지 한다. 나이키 사가 연 매출 364억 달러를 달성하는 비결이 바로 이 시스템에 있다.[10]

줄리엣 쇼어 박사는 소비자가 브랜드 제품을 구매하는 건 어떤 한 가지 이유 때문이 아니라고 한다. 그녀의 말에 따르면 일부 브랜드는 단순히 우월한 디자인의 힘으로 시장을 장악해왔다. 이런 디자인은 제품의 지위 가치를 만들고, 사람들은 기꺼이 원래 디자인 비용에 더 추가된 가격으로 사고 싶어 한다. 쇼어 박사는 이것을 '추가 지위 프리미엄additional status premium'이라고 부른다.

　하지만 셔츠에서 신발과 물병에 이르기까지 기능이 동일하고 디자인 면에서 별다른 차별점이 없는 제품들은 어떠한가? 소비자가 이런 종류의 제품에 프리미엄을 지불하는 것은 브랜딩이 뭔가가 다르다는, 지위에 대한 신뢰를 창조해왔기 때문이다.

　"소비자는 자신의 구매 이유가 지위라고 생각하지 않습니다. '아, 난 지위 구매자야, 내게는 이 브랜드가 필요해'라고 생각하지 않습니다. 소비자는 브랜드 제품이 우월하다고 느낍니다. 그 우월성은 제품이 뭐냐에 따라 각자 다양한 형태를 취하고요. 더 오래가거나, 더 맛있거나, 또는 보기에 더 낫거나 하는 식으로 생각할 수 있습니다. 브랜드는 제품에 우월하다는 개념을 만들어낼 수 있습니다." 쇼어 박사의 설명이다.

　한편 그래야 한다고 느껴서 브랜드 제품을 구매하는 사람들도 있다. 쇼어 박사는 말한다. "짝퉁을 쓰다 들키면 낙인이 찍히기 때문에 짝퉁을 꺼리는 사람들도 있습니다. 스니커는 좋은 로고를 가지지 못하면 특정 집단에서 낙인찍히기가 정말 쉽다는 사실을 보여주는 아주 좋은 예시입니다. 로고는 어느 수준의 스니커까지 용인 가능한지를 결정하는 기준이 됐거든요. 그래서 그걸 살 만한 형편이 되는 사람들은 로고에 돈을 내죠."

　쇼어 박사는 이것을 '방어적 브랜드 소비defensive branded consumption'라고 부르는데, 사람들이 브랜드가 없는 제품을 소유할 경우 찍힐 사회적 낙인으로부터 자신을 보호해야 한다고 느낀다는 뜻이다. 우리가 스니커콘에서 보았듯, 이 낙인 작용, 그리고 브랜드를 자존감과 연결하는 현상이 일어나는 나이는 갈수록 더 어려진다. 어린 아동들, 특히 남자아이들은 이제 자신이 어떤 브랜드의 운동화를 신고 싶어 하는지, 그리고 어떤 브랜드를 신으면 낙인찍힌 기분이 드는지 안다.[11]

　상표는 가장 유행하는 제화업체들 간에 위계질서를 만들어, 사람들로 하여금 자신의 부와 취향을 과시하게 해준다. 하지만 스포츠웨어를 예외로 하면 1700년대와 마찬가지로 신발 상표는 흔히 신발 안에 있어서 신고 있는 동안은 보이지 않는다. 그리하여 브랜드들은 스포츠웨어를 모방해 자기네 신발에 로고를 도배하거나, 보면 알 수 있는 프린트나 색채 배합처럼 눈에 잘 띄는 상징을 이용하게 되었다.

물건 그 자체에 대한 욕망을 넘어 로고와 브랜드에 대한 사회적 욕망에 주목하는 일부 소비이론가들은 물질적 제품이 아닌 이미지와 사회적 의미를 갈구하는 변화로 인해 생산이 축소된 경제, 심지어 어느 정도는 가상 세계에 기반을 둔 무게 없는 경제가 실현 가능할지도 모른다는 희망을 품고 있다.[12] 하지만 쇼어 박사는 그런 논리를 일축한다. 기표와 상징, 신발에 박힌 기업 로고는 패스트패션 아래서 급속히 변화한다. 스니커 콘에서 오늘 '하이프한' 수백 파운드짜리 신발이 내일이면 '벽돌'이 될 수도 있다. 소셜 미디어의 시대에는 날이면 날마다 더 많은 브랜드가 등장하고, 모두가 더한층 많은 소비재를 생산한다. 유용성보다 상징주의에 가치를 두는 것은 잠깐밖에 되지 않고 곧장 다음 타자가 필요하다는 뜻이다. 이는 생산 증대를 부르고, 인간과 지구 양쪽에 더 많은 압박을 가한다.[13]

레베카 쇼크로스는 또한 신발 브랜딩을 사회적 경험으로 보는데, 이는 집단에 속하려는 욕망과 관련된다. "그것은 소속감에 대한 욕망입니다. 자신을 브랜드 자체보다는 그 브랜드를 입는 집단과 동일시하는 정서죠. 펑크나 닥터마틴처럼요." 레베카는 어떻게 보면 신발의 유형보다는 사람들이 그것을 신음으로써 어느 한 집단의 일부로 인식한다는 사실이 더 중요하다고 주장한다.

1980년대와 1990년대에는 로고 열풍이 최고조에 이르러 속옷부터 스웨트셔츠와 신발까지 모든 게 두드러지는 로고에 뒤덮였다. 사람의 가치를 은행 잔고로 규정하는, 돈에 미친 시대의 과시적 소비 열풍에 부응하는 경향이었다. 로고 열풍은 2008년 금융위기가 닥치면서 타격을 입었다. 그런 서투른 방식으로 은행 잔고를 과시하는 게 더 이상 좋은 취향으로 여겨지지 않게 된 것이다. '훔친 부stealth wealth' 개념을 유행시킨 것이 이런 정서였다.

1980년대에서 빨리감기를 해 2020년대로 오면 로고들은 금의환향했다. 삶의 모든 것이 소셜 미디어에 기록되고 공유되는 세계에서 로고는 완벽한 광고 수단이다. 커다란 로고들은 흰 티셔츠와 보팅슈즈, 그리고 셀카를 기업과 제품을 위한 광고판으로 만들었다.[14]

소셜 미디어는 또한 유명 인사와 신발의 관계를 심화시켰다. 앞서 스니커 콘에서 하이프의 핵심은 '유명 인사'와 '한정판매'라던 스니커광들의 말은 정답이었다. 현재 운동화에서 가장 잘나가는 유명 인사는 카니예 웨스트인데, 카니예는 음악 산업에서의 명성과 디자인 능력을 바탕으로 아디다스와 손을 잡고 '이지'를 제작했다.

그와 유사한 유명 인사와의 협업 사례로는 푸마가 리한나Rihanna를 크리에이티브 디렉터로 지정한 것, 로저 페더러Roger Federer가 나이키와 10년짜리 스폰서십 계약을 맺은 후 다시 유니클로와 계약한 것, 그리고 테일러 스위프트Taylor Swift가 케즈의 브랜드 홍보 대사가 된 것 등을 꼽을 수 있다. 마이클 조던은 이미 2003년에 농구계를 은퇴했는데도 최근 나이키를 통해 겨우 12개월 만에 1억 달러를 벌어, 개인 재산이 13억 달러로 불어났다.[15] 미국에서는 2015년 한 해에만 30억 달러어치의 나이키 조던이 팔렸다. 나이키는 이 수치를 전 세계적으로 45억 달러로 끌어올리는 것을 2020년의 목표로 정했다.[16]

스폰서십 수준에 대한 한 조사 결과, 아디다스가 2017년 리오넬 메시 Lionel Messi에게 15년 전 지녔던 지단Zinédine Zidane에게 준 것보다 1,100만 유로를 더 지불했음이 밝혀졌다. 1,100만 유로는 아디다스가 의류 공장에서 일하는 인도네시아 노동자 4만 4,170명이나 베트남 노동자 5만 2,600명에게 꽤 괜찮은 1년 치 임금을 지불할 수 있는 금액이다.[17]

유명 인사를 내세운 광고의 힘은 대체로 전이轉移의 약속에서 나온다. 어떤 유명 인사가 광고하는 운동화를 신으면 그 사람의 부나 업적, 또는 매력이 내게로 옮겨온다는 것이다. 내가 다른 한 인간과, 또는 그 사람의 생활양식과 어떤 식으로든 관계를 맺게 된다는 약속이다. 물론 실제로 그렇게 될 가능성은 전혀 없다.

NFL(미국 프로미식축구연맹-옮긴이) 선수인 콜린 캐퍼닉Colin Kaepernick과의 스폰서십 계약을 공표한 나이키의 의도는 그의 스포츠 능력과 저항 정신을 모두 가져오려는 것이었다. 2016년 캐퍼닉은 시합 전 국가가 연주되는 동안 한쪽 무릎을 꿇어 전 세계적으로 유명해졌다. "저는 흑인과 유색 인종을 억압하는 나라의 국기 앞에 자랑스럽게 서 있고 싶지 않습니다." 캐퍼닉은 인터뷰에서 그렇게 말했다. 트럼프 지지자들은 온라인에서 캐퍼닉과 계약한 나이키에 대한 반발을 표출했는데, 특히 백인 남자들이 분개하여 나이키 제품을 태우거나 쓰레기통에 버리는 영상을 찍어 올렸다.

하지만 사업적 측면에서 나이키가 캐퍼닉과 계약한 것은 영리한 행보였다. 글로벌 사우스 전역에서 유색인들에게 자신들이 자행하는 잘못을 바로잡을 필요 없이 캐퍼닉의 용기와 급진주의를 자신들의 것으로 만든 것이다. 이는 급진적 비판자들이 성공하려면 브랜딩을 넘어 시스템 자체의 심장부로 들어가야 한다는 사실을 보여준다.

진품 확인

스니커 콘의 한복판에 자리한 테이블 앞에는 긴 줄이 서 있다. 테이블에는 검은 후드티를 입고 안경을 쓴 젊은 남자가 근엄한 표정으로 앉아 있다. 남자의 목에는 빨간 신분증 줄이 걸려 있다. 이날 하루 종일 수백 명이 남자의 의견을 들으려고 불안한 마음으로 줄을 서서 기다릴 것이다. 자신의 신발이 진짜인지 짝퉁인지를 판가름해줄 신탁을 기다리는 줄이다. 그곳은 진품 확인 부스이다. 스니커 콘에서 짝퉁은 금기이고, 짝퉁을 팔다가 들키면 당장 쫓겨난다. 스니커를 팔거나 거래하고 싶어 하는 사람들은 인증을 받으면 한결 편하게 장사할 수 있다.

줄을 서 있는 사람들 중에는 런던에서 온 열일곱 살의 마틴이 있다. 흰색 후드티 차림에 머리카락을 늘어뜨리고 안경을 썼다. 양손에는 낡을 대로 낡아 밑창에 구멍이 숭숭 뚫린 운동화 한 켤레를 들었다. 200파운드를 주고 산 '이지'인데, 썩 믿음이 가지는 않는 인터넷 사이트에서 샀다고 털어놓는다. 마틴과 함께 있는 친구는 스튜어트다. 둘 다 대학생으로, 스튜어트는 옷과 신발 살 돈을 벌려고 음식점에서 접시 닦는 아르바이트를 한다.

마틴은 줄 앞쪽에 도달했고, 놀랍지 않게도 상담은 30초도 안 되어 끝난다. "짝퉁이 확실하대요. 제가 이걸 샀을 때는 사람들이 진짜라고 생각했으니까 괜찮아요. 그냥 이제부터 안 신고 다니면 되죠." 마틴은 어깨를 으쓱할 뿐, 그리 낙심한 표정도 아니다. 마틴은 그 지저분한 신발을 집에 계속 전시해놓겠다고 말한다. 스튜어트는 그게 가짜라는 걸 아무한테도 말하지 않겠다고 약속한다.

가짜 브랜드 신발은 그동안 스니커계에서 큰 골칫거리였다. 숭배 대상이 된 브랜드들의 의도적인 희소성이 짝퉁 시장을 만든다. 엄청난 수의 팬들이 진품을 살 기회를 얻지 못하지만, 그렇다고 가품을 사는 데 1,500달러를 낼 마음은 없기 때문이다. 그 대신 인스타그램과 레딧의 렙스니커 페이지 같은 사이트에서 '복제품'을 광고하는 암시장 판매자들을 찾는다. 스니커 팬들은 인터넷 게시판에서 서로서로 구매에 관한 상담을 하고, 가짜를 신은 걸 '들키면' 어쩌나 하는 걱정을 나누며 가장 좋은 판매자를 추천하기도 한다.

브랜딩의 상징적 권력은 너무나 커져서 판매 대상인 물건 자체로부터 분리된다. 가품 신발의 세계에서는 실제로 이런 일이 어느 정도 일어나고 있다. 사람들이 어떤 브랜드를 소유하거나 그것과 관계 맺는 데 너무 집착한 나머지 신발이 실제로 진품인지 아닌지가 덜 중요해지는 것이다.

복제 신발의 심장부인 중국 원저우 시에는 오로지 가품만 전문적으로 판매하는 '이지'라는 상점도 있다.[18] 중국 동부의 푸톈 시는 1980년대 이후로 줄곧 운동화 생산의 중심지였고, 지금은 수많은 온라인 가품 판매자들의 본거지이다. 영어권 구매자들을 대상으로 하는 한 온라인 복제품 운동화 판매상은 〈로스앤젤레스 타임스〉와의 인터뷰에서 매출이 저조한 날은 20~30켤레가 팔린다고 말했다. 신제품 출시 다음 날에는 120켤레로 매출이 확 치솟는다.[19]

온라인 가품은 조악한 수준부터 거의 구분되지 않는 수준까지 다양하다. 제법 그럴싸한 복제품 신발을 생산할 수 있는 것은 공장에서 수년간 일한 숙련 제화공, 위조범에게 디자인과 원료를 팔아넘기는 산업 스파이, 공장 벽 너머로 신발을 던지는 공장 노동자, 그리고 심지어 밤에는 복제품 생산 시설로 바뀌는 공식 공장들 덕분이다.[20]

진짜와 가짜

신발이 워낙 시각적이고 사회적인 물품이라서, 스니커 문화는 신발을 리뷰하고 기업을 홍보하고 앞으로 출시될 신제품을 띄우는 유튜브 같은 사이트와 긴밀한 관계를 맺고 있다. 하지만 유튜브는 가품의 프로모션을 위한 중심지 역할을 해오기도 했다.

스콧 프레더릭 같은 구식 팬들은 그 사실에 몹시 분개한다. 스콧은 블로거 지망생들이 유튜브 채널을 만들고 방금 상점에 출시된 운동화를 리뷰하기 시작하는 과정에 관해 설명해준다. 때때로 이 판의 신참인 블로거들은 단순히 이미 출시된 신발을 리뷰하는 것만으로는 원하는 만큼의 관심을 얻을 수 없음을 알게 된다.

"그래서 가품 신발 제조업자들을 찾아가거나, 반대로 그쪽에서 찾아오기도 하죠. 이 친구들은 항상 호객 행위를 하거든요. 그 후 가품 신발이나 '초기 출시품'을 꾸준히 공급받아 리뷰를 하죠. 모든 사람에게 착용한 모습을 보여주고 다수의 팔로어를 얻고요." 스콧의 말이다.

유튜버들은 그 대가로 신발을 제공한 사이트를 홍보한다. 가품임을 아는 경우도, 모르는 경우도 있지만 어쨌든 자신을 믿어주는 수많은 시청자를 곧장 위조업체로 보내는 것이다. 스콧은 말을 잇는다. "이런 것들이 진짜가 아닐 수도 있다는 고지가 붙어 있다면 그렇게까지 수상쩍어 보이지는 않을 겁니다. 하지만 그런 홍보 사이트에서 자기가 산 것이 진짜라고 생각하는 사람이 너무 많고, 그건 정말이지 공정하지 않아요."

스니커 판에 오랜 세월 몸담아온 스콧은 그토록 많은 사람들이 사기를 당하는 게 '어이가 없다'고 말한다. "저라면 몇 초 안에 수상한 사람을 딱 찍어내고 멀리할 수 있어요. 하지만 아마도 신참 구매자들은 그러기가 훨씬 힘들 겁니다."

토박스 웹사이트의 진품 인증 담당자로 일하는 제임스 니덤James Needham은 그 어려움을 인정한다. 스니커 콘에 차린 자신의 부스에서 니덤은 400파운드에 판매된 이지 350 V2 벨루가 2.0 한 켤레를 들어올린다. "이건 요즘 짝퉁이 가장 많은 신발이에요. 거의 비슷하게 베꼈지만, 그냥 도저히 복제할 수 없는 부분들이 있죠."

니덤은 자기가 짝퉁을 골라내는 방식을 설명한다. "저는 신발에 사용된 원단을 확인해요. 종종 가짜 공장들은 동일한 원단을 구하지 못하거든요. 이 모델에서 확인할 또 다른 부분은 안창, 그리고 인쇄가 얼마나 선명한가죠. 또한 밑창을 갑피와 이어 붙이는 바느질 솜씨도 확인할 수 있어요. 또 힐탭(운동화 뒷부분 정중앙의, 아킬레스건에 닿는 부분 — 옮긴이)이 신발 측면에 찍힌 글자와 제대로 평행을 이루는지도 확인해요. 그리고 힐칼라(운동화 입구에 둘러져 있는 푹신한 패딩 — 옮긴이) 둘레의 바느질도요. 가짜 공장들은 바늘땀과 원단을 아끼거든요."

문제의 이지는 진품으로 밝혀져 고객은 물론이고 함께 온 고객의 어머니에게서도 큰 안도의 한숨을 자아냈다. 하지만 세상에는 수천수만 켤레의 짝퉁이 존재한다. 브랜드의 힘은 너무나 강력한 나머지 그 모방품조차 체면이 깎이고 돈을 버리는 것은 물론이고 범죄 혐의로 기소당할 위험까지도 감수하려는 태도를 야기한다. 모조품 신발을 구매하려는 집단적 강박은 말도 안 되는 거액을 쓰기 싫은 마음만이 아니라 특정 집단에 소속되고 싶은 욕구의 힘도 보여준다.

이는 아울러 신발의 사회적 가치가 브랜딩과 로고, 그리고 디자인에 있음을 보여준다. 이 두 가지의 요소는 모두 '실물'로부터 분리할 수 있다. 가짜 신발을 산 사람들은 진짜 신발을 갖고 있지 않다. 그러나 남들이 전부 그게 진짜라고 생각하면 그 사람들은 칭찬과 지위가 따라오는 진짜 경험을 손에 넣는다. 여기서 다음 질문이 떠오른다. 진짜와 가짜의 차이점은 도대체 뭘까? 과연 차이점이 존재하긴 할까?

짝퉁에 맞서라

2015년 인터폴에서 발표한, 유럽연합 국경에서 압수된 물품 통계는 발각 건수를 기준으로 했을 때 '스포츠 신발'이 위조 물품 중 압도적임을 보여준다.[21] 인터폴은 또한 유럽연합으로 밀수입되는 상표와 포장용품이 갈수록 늘어나고 있음을 파악했는데, 이것들은 담배와 배터리, 신발 등의 가짜 제품을 브랜드 제품으로 둔갑시키는 데 이용된다. 중국의 범죄 조직이 신발을 이탈리아 내륙에서 생산하거나 나폴리 항을 통해 아시아에서 밀수입하고 있다. 당국의 검사를 피하기 위해, 브랜드 로고는 흔히 판매 지역에 신발이 도착한 후에야 부착된다.[22]

질이 낮은 물건을 정품으로 속여 그 사실을 모르는 사람에게 비싼 값에 파는 것은 확실히 옳지 못한 일이지만, 가품 신발임을 알면서 사는 것 역시 정말 그렇게 나쁠까? 수십억 달러 규모의 회사가 이윤과 지적 재산권을 빼앗기는 것에 우리가 정말 감정 이입을 해야 할까? 특히 가품을 착용하는 사람들이 여전히 브랜드 광고판 역할을 한다는 주장이 성립한다면?

브랜드들의 입장에 공감하는 건 조금 과도하더라도, 가품에는 숨겨진 비용이 존재한다. 위조 제품의 세계에서는 품질 관리라는 것이 거의 존재하지 않고, 이는 소비자의 안녕에 즉각적인 위협을 제기한다. 위조 약물처럼 명백한 위험성이 존재하지 않더라도, 인증받지 않은 스포츠 신발이나 하이힐 역시 장기적인 피해에서 자유로울 수 없다.

그리고 여러분은 도대체 자신의 데이터를 누구에게 넘겨주고 있는가? 런던 경찰이 강조하는 사건 하나가 있는데, '에밀리'라는 이름의 여성이 온라인에서 복제품 신부용 구두를 산 후 신분을 도용당한 사건이다. 신발을 사려고 이름과 주소, 그리고 신용카드 정보를 넘겨준 에밀리는 결국 자신의 이름으로 운영되는 네 개의 가품 신발 판매 사이트를 마주했다.

아울러 위조 제품을 둘러싼 총체적인 규제의 부재는 환경에도 재앙이 된다. 위조 제품 공장들은 독성 염료나 화학물질 사용에 관한 것은 물론이고 독성 방류수 배출에 관한 법적 규제를 전혀 받지 않는다.[23] 아울러 대량으로 발각되는 위조 제품은 종종 소각되거나 경찰에 의해 공개적으로 폐기되며, 이는 그만큼의 쓰레기를 더 발생시킨다.

혹시 이 정도만으로 부족하다면, 국제노동기구는 위조 제품이 노동법을 거의 따르지 않는 작업장에서 만들어진다고 한다. 특히 이민노동자들의 신분증을 압류하고, 불법 노동자들을 위험하고 건강에 해로운 숙소에 수용하는 행위가 자행되고 있다.[24] 신발과 핸드백 같은 제품을 생산하는 노동자들은 그러잖아도 거의 보호받지 못하는 처지다. 이런 노동자들이 범죄 시스템 안에 놓이면 위험과 폭력에 더한층 취약해진다.

마을의 반대편 끝

월러스턴은 아름다운 돌집, 오래된 나무와 안개 낀 먼 언덕으로 이어지는 좁은 길로 이루어진 마을이다. 자체적인 박물관을 갖춘 이 마을의 길거리에는 쓰레기가 없다. 교구 평의회에서 세운 수십 개의 녹색 역사 명판이 눈에 띈다.

이 녹색 명판들 중 하나에는 이렇게 쓰여 있다. '워커스 공장 : 월러스턴 최초의 신발 공장. 1883년 프랫 워커 씨가 설립. 1934년까지 고품질 부츠와 신발을 생산함.' 워커스 공장은 제2차 세계대전 당시 군수공장이 되었고 이후 2005년에 아파트로 개조되었다.

노샘프턴셔의 대다수 지역과 마찬가지로 월러스턴은 신발 생산의 역사가 길다. 1960년대에는 신발 공장과 고무 경화 공장 일곱 개가 마을을 지배했다. 월러스턴 헤리티지 협회는 매일 아침 인근 교구에서 버스를 가득 채워 도착하는 공장 노동자들이 이 마을에 생명력과 발전을 가져온 광경을 묘사한다.[25] 임금을 저축해야 할 필요가 크다 보니 마을에는 은행 다섯 개와 우체국 하나가 있었다. 또한 일곱 개의 펍이 노동자들이 고되게 얻은 봉급을 노렸다. 하지만 공장이 문을 닫자 이런 서비스 대부분은 사라졌고 월러스턴은 잠에 겨운 언덕들에 가려진 채로 남았다. 이 활기찬 산업이 남긴 것은 마을의 반대편 양끝에 자리잡은 두 개의 신발 공장이었다.

클라우스 메르텐스Klaus Maertens 박사는 제2차 세계대전 당시 나치 독일에서 군의관으로 일했다. 일설에 따르면 휴가 때 스키를 타러 갔다가 발을 다친 후 군화가 너무 불편하다는 사실을 깨닫고 두꺼운 에어쿠션 밑창이 깔린 새로운 디자인을 개발하는 작업에 들어갔다고 한다. 전쟁이 끝나고 클라우스는 뮌헨으로 가서 자신의 발명품을 팔아보려 했다. 사업 동료는 친구인 헤르베르트 풍크Herbert Funck 박사였는데, 헤르베르트는 룩셈부르크 여권이 있어서 전후에 독일 시민과 미국 육군의 거래를 금지하던 법을 피해 갈 수 있었다. 두 남자는 버려진 루프트바페 비행장에서 고무를 사들여 신발 밑창을 생산하기 시작했다.[26]

사업이 더 확장되고 더 성공을 거두자, 영국 제화업체인 R. 그릭스 사의 눈길을 끌게 되었다. 월러스턴 가족 기업은 작업용 부츠를 전문으로 생산했고 전쟁 동안 영국군에 보급했다. 빌 그릭스Bill Griggs는 메르텐스 박사에게 연락해 에어쿠션 밑창의 독점 생산권을 획득했다.[27]

그릭스는 메르텐스라는 이름을 영어식으로 바꾸고 로고와 에어와이어AirWair라는 제품명, 그리고 '통통 튀는 밑창이 달린'이라는 슬로건을 만들었다. 그렇지만 구멍이 여덟 개인 새 부츠를 만들려면 도움이 필요했다. 그릭스는 시멘팅cementing이라는 이름의 공정을 이용해 신발을 만들었는데, 이는 접착제로 갑피와 밑창을 부착하는 방식이었다. 그러나 에어쿠션 밑창은 웰트가 필요했으니, 이 공정은 좀 더 전문적이고 노동집약적이었다.

두 번째 공장이 여기서 등장한다. 월러스턴 반대편 끝에는 NPS 슈즈라는 공장이 있었다. 노샘프턴셔 생산성협회NPS는 그들에게 일감을 쪼개 나눠 주는 악덕 고용주에게 질린 월러스턴의 제화업자 다섯 명에 의해 1881년에 창립되었다. 그들은 함께 협력해 단체로 입찰하기로 했다. 그 결과는 대성공이었으니, 뒤이어 독자적인 공장이 세워지고 확장도 이루어졌다.

NPS 슈즈는 굿이어 웰팅이라는 기술의 전문가들이었는데, 그것은 갑피 부분과 안창을 특수 제작된 웰트에 꿰매는 방식이었다. 웰트란 갑피 가장자리에 둘러진 가죽띠를 말한다. 그 후 그것을 다시 밑창과 꿰매어 붙이면 신발이나 부츠가 완성된다. 그릭스가 1959년에 NPS 슈즈에 관심을 가진 것은 이 전문 기술 때문이었다.

NPS 슈즈의 크리스천 캐슬Christian Castle은 이렇게 설명한다. "그릭스는 맨 윗부분을 만들었습니다. 그들이 갑피를 마감해 우리에게 가져오면 우리는 웰트 작업을 한 후 밑창을 부착했습니다. (그릭스는) 우리에게 2차 생산을 허가해주었습니다. 그래서 우리는 1960년부터 1990년대 중반까지 35년간 에어와이어를 위해 위탁 생산을 했습니다. 늘 솔로베어라는 브랜드를 달고 나갔어요. '공기 밑창'이라는 뜻이죠. 그래서 늘 '닥터마틴-솔로베어 제작'이라고 적혀 있었지요."

닥터마틴 브랜드는 세계적으로 이름을 날리게 되었다. 노샘프턴셔 전역의 최고 등급 공장들에서 수백만 켤레의 부츠가 만들어졌다. 그 브랜드는 '영국스러움' 그 자체로 인식되어, 유명 인사와 스킨헤드족, 팝스타, 펑크족은 물론이고 심지어 교황에게까지 사랑을 받았다. 1998년에는 거의 1,000만 켤레가 판매되어 정점에 도달했다.[28]

하지만 브랜드에 대한 사랑은 쉽게 변할 수 있다. 닥터마틴이 전체 생산품의 60퍼센트를 팔고 있던 미국에서는 운동화의 인기가 갈수록 높아지고 팀버랜드 부츠가 관심을 놓고 경쟁하고 있었다.[29] 2001년, R. 그릭스 사는 2,000만 파운드의 손실을 보았다. 맥스와 아들 스티븐 그릭스가 〈선데이 타임스〉의 부자 명단에 올랐음에도 회사는 지속적으로 손실을 입었다.[30] 2002년에도 비슷한 전망을 앞둔 그릭스는 제조 공장을 중국으로 옮긴다고 발표했다.

그 발표는 충격과 분노를 맞닥뜨렸다. "닥터마틴은 노동자들의 등짝을 걷어찼습니다." 지역 노조 운동가인 존 툴리John Tully는 그렇게 말했다.[31] 오랫동안 지속된 격렬한 반응에도 불구하고 6개월 후인 2003년 3월 28일, 영국의 닥터마틴 노동자 1,000명은 마지막으로 퇴근 시간을 찍었다.[32] 그것은 영국 제화 산업에 파괴적인 순간이었다. "우리 노조원들이 일자리를 잃는 것은 별도로, 그것은 지역공동체에 영향을 미치고 공급자, 가죽 생산자, 부품 생산자들에게도 영향을 미칩니다. 이 일은 정말이지 전국적인 연쇄반응을 일으킬 겁니다." 존 툴리는 폐쇄 당시에 그렇게 말했다.

하지만 브랜드의 힘은 강력했다. 코카콜라의 한 중역은 한때 이렇게 말했다. "재난이 닥쳐와서 코카콜라가 생산에 관련된 모든 자산을 잃는다 해도 회사는 살아남을 겁니다. 하지만 그와 달리 만약 모든 소비자가 갑작스레 기억을 상실하고 코카콜라에 관련된 모든 것을 잊어버린다면 회사는 문을 닫을 겁니다."[33] 이것은 닥터마틴에도 진실이었다. 닥터마틴의 가치는 공장이 아니라 브랜드에 있었다. 브랜드는 살아남았고, 2013년 R. 그릭스는 투자관리사인 퍼미라 펀드에 3억 파운드에 매각되었다. 2019년 말에 나온 보도에 따르면 퍼미라 펀드는 그 브랜드를 10억 파운드에 팔 예정이다.[34]

한편 마을 반대편 끝에서, NPS 슈즈는 위기에 처해 있었다. 2006년 무렵 그들에게 남은 건 이제 가장 큰 고객을 잃은 공장 하나가 전부였다. NPS 슈즈는 아무런 브랜드 정체성도, 독자적인 상점도 없었고 주문은 씨가 말랐다. 공장은 1881년 이래 노동자 생활협동조합으로 명맥을 유지했다. 그곳에서 1주일만 일하면 동등한 주주가 되었다. 낙심한 노동자들은 회의를 열어, 스스로 문을 닫고 부동산 개발업자에게 건물을 매각하는 방안에 표를 던졌다.

그 후 지역 사업가인 아이버 틸리Ivor Tilley가 대안을 제시했다. 틸리는 영국제 부츠와 신발을 원하는 시장이 아직 남아 있다고 믿었다. 만약 생활협동조합이 자신에게 회사를 매각한다면 6개월 더 일감을 주겠다고 보장했다. 매각은 성사되었고, 틸리는 자신의 사위인 크리스천 캐슬을 관리 감독으로 채용했다. 캐슬은 손으로 쓴 원장을 컴퓨터로 대체하고 '솔로베어'를 브랜드로 바꾸는 데 착수했다. NPS가 생산하는 전체 신발의 90퍼센트는 다른 브랜드를 위해서였지만, 이제는 전체 생산량의 60퍼센트를 솔로베어가 차지했다. 가장 인기 있는 라인은 그곳의 전문인 구멍 여덟 개짜리 에어쿠션 부츠이다.

예전에 영국 신발 생산을 떠받치고 있던 이곳은 마치 오른발과 왼발이 서로 다른 길로 가버린 양 둘로 나뉘었다. 닥터마틴 부츠는 클래식한 브랜딩과 '영국스러움'(실제로는 가면을 쓴 독일스러움이었지만)이라는 약속을 계속 유지하면서 중국과 베트남으로 행군했다. 부츠도 부품도 영국에서 만들어지지 않았지만(비록 전 세계 산출량의 대략 1퍼센트를 생산하기 위해 월러스턴의 공장을 명목상 재개장했지만)[35] 브랜드는 도소매 및 온라인 판매를 통해 3억 4,860만 파운드의 수익을 올렸다.[36]

한편 왼쪽 부츠는 월러스턴에 남아, 원래의 공장에서 영국이나 유럽의 부품으로 만들어졌다. 하지만 유명 로고와 브랜딩의 상징적 가치가 없으니, 기업등록소에 따르면 NPS 슈즈의 자산 가치는 100만 파운드에도 미치지 못했다.[37]

두 회사 모두 공장 직영 매장을 가지고 있어서 월러스턴을 찾는 방문객들은 두 부츠의 품질을 비교할 수 있다. 닥터마틴은 옛날 마을 대장간에, 솔로베어는 옛날 NPS 가죽 상점에 있다. 방문객들은 어느 쪽이 원단을 더 많이 썼고 더 오래가는지를 직접 판단할 수 있다. 로고가 무슨 쓸모가 있는지, 상징적 가치가 주주 말고 다른 누군가에게 이득을 줄 수 있는지, 그리고 '진짜' 부츠라는 게 존재한다면 둘 중 어느 쪽이 거기에 부합하는지 직접 판단할 수 있는 기회다.

월러스턴에서 차로 15분만 가면 시장 도시인 웰링버러가 나온다. 전 지구적 경제의 압박이 지역 산업을 무너뜨리기 전까지 이곳은 또 다른 주요 신발 생산 기지였다. 웰링버러는 지금 노샘프턴셔의 빈곤과 최저 주급 순위에서 2위를 차지하고 있다. 옛날 신발 공장들은 알아보기 쉽다. 일부는 주택으로 바뀌었고 일부는 옛 루들렌스 공장처럼 아름다운 붉은 벽돌 건물로, 비둘기와 빈 맥주 캔에 점령당한 채 썩어서 무너져가고 있다.

폴란드 잡화점과 시의회가 운영하는 '라이브러리 플러스' 사이에는 슈 존의 지점이 하나 있다. 신발 진열대에서 강력한 인조가죽 냄새가 올라온다. 진열대에는 14.99파운드의 할인 가격이 매겨진 구멍 여덟 개짜리 검은색 부츠 수십 켤레가 놓여 있다. 부츠 진열대의 맨 아래 칸에 있는 이 수입품들은 아주 가볍고, 작업용 부츠로든 방수용으로든 그리 오래가지 않을 것이다. 어디서 만들어졌는지를 알 수 있는 표지는 전혀 없다. 매니저는 아마 튀르키예나 중국산일 테지만 본사에 확인해보라고 조언한다. 예전에는 영국 제화업계의 보물이었던 구멍 여덟 개짜리 부츠의 누추한 후손이다.

명품 브랜드

공장들을 버리고 하도급으로 향한 기업들은 제조 비용으로부터 자유로워져 착취된 노동과 원료를 찾아 전 세계로 떠날 수 있게 되었다. 자신들의 공급 사슬에서 자행되는 인권 침해의 책임을 부인하고 진짜 황금알을 낳는 거위, 디자인과 브랜딩에 집중할 기회였다.

브랜딩을 이해하기 쉽게 정의하자면 '감정적 뒷맛'으로, 이는 회사나 제품과의 경험으로부터 나온다.[38] 브랜딩의 목적은 돈을 버는 데 이용될 수 있도록 사람들의 머릿속에 긍정적 뒷맛과 긍정적 연상관계를 형성하는 것이다.[39] 한 브랜드의 뒷맛을 망칠 수 있는 요인으로는 공장 노동자 착취나 환경 파괴, 또는 모델들에 대한 성폭력 같은 소식을 꼽을 수 있다. 브랜딩의 다른 임무는 공급 사슬을 흐릿하게 만드는 것이다.

전 세계 시장에서 상표는 모든 것을 뜻하는 동시에 아무것도 뜻하지 않게 되었다. 신발 바깥쪽에 붙은 상표는 어쩌면 어느 한 소비자를 위해 하나의 정체성을 구성하는 요소로 쓰일지도 모른다. 하지만 안쪽의 상표는 소비자들이 신을 수 있도록 신발을 만들어준 사람들에 관해 무엇을 말해주는가? 그것은 공장에 관해, 또는 공장 노동자들이 받은 임금에 관해 무슨 말을 하는가? 신발에 발암물질이 함유되어 있는지, 신발 조립에 쓰인 접착제에 독성이 있는지, 그리고 가죽 공정을 위해 혹시 우림이 벌목되지는 않았는지? 신발 상표는 종종 옷 상표에 비해 더 적은 것을 알려준다. 고객에게 브랜드의 이름과 신발의 사이즈 말고는 절대적으로 아무것도 알려주지 않는다. 영국 법에 따르면 신발 제조업자와 소매업자는 신발 갑피, 안감과 바깥쪽 밑창의 80퍼센트를 구성하는 원료가 무엇인지 명시해야 한다. 글자로 표기할 수도 있고, 그림 형식으로 표현할 수도 있다.[40] 유럽연합은 음식 외 제품에 제조국 표시 상표 부착을 의무화하려 했지만 아직까지 '메이드 인' 상표 부착은 의무가 아닌 자율제이다. 상표의 공백과 브랜딩의 겉치장은 질문에 답하는 게 아니라 추한 진실을 숨기는 역할을 한다.

어떤 제품이 비싸다고 해서 곧 그게 윤리적으로 만들어졌다는 뜻은 아니다. 제아무리 비싼 신발이라도 어딘가에서 만들어졌을 수밖에 없다.

사치품이나 명품으로 브랜딩이 되어 있어도, 소비자가 아무리 비싼 돈을 주고 산다고 해도 그게 곧 노동자나 공동체에 더 나은 조건을 보장하지는 않는다. 과도한 가격표가 말해주는 것은 더 큰 잉여가치, 즉 이윤일 뿐이다. 이 잉여가치는 공장 노동자들, 실제 노동으로 그 가치를 창조한 사람들에게 나쁘지 않은 임금을 확보해줄 수 있다. 하지만 유통과 브랜딩이라는 생산의 두 단계가 신발 한 켤레의 최종 가격에서 약 60퍼센트를 차지하는 것이 현실이다.[41]

한 이탈리아 학자가 펴낸 '우리가 신는 신발의 진짜 가격'이라는 제목의 보고서는 부자를 더 부유하게 만들고 권력자에게 더 큰 권력을 부여하는 돈의 상층 나선을 간략히 서술한다. 더 부유한 브랜드일수록 마케팅 캠페인에 투입할 자본이 더 많다. 마케팅이 판매력을 더 강화할수록 해당 브랜드는 더 많은 돈을 벌고, 그럼으로써 공급자에게 더 큰 영향력을 행사할 수 있다. 이는 신발 공급 사슬에 막대한 '협상력의 불균형'을 초래한다.[42]

신발 산업에서 이 권력은 상업적이다. 소수의 명품 브랜드는 명품 시장에 접근할 수 있고, 특정한 로고에 대한 취향을 가진 부유한 쇼핑객의 지갑을 여는 열쇠를 손에 넣는다. 다른 한편에는 명품들에 공급하기 위해 경쟁하는 막대한 수의 공급업체가 있다. 브랜드는 공급업체끼리 경쟁하게 만듦으로써 가격과 조건을 결정한다. 그 과정에서 이윤은 한층 증대된다.[43]

공급업체는 착취를 당해도 위협 때문에 종종 입을 다물어야 한다. 고객을 잃을지 모른다는 두려움 탓도 있고 계약서에 적힌 조항 탓도 있다. 이탈리아 학자들은 이것이 학대로 만연한 분야를 낳았다고 결론 내린다. 일단 어떤 명품 브랜드와의 계약관계가 끝나면, 또는 어떤 럭셔리 브랜드의 사업 관행으로 인해 파산한다면 그 결과로 입을 여는 공급업체가 있을지도 모른다.

하지만 값비싼 브랜드들은 하이 스트리트 브랜드와 달리 겉으로 보기엔 나쁜 관행으로 악명을 떨치고 있지 않다. 그 이유는 두 가지다. 첫째는 고가의 브랜드들이 브랜딩을 통해 품격 있는 느낌을 덧씌우는 데 성공했기 때문이다. 둘째로, 비정부기구가 행하는 조사는 흔히 할인 소매업체에 집중하는 경향이 있는데, 이는 그들의 수가 더 많기 때문이다. 이는 고가의 브랜드들이 하이 스트리트 브랜드와 동일한 수준의 감시를 받지 않아왔다는 뜻이다. 그들은 수박 겉 핥기식 조사만 받아왔고, 알고 보면 많은 명품 회사 역시 똑같은 문제를 겪고 있을지도 모른다.

메이드 인 ___?

아웃워드 프로세싱 트레이드 스킴OPT은 유럽연합에서 특별히 고안된 일시적 허가 제도로, 제조업자들이 비유럽연합국에 원료나 반제품을 수출하고 완제품을 재수입할 수 있게 해준다.[44] 신발의 경우 이는 가죽이 이탈리아에서 재단된 후 이탈리아 제조업체에 의해 알바니아, 불가리아, 조지아, 몰도바, 루마니아, 세르비아와 우크라이나 같은 동유럽 국가에 수출된다는 뜻이다.[45] 조립이 완료된 신발은 면세로 이탈리아에 돌아와 '메이드 인 이탈리아' 상표와 값비싼 가격표를 단다. 이따금 이탈리아에서 이루어지는 마지막 단계는 광을 내거나 상자에 넣는 것처럼 간단할 수도 있다.

노스 마케도니아의 동쪽에 위치한 가장 큰 신발 공장의 이름은 바르갈라이다. 공장 직영 매장 방문객들은 그 공장에서 만들어지는 영국과 유럽 신발 브랜드 수십 가지를 살펴볼 수 있다. 줄줄이 전시된 신발들에는 충격적일 정도로 기이한 점이 있다. 다수의 신발에 '메이드 인 이탈리아'라는 상표가 붙어 있다는 것이다. 상자에도 '메이드 인 이탈리아'라고 쓰여 있고 밑창의 각인에도 '메이드 인 이탈리아'라고 되어 있다. 하지만 바르갈라는 이탈리아에서 동쪽으로 수백 킬로미터는 떨어진 곳에 있고, 심지어 유럽연합에 속해 있지도 않다.

OPT 시스템은 1970년대에 유럽연합에 의해 발전되었고, 노동집약적인 의류와 신발 생산을 임금이 낮은 위성국가에 외주를 주는 동시에 자국 산업을 보호하고 싶었던 독일과 이탈리아 정부에 의해 이용되었다. 오늘날까지 독일과 이탈리아의 회사들은 동유럽에서 온 의류와 신발이 가장 대량으로 가는 곳이다.[46]

드 마르코 두엘 공장의 소유주인 리디야 밀라노프스카는 이렇게 말한다. "'메이드 인 이탈리아'는 그저 이탈리아에서 완성되었다는 뜻일 뿐이에요. 우린 여기서 오로지 갑피를 꿰매는 일만 맡아요. 그 이유는 이탈리아에서 조립된 신발은 '메이드 인 이탈리아'라고 말할 수 있기 때문이죠." 리디야는 자신의 공장에서 나오는 신발이 최종적으로 이탈리아로 운송되기 전에 발칸 반도의 여러 국가를 오갈 때가 더러 있다고 말한다. 리디야는 이렇게 말을 맺는다. "서유럽의 쇼핑객들은 '메이드 인 이탈리아'라고 쓰인 제품을 원해요. '메이드 인 마케도니아'라면 더 낮은 가격을 기대할 거예요."

이는 이탈리아에 견주어 발칸 반도에는 뭔가 열등한 점이 있다는 생각에 기반하는 시스템이다. '이탈리아' 제품에 대한 선호를 뒷받침하는 근거는 그저 '서유럽의 우월함'이라는, 흘러간 시대의 망상에 기반을 둔 편견일 뿐이다. OPT 시스템과 '메이드 인 이탈리아'라는 겉포장이 유지되는 것은 실제로 이런 신발을 만든 국가와 사람들을 지워버리는 것이다. 이는 임금을 낮게 유지하고 마케도니아 같은 국가가 자신들의 브랜드나 국가적 지위를 끌어올리지 못하게 만드는 함정이다.

공급업체에 비용과 조건을 지시할 권력이 브랜드들의 손아귀에 쥐어져 있다 보니 모든 공급 사슬에는 권력의 불균형이 존재한다. 하지만 OPT의 경우에는 공급업체 측의 브랜드에 대한 의존이 더한층 커지는데, 왜냐하면 그들이 공급하는 것은 오로지 공장 노동뿐이기 때문이다. 만약 공장들이 신발 생산의 다른 단계를 담당한다면, 예컨대 제품 디자인이나 원료 공급 등을 맡는다면 수익을 더 높일 수 있는 영역이 있을 것이다. 하지만 노동은 매입자에게서 갈수록 더 쥐어짜이기만 하는 단순한 저비용 용역이다.[47] OPT가 낳은 결과로, 동부와 남동부 유럽의 노동자들은 빈곤 임금과 열악한 노동조건하에서 허덕이고 있다.

동유럽과 발트 해 국가들은 '개발' 이후에는 상황이 변화할 거라는 약속에 기대어 OPT의 멍에를 지고 있다. 루마니아와 불가리아 같은 다수의 국가는 이미 유럽연합 및 유럽의 무관세 시스템에 속해 있어서 개선된 무역제도, 또는 썩 나쁘지 않은 임금과 노동조건을 강제하는 제도의 적용을 받을 수 있다.

베티나 무시올레크Bettina Musiolek는 따라 웃게 만드는 호탕한 웃음을 지닌 키 큰 여성이다. 어릴 때부터 동유럽에서 인정받는 패션 디자이너인 어머니 한나 무시올레크의 일감에 둘러싸여 자랐고, 지금은 클린 클로즈 캠페인과 함께 드레스덴에서 일한다. 의류 노동자 권리를 위한 장기적 캠페인을 담당해온 베티나의 전문 분야는 동유럽의 노동조건이다. 베티나는 이렇게 설명한다. "임금은 그야말로 끔찍해요. 빈곤 임금이고, 그냥 공짜나 다름없어요. 생계 임금보다 한참 낮고, 한 가족이 최소한도의 생활을 유지하는 데 필요한 수준에도 못 미쳐요. 무엇에 견줘도 그보다 한참 낮죠."

동유럽의 의류와 제화 산업에서 착취는 다시금 심오하게 성차별적인데, 노동자의 압도적 다수가 기본 생활비를 대는 것조차 힘들어 대출과 빚의 악순환으로 내몰린 여성이기 때문이다. 베티나는 말을 잇는다.

"빈곤 임금 때문에 가족들은 꾸준히 채무를 재조정하고 있어요. 교과서, 교복, 냉장고…… 대출이 없으면 아무것도 할 수 없죠. 이런 대출은 직장이 있어야만 받을 수 있고, 그래서 이 사람들은 끔찍한 노동조건에도 불구하고 직장에 더한층 의존할 수밖에 없죠."

무시올레크는 세르비아의 한 공장에서 일하는 인력관리팀장의 이야기를 들려준다. 팀장은 품질 관리를 통과하지 못한 신발 상자 하나를 들고 생산 라인 앞에 서 있었다. 그러더니 상자에서 신발을 차례로 꺼내어 노동자들에게 던지며 고래고래 욕설을 퍼부어댔다. 무시올레크는 말한다. "그 사람들은 정말이지 노예 취급을 받아요. 하다못해 로봇도 아니라 노예 취급이라고요."

OPT 공장들의 판도를 바꿔놓을 희망은 더 강력한 노동권과 여성들의 조직화에 관심이 있고 그 방법을 아는 여성이 이끄는 노조 조직에 달려 있다고 베티나는 말한다. 제화 공장에서 적극적으로 조직화를 해야 할 노조는 흔히 힘이 약하고 남성 위주이며 고용주와 너무 긴밀한 사이다. 베티나는 말한다. "그게 가장 큰 문제예요. 이런 나라들은 일종의 19세기 자본주의가 지배하고 있어요. 극도로 고용주 친화적인 환경, 그리고 극도로 약한 노동조직이죠."

상표에 가려진 것들

신발과 신발을 구성하는 부품은 지구 전역으로부터, 수천 킬로미터 길이로 뻗어 있는 공급 사슬을 타고 온다. 신발 생산의 과정과 현실은 모든 것을 뜻하는 동시에 아무것도 뜻하지 않게 된 상표 뒤에 숨겨져 있다. 세계가 왜 지금과 같은 방식으로 작동하는가를 이해하려면, 우리는 반드시 브랜딩을 넘어 상표가 진정 무엇을 뜻하는가를, 그리고 그들이 기업으로 하여금 무슨 짓을 저지르도록 허락해주는가를 보아야만 한다.

저항의 목소리는 이제 너무 커져서 더는 침묵시킬 수 없다. 전쟁과 환경 파괴, 그리고 빈곤 때문에 수백만 인구가 살던 곳에서 쫓겨난 끔찍한 난민 위기의 한복판에서 신발은 우리를 이주의 심장부로 이끈다. 이제 우리는 현대 세계에 존재하는 가장 커다란 불의 중 하나를 살펴볼 텐데, 우리의 세계화된 사회가 자본의 흐름은 부추기면서 절박한 사람들의 흐름은 막는다는 것이다.[48]

5
난민들의 신발

프랑스 칼레 시에 있는 어느 도로의 길가에는 검은 신발 두 짝이 놓여 있다. 한 짝은 운동화이고 한 짝은 가죽 앵클부츠인데, 둘 다 흠뻑 젖어 있고 신을 물건이 못 된다. 두 짝은 가지런히 놓였고, 끈으로 함께 묶여 있다. 신발 옆의 연석에는 에리트레아 출신의 젊은 남자가 앉아 있다. "엄청 젖었어요." 남자가 신발을 가리키며 말한다. "엄청 차가워요."

한 명의 여성을 제외하면 모두 남성인 70명의 젊은 에리트레아인 무리가 난민 자선단체의 흰색 승합차 옆에 질서정연하게 일렬로 서 있다. 앞서의 젊은 남자가 마침내 줄 맨 앞에 이르러 원래 신은 헌 신발 대신 새 등산화를 받는다.

에리트레아인들은 한 교차로 옆의 관목지에 임시 거처를 마련했다. 얼음장 같은 비가 내리는 와중에 프랑스 경찰이 그들의 피난처에 들이닥쳐 텐트와 침낭을 압수했다. 지금 배급하는 등산화와 겨울용 외투는 또다시 기습당해도 난민들이 밤에 얼어 죽지 않도록 밤낮으로 걸치고 있으라는 것이다.

클레어 모슬리Clare Moseley는 흰색 승합차 앞에 서서 줄이 길어지는 광경을 지켜보고 있다. 클레어는 프랑스 난민 캠프의 상황을 목격한 후 2015년 9월에 케어4칼레를 창립했다. 클레어가 만난 사람들은 샌들이나 짓이겨진 운동화를 신고 유럽 대륙을 가로질러 여기까지 왔다. 아예 맨발에 양말만 겹겹이 신고 걸어온 사람들도 있었다. 수많은 난민이 처음에는 등산화를 주겠다는 클레어의 제안을 거절했다. 너무 무겁고 발을 찌그러뜨린다는 이유에서였다. 또한 유럽의 날씨가 9월보다 더 추워질 수 있다는 것을 믿지 못하는 사람도 많았다.

칼레의 겨울은 지독한 냉기와 함께 오고, 바람과 회색 하늘이 납작하고 살풍경한 이곳의 대기를 짓누른다. 클레어에게 이런 겨울은 시간의 흐름을 알려준다. "첫 겨울에는 두 번 다시 이 일은 하고 싶지 않다고 생각했어요. 두 번째 겨울에는 우리가 아직 여기에 있다는 게 믿기지 않고요. 세 번째 겨울에야 완전히 납득이 됐죠. 저는 이전에 품고 있던 믿음을 완전히 버렸어요. 모든 사람이 이 상황에 관해 알게 되면 문제가 해결될 거고, 그러면 다음 겨울에 여기에 또 올 일은 없을 거라는 믿음을요."

그날 아침, 계획된 부츠 배급 준비는 일찌감치 시작되었다. 기부된 부츠 상자들은 창고에서 크기에 따라 분류되고 구멍이 없는지 확인하는 작업을 거쳤다. 칼레에 도착하는 깡마른 난민들에게는 여성용 부츠가 흔히 더 잘 맞았다. 그중 한 켤레에는 '엠마'라는 이름을 서둘러 지운 흔적이 있었다.

승합차 앞에 줄을 서 있는 사람들 중에 스물네 살의 새뮤얼이 있었다. 새뮤얼은 칼레에 온 지 8개월째였고 그전에는 2개월간 파리에 있었다. 에리트레아를 떠난 후 수단과 리비아를 걸어서 통과해 지중해 건너 이탈리아로 가 2개월간 그곳에 머물렀다. 그리고 구멍이 난 젖은 운동화를 신고 지금 이곳까지 왔다. 영국으로 가는 게 새뮤얼의 꿈이다.

가장 기본적으로, 신발은 인체와 땅 사이의 방어막 역할을 한다. 사람들을 지중해 너머로 실어 나르는 엉성한 선박들처럼, 신발은 난민들을 리비아의 사막 길 위로 실어 나르고 영하의 눈 덮인 이탈리아 산비탈을 통과하게 해준다. 그리고 선박들과 마찬가지로 이 신발들은 때로 목적에 적합하지 않다. 구멍이 나고 물이 샌다. 심지어 칼레에 도착한 후에도 사람들은 매일 수 킬로미터씩 계속해서 걸어야 한다. 먹을 것과 마실 물과 쉴 곳을 찾기 위해, 경찰을 피하기 위해, 몰래 몸을 실어 해협을 건널 대형 트럭을 찾기 위해.

국경을 넘는 사람들

러시아 작가인 테피Teffi는 회고록에서 다른 수백만 명의 러시아인과 함께 볼셰비키 혁명으로부터 도피하던 시절을 회상한다. 난민을 실은 증기선이 우크라이나의 오데사에서 출발한 후, 테피는 갑판을 문질러 닦으라는 명령을 받았다. 실용적인 신발은 배가 도달하는 곳에서 쓸 수 있도록 아껴놓아야만 했기 때문에 전혀 어울리지 않는 은 구두를 신고 그 일을 했다.[1]

우리가 신발을 볼 때 반드시 물어보아야 하는 것은 그 신발들이 어디서 왔는가이다. 몇 번을 물어도 지나치지 않은 그 질문에 대한 답은 신발들이 직접 들려줄 것이다. 또한 그 신발을 신는 사람들에게도 반드시 똑같은 질문을 던져야 한다. 국제 이주가 최고조에 이른 지금은 인류의 전 지구적 이주와 그 원인에 관해 면밀히 살펴보기에 아주 중요한 시기이다.

국경을 넘나드는 모든 사람이 난민은 아니다. 국제 이주민이란 태어난 곳이 아닌 다른 나라에서 살고 있는 사람들을 말한다. 2017년 국제 이주민의 수는 전 세계적으로 약 2억 5,800만 명에 이르렀는데, 2000년의

1억 7,300만 명에 비하면 급격한 상승세다.[2]

그렇다면 이 국제 이주민들의 출신 지역은 어디일까? 1위는 아시아 출신으로 1억 600만 명, 그다음은 유럽 출신 6,100만 명, 라틴아메리카와 카리브 해 출신 3,800만 명, 그리고 아프리카 출신 3,600만 명 순이다. 국가별로 명시된 통계에 따르면 인도가 국제 이주민 중 최대 다수(1,700만 명)를 차지하고 그다음은 멕시코(1,300만 명)이다. 그렇다면 그들의 도착지는? 이주는 주로 세계지도상에서 동일 영역에 위치한 나라들 사이에서 일어난다.[3] 그래서 전체 국제 이주민의 60퍼센트는 아시아에 거주하고 (8,000만 명), 그다음은 유럽(7,800만 명), 북아메리카(5,800만 명) 순이다.

이처럼 수치상으로는 높아 보여도, 이들은 전 세계 인구의 아주 작은 일부에 불과하다. 인류는 자고이래로 이주종이었다. '호모 사피엔스'는 대략 20만 년 전 아프리카에서 처음 나타난 후 빙하가 충분히 물러난 6만~7만 년 전에 유럽으로 이주했고, 5만 년 전에 이제는 사라지고 없는 육로를 통해 오스트레일리아에 도착했다. 그 이후로 인류는 줄곧 떠돌아다녔다.[4]

제화 산업으로 다시 돌아오면, 국제 이주는 세계에서 손꼽히는 몇몇 유명 브랜드가 탄생하는 데 핵심 역할을 했다. 지미 추는 말레이시아에서 태어나 학업을 마친 후 제화를 배우러 런던으로 이주했다. 마놀로 블라닉은 카나리 제도의 바나나 농장에서 태어나 유럽의 몇 개국을 전전한 후 영국 남서부의 바스에 정착했다. 아홉 살 때 처음으로 신발을 만들기 시작한 살바토레 페라가모는 1914년에 열여섯 살 나이로 미국행 배에 올랐다.[5] 그리고 할리우드에서 영화배우들을 위한 구두를 만들어 이름을 알린 후 1927년에 고국인 이탈리아로 돌아갔다.

이와 유사하게, 영국과 아이슬란드 혈통을 가진 L. K. 베넷의 린다 베넷 역시 이 이주의 용광로의 한 예이다. 패트릭 콕스는 영국과 캐나다계

혈통이며, 영국 브랜드 샬롯 올림피아의 창시자인 샬롯 델랄은 케이프타운에서 브라질인 어머니와 영국계 이라크인 아버지 사이에서 태어났다. 하지만 이처럼 전 지구적 성공담을 낳는 이주가 과연 공평한 과정인가 하면 전혀 그렇지 않다.

밑창의 비밀

'브링코'는 스페인어로 '도약'이라는 뜻이다. 브링코 운동화는 아르헨티나인 화가 주디 워다인 Judi Werthein이 2005년 멕시코와 미국 사이의 국경을 넘는 이민자들을 도와주기 위해 디자인한 제품이다. 나침반과 손전등이 부착되어 있으며, 돈과 부상자에게 도움이 될 진통제를 숨길 수 있는 포켓이 달려 있다. 또한 탈부착이 가능한 밑창에는 티후아나에서 샌디에이고로 가는 데 가장 많이 이용되는 불법 횡단 경로의 지도를 새겨 놓았다.

국경 횡단을 표상하는 뭔가를 만들어달라는 의뢰를 받은 워다인은 국경을 건너려는 모든 사람은 발에 크게 의존한다는 사실에 착안했다. 여덟 시간 동안 사막을 걸으려면 울퉁불퉁한 땅바닥을 견뎌야 할 뿐만 아니라 타란툴라와 뱀으로 인한 부상과 통증의 위험을 무릅써야 한다. 그리하여 워다인은 브링코를 튼튼한 부츠 스타일의 운동화로 만들었다.

브링코는 뒤축은 아즈텍 독수리로, 앞코는 '아메리칸드림'을 상징하는 미국 독수리로 장식되어 있다. 이 운동화들은 멕시코에서 불법 횡단을 하려는 사람들에게 무료로 제공되는 동시에 샌디에이고의 고급 부티크에서 세상에 하나뿐인 '예술 작품'으로 팔린다. 경제의 불평등함을 더한층 부각시켜 보여주려는 의도다.[6]

"자유로운 이동에는 누구나 찬성하죠. 그게 자신들에 해당되는 경우에는요." 캠페인 단체인 글로벌 저스티스 나우의 가이 테일러 Guy Taylor

는 그렇게 말한다. 글로벌 노스의 수많은 사람들은 직장, 갭이어(직업 진로나 삶의 방향을 결정하고 경험을 쌓기 위해 잠시 학업을 중단하는 기간 - 옮긴이), 학업이나 은퇴를 위한 이주가 허용되는 것을 당연시하지만, 동시에 그 원칙이 모두에게, 특히 글로벌 사우스 출신의 사람들에게 적용되는 것은 당연시하지 않는다.

이 논쟁에서 흔히 무시되는 것은 이동의 주체가 대부분 더는 살 수 없는 곳이 된 고향에서 떠밀려 나온 사람들이라는 사실이다. 이주는 사회적 압박에 대한 인류의 대답이기 때문이다.[7] 가이는 말을 잇는다. "수많은 이주민들은 자신이 원해서가 아니라 분쟁, 기후변화, 자원 착취, 또는 빈곤 때문에 원치 않게 이주를 해야만 했습니다. 우리가 사람들이 원래 있던 곳에서 행복하게 머물 수 있는 세상을 만들었다면 이주율이 지금처럼 높지 않았겠죠."

〈월스트리트 저널〉에서 '세계에서 가장 빠른 속도로 비어가는 국가 중 하나'라고 일컬은 에리트레아를 예로 들어보자.[8] 에리트레아인 25만 명은 이웃한 에티오피아와, 수단의 난민 수용소와 도시에 살고 수만 명은 유럽으로 가는 위험한 여행길에 올랐다. 망명 신청자들은 흔히 에리트레아의 강제 징집을 망명 사유로 든다. 이전에는 군대나 대민 업무에 18개월만 복무했는데 2002년에 무기한으로 연장되어 성인이 국가 봉사 의무에 길면 50대까지 매일 수도 있게 된 것이다.[9]

유엔의 조사에 따르면 에리트레아의 징병제에서는 '노예제 같은 관행이 일상적'이며 '임의적 구금, 고문, 성고문, 강제 노동'이 횡행한다. 거기서 도피하는 방법은 흔히 탈영 후 외국으로 도피하는 것뿐이다. 강제 징집이 아니면 일자리가 거의 없고, 국가의 채굴 산업은 강제 징용으로 이루어진다는 고발이 제기되었다.[10]

가이는 더 나은 삶을 찾아 이주할 권리를 인정하는 동시에 '남아 있을' 권리 또한 보호되어야 한다고 주장한다. 남아 있을 권리란 기후 붕괴, 내전, 그리고 부와 식량의 불평등한 분배에 맞선다는 뜻이다.

이동 인구가 많다고 해서 지구상 대부분의 사람들에게 이동이 수월하다는 말은 전혀 아니다. 중국의 반체제 화가로 한때 난민이었던 아이웨이웨이는 2017년 「휴먼 플로Human Flow」라는 영화를 만들어 난민 문제를 이야기했다. 지구 곳곳을 찾아가며 놀랍도록 넓은 범위를 포괄하는 이 영화는 23개국과 난민 캠프 40개소를 다룬다. 「휴먼 플로」는 1989년 베를린 장벽이 무너질 당시 전 세계 11개국에 사람들이 국경을 넘나들지 못하도록 세워진 물리적인 벽과 장벽이 존재했다는 사실을 지적한다. 그 수는 이제 적어도 77개국으로 증가했다.[11] 이런 물리적 장벽은 지도에 공들여 그어놓은 국경선과 더불어 사람들을 통제하고 배제하기 위해 설계되었다.

차팔의 복제

이러한 국경과 선은 상품이나 자본이 드나드는 것은 통제하지 않는다. SATRA 테크놀로지는 신발 공급 사슬에 관련된 기술 정보를 제공하는 회사다. SATRA에 따르면 일반적인 신발은 40개 이상의 개별 부품과, 그와 거의 맞먹는 수의 자재로 만들어진다. 갑피를 만드는 데 쓰이는 자재로는 가죽이 가장 흔하지만 그 외에도 합성물과 망사, 그리고 밑창 원단, 끈, 금속 테두리, 버클과 끈 구멍, 접착제와 보강재 등이 있다.

SATRA의 설명에 따르면 이론적으로는 신발 한 켤레의 공급 사슬에 세계 40개국에서 온 40가지의 부품이 쓰일 수 있지만 현실적으로 브랜드나 제조업체는 품질과 배송이 확실한 공급업체 몇 개에 집중적으로 위탁하는 경향이 있다. 산업 공급 사슬을 갖춘 국가는 브랜드들에 가장 매력적인데, 효율성을 약속하기 때문이다.

노동비와 원료비는 신발 생산의 핵심 비용이지만, SATRA에 따르면 원료비는 전 세계적으로 노동비만큼 격차가 크지는 않다. 최저가를 찾아 나설 수는 있지만 공급업체를 바꾸더라도 실질적으로 원료비는 낮아지지 않을 가능성이 높고, 그보다 어쩌면 충성 할인의 이점을 잃을 수도 있다. 계산에 넣어야 하는 또 다른 요소는 긴 운송 기간에서 일어나는 손실이다. 예컨대 가죽은 특히 열과 습기로 인한 손상에 취약하다.[12]

그리하여 신발을 이루는 각 부품이 제각기 다른 국가에서 올 확률이 낮긴 하지만, 가축 농장에서 소매점에 이르기까지 신발은 여전히 생산에 국경 횡단이 필요한 초국적 상품이다. 이 화물 운송의 많은 부분은 괴물처럼 큰 금속 탱크인 선적 컨테이너를 통해 이루어진다. 이들은 식품과 냉장 시설, 신발과 산업용 장비 등을 가득 채운 채 크레인, 철도, 항구, 그리고 선박으로 이루어진 시스템을 타고 전 세계를 이동한다. 인류학자인 토마스 힐란드 에릭슨은 1980년 이후로 세계 GDP가 250퍼센트 성장한 것으로 추산되는 반면 국제무역은 같은 기간에 600퍼센트 성장했다고 지적한다. 이는 선적 컨테이너 시스템의 금전적 비용이 낮은 덕분이다.[13] 신발과 그 부품은 이 탱크 안에 든 채로 지도상의 선들을 따라 쉬지 않고 흘러간다.

신발 디자인 역시 국경에 그리 구애받지 않는다. 2014년 영국의 신발 디자이너 폴 스미스Paul Smith는 남자 샌들 라인인 '로버트'를 선보였는데, 이는 파키스탄 북서부의 페샤와르에서 처음 등장해 이제는 그 지역 전체에서 신는 샌들인 '차팔'을 모방한 것이었다.

파키스탄에서 차팔은 5~6달러에 팔린다. 폴 스미스는 자신의 복제품을 595달러에 판매했다. "미치지 않고서야 차팔에 5만 루피를 낸다는 건 말이 안 되죠." 당시 한 지역 남성은 그렇게 말했다. 사람들은 또한 폴 스미스가 노인들이 즐겨 신는 디자인을 복제했다는 점을 지적했다. "저희 아버지가 예전에 이 디자인을 만들었는데 찾는 사람이 없어서 이제 더는 안 만들어요. 퇴역 군인이나 경찰 관료들만 가끔 찾아와서 자기가 신고 싶으니 만들어달라고 부탁하죠." 가족이 페샤와르에서 70년간 차 팔을 만들어왔다는 한 제화공은 그렇게 말했다.[14]

온라인에서 문화적 전유에 대한 비난이 들끓은 후, 폴 스미스의 웹 사이트에서는 '로버트'라는 이름이 지워지고 '페샤와르의 차팔에서 영 감을 받았다'고 인정하는 문구가 한 줄 추가되었다.[15] 글로벌 사우스의 전통적 디자인을 가져다 복제한 후 터무니없이 부풀린 가격표를 붙이는 것은 사람들이 환영받지 못하는 곳에서 문화가 환영받는 사례 중 하나 다. 동등하고 자발적인 문화의 어울림과 공유는 세계화의 불가피한 일부 이자 축하받아야 할 무엇이지만, 폴 스미스 같은 다국적기업이 주변화된 문화를 이용해 돈벌이를 하면서 그 사실을 인정하지 않거나 호혜를 제공 하지 않을 때, 우리는 제국주의를 떠올리게 된다.

국제 이주민이 배우자를 영국으로 데려오려면 최소한 1만 8,600파 운드의 연 수입이 있어야 한다는 영국 이민법의 엄격한 기준 역시 차팔 의 복제와 동일한 상황이다. 그 금액은 전체 영국인의 41퍼센트와 영국 여성의 55퍼센트를 배제하는 액수다.[16] 영국에 있는 많은 파키스탄 사람 들은 이것이 자신들을 겨냥한 법이라고 느꼈다. '로버트' 샌들 소동은 인 간은 거부하면서 문화는 가져다 쓰는 위선을 폭로했다.

튀르키예의 난민 아동

만약 여러분이 신고 있는 신발이 공포와 상실로 고향에서 내몰린 이주민 의 이야기를 들려준다면, 여러분은 그들이 어디서 왔는지를 진정으로 알 고 싶겠는가?

붉은 티셔츠를 입은 어린 남자아이가 신발 부품 더미 위에 고개를 모로 돌린 채 누워 있다. 아이는 피로로 완전히 곯아떨어졌다. 입은 살짝 벌어졌고 가느다란 양팔은 앞에 놓인 작업대에 걸쳐져 있다. 아이는 시리아 출신의 난민이다. 아이가 잠든 사이 작업장의 다른 아이가 그 아이의 사진을 찍었다.

사진은 그 후 이스탄불에 있는 〈이브렌셀 데일리〉 신문사의 뉴스 편집자인 에르쿠멘트 아크데니즈Ercüment Akdeniz에게 보내졌다. 에르쿠멘트는 2011년 내전 발발 이후로 튀르키예 내 시리아인들의 운명에 관해 보도해왔다. 잠든 친구의 사진을 찍어 보낸 아이는 그 과정에서 알게 된 난민들 중 한 명이었다.

에르쿠멘트는 21세기를 이미 이주의 세기로 규정한다. 언론인으로서, 그리고 사우디아라비아의 이주노동자 아들로서 통계에 가려진 인간사를 찾아다니다 보니 어느새 시리아 난민들에 관한 책을 세 권이나 쓰게 되었다. 시리아 난민 아동들이 신발을 조립하고 있는 튀르키예 전역의 창고와 지하 작업장을 기록으로 남기는 것 역시 에르쿠멘트가 진행하고 있는 작업 중 하나다.

1951년 유엔은 지금도 전 세계 난민 보호의 시금석 역할을 하고 있는 '난민의 지위에 관한 협약'을 채택했다. 협약에 따르면 난민이란 '인종, 종교, 국적, 특정 사회집단의 구성원 신분 또는 정치적 의견을 이유로 박해를 받을 우려가 있다는 합리적인 근거가 있는 공포로 인하여 자신의 국적국 밖에 있는 자로서, 국적국의 보호를 받을 수 없거나, 또는 그러한 공포로 인하여 국적국의 보호를 받는 것을 원하지 아니하는 자'이다.[17]

튀르키예는 난민 협약을 인정하지만 차이점이 있다. 오로지 유럽에서 일어난 사건 때문에 도피한 사람들에게만 난민 지위를 인정한다는 것이다. 이렇다 보니 시리아 난민 가족들은 아무런 보장도 받지 못한 채 혹독한 상황에 처해 있다. 튀르키예에 있는 난민 중 70퍼센트는 여성과 아동이다.[18] 남편이나 아버지 없이 튀르키예에 도착하는 가족이 많은데, 남자들은 전쟁 중이거나 살해당했기 때문이다.

튀르키예의 TCF 산업은 250만 명의 노동자를 고용하며 튀르키예 경제에서 연간 400억 달러를 차지한다. 노조에 따르면 이런 노동자 중 절반 이상이 임시직이다.[19] 시리아인은 2016년까지 튀르키예에서 취업 허가를 받지 못해 비공식적이고 불법적으로 일해야 했다. 이런 허가는 여전히 쉽게 얻을 수 없다. 수많은 성인 시리아인이 어찌어찌 일자리를 구하더라도 보수가 가족을 부양하기엔 턱없이 부족하다는 사실을 깨닫게 된다.

하지만 어른인 시리아 난민이 형편없는 임금을 받는다면, 아동 임금은 그보다 훨씬 심하다. 튀르키예의 제화 부문에서 시리아 아동은 한 달에 150~200튀르키예 리라(25~35파운드)를 번다. 아이들은 가족을 빈곤에서 벗어나게 하려고 일을 한다. 예컨대 아이가 일곱 명인 가족이라면 맏이부터 셋째까지는 집의 월세를, 그 아래 둘은 식비를 맡고, 맨 밑의 둘은 고향인 시리아에 보내줄 푼돈을 벌려고 일하는 식이다.[20]

튀르키예의 아동노동은 새로운 이야기가 아니지만, 수백만 명의 난민이 유입되면서 그 문제를 해결하려는 노력은 뒷걸음치고 말았다.[21] 에르쿠멘트가 인터뷰한 작업장 주인들은 너무 열악한 노동조건 때문에 튀르키예 아동들이 이제 더는 제화 일을 배우고 싶어 하지 않는다고 투덜댔다. 시리아 난민이 유입되기 전, 아동들은 오전 8시부터 오후 7시까지 제화 작업장에서 일했지만 작업장 주인들은 난민들의 노동시간을 오전 7시부터 밤 10시, 심하면 자정까지 잡아 늘렸다. 다른 일을 할 수 있는 사람이라면 누구도 이런 일을 원치 않는다.

이런 아동노동자들의 나이 또한 충격적일 만큼 어리다. 에르쿠멘트는 말한다. "우리는 고작 여섯 살 때부터 일을 시작한 여덟 살 된 난민 노동자에 관한 이야기를 다뤘습니다. 어떤 사장의 말로는 부모가 이제 겨우 여섯 살 된 아이를 제화 작업장으로 데려온다고 하더군요. 그렇게 어릴 때 데려오면 가죽과 접착제 냄새에 익숙해질 수 있기 때문이라는 거죠."

이런 아동들은 접착제 매연으로 인해 뇌 발달 장애 및 폐 질환의 위험에 노출되는 것은 물론이고 용제에 중독 증상을 발전시킬 위험이 높다. 아울러 날카로운 재단 도구를 늘 접하고 가연성 물질인 시너와 접착제를 사용하다 보니 화재의 위험도 있다. 이는 성인들에게도 위험한 상황인데, 하물며 여섯 살짜리들에게는 말해 무엇하랴. 제화 산업에서 일하는 난민 아동들이 맞닥뜨리는 고난의 기다란 목록에는 욕설과 언어 및 신체적 폭력, 그리고 성폭력까지 포함된다. 사장으로서는 성인보다 보호받지 못하는 아동에게 폭력을 사용하기가 훨씬 쉽다.

튀르키예의 TCF 산업은 다단계 하도급 방식을 취한다. 1차 하도급을 맡은 대형 공장은 전 세계의 브랜드를 상대로 거래를 하고 계약을 수주한다. 이런 공장들은 대체로 감사를 받고, 심지어 노조도 존재한다. 여러 문제점이 있긴 해도, 보통 아동은 거의 고용하지 않는다. 아동들은 더 작은 2차 하도급 공장이나 대형 공장으로부터 하도급을 받는 3차 하도급 작업장에서 발견된다.

다니엘 맥뮬런Danielle McMullan은 기업과 인권 자료 센터에 7년째 몸담고 있는 선임 연구자로, 2015년부터 패션 공급 사슬에서 아동을 포함한 시리아 난민들의 노동조건을 감시해왔다. 다니엘은 튀르키예의 하도급 체제가 패션 브랜드들이 채택한 사업 모델의 결과라고 말한다. 주문 내용을 급박하게 변경하고 비용 절감을 위해 공장을 엄청나게 압박하기 일쑤인 패션 산업은 노동자들에게 큰 부담을 지운다. "패션이라는 분야 자체가 기본적으로 착취를 사업 모델로 채택하고 있습니다."

하지만 브랜드들은 자신들의 주문에 대한 재하도급이 이루어지고 있다는 사실을 모를 수도 있지 않을까? 다니엘은 이렇게 설명한다. "공급 사슬을 감시하는 일이 쉽다고는 아무도 말하지 않았습니다. 하지만 기본적으로 브랜드들은 자신들의 사업 모델을 재검토할 필요가 있다는 거죠. 아래로 치닫는 가격 압박과 그들의 매입 방식은 미신고 하도급이 일어나게 만드는 주된 요인입니다. 그걸 진정으로 해결하려면 근본적 원인을 해결해야 하고, 그건 그들 자신의 모델을 재검토해야 한다는 뜻입니다."

기업과 인권 자료 센터는 패션 브랜드들이 튀르키예에서 어떻게 미신고 하도급 관행을 방지할 것인가에 관해 연구를 실시했지만 브랜드로부터 그 어떤 설득력 있는 주장도 듣지 못했다고 한다. 그저 자신들은 그 관행을 금하고 있고 문제를 심각하게 받아들인다며 말로만 때우는 브랜드가 다수였다.

2018년 봄 튀르키예의 공식 난민 수는 390만 명으로 추산되었는데, 이는 튀르키예가 세계 최대의 난민 수용 국가라는 뜻이다. 비공식적 추산에 따르면 그 수는 최대 500만 명에 이른다. 난민의 대다수는 시리아인이지만 이라크, 아프가니스탄, 이란과 소말리아 및 그 외 지역 출신들도 있다.[22]

튀르키예의 아동노동자 수는 좌파 노동조합들의 추산에 따르면 200만 명, 공식 통계상으로는 70만 명이다.[23] 두 수치 모두 시리아 난민 아동 노동자를 포함하지 않지만, 이들은 실제로 존재하며 결국 우리의 상점에 도착해 우리의 옷장에 들어오는 옷과 신발을 만들고 있다. 이 아이들은 공장 소유주와 브랜드 주주에게 수백만 파운드의 이윤을 가져다주면서 자신들은 푼돈밖에 벌지 못한다.

모두의 책임

이런 아이들은 과연 누가 책임져야 할까? 누가 나서서 이 착취에 종지부를 찍을까? 부모나 공장 소유주의 책임일까? 아니면 브랜드들, 튀르키예 정부, 유럽연합 또는 전 지구적 공동체의 책임일까?

에르쿠멘트는 아이들의 가족을 탓해서는 안 된다고 딱 잘라 말한다. 그들은 흔히 트라우마를 겪고 있는 전쟁의 피해자이다. 에르쿠멘트는 그 대신 몇몇 측의 책임을 거론하는데, 제일 먼저 꼽는 것은 튀르키예의 공장주이다.

시리아 전쟁이 발발하고 몇 년 후, 이스탄불 섬유의류수출협회 회장인 히크메트 탄리베르디Hikmet Tanriverdi는 시리아 난민들이 튀르키예의 방직 산업을 '구했다'고 선언했다. 제화 공장의 일자리를 채우기 위해 방글라데시 노동자 수천 명을 수입해야 할 위기에 처해 있었지만, 난민들이 도착하면서 그 계획이 중단되었다는 것이다.

"국내 공장에서 최저임금을 받고 일하겠다는 튀르키예인 블루칼라 노동자는 찾을 수 없었습니다. 많은 사람들이 같은 돈이면 더 깨끗한 작업환경에서 일하는 서비스직을 선호하니까요. 현재로서는 시리아인 노동자들이 우리 업계를 구했습니다. 수많은 분야의 기업들이 방글라데시에서 저임금 노동력을 수입할 계획을 갖고 있었고, 조만간 우리는 그들을 우리 업계에 고용하기 위해 튀르키예로 불러들이게 될 것입니다." 탄리베르디의 설명이다.

탄리베르디는 난민들이 특히 튀르키예 북서부에 위치한 마르마라의 산업단지를 구하는 데서 큰 역할을 맡고 있다고 지적했다.[24] 난민들 덕분에 업계가 살았다고 공개적으로 선언하면서도 그들을 그처럼 형편없이 대우하는 것은 잔인한 불의이다. 착취로부터 직접 이득을 얻는 튀르키예의 공장 소유주들은 현 체제에 책임이 있는 측 중 하나다.

그다음으로는 브랜드들의 책임을 들 수 있다. 다니엘은 브랜드들이 아동이 자사의 옷이나 신발을 만들지 못하도록 감시할 책임이 있다고 말한다. 몰랐다는 브랜드들의 변명을 더 이상 보아 넘겨서는 안 된다. 브랜드들은 튀르키예를 비롯해 아동노동 문제가 있는 곳에 위탁 생산을 함으로써 막대한 수익을 올린다. 그러니 자신들의 옷이 어디서 어떻게 만들어지는가를 밝히는 것은 그들의 책임이다.

다니엘은 브랜드들이 꼬리를 자르고 도망쳐서는 안 된다고 말한다. 평판을 지키겠다고 아동노동이 발각된 공장과 관계를 끊는 것 말이다. 다니엘의 말에 따르면 일부 선도적 브랜드는 아동들이 학교에 다니게 하고 가정에 어려움이 없는지를 확인함으로써 아동을 작업장에서 밀어내는 방식을 택하고 있다. 브랜드들이 아동 인권 중심적 접근법을 취하고 지역 비정부기구 및 주주들과 협력하는 것이 가장 중요하다고 다니엘은 말한다.

시리아 내전이라는 더 큰 문제에 관해, 에르쿠멘트는 커다란 책임이 국제 공동체 앞에 놓여 있다고 본다. 시리아를 포함한 지역 정부 및 유럽연합과 유엔을 말하는 것이다. "다들 어느 정도는 책임이 있습니다. 이 상황을 정치적으로 보면 내전이 지속되는 한 난민 위기도 지속될 테고, 아동노동 문제 역시 지속될 거라고 말할 수 있겠죠."

또한 유럽연합이 시리아 난민들이 처한 불의에 대해 막중한 책임이 있다는 것이 일반적인 여론이다. 특히 배로 유럽에 도착하는 난민들이 튀르키예로 보내지게 만든 유럽연합-튀르키예 난민 협정을 꼽을 수 있다. 유럽연합 국가들이 전쟁과 그 참상을 피해 도망친 사람들을 받아들이기를 거부하는 바람에 튀르키예를 벗어나지 못하는 난민들은 아동노동에 더한층 취약해질 수밖에 없다. 압도적인 다수의 시리아 난민을 튀르키예에 떠넘긴다는 것은 곧 유럽연합이 인권 문제에 눈을 감겠다는 뜻이다.

수많은 유럽 국가가 난민 수용을 거부하는 동시에 난민이 만든 제품을 수입한다. 튀르키예는 연간 총 170억 달러어치의 의류와 신발을 수출하는데, 그중 대부분은 유럽, 특히 독일과 영국으로 향한다. 우리는 물건이 사람보다 더 귀한 취급을 받는 잔인하고 역설적인 세상에 살고 있다. 신발은 국경을 넘어 환영받지만 아이들은 그렇지 않은 세상이다.

이리저리 떠넘겨지다

돈과 교역 상품이 전 세계를 가볍게 옮겨 다니는 동안, 기업 또한 가장 낮은 임금과 생산비를 찾아 국경을 넘어 이 공장 저 공장으로 가볍게 옮겨 다닌다. 이 과정의 핵심은 낮은 가격이고, 이는 다시 낮은 노동 표준을 부추긴다.

패션 산업 시스템은 기업들이 환경 요구조건을 무시하고 관료에게 뇌물을 주고 절차를 어기도록 몰아간다. 이는 파괴를 장려한다. 공장들이 강과 호수로 쏟아내는 폐수로 인한 수질오염부터 숲 지대를 대규모로 태우는 것까지, 대기업들은 농지와 마을과 삶의 수단을 파괴하고 있다.

거기에 더해 국제통화기금이 밀어붙인 자유무역협정과 구조조정 정책은 어업과 농업 같은 전통적 부문을 짓밟았다.[25] 이런 요인으로 인해 사람들은 원치 않는데도 고향을 떠나 다른 곳에서 일거리를 찾아야 한다. 아무런 인맥도 없고 때로는 말조차 통하지 않는 도시로 밀려든 이주 노동자들은 흔히 가장 위험하고 보수가 낮은 일을 떠맡는 것 말고는 아무런 선택지가 없다.

자국에 이주민을 받아들이지 않으려는 유럽연합과 여러 국가의 정책결정자들은 많은 사람들이 떠나고 싶어 하는 산업 부문의 수출 지향 일자리에 의도적으로 투자하고 있다. 요르단이 그 예이다. 이런 투자는 의류 공장 일자리를 만드는 데 집중하는 경향이 있는데, 그 부문에서는 말 그대로 극도로 저임금이고 착취적인 일자리만 만들어낸다. 여기에 담긴 의도는 이주의 흐름을 막겠다는 것이다.

그러나 포덤 법과대학원 교수인 제니퍼 고든Jennifer Gordon이 저술했듯, 해외투자 및 교역 증대로 타국 이주가 줄어든다는 증거는 적어도 단기적으로는 전혀 없다.[26] 요르단에는 75만 명의 난민이 거주하는 것으로 추정되는데, 그중 압도적 다수는 시리아 출신이다. 유럽연합, 세계은행을 비롯한 기관들은 이런 난민들이 유럽으로 이동하는 것을 막고자 요르단 정부와 난민 협정을 체결했다. 목표는 시리아 난민 20만 명을 의류 공장에 취직시키고 그들 중 15만 명은 특수 수출가공지대에 배치하는 것이다. 유럽연합은 난민 고용 할당량을 엄수하는 공장에서 생산된 수출품의 관세를 낮추었다. 그러나 그 계획은 별 효과를 거두지 못했으니, 거기엔 핵심적 이유 하나가 있다. 이런 공장 일자리는 요르단의 대다수 시리아 난민이 택하기엔 임금이 너무 낮고 요구 사항이 너무 많았다는 것이다.

요르단 의류 공장의 노동자들은 대체로 방글라데시나 스리랑카 출신의 여성이다. 시리아 출신 여성 난민은 대부분 가족이 딸려 있어서 공장 현장에 거주할 수 없고, 방글라데시 노동자들과는 달리 임금을 고향으로 송금해도 그다지 환율 차익을 얻을 수 없다.

2011년에 글로벌 노동 및 인권 연구소에서 클래식 팩토리를 대상으로 실시한 조사 결과, 여성에 대한 조직적 폭행 및 성폭력 사례들이 발각되면서 요르단 의류업계가 주목을 받게 되었다.[27] 보도에 따르면 당시 클래식 팩토리의 관리감독인 사날 쿠마르는 혐의를 모두 부인하면서 미국과 이스라엘 양측을 비난했다.[28] 국제노동기구는 요르단 공장들의 주된 우려 요인으로 성적 괴롭힘을 꼽았는데, 이는 직장 내의 모든 성적 괴롭힘을 불법으로 규정하지 않는 요르단 법 때문에 더한층 난감한 문제였다.[29]

낮은 임금, 짧은 마감 시한과 긴 노동시간이 일반화된 패션 산업의 본질상 요르단의 공장들은 임금을 높이면 경쟁력이 떨어질 수밖에 없다.

하지만 고든 교수의 설명에 따르면 막대한 노력과 수억 달러를 쏟아부었는데도 오늘날 요르단에서 그 부문에서 일하는 시리아인은 소수에 불과하다. 취업 허가를 받은 약 5만 명의 시리아인은 처음 도착한 이후부터 줄곧 일해온 불법 농장과 건축 현장에 그대로 남아 있다.

주로 에리트레아 출신인 난민들이 유럽으로 떠나는 것을 막으려는 의도로 3만 개의 일자리가 공업단지에 배정된 에티오피아에서도 그간의 상황은 비슷했다. 정책입안자들이 실시한 인터뷰에서 난민들은 다시금 하루에 1.25~1.60달러를 주는 제조업 일자리에 관심이 없음을 분명히 했다. 그런가 하면 공장 관리자들 또한 난민들을 그다지 고용하고 싶어 하지 않았고, 그보다는 18~25세의 기본 교육을 받은 미혼 여성들을 선호했다. 세계은행과 에티오피아 정부는 이제 3만 개의 일자리가 꼭 수출 제조업에 배정될 필요는 없다는 데 합의했다.[30]

「휴먼 플로」관련 글에서 아이웨이웨이는 국경을 넘으려 하는 사람들이 글로벌 노스의 번영에서 부당이득을 노리는 '경제 이민자들'이라는 공포에 관해 이야기했다. 이는 지구화가 곧 일부 국가 및 제도와 개인들이 취약하고 착취당한 이들의 직접적 희생을 발판으로 부를 축적하는 과정이라는 사실을 부인하는 주장이다. 아이웨이웨이는 이렇게 썼다. '많은 난민들이 처한 조건이 글로벌 자본주의 시스템에 내재된 탐욕의 직접적 결과임에도 지구화에서 부당이득을 얻은 (글로벌 노스는) 그 책임을 지기를 대놓고 거부한다.'[31]

더 부유한 국가들이 난민 위기의 재정적 부담을 요르단 및 에티오피아 같은 나라와 나눠지는 것도 물론 중요하지만, 신자유주의적 사고에 갇힌 채 불공평한 시스템과 열악한 일자리를 그저 재생산할 뿐인 해법들은 성공 가능성이 거의 없다. 사람들의 절박함을 이용해 최악의 거래를 억지로 받아들이게 만드는 것은 옳지 않고, 실제로 사람들이 받아들인다는 보장도 없다. 고든 교수의 말을 들어보자. "장기적으로 볼 때, 이주가 줄어들기를 바라는 선진국들은 이주민들을 어떻게든 재봉틀 앞에 앉히려고만 할 게 아니라 이주민들의 출신국에서 품위 있는 노동이 자리잡도록 지지해야 합니다." 현재 있는 곳에서 존엄성 있는 삶을 일굴 희망이 없으면 사람들은 계속해서 빠져나올 것이다.

아울러 이 같은 생산 증대가 실제로 난민들의 이주를 종식시킨다는 면에서 보면 오히려 비생산적인 것이 아닌가 하는 질문이 있다. 오늘날 우리의 경제체제는 과잉생산과 과잉소비에 의존한다. 그리하여 유행에 의존하는 수많은 단기적 물품이 엄청난 환경적 비용을 대가로 생산되고, 또한 폐기되고 있다. 이 체제는 환경 파괴를 불러왔고, 수백만 인구가 이미 기후 붕괴로 인해 고향과 생계를 잃는 상황에 처했다.

더 많은 공장, 더 많은 수출 지대와 쏟아져 나오는 더 많은 일회용 물품은 오로지 동일한 결과를 확대 재생산할 뿐이다. 환경 파괴, 그리고 그 결과로 사람들이 원치 않게 고향을 떠나는 것이다. 수출 지대와 공장이 어쩌면 글로벌 노스의 정부와 제도의 입장에서는 안성맞춤의 해법인지도 모르지만, 결과적으로는 그저 기존 문제들을 더 가중시키기만 할 가능성이 높다.

기후 붕괴는 종종 다음 세대의 위협으로, 글로벌 노스의 아이들에게 영향을 미칠 무언가로 제시된다. 이것은 이미 글로벌 사우스에 피해를 주고 있는 환경 파괴의 불평등하고 인종차별적인 본질을 무시하는 것이다. 기후 이주가 갈수록 심각한 전 지구적 문제가 되고 수백만 인구가 강제적이고 심각하게 파괴적인 이주 과정을 맞닥뜨리게 되면서, 사람들을 그들이 살고 싶은 곳에서 안전하게 살게 하는 문제는 그 어느 때보다도 중요해졌다.

농촌에서 도시로

전 지구적 난민 위기의 심각성과는 별도로, 인류 역사상 가장 대단위의 이주는 매년 한 나라의 국경 안에서 일어나고 있다.

중국의 춘절 연휴에는 40일의 기간 동안 24억 8,000만 건의 자동차 여행, 3억 9,000만 건의 기차 여행, 6,500만 건의 항공 여행과 4,600만 건의 선박 여행이 일어난다.[32] '봄의 대이주'는 광둥성 중부의 둥관 같은 도시를 텅 비게 만드는 연례행사다. 둥관에는 대략 100만 개의 공장이 있는데,[33] 거의 이주노동자로만 채워져 있다. 둥관 인구의 70퍼센트를 차지하는 이 모든 노동자는 춘절이 가까워지면 고향 집으로 향한다. 둥관은 '이주민 도시'에서 '유령도시'로 바뀐다.[34]

워싱턴 대학교 교수인 캄윙챈은 말한다. "연휴에 이 모든 중국 도시는 완전히 멈춰버립니다. 외식을 하고 싶거나 택시를 잡고 싶어도, 아무 것도 없어요." 캄윙챈 교수는 중국 내 이주 연구 전문가다. 대다수 국가가 자국 경제에 연료를 때기 위해 노동력을 수입하는 반면 중국은 국내 이주를 통해 그것이 가능하다.

관련된 수치는 충격적이다. 전 지구적으로 국제 이주는 2억 5,800만 건에 이르는데, 중국 국경 안에만 1,700만 명의 이주노동자가 거주하는 것으로 추정된다. 이것은 규모와 중요성 면에서 전례 없는 상황을 야기해왔다.

둥관은 1980년대 중반 이후로 줄곧 중국 제조업의 대들보였던 대형 지급시(중국의 2급 행정단위─옮긴이)이다. 2,500제곱킬로미터에 이르는 주강 삼각주에 흩어져 있는 소도시와 마을로[35] 이루어진 둥관의 주요 산물 중에는 신발이 있다. 특히 허우제진은 브랜드 신발 디자인과 제조에서 중요한 역할을 맡고 있다.[36] 둥관 내의 유명한 공장으로는 나이키와 팀버랜드에 납품하는 스텔라 인터내셔널 홀딩스가 있고, 세계 최대의 스포츠 신발 제조업체인 유원공업이 운영하는 공장들도 있는데, 2014년에 그곳에서 4만 명의 노동자가 파업에 돌입했다.

둥관은 2008년 세계적 금융위기 당시 제조업 제품의 수요가 하락하면서 큰 타격을 입었다. 그 후로 첨단 산업 지대의 위치를 되찾으려 애쓰고 있지만, 그 도시가 경제 붕괴로 인한 슬럼프를 끝내 진정으로 극복하지 못했다는 것이 중론이다. 한때는 수천 명의 노동자를 고용했던 둥관의 공장들이 이제는 텅 비었거나 한산하고, 사람들 대신 자동화 기계가 들어서 있다.[37]

중국 전역의 수십 개에 이르는 다른 거대도시처럼 둥관 역시 세계화로 인한 이주의 핵심 지역이다. 중국에서 도시 지역 거주 인구의 비중은 1990년 26퍼센트에서 2015년 말에는 56퍼센트로 훌쩍 뛰어올랐다.[38] 이 갑작스러운 도약을 이해하려면 중국공산당 정부가 유동 인구를 통제하고자 호적 제도를 처음 실시한 1958년으로 거슬러 올라가야 한다.

'후커우戶口 제도'는 중국의 모든 시민에게 신분과 거주지를 배정했다. 우선 시민들은 농촌에 사는 농업 종사자와 도시에 사는 농업 비종사자로 나뉘었다. 신분은 대부분 부모에게서 물려받기 때문에 유동성이 없었다. '후커우'의 거주지는 사람들이 주거와 의료 같은 혜택을 받을 수 있는 지역을 규정한다. 기본적으로 사람의 소속 지역을 규정하는 것이다.[39]

이 제도는 농촌으로 배정된 사람들이 도시로 이주하는 것을 거의 불가능하게 만들었다. 사람들이 농촌에 묶여 있다 보니 국내 이주는 최소한도로 유지되었다. 그러나 이 제도는 1979년에 대대적인 변화를 겪었다고 캄윙챈 교수는 설명한다. 전 세계에 제조업 제품을 공급하기 위해 세워지고 있던 공장의 일자리를 채우려면 저임금 노동력의 방대한 군단을 활용해야 했고, 그러려면 사람들이 여전히 농촌 지역 신분에 매인 채도시로 올 수 있도록 제도를 개편해야 했다는 것이다.

농촌에는 가난이 만연했으니, 수백만 농촌 인구는 그 변화를 반기며 자신들의 삶을 뿌리째 들어 일자리와 더 나은 삶을 찾아나섰다. 도시의 중심지는 팽창했고 끝도 없이 늘어선 노동자들은 중국에 '세계의 공장'이라는 별명을 얻어다주었다. 2013년 무렵에는 전 세계 신발의 62.9퍼센트가 중국에서 만들어지고 있었는데, 주로 버스와 기차를 타고 농촌에서 유입된 국내 이주민이 그 노동자였다.

시간이 지나면서 농업과 비농업 후커우의 구분은 어느 정도 약화되었다. 그러나 사람들이 삶의 기회와 자원에 접근할 가능성을 제한하는 후커우 거주지는 아직도 철벽처럼 굳건히 버티고 있다.[40]

중국 산업의 심장부에서 공장 노동자로 일하면서 시를 쓰던 쉬리지는 자신이 다니던 선전 시의 애플 하청 폭스콘 공장에서 그리 멀지 않은 건물 17층에서 뛰어내려 겨우 스물네 살의 나이에 생을 마감했다. 생전에는 메가시티(인구 1,000만 명 이상의 거대도시-옮긴이)에 살면서 조립 라인에서 일하는 삶의 가혹한 본모습을 「조립 라인의 테라코타 군대」, 「땅콩을 위한 부고」, 그리고 「나는 철로 된 달을 삼켰노라」 같은 시를 통해 표현하곤 했다. 「내 친구 파」라는 시는 한 이주노동자를 위해 쓰였다. 그 시에서 쉬리지는 공장 노동의 육체적 가혹함을 다음과 같이 묘사한다.

7년 전 그대는 홀로 왔네

선전의 이곳으로

잔뜩 부풀어, 믿음으로 가득한

그대를 맞이한 것은 얼음과 검은 밤,

임시 거주 허가와 임시 거처

(……)

잘못된 출발 이후 그대는 여기로 왔지

세계 최대의 장비 공장으로

밤새도록 서서

나사를 돌리고, 잔업을 하고

페인트칠에, 마감에, 광내기와 무두질

상자에 담고 포장하고 완제품을 밀어내고

하루에도 수천 번씩 허리를 숙이고 다시 펴고

집채만 한 상품을 작업장 위로 끌고 가고

병의 씨앗이 심어지는 걸 그대는 몰랐지

통증이 그대를 병원으로 끌고 갈 때까지[41]

쉬리지와 친구인 파에게 삶은 곧 생산과 착취의 끝없는 쳇바퀴가 되었고, 새 삶의 약속은 기계화된 육체적 노역과 끝없는 반복의 정신적 압박에 자리를 내주었다. 중국의 젊은 노동자 수백만 명이 동일한 운명을 맞이했다.

교육의 회색지대

자신의 후커우 거주지를 변경하려는 시골 출신 노동자는 타넘기가 거의 불가능한 관료주의의 장벽에 부딪힌다. 또한 후커우를 변경하면 고향에서 누릴 수 있는 혜택을 잃고 나이 들어 고향으로 돌아갈 수 없게 된다는 사실을 깨닫게 된다. 그 결과, 대다수의 이주민들은 대도시로 이주해 10~20년쯤 살다가 자신이 자란 소도시나 마을로 돌아갈 계획을 세운다.[42] 이런 방식으로 후커우 제도는 일시성을 중국의 수억 명에게 삶의 핵심 요소로 만들어왔다.

배정된 후커우 거주지 밖에 사는 사람들은 '떠도는 인구'라는 뜻에서 '유동 인구'라고 불리게 되었다. C. 신디 판 교수는 세계은행에 이렇게 보고했다. '이 개념은 후커우 거주지가 그 사람이 속한 곳이며 이주민이라도 후커우 거주지가 그대로인 한 이주는 공식적이거나 영구적인 것이 아니라는 생각에 기반을 둔다. 실제로 언제 이주했느냐와 상관없이 상주 지역이 후커우 거주지와 무관한 한 그 사람은 유동 인구에 속한다고 간주된다.'[43]

이 일시성이 내재된 유동 상태는 한 이주민 가정에 속한 모든 사람이 기본권을 보장받지 못한다는 뜻이다. 캄윙챈 교수의 말에 따르면 이는 또한 다음 세대에 막대한 인적 비용을 치르게 한다. 후커우 신분은 부모에 의해 결정되므로 이주민의 아이들은 도시에서 살고 있거나, 심지어 도시에서 태어났더라도 농촌민으로 분류된다.

이것은 특히 교육 측면에서 재앙과도 같은 결과를 낳았다. 후커우가 농촌으로 되어 있다는 것은 이주 아동들이 도시에서 공교육을 받을 권리가 없다는 뜻이고, 이는 이주 가족에게 엄청난 압박으로 작용한다. 2016년, 리우라는 성을 가진 남자가 딸을 베이징의 학교에 입학시키려고 몇 달간 노력한 끝에 결국 실패하자 너무나 격분하고 좌절한 나머지 정부 청사 앞에서 분신을 했다.[44]

공립학교가 부족하다 보니 붐비는 이주민 동네의 아이들은 공인되지 않은 사설 기관에서 교육을 받을 수밖에 없는데, 〈뉴욕 타임스〉는 이것을 '교육의 회색지대'라고 묘사한다. 정부로부터의 인가나 표준 교육과정이 존재하지 않으며, 이주민 교사들은 자신이 가르치는 학생들과 똑같이 위태로운 후커우 신분을 가지고 있다.[45]

이런 이주 아동들은 도시 인구를 제한하려 애쓰는 관료들의 표적이 되어왔다. 2017년, 베이징 시는 이주민 동네의 가정과 학교를 표적으로 삼아 공격적인 퇴출 운동을 펼쳤는데 〈뉴욕 타임스〉는 그 장면이 전쟁의 폐허를 연상시킨다고 전했다.[46] 관료들은 교육 같은 기본적 혜택을 박탈함으로써 이주민을 도시에서 몰아내고자 한다. 캄윙챈 교수는 단언한다. "수많은 적대적 정책과 수단이 집행되고 있습니다. 더 강하게 표현하자면, 기본적으로 이 모든 이주 아동을 도시로부터 '숙청했다'고 하겠습니다."

간신히 학교에 다닐 수 있었던 이주 아동들은 그들을 도시에서 몰아낼 목적인 또 다른 관료적 장벽을 맞닥뜨린다. 고등학교 졸업 시험인 '가오카오'는 학생의 후커우와 일치하는 지방에서 치러져야 한다. 따라서 누구든 가오카오에 응시하려면 먼저 고향의 교육에 익숙해지기 위해 고등학교 과정이 끝나갈 즈음 도시와 가족을 떠나야 한다.[47]

이 문제를 해결하기 위해, 2015년 중국 국무원은 2020년까지 농촌 주민들에게 영구적 도시 후커우 1억 개를 제공하겠다는 계획을 발표했다. 이는 엄청난 숫자이지만 전체적 개혁에 필요한 수치에는 한참 못 미친다. 외부인으로 규정되고 거기서 벗어나지 못하는 데 갈수록 분노하고 있는, 소속 없는 청소년들이 중국의 도시를 점점 가득 메우는 상황에서 후커우 제도가 불러온 중국 사회의 분리는 커져가는 사회 불안의 위험을 품고 있다.[48]

뒤에 남겨진

위태롭고 결핍된 이주민 동네에서 자라는 것 말고도 또 다른 아동 문제가 있으니, 중국 농촌의 '뒤에 남겨진 아이들'의 문제다. 필요 때문에, 또는 비자 문제와 거주 비용 때문에 전 세계 부모들의 1퍼센트는 아이들을 뒤에 남겨두고 일자리를 찾아 이주를 해야 했다. 그러나 결국 목적은 아이들도 데려와 가족이 다시 합치는 것이고, 실제로 그렇게 되기도 한다. 하지만 중국에서는 제도적·법적 장벽 때문에 거의 7,000만 명의 아동이 영영 뒤에 남겨져 있다.

캄윙챈 교수는 말한다. "전체 이주민 수를 살펴보면, 현재로서는 약 1억 7,000만 명입니다. 우리는 그에 딸린 아동이 1억 명쯤 될 거라고 추산합니다. 이 1억 명의 아동 중 도시에서 부모와 함께 살 수 있는 건 고작 3,500만 명으로, 전체의 3분의 1에 불과합니다. 나머지 6,600만 명은 시골에 남겨지죠."

이 6,600만 명이라는 숫자는 영국의 전체 인구와 맞먹는다. 이토록 막대한 수의 아동이 양친 모두, 또는 어느 한쪽과 떨어져 자라고 있다는 것이다. 이런 아동을 키우는 것은 조부모의 몫으로 돌아가지만, 기운 넘치는 걸음마쟁이나 갈수록 불만이 늘어가는 아이들을 다루기엔 역부족일 때가 많다.

사진작가인 런시첸은 이 '뒤에 남겨진 아이들'의 세대를 기록으로 남기는 데 3년을 바쳤다. 중국 경제성장의 정서적 비용에 조명을 비추려는 시도였다.[49] 런시첸이 찍은 사진에서 아이들은 부모에게 하고 싶은 말을 적은 교실 흑판 앞에 서 있다. '전 엄마 아빠가 보고 싶어요. 엄마 아빠는 일하러 갔어요. 3년 동안 엄마 아빠를 못 봤어요.' 중국에서 가장 가난한 지역으로 손꼽히는 간쑤성의 여덟 살짜리 아이가 쓴 글이다.[50]

캄윙챈 교수는 한 세대 전체가 파괴되고 있다며, 중국의 '뒤에 남겨진 아이들'의 처지를 강한 언사로 비판한다. 일시성과 이 방임의 위기는 비록 이주에서 의도치 않게 파생된 결과라 해도 엄연히 세계화의 산물이고, '메이드 인 차이나' 신발을 신거나 제품을 소유한 모든 이들과 관련되어 있다.

이주민 노동자들은 극도의 빈곤에 의해 도시로 내몰렸지만, 또한 소비재에 대한 탐욕스러운 전 지구적 욕망에 의해 도시로 이끌려가기도 했다. 이 불공평한 시스템의 직접적 결과로 그간 중국에서 산더미 같은 돈을 쓸어 담아온 다국적기업 하나하나가 모두 이 위기의 수혜자이다.

중국이 세계에서 가장 강력한 공장이 된 것은 농촌 출신의 노동자들, 자신들의 손으로 쌓아올린 그 도시에서 끝내 진정으로 환영받지 못한 노동자 군단 덕분이었다. 중국은 전 세계의 신발 열 켤레 중 여섯 켤레를 생산한다. 산더미 같은 운동화들, 브로그, 발레화, 하이힐과 부츠……이 모두가 6,600만 아동 및 그들을 그리워하는 부모의 가슴과 뇌리에 이제야 겨우 그 존재를 드러내기 시작한 막대한 비용을 대가로 만들어졌다.

발자국들

임시 난민 수용소에서 튀르키예의 지하 작업실에 이르기까지, 신발들은 지구화의 결과를 우리에게 들려준다. 자본주의로부터 환영받지 못한 수백만 인구를 우리 앞에 보여준다. 이처럼 난민 위기의 핵심은 단순히 난민들의 개인적 고통이 아니라 우리가 살고 있는 체제이다. 그 체제는 기본적인 생계를 확보하고자 악전고투하는 사람들보다 금전적 이득을 더 중시한다. 이 이야기는 우리에게 다음과 같은 질문을 던진다. 가난한 사람들, 추방당하거나 점령당한 사람들은 자신들의 공동체가 붕괴될 때 어떻게 존재하는가? 그저 사라져야 하는가?

어쩌면 우리의 신발을 집합적으로 살펴봄으로써 이런 수백만 인구의 지속적 존재를 받아들이고 환영하는 것이 우리가 공통으로 가진 인류애의 핵심 요소임을 깨닫는 것이 가능하지 않을까? 가이 테일러는 현재의 정치적 풍토에 비추어 이렇게 말한다. "우리는 길을 가다 곤란한 상황에 처한 사람을 보면 도와주죠. 저는 죽어가는 사람이나 끔찍한 가난 속에 살고 있는 사람을 보면, 실제로 그 사람들을 돕고 싶어지는 게 어떤 나라에서든 상식이 되어야 한다고 생각합니다. 사회가 우리가 그러지 않기를 장려한다는 것, 이주에 대한 통제를 지지하도록 부추긴다는 것은 우리 인간의 품위 있는 본성이, 돕고자 하는 타고난 심성이 강제로 지워지고 있다는 뜻입니다. 우리는 절박한 상황에 처한 사람들을 영혼과 심장이 없는 듯한 태도로 대하도록 장려됩니다."

지금도 수백만 인구가 이동하고 있으며, 지구가 받는 압박은 갈수록 커져가고 있다. 다음 장은 우리 중 누군가가 갖고 있을지도 모르는, 이 시스템이 이대로 지속되어도 견뎌낼 수 있다는 믿음을 산산이 깨뜨린다. 우리는 아이들이 바느질해 만든 소모품을 환영하면서 정작 그걸 바느질한 아이들은 가시철조망 뒤에 가둬두려고 한다. 그러나 그 결과로 국경 따위에 전혀 구애받지 않는 일들이 있다. 생명 훼손의 결과에서 우리를 지켜줄 수 있는 벽은 이 지구상에 존재하지 않는다. 그리고 이제 우리가 들여다봐야 하는 것은 기후 붕괴라는 불편한 이야기이다.

6
지옥과 맞바꾼 가죽

11월 아침의 가혹한 바람 속에서 마침내 메도 레인(잉글랜드 노팅엄의 축구 경기장 – 옮긴이) 위로 태양이 떠올랐다. 태양은 검게 한 줄로 선 나무들 위로 둥실 떠올라 밭들 사이의 오솔길을 밝히고 중앙분리대로 나눈 (고속)도로를 급히 달리는 차들에 반사되었다. 그리고 더욱 높이 떠올라 메도 레인에 도달했다. 도로 가의 일시정차구역에 일렬로 늘어선 대형 트럭과 역시 열을 지어 선 나무들을 따라간 태양은 이윽고 지역 축구 클럽 간판, 아일랜드 유랑민이 머무는 집들, 그리고 고속도로 나들목으로 이어지는 차선을 비추었다.

중앙분리대로 나눈 고속도로를 따라 거대한 트럭이 달려왔다. 흰색 차체에는 화물수송 표지가 양각되어 있고, 2층 트레일러는 검붉은색으로 도색되어 있다. 메도 레인으로 접어든 트럭은 아무런 간판도 없는 금속 보안문 앞에 가 섰다.

2층 컨테이너 안에서, 육체들이 서로 미끄러져 들이받고 추락하고 똥으로 뒤덮인 강철 바닥에서 허우적대는 소리가 들렸다. 긴 여정 내내

좁은 통풍구 틈새로 날카롭고 차가운 바람이 불었다. 트럭이 멈추자 눈동자들이 바깥을 엿보았다. 머리통들이 낮은 천장과 철봉들 틈새를 비집었다. 데굴거리는 젖은 눈동자들은 공포로 어찌나 휘둥그레한지, 억지로 잡아 벌려놓은 것처럼 보였다. 하얀 거품이 입가에 대롱대롱 매달리고 부드러운 수염이 돋은 코들이 공기를 찾아 헉헉대다 거친 콧김을 터뜨렸다.

빽빽 소리와 함께 금속 문이 당겨져 열렸다. 트럭은 앞으로 덜커덩하고는 대소변의 날카로운 악취를 순간 압도하는 배기가스를 폭발하듯 내뿜으며 쌩하니 시설로 진입했다. 차는 가장자리에 밀짚을 댄 가축우리들, 일렬로 주차된 트럭들, 그리고 피가 담긴 통들을 가려놓은 대형 백색 차양을 지나 뜰 안쪽 구석으로 안내되었다.

클립보드를 살펴보며 짧게 대화한 후, 운전기사는 녹색 단층 건물 입구를 향해 차를 후진시켰다. 트럭 뒤편이 열리고 경사로가 내려졌다. 기다림은 없었다. 경사로를 내려가는 발걸음은 도축 창고로 이어졌다. 금속 상자에 갇힌 채로, 태어나서 처음 오른 공포의 여행길 끝에 남은 것은 그저 몇 걸음이 전부였다.

그 끝에서 그들이 서로를 향해, 세계를 향해, 뭔가 녹색이거나 그리운 광경을 향해 외치는 소리를 들을 수 있었다. 금속 난간은 도망치고픈, 고향으로 돌아가 무리와 다시 어울리고픈 본능을 가로막았다. 하나하나 차례로, 그들은 막대기에 찔려가며 트럭에서 내려졌다. 부드럽고 살찐 육체들이 종말을 향해 몰아져갔다.

마침내 다가온 종말은 폭력적이고 부당하고 절망적이었다. 선택도 합의도 없었던 삶, 그 뒤를 따라온 죽음이었다.

소들은 흔히 가장 높은 가격을 제시하는 도축장이면 아무리 먼 곳까지라도 이송된다. 일단 도축장에 들어가면 머리에 전기충격기가 발사된다. 의식을 잃지 않아 전기충격을 다시 당하는 일이 없도록 즉시 기절시켜야 한다. 그 후에는 뒷다리를 사슬로 비끄러매고 거꾸로 뒤집은 채 들어올린다. 그다음엔 동맥을 따고, 피가 다 빠져나갈 때까지 방치한다.[1]

소는 극도로 예민하고 사회적인 동물이다. 복잡한 먹잇감 동물인 소는 신체 접촉이나 빠른 움직임 또는 시끄러운 소음에서 불안감을 느낄 수 있다. 그러면 몸을 움찔거리거나 괴로운 신음으로 불안감을 표현한다.[2] 인간과 똑같이, 소는 고통과 괴로움을 충분히 느낄 수 있다. 연구에 따르면 소는 고도의 스트레스나 공포 또는 상실을 느꼈을 경우 꽤 오래가는 정서적 고통을 겪는다고 한다.[3]

수백만 마리의 소가 뼈와 고기, 그리고 가죽을 목적으로 계속해서 도축된다. 이 과정에서 전 세계의 가축 산업은 자동차와 비행기, 기차와 배를 전부 한데 합친 것보다 많은 온실가스를 배출한다.[4]

소에게 반복해서 강제 임신을 시키는 집약적 농업은 신발 산업의 대들보나 다름없다. 가죽은 육류 산업의 부산물로 생산되는 것이 아니라 연산품co-product, 즉 고기와 동시에 생산되는 고가 상품이다. 가죽은 보통 동물의 시장가치의 5~10퍼센트를 차지한다.[5] 전체 가죽 제품의 거의 50퍼센트를 차지하는 신발[6]에 관해 이야기하면서 그 원자재인 가죽의 주인인 동물들을 이야기하지 않는 것은 현실에 대한 모욕일 것이다.

죽음의 조각들

"동물 입장에서는 고기 때문에 살해당하든, 가죽 때문에 살해당하든, 지방이나 뼈 때문에 살해당하든 별 차이가 없습니다. 이런 동물들이 살아 있고 의식이 있는 상태에서 칼에 찔려 속살을 드러낼 때 느끼는 공포와 고통, 그리고 불안은 매일 일어나는 일상입니다." 독일의 PETA(동물의 권리를 위해 활동하는 국제단체—옮긴이) 사무국에서 대외협력부장으로 일하는 프랑크 슈미트Frank Schmidt의 말이다.

프랑크는 말을 잇는다. "송아지 가죽을 얻기 위해 태어난 지 몇 개월이나 한 살밖에 안 된 송아지가 도축되기도 합니다. 송아지는 다른 암소나 수소와 동일한 도축장으로 보내지고, 눈앞에서 무슨 일이 벌어지는지 볼 수 있습니다. 노동자들이 건성으로 일하면 전기충격을 여러 차례 당하기도 합니다. 그래서 피를 빼내기 위해 멱을 딸 때 의식이 있을 수도 있죠."

패션과 신발 산업에서 도축장의 존재는 다들 언급을 피하는 화제다. 수백만 마리의 동물이 우리의 옷과 신발을 위해 목숨을 잃어야 한다는 사실은 당연한 듯 받아들여진다. 동물의 권리는 금기시되거나 입에 올리기 민망한 주제로 취급된다. 그럼에도 살해는 온 사방에, 바로 우리 눈앞에 존재한다.

알렉스 록우드Alex Lockwood 박사는 선더랜드 대학교의 매체와 문화 연구 대학원에 몸담고 있다. 어느 날 그는 기차에 앉아 북적대는 플랫폼으로 무리 지어 밀려드는 사람들을 구경하다가 문득 뭔가를 깨달았다. 지금 눈앞에 보이는 거의 모든 사람이 아침 출근 기차에 오를 무렵에는 어떤 식으로든 살해에 관여했다는 것이다.

많은 사람들이 아침 식사로 고기를 먹었거나 점심때 먹을 고기 샌드위치를 만들었다. 어떤 사람들은 실크 타이를 매거나 실크 속옷을 입고 있을지도 모른다. 또 어떤 사람들은 젤라틴 캡슐에 싸인 약이나 비타민제를 복용했을 수도 있다. 어쩌면 모피로 테를 두른 후드나 모자, 장갑을 착용했거나 오리털 재킷을 입은 사람들도 있을 것이다. 그다음으로는 가죽이 있다. 가죽 신발과 부츠, 가죽 가방, 가죽 재킷과 허리띠, 전자책과 다이어리, 휴대전화를 위한 가죽 케이스, 그리고 가죽 카시트와 소파. 이들은 모두 폭력적 죽음 없이는 존재할 수 없다. 기차 창문을 통해 록우드 박사는 온 사방에 널린 죽음의 파편을 명확히 보았다. 하지만 이는 하나의 관념으로, 그저 삶의 한 방식으로 받아들여질 뿐 누구도 그것을 인지하거나 거론하거나 도전하지 않았다.

영국 빅토리아 시대 사람들은 도축장을 도시 밖으로 몰아내어 눈에 보이지 않게 함으로써 머릿속에서도 지웠다. 그 후 일부 동물들, 주로 고양이와 개를 가까이 두고 싶은 욕구가 생겨났다. 그리고 나머지 모든 동물의 생사는 무시되었다. 그 무시의 정도는 소름이 끼칠 정도다.

그렇다면 대규모 학살을 토대로 쌓아올린 세계에 산다는 것은 무슨 뜻일까? 사회에 어떤 영향을 미칠까? 록우드 박사의 작업은 주로 그 육체에 대한 문화적·심리적·사회적 태도를 연구하는 것이다. 살해 현장을 시야 밖으로 옮기는 행위에는 인간들 자신도 육체를 가졌다는, 살이라는 원료로 만들어진 취약한 동물이라는 사실을 무시하려는 의도가 숨어 있다고 그는 믿는다. 우리가 옷을 입고 신발을 신는 데는 물론 환경적 이유도 있지만, 우리의 취약함과 맨살을 가려야 한다는 사회적 필요도 작용한다는 것이다.

록우드 박사는 이렇게 설명한다. "그 이유를 어느 정도는 빅토리아 시대의 민감성에서 찾을 수도 있습니다. 19세기로 거슬러 올라가 그 맥락을 찾자면, 당시는 다른 존재들의 죽음과 살해를 숨기는 것을 중심으로 문명화 과정이 강력하게 구축되었습니다. 그걸 보기에는, 또는 우리가 육체를 지닌 취약한 존재라는 사실을 성찰하기에는 우리가 기질적으로 충분히 강하지 못하다고 여겨졌습니다."

록우드 박사는 우리가 두려움 때문에 자신이 동물임을, 다른 동물종과 우리의 차이는 완전히 이질적인 것이 아니라 거리의 문제라는 사실을 인정하지 못한다고 주장한다. 찰스 다윈이 『인간의 유래The Descent of Man』에서 썼듯, 종류가 아니라 정도의 차이라는 것을 말이다. 이를 받아들이는 대신 우리는 매일매일 일어나는 타자의 살해에서 눈을 돌린다.

한편 작가이자 동물권 운동가로 미국에서 활동 중인 멜라니 조이 Melanie Joy 박사는 매년 수십억 마리의 농장 동물이 도축되는 것이 약자에 대한 강자의 제도적 지배에 바탕을 둔 폭력적 잔혹 행위라고 주장한다. 특권을 이용한 예속과 억압을 중심으로 사회가 구축된 것은 인간 역사의 많은 부분을 망가뜨렸다. 힘 있는 자들은 그동안 자기들보다 밑에 있다고 여기는 존재의 생사를 좌우하는 권력을 충격적인 수준으로 과시해왔다. 목축과 도축 역시 그 연장선상에 있다.

조이 박사는 이 이데올로기, 즉 인간이 동물을 죽이고 먹고 입을 권리를 가진다는 사회적 믿음을 '육식주의Carnism'라고 부른다. 육식주의는 인류가 종 위계의 정점에 있으며 다른 종을 지배할 권리가 있다는 믿음인 '종차별'과도 연관된다. 조이 박사는 이런 태도는 뿌리가 깊어 우리의 모든 제도에 그러한 편견이 배어 있다고 주장한다. 우리가 더 공정한 세상을 향해 나아가려면 동물을 노예로 삼고 죽일 권리가 인간에게 있다고 믿게 만드는 숨은 억압의 형태를 겉으로 드러내야 한다는 것이다. 간단히 말하자면 우리가 해야 할 일은 세계를, 그리고 인류와 동물의 권력 구조를 면밀히 검토하는 것이다. 다른 무언가를 보는 게 아니라 세상을 다르게 보아야 한다.[7]

육식주의에 따르면 우리 인류는 다른 동물의 권리와 자유를 부정할 권리를 가졌다고 믿게끔 되어 있다. 록우드 박사는 이렇게 말한다. "우리가 가죽이나 양모, 또는 실크 같은 동물성 원료로 뭔가를 한다는 건 기본적으로 이렇게 말하는 거나 다름없습니다. '우리는 너희를 지배한다. 우리는 너희의 가죽을 사용할 수 있다. 우리는 너희 사체의 산물을 원하는 대로 사용할 수 있다.'"

마음이 여린 사람이라면 이를 인정하기가 쉽지 않을 것이다. 록우드 박사는 이렇게 주장한다. "우리가 진정 자본주의에 종지부를 찍고 싶다면, 동물 노동 착취에 종지부를 찍어야 합니다. 자본주의는 동물의 육체와 노동을 착취하는 데 너무나 무겁게 의존하고 있어서, 그 부분이 무너지면 자본주의 역시 무너질 것입니다."

우리가 지금 살고 있는 시스템으로 인해 기후 재앙으로부터 문명을 구할 시간은 겨우 11년밖에 남지 않았다. 이 책에서 앞으로 살펴보겠지만, 이는 산업적 농경과 불가분하게 엮여 있다. 이 문제에 똑바로 맞서지 않고서 지구상에서 공정성과 지속 가능성을 달성하기란 불가능하다. 록우드 박사는 이렇게 말을 맺는다. "결국 '이 살해가 우리 사회에 미치는 결과는 무엇일까요?'라고 묻는다면 답은 음, 우리 사회의 종말이죠."

황소의 발굽 아래에

2018년, 아드리아나 샤로스는 새로 산 티셔츠를 입기가 겁이 났다. 셔츠에는 '#EleNão'라는 표어가 적혀 있는데, 포르투갈어로 '#그 남자는 아니야'라는 뜻이다. 그 남자란 브라질 대통령 후보인 자이르 보우소나루Jair Bolsonaro를 가리킨다. 아직 선거가 실시되기 전이지만, 이미 보우소나루가 당선된 듯한 분위기라 겁이 난다.

권위주의자에 극단적인 동성애혐오자, 인종차별주의자, 그리고 여성혐오자인 보우소나루는 환경 부서를 농업부 산하에 넣겠다는 공약을 내세우고 모든 시민에게 총기 소유를 허가해야 한다고 주장하며 선거 토론판을 지배하고 있었다. 아드리아나와 친구들은 대화 가능성이 아예 닫혀버린 느낌을 받았다. 시위가 끝나고 집까지 혼자 걸어가거나 좌파 표어가 적힌 티셔츠를 입고 있을 때면 위험하다고 느꼈다. 군이나 경찰뿐만이 아니라 길거리를 오가는 보통 사람들 중 누가 갑자기 공격해올지 알 수 없었다.

브라질 그린피스 소속으로 오랫동안 캠페인과 활동을 펼쳐온 아드리아나가 이토록 두려워하는 건 단지 성소수자 친구들과 어린 아들이 걱정되기 때문만은 아니다. 아마존 열대우림 전체와 그곳에 살고 있는 토착민들, 그리고 벌써부터 거의 1주일에 네 명꼴로 살해당하고 있는 환경운동가들 때문이기도 하다.[8] 보우소나루는 심지어 더 이상 비정부기구를 위한 지원금은 없을 거라면서 그린피스를 브라질에서 추방하겠다고까지 공언했다. 그리고 토착민 보호 구역과 '킬롬볼라스quilombolas'(자유의몸이 된 도망노예들의 후손이 정착한 보호 구역)를 폐지하겠다고 으름장을 놓았다.[9]

이윽고 실시된 선거에서 보우소나루는 55퍼센트의 득표율로 대통령에 당선되었다. 황소와 총탄, 그리고 성경을 성공적으로 결합한 결과였다. 거대 기업들, 총기 회사의 로비, 종교적 우파가 손을 잡았다.

최후의 변경

브라질 그린피스에서 아드리아나가 몸담고 있는 부서는 농기업이 갈수록 더 열대우림 깊숙이 밀고 들어가는 것을 막으려 애쓰고 있다. 고기와 가죽을 목적으로 하는 목축은 브라질의 거대 산업이고, 아마존 삼림 벌채의 가장 큰 원인이다.

2018년 브라질은 14억 4,300만 달러어치의 가죽을 수출했다. 면적으로 치자면 총 1억 8,170만 제곱미터에 이른다.[10] 비록 그 전해에 비하면 떨어진 수치이지만, 브라질은 여전히 세계 2위의 '완성된'(염색되고 코팅된) 가죽 수출국이다.[11]

이 가죽의 25퍼센트는 중국으로, 17.5퍼센트는 이탈리아로, 16.8퍼센트는 미국으로 수출되고 5퍼센트는 홍콩으로, 5퍼센트는 베트남으로 간다.[12] 브라질산 가죽은 공급 사슬의 모든 곳에 존재하며 열대우림을 먹어치우고 있다. 심지어 당선되기 전부터, 보우소나루의 선거운동 영향만

으로 아마존 삼림 벌채가 36퍼센트 증가하는 결과가 초래되었다.[13]

가죽과 달리 브라질에서 생산되는 육류의 80퍼센트는 자국 내에서 소비되는데, 많은 브라질인이 적색육을 사회생활의 필수적 일부로 여기기 때문이다. 또한 아드리아나의 설명에 따르면 이는 그간 폭력적인 토지 점유의 본질적 추진력으로 작용하기도 했다. '아 바지 다 파타 두 보이A base da pata do boi'. 아드리아나는 무려 1985년까지 지속된 군사 독재 시기에 지배계층이던 장군들이 즐겨 쓴 경구를 되풀이한다. '황소의 발굽 아래에'라는 뜻이다. 소를 이용해 숲을 목초지로 바꿔놓아라. 땅을 점령하고 돌려주지 마라.

언론인 수 브랜퍼드Sue Branford는 1971년에 이주의 흐름 및 소작농이 당하는 폭력적 토지 박탈을 주제로 박사학위 논문을 쓰기 위해 처음 브라질에 갔다. 그것은 격동의 첫 여행이었다. 수는 두 사람이 살해당하는 광경을 목격했고, 지도 교수에게 갈수록 절박한 편지를 보냈는데 그 편지들은 영국에 도착하기까지 5주나 걸렸다.

결국 수는 박사학위 취득을 포기하고 언론인으로 진로를 바꾸어 『최후의 변경 : 아마존의 토지를 둘러싼 전투The Last Frontier: Fighting Over Land in the Amazon』라는 책을 공저로 출간했다. 그리고 평생을 바쳐 브라질과 라틴아메리카에 대한 보도 활동을 하다가 2017년 브라질로 돌아가 1974년에 했던 여행의 발걸음을 되짚었다.

그 여행은 마투그로수 주에 있는 쿠이아바에서 시작되어 북쪽으로 시노프 시를 향했다. 1974년에는 그리로 가려면 숲을 벌목해 새로 만든 길로 5일을 가야 했다. 그 길에 일행은 길가에 살고 있는 소작농 가족들을 마주쳤다. 인디언들은 숲에 산다고 알려져 있었지만 눈에 띄지는 않았다.

1974년, 정부는 토지를 찾고 있던 남부 출신의 몇몇 가구를 시노프에 정착시키려 애쓰고 있었다. 고향으로부터 5,000킬로미터 가까이 떨어진 이곳에 다다른 가족들은 비와 무더위, 그리고 모기와 끝없는 숲과 맞서 싸워야 했다. 시노프 정착지는 1990년대 초에 이른바 '기적의 곡물'인 콩이 도착할 때까지 고난을 겪었다. 이제 그곳은 13만 5,000명이 살고 있는 신흥도시이며, 변경은 더 북쪽 숲으로 옮겨졌다.

"최초의 벌목꾼들이 이주해 단단하고 좋은 나무들을 벌목했지요. 그후 무척 최근에 시작된 과정이 있어요. 토지를 개간하고 소작농 가족들을 내쫓고 인디언을 몰아내는 폭력적 토지 약탈이죠. 개간된 토지는 그후 목장주에게 팔려요. 개간된 토지는 숲 지대보다 100배 더 높은 값에 팔리는데, 어렵고 위험한 작업은 이미 끝났기 때문이죠." 수의 설명이다.

농민들이 점차 나무를 완전히 밀어내면서 산지는 보통 목축지로 변한다. 콩 같은 곡식의 기계식 경작에 적합한 토지는 다시금 막대한 이윤을 남기고 매각되어, 종종 다국적기업의 수중에 들어간다. 토지가 새로 개간되면 벌목꾼들이 더 깊숙이 밀고 들어가고 숲은 지워진다.

수는 말을 잇는다. "우리는 온실효과를 낮추고 통제하려면 생활방식을 바꿔야 한다고 말하죠. 온실가스의 배출을 줄이는 가장 쉬운 방법은 단연코 숲 벌목을 중단하는 것이지만, 사람들은 그러지 않아요. 멈추기가 거의 불가능한 것 같아요. 왜냐하면 그게 자본주의거든요. 단기 이윤만 좇는 사냥. 우리 힘으로는 도저히 멈출 수 없는, 북쪽으로 움직이는 거대한 선박 같아요."

그 숲이 한때 얼마나 멀리까지 뻗어 있었는지를 기억하는 입장에서 그 변화를 목격하려니 너무나 비극적이라고 수는 말한다. 이제 하늘 위에서 아마존 강 동부 유역을 내려다보면 탐욕스럽게 뻗은 목장들이 보인다. 남아 있는 것은 녹색 섬처럼 점점이 찍혀 있는 토착민 보호 구역이 전부다. 그곳에서는 숲과 그 생물다양성을 지키기 위한 싸움이 지속적으로

벌어지고 있다.

브라질의 토착 인구로 등재된 민족의 수는 220개이고, 이들은 180개 이상의 서로 다른 언어를 사용한다. 이 40만 명의 인구는 총 1억 700만 헥타르의 제각각 흩어진 토착민 토지에 살고 있는데, 지금은 보우소나루 정부에 의한 폭력과, 그보다도 더욱 심각한 강제 이주의 위협에 처해 있다.[14]

마투그로수두술 주에 사는 과라니족은 농민과 농기업으로부터 폭력, 강간, 살해, 그리고 토지 약탈을 지속적으로 당해왔다. 과라니족은 보우소나루의 선거운동에 관련해 이렇게 말했다. "만약 토착민이 사라지면 모두의 삶이 위협받을 겁니다. 우리는 자연의 수호자이니까요. 숲이, 물이, 강이 없으면 삶도 없습니다. 브라질 사람들이 살아남을 방법은 없습니다. 518년 전, 우리는 저항했습니다.* 우리는 싸웠고, 승리도 패배도 겪었습니다. 우리의 토지는 우리의 어머니입니다."[15]

하늘의 강에서 눈앞의 세계 멸망으로

"생태학자들이 와 있어야 하는 가장 중요한 곳은 바로 여기 아마존입니다." 국립아마존연구소INPA 소속 필립 피언사이드Philip Fearnside 박사는 말한다. 브라질의 아마존 숲은 대략 서유럽 크기다. 피언사이드 박사가 40년 전 이곳에 온 이후로 프랑스 국토 전체에 맞먹는 면적이 개간되었다.

이처럼 어마어마한 일이 일어나고 있는데도 세계가 깜깜하다는 사실이 피언사이드 박사에게는 마치 악몽 같다. "사람들은 늘 이런 '회피' 심리를 가지고 있어요. 지금 일어나는 이런 일들을 되돌릴 수 있다고 생각하지만, 그럴 수 없는 것이 많아요. 생물학적 측면에서 말하자면, 열대 우림은 되돌릴 수 없죠."

---

* 과라니족을 식민 지배한 스페인과 포르투갈은 토지 약탈과 치명적 질병 및 대규모의 노예화를 가져왔다.

전 세계에서 파악된 생물종 중 최소 10퍼센트의 보금자리인 아마존 열대우림은 지구상에서 생물다양성이 가장 높은 장소로 손꼽힌다.[16] 거의 무한에 가까운 잠재력을 가지고 있으며, 과학자들은 아마존 강 유역 종자식물 중 그 의학적 효과가 제대로 연구된 것은 전체의 0.5퍼센트에도 미치지 못할 거라고 믿고 있다.[17]

아마존 강은 길이가 6,600킬로미터를 넘고, 바다로 들어가는 전 세계 강물 유입량의 최소 15~16퍼센트를 차지한다. 지류 및 줄기를 포함해 아마존 강에는 지구상의 그 어떤 곳보다도 많은 민물고기가 살고 있다.[18] 또한 나무가 땅으로부터 빨아올린 수십억 톤의 물을 가지고 열대우림은 거대한 '하늘의 강'을 만든다. 하늘로 방출된 그 물은 브라질과 라틴아메리카 전역에 자양분 가득한 수증기로 뿌려진다.

피언사이드 박사는 보우소나루가 대통령직에 앉는 것을 '임박한 세계 멸망'의 순간이라 말하고 있다. 아마존에도 그렇고, 기후 붕괴를 늦추려는 전 지구적 전투에도 전례 없는 해를 끼칠 수 있는 위기라는 것이다.[19]

숲은 기후 위기를 예방하는 핵심 수단 중 하나인데, 광합성 과정에서 탄소를 흡수하고 저장할 수 있는 능력 때문이다. 숲의 토양 또한 탄소를 흡수하는데, 흔히 숲 식물이 보유하는 양의 세 배에 이른다.[20] 하지만 숲은 대단히 뛰어난 탄소 포집 및 저장 시스템이라 역으로 막대한 탄소 배출의 원천이 될 수도 있다.

인간의 활동, 구체적으로 말해 삼림 벌채는 나무들과, 나무가 자라는 토양의 탄소 저장 능력을 바닥내고 있다. 아마존 강 유역이 유지하는 탄소 저장고는 숲 화재 때문에 방출되고 있는데, 기후 붕괴로 인해 토지가 더 뜨겁고 건조해지고 극단적 가뭄이 발생하면서 화재는 더 빈번해진다. 숲과 토양에서 배출되는 탄소는 기후 위기의 핵심 원인이다.

지구온난화는 일정 수준을 넘으면 통제가 불가능해질 것이다. 피언사이드 박사는 말한다. "이른바 폭주 온실효과라는 거죠. 지구는 더 더워지고, 화재는 더 잦아지고, 토양은 더 뜨거워지고, 배출은 증가하고, 그렇게 계속 가는 거죠. 눈덩이 효과. 우린 그걸 피해야 하고, 그러려면 아마존 강 유역이 대단히 중요해요. 탄소가 엄청 많거든요. 숲에도 그렇고 토양에도요."

이는 신발과 불가분하게 관련된 문제인데, 그 이유는 피언사이드 박사가 잘라 말하듯, 아마존 강 유역의 열대우림을 주로 밀어내는 것이 소이기 때문이다.

스테이크와 신발, 그리고 노예제

이 모든 붕괴가 고작 스테이크와 신발 때문이라고? "지구는 떨고 있습니다." 상파울루에 위치한 자신의 사무실에서 아드리아나는 그렇게 말하며 지난 몇 년간 일어난 기후 관련 재앙을 하나하나 꼽는다. 허리케인과 산불, 그리고 홍수. "기후도, 세상도 하나뿐이에요. 제2의 지구는 없어요."

브라질 그린피스는 브라질의 도축장 세 곳, 즉 JBS, 마르프리그, 그리고 미네르바가 조인한 2009년 아마존 소 협약Amazon Cattle Agreement에 공동 서명했다. 이 세 기업은 아마존 강 유역의 전체 소 도축량의 70퍼센트를 차지한다. 이들은 삼림 벌채나 인간 노예화, 보호지나 토착민 토지 침탈에 관여한 목장과는 거래하지 않겠다고 서약했다.

JBS 쿠로스는 식량 기업인 JBS의 자회사로 '세계 최대의 가죽 가공업체'를 자처한다. JBS 쿠로스는 자동차, 가구, 가죽 제품과 신발에 쓰일 가죽을 생산한다.[21] 2016년, 한 탐사보도 전문 비정부기구와 PETA가 손을 잡고 JBS의 공급업체를 조사한 결과 4개 주의 농장 48곳에서 심각하게 비인간적인 작업 조건이 드러났다. '헤포르테르 브라질'은 꼼짝 못하게 붙들린 채 달군 쇠로 얼굴에 낙인이 찍히고 상처에 구더기가 들끓는 송아지들, 얻어맞고 걷어차이고 항문에 전기충격을 당하며 도축장행 트럭에 밀어 넣어지는 암소들을 기록했다. 기사는 이렇게 결론지었다. 'JBS에 공급하는 목장들의 행태는 그 회사의 동물 복지 광고와 모순되고 농업부의 권고 사항에도 어긋난다.' JBS는 자신들은 '농장 내에서 이루어지는 관리에 대한 책임이 없다'면서 'JBS의 차량 운전자들과 제삼자들은 모두 동물 복지 교육을 이수하고 자격증을 취득했으며 회사 정책 관련 책임 서약서에 서명했다'고 주장했다.[22]

여기에는 1988년에 제정된 브라질 헌법에서 정부가 '동물에게 잔혹 행위를 하는 관행'을 금지해야 한다고 명시했음에도 농장 동물 복지에 관한 구체적 법률이 전혀 존재하지 않는 탓도 있다.[23]

마르프리그는 브라질 국내 2위의 식품 가공업체로, 전 세계 100개국에 상품을 공급 중이다. 2012년, 마투그로수 주 바타과수에 위치한 마르프리그 공장에서 발생한 독성가스 누출로 무두질 노동자 네 명이 사망하고 열여섯 명이 부상을 당했다. 환경경찰은 이 치명적 사고에 대한 책임을 물어 마르프리그에 벌금 100만 달러를 부과했다.[24]

미네르바 푸즈는 브라질에서 살아 있는 소를 수출하는 가장 큰 업체라는 불명예를 안고 있다.[25] 2018년 2월, 미네르바가 튀르키예 고객에게 할랄 도축용으로 판매한 2만 5,000마리의 소를 실은 거대한 가축 운송 선박이 브라질의 항구를 떠났다.[26] 동물 권리 단체들은 동물들이 비좁고 불결한 공간에 갇힌 채 16일간이나 배를 타고 가야 하는 것은 동물 학대나 다름없다고 주장하며 살아 있는 동물을 수출하는 관행과 줄곧 맞서 싸워왔다. 2015년, 이 '죽음의 배' 한 척이 4,900마리의 살아 있는 소를 실은 채 침몰했다. 배 안에서 그대로 익사한 4,400마리가 넘는 소들은 지역 해변에 휩쓸려 올라와 '모래밭을 까맣게 뒤덮은 사체'로 썩어갔다.[27]

인간 노예제도는 공식적으로 1888년에 폐지되었지만 브라질의 소

농장에서는 그 명맥을 이어가고 있다. 브라질의 노동부는 1995년에 이동조사팀을 꾸려 5만 명도 넘는, 노예나 다름없는 취급을 받고 있던 사람들을 구조했다. 그중 3분의 1은 목장에서 발견되었는데, 욕실도 부엌도 없이 소들과 같은 공간에서 생활하고 있었다. '국가의 공권력이 미치기 어렵고 착취가 더욱 폭력적으로 자행되는 아마존의 소 목장에서 브라질 사상 최악의 노동환경이 발각되었습니다.' '헤포르테르 브라질'의 대표 레오나르두 사카모투Leonardo Sakamoto는 로이터에 전했다.[28]

워크프리 재단이 2018년 발표한 세계노예지수에 따르면 브라질에서 아동을 포함한 36만 9,000명이 현대판 노예제 아래서 살아가고 있었다.[29]

2017년 8월, 그린피스는 농기업의 부패 추문, 그리고 인권과 숲에 대한 공격을 이유로 들어 아마존 소 협약 조인을 유보했다. '현재로서는 브라질에서 고기를 비롯한 소의 산물을 생산하는 그 어떤 회사도 생산 사슬이 삼림 벌목이나 인권 침해와 관련되지 않았다고 보증할 수 없습니다.' 브라질 그린피스는 밝혔다.[30]

어떤 과정을 거쳤을까?

아드리아나가 가장 좋아하는 좌우명이 있다. '세상에서 가장 좋은 것은 물건이 아니다.' 아드리아나는 파괴를 종식시킬 책임은 정부와 다국적 기업에 있으며, 개개인의 어깨에 변화의 짐을 지우고 싶지는 않다고 말한다. 하지만 동시에 소에 대한 제도적 수요를 종식시키기 위한 전 지구적 변화가 필요하고, 그 핵심은 개인과 병원이나 학교, 회사 같은 조직이다 함께 고기보다는 식물 위주의 식단으로 옮겨가는 것이라고 말한다.

아드리아나는 또한 사람들이 자기가 구매하는 물건과 감정적으로 연결되어야 한다고 주장한다. 신발의 경우 사람들은 신발이 어디서 왔는지, '내 발에 도착하기까지 어떤 과정을 거쳐야 했는지'를 생각해야 한다는 것이다. '숲속에 사는 사람이 런던에 속한 것과 마찬가지로' 런던 같은 도시에 사는 사람들이 '진정으로 자신이 숲에 속한 것처럼 느끼게' 만드는 변화가 필요하다.

아드리아나는 이렇게 말을 맺는다. "이런 관계는 정말이지 맺기 어렵죠. 세계화는 세계화인데, 결국 부가 아니라 파괴와 가난을 세계화하고 말았어요."

살가죽이 가죽이 될 때

파악된 종 가운데 유일하게 남의 가죽으로 자신을 꾸미는 습성을 가진 인류는 초기 석기시대, 대략 기원전 8000년부터 가죽 보존법을 연구하기 시작한 것으로 보인다. 처음에는 동물 가죽을 방수 처리하기 위해 지방을 이용한 듯하고, 그 후 고대 이집트와 메소포타미아에서는 식물과 나무껍질, 그리고 기름이 무두질에 쓰였다.

한편 지구상의 다른 곳에서는 그와 무척 다른 방법이 동원되었다. 오늘날 그린란드나 알래스카 원주민은 바다표범 가죽에서 털을 긁어낸 후 가죽을 두들기고 오줌에 담가 부드럽게 만든다. 주로 여성으로 구성된 이들 작업자는 그 후 가죽이 더욱 부드러워질 때까지 이로 질겅질겅 씹는다. 그다음으로는 지방과 생선 기름을 문지른다. 가죽 무두질에 사용되는 전통적 원료로는 뇌와 간, 그리고 소금과 모닥불 연기도 있다.[31]

〈인디언 컨트리 투데이〉의 부편집장인 빈센트 실링Vincent Schilling은 미국 원주민이자 채식주의자로서 자신의 시각을 담은 글을 써왔다. 실링은 엄청난 고통을 겪고 있는 공장 사육 동물에서 나오는 에너지에 대한 우려가 있어야 한다고 말한다. 자신은 절대 동물을 사냥하거나 해치지 않기로 결심했지만, '마음챙김을 하는 사냥에 관한 이야기를 많이 들어왔다. 전에 어떤 원주민 원로에게서 들은 적도 있고, 다른 곳에서도 비슷한 정서를 본 적이 있다. 이런 생각이다. 사냥을 할 때, 동물이 절대 나를 보지 못하게 하라. 그러지 않으면 내 가족에게 공포를 먹이게 될 것이다'.[32]

빈센트 실링은 이렇게 기술했다. '원주민이 사냥한 동물로 기념물을 만들 때, 그 과정에는 동물에 대한 마음챙김이 있었다. 존중이 있었다. 동물을 영예롭게 대우하고, 원주민의 전통 축제에 대한 그들의 기여에 감사했다. 한편 상점에서 구매되는 가죽 재킷은 다르다. 대부분의 경우 가죽은 소 도축장의 잔여물이고, 그 주인이었던 동물은 사람들을 위해 이용되기 전에 영예로운 대우를 받거나 적절한 보살핌을 받지 못했다.'

균형 잡히고 목가적이었던 공동체 시절에 비해 오늘날의 가죽 산업은 알아볼 수 없을 만큼 변했다. 유엔 산업개발기구에 따르면 가죽은 세계에서 가장 폭넓게 거래되는 상품에 속한다. 전 세계적 교역 가치는 추정컨대 연간 1,000억 달러에 이르고,[33] 2015년에는 전 세계적으로 약 2만 제곱킬로미터의 가죽이 생산되었다.[34] 그처럼 대규모로 생산되는데도 가죽은 사치품으로 판매된다. 또한 '천연'이라는 수식어가 붙는다. 하지만 소가죽이 소에게 붙어 있을 때야 천연이지만, 소에게서 분리된 후에 '천연' 제품이라는 말은 환상일 뿐이다.

살가죽을 가죽으로 바꾸려면 복잡하고 강도 높은 화학적 처리가 필요하다. 가죽을 만들려면 우선 소를 도축한 후 껍질을 벗겨야 한다.* 만약 가죽이 자연 상태로 방치된다면 썩고 부패할 것이다. 이를 방지하려면 무두질이 반드시 필요하다. 현대의 공장과 작업장에서 무두질은 3단계로 진행된다. 동물 살가죽 전처리, 무두질제 도포, 그리고 건조하고 광내는 공정을 포함하는 마감 처리다. 종종 다음 단계들이 포함된다. 풀 먹이기, 직조, 표백, 탄화처리, 그리고 염색.

---

* 성 바르톨로메오가 가죽 산업의 수호성자로 채택된 것은 이 과정 때문인데, 기독교 신앙을 지키기 위해 산 채로 살가죽이 벗겨졌기 때문이다.

가죽 무두질은 독성 폐수를 산업적인 규모로 생성하는 시스템이고, 그간 사상 최악으로 손꼽히는 몇 건의 오염 사고를 야기했다. 그 문제들은 그대로 글로벌 사우스로 수출되었다. 1990년대 독일의 한 기업가는 환경법에 따라 어쩔 수 없이 무두질 공장을 닫게 된 상황에 격분해 다음과 같이 말했다. "독일에서 인도로 오니(하천이나 호수 바닥에 쌓인 오염된 흙 – 옮긴이)를 수출하는 것은 범죄이지만 가죽을 인도로 수출해 그곳에서 무두질을 하느라 쓰레기를 생산하는 것은 자유로운 기업 활동이라는 거죠."[35]

인도와 방글라데시 같은 국가들도 환경법이 있지만 집행될 가능성이 상대적으로 더 낮다. 가죽은 매력적인 외화벌이 수단이라, 위험한 사업 관행을 무사통과시켜주려는 강력한 동기가 된다.[36] 무두질 용제 중에는 식물성인 것도 있지만, 전 세계에서 이루어지는 무두질의 80~90퍼센트는 특정 광물을 사용하는데, 바로 크롬(VI)이다. 가죽 무두질에 이용되는 주요 크롬 혼합물은 수산화크롬(III)인데, 그것은 크롬으로 산화할 위험이 있다. 크롬은 줄리아 로버츠가 주연한 할리우드 영화 「에린 브로코비치」를 통해 악명을 떨친 화학물질이다. 영화는 오염 유발 기업과 정면으로 맞서는 환경주의자 변호사의 실화를 다루었다.[37]

천 개의 정원

부리강가 강에는 검은 강물이 흐른다. 역겨운 광택을 발하는 물이 밝게 도색된 선체를 찰싹찰싹 때린다. 꽉 들어찬 페리는 목재를 가득 실은 배들을 스치며 이주하는 마을 사람들을 실어 나른다. 수상택시에는 사공이 걸터앉아 있고 아이들은 물속으로 뛰어들고 뛰쳐나온다. 넓은 강둑에는 19세기 무역상 대저택의 폐허가 썩어가고 있다.

마을의 농장 일꾼들이 페리에서 방글라데시의 선착장으로 기어오른다. 새로운 삶의 희망을 품고, 도시를 거미줄처럼 이은 수천 개의 공장에서 일자리를 찾으러 온 사람들이다. 의류를 꿰매는 일이든, 식품을 포장하는 일이든, 아니면 시멘트를 삽으로 푸는 일이든. 일부는 결국 담배 행상을 하거나 거리를 쓸거나, 아니면 다카의 유곽에서 몸을 팔게 될 것이다. 또 다른 사람들은 어쩌면 오염된 수로의 원천에 다다라 다카의 끝도 없이 많은 가죽 무두질 공장 중 어느 한 곳에서 일자리를 찾게 될지도 모른다.

하자리바그는 벵골어로 '천 개의 정원'을 뜻한다. 하자리바그의 무두질 구역은 수십 년간 하루에 2만 2,000세제곱리터의 독성 폐수를 쏟아냈다.[38] 크롬, 아황산가스, 포름산, 염화암모늄 같은 화학물질이 매년 10억 달러어치를 초과하는 수출품에 무두질을 하는 데 이용되었다. 하자리바그의 무두질 공장들은 부리강가 강의 모든 물고기를 죽였다. 그곳은 이제 세계 5위의 오염 지역이 되었다.

시에다 리즈와나 하산Syeda Rizwana Hasan은 방글라데시 환경변호사협회BELA의 최고 책임자이다. 방글라데시의 유일한 환경법 전문 비정부기구인 BELA는 기업계에선 그다지 인기가 없지만, 일반인들 사이에서는 인기가 매우 좋다. BELA에 대한 정부의 지지는 50 대 50으로 나뉘어 있다고 하산 씨는 말한다.

하산 씨는 약 350건의 환경정의 사건을 감독하고 있는 지극히 바쁜 몸으로, 끊임없이 여행을 해야 하는 처지이다. 하자리바그는 주택가라고는 하지만 녹색 지대를 거의 찾아볼 수 없고, 인구 과밀로 혼잡하며 오염으로 찌들어 있다. 하산 씨는 18만 5,000명의 주민을 두고 이렇게 말한다. "사람들은 말 그대로 독극물을 흡입하고 독극물을 마시고 있습니다. 후각이 사라지고 만성두통, 복통과 피부 문제가 있으며 식욕과 작업 능력도 떨어진다고 하소연하고 있습니다." 주민들은 또한 집이 썩고 부패하는 것을 발견했다. "무두질이 양철과 강철을 이렇게 만들 수 있다면,

인간의 폐에는 도대체 무슨 짓을 하겠습니까?"

하자리바그에서 일한다는 것은 50세가 되기 전에 사망할 확률이 90퍼센트라는 뜻이다.[39] 상황이 어찌나 심각했던지, 2015년 국경없는의사회는 하자리바그에 사람들의 질병을 진단하고 치유하기 위한 병원을 열었다. 전쟁 지대나 자연재해 지역이 아닌 곳에서 그렇게 한 건 처음이었다. 국제인권감시기구(휴먼라이츠워치)는 이렇게 보도했다. '크롬, 카드뮴, 납과 수은 같은 중금속과는 별도로 무두질 공장들은 복합화학물질을 배출하고 있습니다. 노동자들은 최소 8세부터 거의 하루 종일 연기를 들이마시고 피부로 흡수하며, 1년 내내 이런 환경에서 생활하고 있습니다. 개인 보호 장구는 제공되지 않습니다.'[40]

매년 얼마나 많은 무두질 노동자가 목숨을 잃거나 심각한 손상을 입는지에 대한 기록은 전혀 존재하지 않고, 방글라데시 무두질 노동자의 암 발병률에 대한 역학조사 역시 단 한 번도 시행되지 않았다.[41] 하지만 안전기준이 훨씬 높은 스웨덴과 이탈리아 같은 유럽 국가에서 그런 연구가 수행되었을 때는 무두질 노동과 암 사이에 유의미한 연결고리가 발견되었다.

무두질 산업의 저주

1990년대 이래로 줄곧 당국은 하자리바그의 무두질 구역을 폐쇄하거나 이전하는 이야기를 해왔다. 세계 5위의 오염 지역이 만들어지도록 내버려둔 방글라데시 정부는 결국 무두질 공장에 특수 건축된 새로운 시설로 이주하라는 명령을 내렸다.

가죽 산업단지는 다카 외곽의 산업 구역인 사바르에 위치한다. 의류 공장으로 빼곡한 사바르는 라나 플라자 공장 붕괴 지역으로 악명 높고, 그 외에도 수많은 치명적인 산업재해가 일어났다.

새로운 산업단지는 2005년에 문을 열 계획이었지만 여러 차례 지연되었고 13년 뒤에야 공식적으로 개장이 선포되었다.[42] 그 시설은 첫 구상 단계부터 줄곧 정부와 하자리바그 무두질 공장 소유주 간의 교착 상태를 초래했는데, 강력한 업계 거물들이 보상과 이전 비용을 내놓으라고 버텼기 때문이었다. 2017년 3월, 방글라데시 대법원은 155곳의 무두질 공장 중 112곳은 남겨두고 43곳에만 이전 명령을 내렸다.[43] 그리고 다음 달, 국제적 압박을 견디지 못한 정부는 하자리바그 무두질 공장의 전원을 끊었다. 하지만 2019년 1월까지도 여전히 무두질 공장은 이전되지 않았고, 하자리바그에서 가동되고 있다.

　　그렇다고 사바르로의 이전을 통해 정치적·환경적 문제가 해결된 것도 아니다. 새로운 산업단지의 설계에 방글라데시 최초의 중앙폐수처리장CETP이 포함되어 있었는데도 얼마 동안 수천 리터의 독성 화학물질이 부리강가 강에 방류되었다. 지금 그것은 가죽 산업단지와 나란히 흐르는 달레슈와리 강으로 흘러 들어간다.

　　2017~2019년, 대법원의 기록에 따르면 상황은 더욱 악화되었다. CETP는 제 기능을 다하지 못하며 하루 24시간 가동하지 않는 것으로 밝혀졌고, 계약자와 정부 부처가 충돌했다. 지역 쓰레기 매립지는 화학물질 폐기장으로 사용되었고, 그러는 동안 달레슈와리 강의 산소 농도는 급격히 떨어졌다.[44] 지역민들은 무두질 공장이 종종 야음을 틈타 강에 폐수를 버린다고 말한다.[45]

　　하산 씨는 그 상황을 참혹하다는 한마디로 딱 잘라 말한다. "하자리바그와 똑같이 나쁩니다." 하지만 그 문제를 해결하는 데 필요한 것은 대대적인 과학 혁신이나 엄청난 투자가 아니다. 방글라데시는 공학자나 돈이 부족하지 않고, 하산 씨는 이 문제가 18개월 안에 해결될 수 있다고 믿는다. 단, 그렇게 하려는 정치적 의지만 있다면 말이다. 그러나 처리되지 않은 폐수가 달레슈와리 강에 버려지고 있다. 이는 부리강가 강이 생물학적으로 죽었다고 선포되게 만든 것과 동일한 과정이다.

숨을 곳이 없다

의류, 가죽과 황마는 방글라데시의 수출품 목록에서 1~3위를 차지한다. 방글라데시 수출진흥청에 따르면 2014~2015년에 가죽 및 가죽 제품의 총 수출액은 11억 3,000만 달러였다.[46] 가죽은 방글라데시의 빈곤한 경제에 큰 역할을 하고 있어서, 정부는 2021년까지 이 액수를 50억 달러로 끌어올리기를 희망한다.[47] 이 역할 때문에 하자리바그는 환경 입법과 노동권의 측면에서 그동안 통제가 불가능했다. "우리는 하자리바그에 대해 아예 손을 놓고 있는 형편이에요. 무두질 공장 소유주들은 돈이 엄청 많고 정치적으로도 강력합니다." 2012년 환경부 과장인 마흐무드 하산 칸Mahmood Hasan Khan은 그렇게 진술했다.[48] 다른 한편으로 하자리바그의 주민들은 헌법에 명시된 오염과 학대로부터 보호받을 권리를 박탈당한 상태다.

국제 캠페인 단체들은 하자리바그의 무두질 공장에서 가죽을 공급받거나 그곳에서 제품을 위탁 생산하는 미국과 유럽의 브랜드에 정화와 더 이상의 환경 재앙 방지를 위한 비용 지출에 참여하라고 요구해왔다.[49]

하산 씨 역시 이런 요구에 동의한다. 그녀는 이렇게 말한다. "(브랜드는) 우리에게서 싸구려 가죽을 구매하지만, 사실 그건 싼 게 아니에요. 그 브랜드를 위해 가죽을 생산할 때 드는 환경비용을 생각해보면, 사실 방글라데시가 엄청난 대가를 치르고 있는 거죠. 방글라데시는 고객에게 싸구려 가죽을 제공하는 대가로 어마어마한 환경 파괴와 훼손을 겪고 있어요."

환경오염과 독성 화학물질은 하자리바그나 사바르처럼 먼 곳에만 머무는 문제가 아니다. 그곳에서 생산된 가죽은 결국 전 세계의 공장과 상점으로 수출된다. 유럽연합은 유럽 내에서 제조되거나 유럽으로 수입되는 제품에 엄격한 화학적 규제를 적용하지만, 위험한 제품을 일일이 적발하기란 불가능한 일이다.

유럽연합에는 CMR 화학물질(발암성, 돌연변이성, 그리고 생식독성물질)에 대한 노출을 막기 위한 규제들이 존재한다. 유럽연합은 2015년부터 크롬에 대한 제한을 두고 있다. 피부와 접촉하는 모든 가죽 제품의 크롬 농도는 킬로그램당 3밀리그램을 초과할 수 없다.

회원국들은 이 규제를 집행할 책임이 있고, 해로운 화학물질을 함유한 소비자 제품을 발견하면 신속경보시스템을 통해 보고해야 한다. 2015년 이후로 신속경보시스템에 접수된 크롬을 함유한 위험한 가죽 제품 판매에 대한 신고는 200건이 넘는데, 그중에는 위험할 정도로 크롬 수치가 높은 '아기용 첫걸음마 신발'도 있었다.[50]

메마른 땅에서 익사하다

1947년 영국에서 독립한 인도는 자국의 가죽 산업을 생가죽 제조업에서 이윤이 더 높은, 완성된 가죽 제품 수출업으로 끌어올리려 애썼다. 오늘날 인도 무두질 공장의 75퍼센트는 소형 업체이고, 대부분 계획 개발된 도시 내 수출 지대에 위치해 있다. 대략 90퍼센트가 타밀나두, 서벵골과 우타르프라데시에 있다.[51]

이윤을 증대시키려는 노력은 심각한 결과를 낳았다. 가죽 생산량이 크게 증가하면서 가죽 노동자들은 훨씬 긴 시간 동안 더 위험한 화학물질을 다루어야 했다. 이는 또한 달리트 계급이 운영하는 전통적인 시골 무두질 공장의 붕괴를 뜻했다.[52] '달리트Dalit'라는 단어는 산스크리트어 어원 '달dal'에서 오는데, '망가진, 고통받은, 짓밟힌, 또는 억눌린'이라는 뜻이다. 그들이 전통적으로 종사해온 직업이 극도로 불순하고 오염되었다는 인식이 박혀 있어서, 달리트 계급은 '불가촉'의 낙인을 달고 태어난 카스트제도의 최하층으로 취급받는다.[53]

비록 '불가촉'이라는 개념은 인도의 헌법에서 폐기되었지만, 달리트 계급은 종종 여전히 사회적으로 배제당하고 다른 누구도 원하지 않는 직업만 가질 수 있다. 전국달리트인권캠페인에서 실시한 연구에 따르면 공립학교의 38퍼센트에서 달리트 계급 아동은 여전히 식사할 때 따로 앉아야 했다. 조사 대상 지역의 최고 73퍼센트에서 달리트는 상위 계급의 가정에 들어가는 것이 금지되었다. 위 지역의 25퍼센트에서 달리트 계급은 다른 노동자들보다 더 낮은 임금을 받았으며 더 긴 노동시간과 임금 체불, 그리고 언어 및 신체적 학대를 겪었다.[54]

지저분하고 불쾌하며 동물 사체를 다루는 무두질 노동은 전통적으로 달리트 계급의 직업이었고, 또한 인도 내 무슬림 인구의 직업이었다. 무두질 공장이 산업화되고 도시화되면서 달리트 계급의 지위는 무두질 작업장 소유주에서 무두질 공장 노동자로 추락했는데, 수출 사업으로 격상하는 데 필요한 자원과 자본을 갖지 못한 탓이었다. 달리트 계급의 낮은 사회적 지위와 가죽 산업의 저임금은 열악한 노동조건과 최저임금보다도 낮은 임금이라는 기존 상황을 더한층 심화시켰다.[55] 뿐더러 달리트 계급과 무슬림은 과격파 힌두교인 소 보호 활동가들의 표적이 되어 폭행 및 살해를 당해왔다. 활동가들은 소들이 살해당하는 원인을 가죽 노동자들에게 돌리는데, 이는 그릇된 생각이다.[56] 인도의 각 주는 현재 자체적으로 소를 보호하기 위한 규제를 두고 있는데, 전체 29개 주 중 24개 주는 암소를 비롯한 소의 도축을 제한하거나 금지하는 몇몇 입법 형태를 두고 있다.[57] 구자라트에서 소를 죽이면 종신형을 받을 가능성이 있다.[58] 그런 극단적 조치의 결과로, 도축은 종종 무면허 도살장과 비공식 경제

영역에서 이루어진다. 게다가 인도의 소들 중 약 200만 마리는 매년 국경 너머 방글라데시로 밀수되어 그곳에서 도축된다.[59]

산업화된 무두질 노동은 방글라데시에서와 마찬가지로 인도에서도 믿을 수 없을 만큼 위험하다. 피부로 스며들고 폐로 호흡되고 눈에 튀는 고농도의 독성 화학물질을 어떠한 보호 장구도 없이 매일 접촉해야 한다. 고열, 결막염, 두통, 뼈와 근육의 통증, 천식, 습진, 피부병과 폐암은 일상다반사다. 사람들은 유독 물질로 인해 안에서부터 밖으로, 밖에서부터 안으로 차츰 썩어간다. 아무런 적절한 안전 훈련이나 장비도 없는 상황에서 독소가 내장과 생식계를 손상시킨다. 또한 인도의 무두질 공장에서는 여전히 아동노동이 흔해서, 무두질 조수로 고용된 아동은 무두질 통과 회전통 안으로 기어 들어가 그 안을 문질러 닦는 등의 작업을 맡고 있다.[60]

유달리 끔찍한 사건 하나를 꼽으라면, 타밀나두의 폐수처리장에서 폐수 탱크가 무너지면서 노동자 열 명이 독성 폐수에 익사한 것을 들 수 있다.[61] 2015년 1월 31일 새벽에 무너진 탱크에서 독성 폐수 600세제곱미터가 흘러넘쳐, 근처의 무두질 공장에서 잠들어 있던 열 명의 남자를 덮친 것이다.

폐수는 암모늄, 크롬과 황화수소 같은 유독하고 반응성 높은 용제를 함유했다. 한 공학자는 폐수에 함유된 화학물질이 유해가스를 생성해 탱크 벽에 압력을 가했다고 설명했다. 노동자들은 일거리를 찾아 무두질 지대로 이주해온 마을 사람들이었다. 사건에 관련된 한 보도에서는 폐수가 노동자 숙소의 벽에 3미터 높이까지 차올랐다고 하는데, 벽에 묻은 자국이 이틀 후까지 선명하게 남아 있을 정도였다.[62] 사건 관련 사진 중에는 일군의 건설노동자가 R. K. 리더스 무두질 공장에서 바닥에 깔린 비닐을 에워싸고 서 있는 모습을 찍은 것이 있다. 비닐 위에는 검게 변한 조그만 시신이 경직된 팔을 들어 얼굴을 가린 자세로 누워 있다.*

노동의 임시화, 간담을 서늘케 하는 노동조건과 최저임금은 인도의 가죽 가격을 끌어내리는 데 큰 역할을 한다. 이는 고객이 되고자 하는 국가와 브랜드가 길게 늘어서 있다는 뜻이다. 그들은 가죽에 제값을 지불할 마음이 없는데, 그동안 그 값을 토지와 동물들, 인간의 노동에 줄곧 미루어왔기 때문이다. 인도 가죽수출협회에 따르면 인도산 가죽 및 가죽 제품을 구매하는 주요 고객인 국가는 다음과 같다. 미국(14.66퍼센트)과 독일(11퍼센트), 영국(10퍼센트), 이탈리아(7퍼센트), 프랑스(5퍼센트), 아랍에미리트(5퍼센트), 스페인(4.6퍼센트), 홍콩(4.5퍼센트), 그리고 중국(3퍼센트).

비밀의 이탈리아

'프리미엄', '럭셔리', '깨끗한', '세계 최고의 무두질 공장에서 온'. 이들은 이탈리아 가죽 제품의 조달업자가 자기네 제품에 붙이길 좋아하는 수식어들 중 그저 일부에 불과하다. 2017년, 이탈리아는 가죽 40억 유로를 수출했다.[63] 이탈리아의 무두질 공장은 주로 3개 지역에 자리잡고 있다. 북동부에 있는 베네토 주의 아르지냐노, 중부에 위치한 토스카나 주의 피렌체와 피사 사이에 있는 산타크로체, 그리고 남부의 솔로프라다. 그 산업에 연료를 때는 것은 임시직으로 일하는 이주노동자이다. 세네갈 출신의 노동자들은 처음엔 산타크로체에서 일거리를 찾아, 이탈리아인들이 더는 맡으려 하지 않는 힘들고 지저분한 일을 선택했다.

세네갈 노동자들이 착취에 대항할 수 없음을 깨달은 무두질 공장 소유주들은 종종 긴 노동시간과 수당 없는 잔업을 강요하며 임시 계약 상

---

* 사망자 명단 : 풀베리아 마을 출신의 샤 자한 말리크·쿠투부딘 말리크·수쿠르 알리 말리크, 딩가푸르 마을 출신의 하비브 칸과 두 아들 알리 아크바르 칸과 알리 아스가르 칸, 아시아르 칸과 아그람 알리 칸 형제, 그리고 젊은 노동자인 피아르 칸, 타밀나두 출신으로 공장 보안요원이었던 K. G. 삼파스.

태를 유지했다. '체인지 유어 슈즈Change Your Shoes' 캠페인에서 실시한 조사 결과 정규직 노동자 중 비유럽 국적자는 겨우 16퍼센트에 불과하다는 사실이 밝혀졌다. 한편 임시직 노동자 중 비유럽 시민은 53퍼센트였다. 이탈리아의 외국인 노동자들은 흔히 무두질 공장 한 곳에서 10년 넘게 일하고도 끝내 정규직원이 되지 못한다. 그렇다고 다른 무두질 공장으로 직장을 옮길 수도 없는데, 한 공장의 '사유재산' 취급을 받기 때문이다.[64]

2004년, 세네갈 출신 노동자인 서른다섯 살의 시암 마마두 라미네가 통에서 배출된 뜨거운 황화수소 가스에 목숨을 잃었다. 지역 노조에 따르면 처리 시스템은 꺼져 있었고 시암은 마스크를 쓰고 있지 않았다.[65] 여러 건의 치명적 사고 외에도 1997~2014년 산타크로체에서는 산업 질병 493건이 기록되었다. 그중 가장 흔한 것은 근골격계 질병이고 그다음은 암이었는데, 가장 많이 영향을 받은 것은 비강과 방광이었다. 또한 가죽 무두질 공정에 쓰이는 화학물질에의 노출로 인한 피부병 발병률이 높았다.[66] 2009~2013년 산타크로체에서는 720건의 사고가 기록되었고, 그중 176건은 정도가 심각했다.

피를 흘리지 않는 신발

연간 242억 켤레가 생산되면서, 신발에 대한 집착은 우리의 미래를 위협하는 요소가 되었다. 신발이 지속 가능성을 얼마나 잃었는지를 가죽 산업보다 더 명확하게 보여주는 건 없다.

죽음과, 인간이 다른 종을 살해할 권리가 있다는 인류지상주의적 믿음에 입각한 가죽 산업은 그 심장부에 고통과 약탈을 안고 있다. 소들의 산업적 살해라는 일상화된 참상은 인류 전체의 자원 중 가장 귀중한 것으로 손꼽히는 아마존 강 유역의 파괴를 요구한다. 인권과 건강에 대한 철저한 무시와 노예제를 요구한다. 또한 어마어마한 양의 독성 화학물질을 우리의 삶을 떠받치는 물과 토지로 쏟아부을 것을 요구한다.

신발 소비를 권장하는 미사여구는 흔히 개인적 힘의 부여empowerment와 향유를 운운한다. 가죽 산업에서 이러한 향유와 힘의 부여는 대학살을 가려주는 가면 역할을 하고 있다. 하지만 우리는 이 파괴적 시스템에 가담하지 않을 수 있다. 동물과 행성을 파괴하는 것쯤은 하찮게 여기는 인간 우월주의 사상을 떨쳐버릴 수 있다.

이런 변화의 욕망을 느끼는 사람들에게 반가운 소식이 있으니, 가죽이 더는 신발의 유일한 선택지가 아니라는 것이다. 이제는 가죽처럼 폭력적인 수단으로 만들어지지 않는, 지속 가능한 신소재가 엄청나게 많다. 이런 신제품은 튼튼하고 독성이 없으며 기존의 가죽 대용품인 PVC나 폴리우레탄보다 지속 가능성이 더 높고, 일부는 토양으로 되돌아갈 수도 있다.

예컨대 버섯 가죽은 질기면서도 벨벳처럼 부드럽다. 가공되지 않은 상태에서는 황갈색이고, 마치 토성의 띠를 연상시키는 금색과 밤색의 광륜이 감돈다.[67] 파인애플 가죽은 파인애플을 수확하고 남은 부산물을 이용해 만들어지는데, 잎사귀에서 고무 성질을 제거해 펠트를 닮은 그물망 원단으로 만드는 것이다. 이는 지속 가능하며 기존 방식으로 파인애플을 수확할 때 이용된 것보다 토지, 물, 살충제나 비료를 더 필요로 하지 않는다.[68] 다른 식물 기반 대용품으로는 코르크, 콩, 사과, 종이, 포도, 그리고 심지어 찻잎 가죽('티더teather'라고 하는)도 있다.

파인애플 가죽을 이용하는 브랜드 중에 NAE 비건 슈즈가 있다. 공동 창립자인 폴라 페레즈Paula Pérez는 10년 전 식물 위주의 식단을 시작한 이후로 더는 가죽 관련 일에 손도 대고 싶지 않아졌다고 한다. 그리하여 이제는 독자 브랜드를 창립해 재활용된 에어백, 플라스틱 병과 타이어,

그리고 파인애플 잎과 코르크나무를 재료로 신발을 만든다.

가죽 제품 생산국으로 유명한 포르투갈에 본거지를 둔 브랜드치고는 조금 뜻밖의 선택처럼 보인다. 폴라는 설명한다. "회사를 설립하고 몇 년간은 꽤나 고생했어요. 당시엔 가죽 산업이 아주 전성기였고 공장들은 비건 소재를 다루는 데 익숙지 않았어요. 하지만 이제는 상황이 달라졌어요. 정보를 얻기가 훨씬 쉬워졌고, 사람들이 환경에 관심이 더 많아졌죠."

폴라는 삼림 벌채로부터 지구를 보호하고자 하는 마음에서 이제는 대나무와 코코넛 섬유로 신발을 만드는 실험 중이다. 폴라는 말한다. "동물들이 끔찍한 방식으로 죽든 말든, 인간이 노동조건 때문에 죽든 말든 (방글라데시의 라나 플라자에서처럼) 패션 산업에서는 오로지 이윤이 회사를 움직이는 힘이에요. 대기업들은 생산만 아웃소싱해온 게 아니라 옳은 일을 해야 할 책임까지 아웃소싱해왔어요."

책 뒷부분에서 보게 되겠지만, 신발 산업을 바꿔놓으려면 단순히 개인의 쇼핑 선택을 바꾸는 정도로는 어림도 없다. 하지만 만약 가죽을 포기하겠다는 결정을 내렸다면, 이미 가지고 있는 신발은 어떻게 처분해야 할까? PETA의 프랑크 슈미트는 이렇게 말한다. "그건 아주 개인적인 결정이에요. 만약 지속 가능성을 중시하는 사람이라면 그 신발들을 내다 버리는 건 권하지 않겠어요. 하지만 다른 동물의 가죽을 발에 신고 다니는 게 영 마음 편치 않다면, 그 신발이 필요한 사람들에게 기부하고 비건 신발을 사는 편이 더 나을 수도 있죠. 왜냐하면 패션은 사회적이고 문화적이라서 내가 뭘 걸쳤는지가 남들 눈에 보이니까요."

멸종의 시대

인간과 이 별에 사는 다른 존재들의 관계를 다시금 조화롭게 만들려고 열정을 바쳐 적극적으로 노력하는 사람이 수없이 많다. 토지와 멸종

위기종을 수호하는 토착민 집단과 환경보호 활동가들이 그 예이다. 오스트레일리아의 오지에서 거의 평생을 보내다시피 한 데보라 버드 로즈Deborah Bird Rose 교수는 원주민 교사와 원로들 및 역사가들과 손을 잡고 인류와 영영 사라질 위기에 처한 종들의 관계를 연구하고 있다.

이 지구상의 삶에서 죽음은 필수적인 부분이지만, 버드 로즈 교수는 우리가 사는 시대에 유독 잘못된 점이 있다고 지적한다. 어느 날 멸종을 목격하다 유달리 압도감을 느꼈을 때, 그녀는 삶과 죽음의 균형이 무자비하게 뒤집히고 있다고 썼다.

'뭔가가 일어나고 있다. 우리는 거기에 참여하고 있지만 그것을 제대로 보고 있지 못하다.' 로즈 교수는 우리 시대를 '이중 죽음의 시대'로 명명했다. 생태계가 다시는 다양성을 회복할 수 없을 정도로 너무나 많은 상실이 일어나는 순간. 회복력과 부활은 이제 사형선고를 받고, 진화는 추월당하고 만다. 그녀는 이중 죽음을 약탈자로, 까발려진 비밀이자 입을 쩍 벌린 상처로, 이 지구상의 생명에 필수적이었던 조밀함에 균열을 내는 무엇으로 본다. '우리가 그것을 파괴하기 위해 너무나 다양하게 애쓰고 있다는 사실은 지구상의 생물인 우리 존재 자체에 대한 모욕이다.'[69]

세상을 떠나기 전, 2018년 12월에 마지막으로 남긴 블로그 글에서 로즈 교수는 멸종 시대의 삶에 맞서는 하나의 해독제를 제시했다. 그녀는 우리가 지구 생물권과의 동류의식과 상리공생을 받아들여야 한다고 주장했다. '생명을 긍정하는 것은 인류에게 심오하게 윤리적인 선택이다. 살아 있는 세계를 뜨겁게 얼싸안고, 생명이라는 선물에 감사하고, 지구의 다른 생명과 연대하겠노라 맹세하고, 상호 관계의 복잡성을 수호하는 데 헌신하는 것이다.'[70]

우리는 서로에 대한, 동물에 대한, 그리고 이 지구에 대한 우리의 접근법을 재검토할 필요가 있다. 생물권이 쇼핑의 스릴, 쾌락, 이윤 따위를 제공하기 위해 존재한다는 그릇된 사고방식을 완전히 고쳐먹을 필요가 있다. 이쯤 되면 다들 명확히 알겠지만, 결정권을 쥔 사람들은 결정을 내릴 때 우리의 안녕이나 이 별의 안녕을 염두에 두고 있지 않다. 그러니 변화를 요구하는 것은 우리에게 달렸다.

이제 우리는 이 파괴의 핵심적 부분으로 움직일 것이다. 우리의 머릿속에 그다지 떠오르지 않지만 우리 모두가 사라진 후에도 남아 있을 순간으로. 모든 것이 폐기물이 되는 순간.

7
폐기물이 되다

지금으로부터 150년 전, 영국과 웨일스의 국경선에 기독교를 믿는 사람들이 실천해왔지만 교회에서는 이단으로 간주된 기묘한 전통이 있었다. 고해나 최후의 의식을 치르지 못하고 죽은 사람들은 천국에 들어가기 어렵다는 믿음에서 나온 관행인데, 그 해법은 죄를 먹는 자sin eater를 부르는 것이었다.

우선 빵 한 쪽을, 망자의 죄를 흡수한다는 의미로 죽은 사람의 가슴에 놓는다. 그리고 죄를 먹는 자가 와서 그 빵을 먹으면 그 죄는 먹은 사람에게로 옮겨간다.

죄를 먹는 자는 소외계층으로, 보통 빵과 몇 페니의 사례금에 굶주린 극빈층이었다. 이번 장에서는 전 지구적 규모의 죄를 먹는 풍습을 다룰 것이다. 문제를 떠넘기고 책임을 미루고, 우리가 해야 할 몫을 대신해이 세상의 조직적 죄악을 씻으려 하는 사람들과 그 노력에 관해 이야기할 것이다.

세계화가 만들어낸 시스템 아래서 모든 신발 생산 지역은 위기에 처해 있다. 공장들은 유독한 공기를 흡입하며 착취당하는 노동자로 가득하고, 수백만 마리의 소는 먹이 따이고, 고대 열대우림은 허허벌판으로 바뀌고, 지구의 물길은 산업 독성물질로 틀어막힌다. 이 아수라장에서 소비자들은 버는 돈보다 더 많은 돈을 쓰고 필요치 않은 것도 사라는 부추김을 받고, 그 소비자들에게 연간 242억 켤레의 신발이 떠넘겨진다.

하지만 그다음에는 무슨 일이 일어날까? 신발을 구매하면서 느낀 보잘것없는 전율도 가라앉고, 물집이 생겼다 낫고, 밑창이 완전히 닳아버리거나 하이힐이 신발장 안쪽 구석으로 유배를 간 후에는? 흔히 한때는 살아 있는 동물의 피부였던, 다양한 소재로 구성되고 손으로 만들어진 이 복잡한 물건, 신발들이 버려진 후에는 무슨 일이 일어날까? 생산 과정의 그 모든 고통이 모든 의미를 잃은 후에는 도대체 무슨 일이 일어날까?

한 신발의 수명주기에서 이 단계에 대한 연구는 극심한 재정 지원 부족 탓에 거의 이루어지지 않고 있다. 소비 후 폐기물은 브랜드들이 자신들이 생산한 것에 대해 어깨를 으쓱할 뿐, 책임을 회피하는 회색지대이다. 글로벌 사우스는 글로벌 노스의 쓰레기통으로 이용되고, 쇼핑객들은 눈을 감고 문제를 외면해버리는 지대.

활개치는 싸구려 신상품들

런던 북서부의 한 산업단지에는 대형 창고가 하나 있다. 상자가 잔뜩 쌓인 금속 선반이 천장까지 뻗어 있고, 색깔 코드로 구분된 자루가 높이 몇 미터는 될 법한 산을 이루고, 배송물로 가득 찬 카트가 끝도 없이 줄을 서 있다. 버려진 물품의 부피는 속이 뒤집힐 정도로 압도적이다. 버려진 옷과 신발로 가득한 끝도 없는 포대들. 이것들은 전 세계에서 생산되었지만 이제는 하자가 생겼거나 더는 몸에 맞지 않아서, 애정이 식어서, 또는

216

어떤 잡지가 이제는 유행이 지났다고 선고했다는 이유로 버려졌다. 이런 광경을 보노라면 소비주의에 '전원을 끄는 버튼'이 있었으면 하는 생각이 들 수밖에 없다.

영국 남부 전역의 운전자와 승합차가 이 난장판을 처리하기 위해 손을 잡았다. 의류 재활용 비정부기구인 트레이드TRAID를 위해 매주 50톤의 기증품을 운송한다. 기증품의 출처는 자선 상점, 가정, 그리고 재활용 직물 수거함이다. 창고 운영을 맡고 있는 호세 발라드론Jose Baladron은 스페인 출신으로, 이전에는 인디텍스('자라Zara'의 모회사)의 마케팅 부서에서 일했지만 그 후 편을 바꾸어 트레이드에 합류했다. 지금은 창고로 기증되는 물품량을 증대시키는 책임을 맡고 있다.

새로 도착한 물품은 열다섯 명으로 이루어진 분류팀이 담당한다. 운송 카트 한 대가 도착하면 무게를 측정한 후 무게와 수집된 지역, 그리고 수집한 운전자의 이름을 기록한 표식을 붙인다. 그 후 카트를 비우고 책이나 작은 장식품, DVD, 그리고 장난감 같은, 의류가 아닌 물품을 제거한다. 수집품 중에서는 가정에서 온 것을 최고로 친다. 헌옷 수거함 깊숙한 곳에서는 똥 기저귀부터 동물 사체까지 온갖 역겨운 것들이 튀어나와 운전자를 놀라게 만들곤 한다.

분류팀은 대부분 좁다란 금속 계단을 올라가야 하는 단상 위에서 일한다. 기증품이 컨베이어벨트를 타고 단상 위로 올라가면 모든 물품이 일일이 손으로 분류된다. 물품은 범주별로 나뉘는데, 자신이 담당할 범주를 배정받은 분류 담당자는 지나가는 벨트 위에서 해당 물품을 끌어내린다. 다들 비닐장갑을 끼고 있으며, 한두 명은 마스크로 코와 입을 가리고 있다. 첫 번째 범주는 '1급'으로, 재판매 시 값을 높이 쳐 받을 수 있는 프리미엄 의류이다. 그다음은 비교적 고가에 속하는 자라 같은 하이 스트리트 브랜드이고 마지막은 프라이마크, 뉴룩이나 부후 같은 값이 가장 싼 브랜드이다.

분류 감독을 맡은 로즈 응코어Rose Nkore는 사회가 버린 물건을 처리하는 데 20년의 세월을 바쳤다. 그러면서 옷과 신발의 품질이 점점 떨어지고 아직 상표가 붙은, 몸에 걸쳐보지도 않은 기증품이 갈수록 늘어나는 현상을 목격해왔다. 로즈는 말한다. "패스트패션은 곧 품질 저하를 뜻해요. 때로는 입기는커녕 건드리지도 않은 새 물품들도 있어요. 갈수록 더 낮은 품질이 홍수처럼 밀려들죠. 더 낮은 품질은 대체로 (할인) 판매로 가요."

트레이드 창고에 도착하는 옷과 신발 및 자잘한 물건은 거기에 도착하기까지 낮은 확률을 이겨낸 것들이다. 영국인들은 매년 수거함에 대략 35만 톤의 헌옷을 버리는데, 이 무게는 런던 버스 2만 9,000대분에 해당한다.[1] 폐품은 일단 수거함에 들어간 후 매립지나 소각장으로 향한다.

또 다른 난관은 갱 조직 관련 범죄가 심각해지고 있다는 것이다. 옷은행 강탈은 놀라울 만큼 이문이 남는 사업이다. 2018년 여름 기준으로 품질 좋은 헌옷 1톤의 추정 가격은 1,000~1,200파운드였다. 가장 심했던 몇몇 달에는 트레이드가 담당하는 헌옷 수거함에서만 한 주에 2~3톤씩 도난당했다고 한다.

슈퍼마켓 주차장에서 흔히 볼 수 있는 헌옷 수거함은 단단한 철제 상자인데, 갱 조직원이 어떻게 그 안에 들어갈까? 호세는 이렇게 설명한다. "때로는 어린아이들을 시켜서 기어 들어가게 합니다. 가끔 우리 차량의 운전자들이 수거함을 열면 아이가 뛰쳐나와 도망갈 때도 있죠. 아니면 자물쇠를 직접 따거나 전문가한테 돈을 주고 시키기도 하고요."

갱 조직은 1급 헌옷을 무더기로 찾아낼 꿈을 품고 헌옷 수거함을 털어 자기네 분류 시설로 가져간다. 2016년, 정기적으로 약탈당하는 헌옷 수거함에 위치추적기가 부착된 신발 한 켤레가 투입되었다. 그것은 먼저 에식스 주 대거넘에 있는 한 농장으로 운송되었다. 그리고 대거넘에서 1주일간 선적 컨테이너에 들어 있다가 동유럽을 가로질러 폴란드로 넘어간 후 크라쿠프의 어느 구제 상점에 도착했다.

호세는 공돈을 벌겠다고 자선물품을 도둑질하는 짓거리 자체에도 화가 나지만 그 과정에서 생겨나는 불필요한 오염 때문에도 심기가 불편하다. "정말이지 속이 뒤집힙니다. 창고에서 1.5킬로미터 떨어진 데서 팔릴 수 있었던 물품 하나를, 이산화탄소와 휘발유, 연료를 써가며 전 세계를 돌아다니게 만들었다는 게요. 만약 크라쿠프의 그 상점에서 팔리지 않으면 우간다나 세네갈까지 갈 수도 있겠죠. 그리고 거기서도 안 팔리면 결국 파키스탄까지 갈지도 모르고요."

트레이드는 헌옷 은행 강도질이 지금은 좀 더 심각하게 받아들여져서, 사설탐정업체와 경찰이 갱 조직을 추적해 잡아들이고 있다고 한다. 하지만 헌옷이 워낙 짭짤한 수입원이다 보니 그저 잡혀간 조직원들 대신 다른 조직원들이 나타날 뿐이다.

다시 창고 얘기를 하자면, 트레이드의 상점에서 판매하기 적합한 것은 컨베이어벨트에서 전부 말끔히 수거되어 치워졌다. 호세는 이렇게 말한다. "예전에는 우리가 수집한 전체 물량의 11퍼센트가 신발이었어요. 연간 270~280톤이었죠. 그런데 이제는 6퍼센트로 떨어졌어요. 산업 전반적으로 따져봐도 동일해요. 신발의 품질이 갈수록 떨어지다 보니 사람들은 그냥 쓰레기통에 버리고 말아요. 옷도 마찬가지예요. 패스트패션 때문에 죽어가고 있어요. 세 번 빨면 망가지죠. 너무 쉽게 갈아치울 수 있고 너무 싸요."

아울러 기부 물품에는 성별 차도 존재한다. 로즈는 말한다. "숙녀화는 엄청나게 들어오는데, 남자들은 신발을 기부하지 않아요. 제 생각엔 남자들은 애초에 신발을 많이 사지 않고, 수명이 끝날 때가 되어서야 기부하는 것 같아요. 그래서 남자 신발이 늘 부족하죠."

영국의 자선 상점에서 팔기엔 품질이 떨어진다고 판단되는 옷과 신발은 두 번째 벨트로 가게 된다. "우린 아무것도 폐기하고 싶지 않아요. 상점으로 가기엔 부적합한 물품은 두 번째 벨트로 가게 돼요. 그리고 등급을 분류하는 재활용업체로 향하죠." 호세의 말이다.

재활용업체는 퇴짜 맞은 기증품을 스타일과 기후 및 문화적 지속 가능성을 기준으로 분류한다. 분류가 끝난 물품은 보통 40~50킬로그램 단위로 묶음 포장된다. 이 묶음들은 동유럽, 아프리카, 그리고 아시아의 인도와 파키스탄으로 운송된다. 이 시장은 지정학에 따라 변동을 겪는다. 예컨대 우크라이나는 러시아와의 분쟁 때문에 시장이 붕괴하기 전까지는 중고 수출품의 주 목적지였다.

일단 도착한 옷이나 신발 묶음은 도매가로 창고에 팔리고, 거기서 지역 판매자에게 재판매된다. 지역 판매자는 보통 그 묶음을 5~10킬로그램 나가는 더 작은 묶음으로 나눈다. 이 묶음은 시장과 마을의 노점상에게 팔린다. 스와힐리어로는 그 묶음을 '미툼바mitumba'라고 부르는데, '보따리'라는 뜻이다.

각 보따리의 내용물은 복불복이다. 가끔 좋은 보따리를 차지한 시장 상인은 한 달 치의 월세와 식비를 해결하고 남을 만큼의 매상을 올리지만 늘 그렇지는 않다. 케냐의 일간지 〈데일리 네이션〉은 1주일에 세 번 상품을 매입하는 스물세 살의 나이로비 중고 신발 판매상의 말을 인용했다. "운이 좋은 주에는 제가 들인 돈을 전부 되찾고 그보다 더 벌어요. 몇 주 내내 5,000소말리아 실링(한화로 약 9,500원-옮긴이)도 못 버는 때도 있어요. 아예 한 푼도 못 건지기도 하고요."[2]

신발을 포함한 중고 의류 수출국을 순위대로 꼽아보면 전 세계 재고량의 19.5퍼센트를 수출하는 미국이 1위, 13.3퍼센트의 영국이 2위,

11.5퍼센트의 독일이 3위, 그리고 7.9퍼센트의 중국이 4위를 차지한다. 안타깝게도 신발은 별도로 분류되지 않고 중고 의류 통계에 포함된다.[3] 더는 필요 없어진 옷과 신발은 우간다 캄팔라의 오위노 시장 같은 곳으로 밀려든다. 오위노 시장은 아프리카 최대의 중고 의류 시장으로 손꼽힌다. 지역 사파리업체들이 시장 관광을 상품으로 출시했을 정도다.[4]

일각에서는 이처럼 중고 의류가 밀려든 데는 1960년대부터 1980년대까지 호황을 누렸던 동아프리카의 자체적 의류 및 신발 공장이 붕괴한 탓도 어느 정도 있다고 분석한다. 2016년, 동아프리카공동체EAC를 이끄는 우간다, 케냐, 탄자니아, 르완다, 부룬디와 남수단의 연합체가 대책을 마련하기로 결의했다. 그리고 2019년, 자체적인 제조 부문을 다시 일으킬 목적으로 헌옷 수입 금지를 공표했다.

이에 재활용 의류 수출업자들은 분노의 목소리를 높였고, 미국 정부는 EAC에 중고 의류 수입 금지 정책은 아프리카 성장기회법에 위배될 여지가 있다고 경고했다. 해당 법은 미국이 우대 혜택을 받는 대가로 EAC 회원국에 미국 시장에 대한 쉬운 접근권을 제공한다. 그러자 케냐를 포함한 국가들은 미국의 방직 및 의류 시장을 잃을까봐 겁을 먹고 보이콧으로부터 발을 뺐다. 한편 그동안 경제의 근간이었던 농업을 떠나 '메이드 인 르완다' 제품을 위한 산업기지를 구축하기로 작심한 르완다 정부는 케냐와 달리 미국산 중고 의류와 신발에 대한 관세를 크게 인상했고, 그 결과 아프리카 성장기회법에서 유예당했다.[5]

동아프리카의 공장에 걸림돌이 되는 것은 단순히 중고 의류 수입만이 아니다. 제조업 또한 아시아에서 물밀듯 쏟아져 나오는 싸구려 상품과의 경쟁에 맞닥뜨리고 있다. 중국은 이미 새 옷 12억 달러어치를 동아프리카에 수출했고, 전문가들은 중고 의류 수입 금지나 관세로 인해 시장에 조금쯤 공백이 생기더라도 중국이 그 틈새를 재빨리 채우게 될 거

라고 경고한다.[6]

짝 잃은 신발들의 짝짓기

트레이드 창고에서 이제 모든 물품은 품질에 따라 등급이 매겨지고 해당 상자에 들어간다. 호세는 커다란 비닐 포대 하나를 가리키며 말한다. "이런 말을 하려니까 가슴이 미어지지만, 이건 망가졌어요. 페인트가 묻는 바람에 너무 심하게 망가져서 아예 못 입게 된 옷이에요." 이런 물품은 400킬로그램들이 묶음으로 포장되어 파키스탄으로 곧장 보내진다. 그곳의 업체들은 트레이드에 헌옷을 매립지로 보내지 않고 카시트 충전재나 작업복으로 만들겠다고 약속했다. 호세가 말한다. "작년에 우린 수집품 2,500톤 중 150톤을 그리로 보냈어요. 그러니까 거기로 보내지는 분량은 아주 적은 편이죠."

이제 컨베이어벨트에는 마지막 임무 하나가 남았다. 분실된 신발 차례다. 분실된 신발은 판매 가능한 상태이지만 어떤 연유에서인지 짝 잃은 외기러기 신세가 된 외짝 신발이다. 기부하기 전에 양쪽 신발을 하나로 묶어달라고 널리 홍보하는데도 많은 신발이 수거 과정에서 짝을 놓친다. 트레이드에서는 외짝 신발이 상자에 놓인 채 컨베이어벨트에 올려져 자신들의 분류 차례가 올 때까지 기다리고 있다.

뒤엉킨 신발들은 벨트를 타고 플랫폼으로 올라간다. 분류자들의 날쌘 손이 신발 더미 위로 날아가, 신발을 색과 유형별로 끄집어내어 다시 짝을 찾아준다. 이번 회차는 운이 좋다. 모든 신발이 짝이 맞아서, 컨베이어벨트에 남은 건 외짝 다홍색 유아용 신발 하나가 전부다. 로즈가 말한다. "외짝 신발을 보면 가슴이 미어져요. 우린 사람들이 한 짝만 기부했을 리 없다는 걸 알아요. 하지만 그 과정에서 짝을 잃게 된 거죠. 그래서 결국 수많은 외짝 신발이 우리에게 도착해요."

창고 앞에는 울룩불룩 튀어나온 거대한 흰색 비닐 자루들이 놓여 있고, 자루 한쪽에는 마커로 '외짝 신발'이라고 쓰여 있다. 이 신발들은 발이 하나뿐인 사람들을 위한 아주 작은 시장을 제외하면 어디에도 판매할 곳이 없다. 이 흰색 자루들은 외짝 신발 처리를 부업으로 하는 회사에 의해 수거된다. 그리고 런던 북부의 버밍엄이나 하트포드셔로 간 후 동쪽으로, 아마도 폴란드나 파키스탄으로 향한다. 그곳에는 외짝 신발의 짝을 다시 맞춰주는 일을 전문으로 하는 창고들이 있다.

전 세계의 외짝 신발이 이 창고들로 몰려들고, 그 후 짝을 다시 찾아주기 위한 노력이 이루어진다. 신발은 유형, 색, 브랜드와 크기별로 배열된다. 새로운 묶음이 들어오면 신발들은 가능한 한 세심하게 짝이 맞춰진다. 때로는 정확한 짝이 발견되고, 그럭저럭 비슷한 반대쪽이 발견되기도 한다. 후자는 상당히 할인된 가격에 팔린다. 이는 신발이 가장 실용적인 본연의 역할을 되찾는 것이다. 신발의 주요 목적은 발을 보호하는 것이니, 양쪽이 꼭 똑같지 않아도 그 기능을 수행하는 데는 문제가 없다.

수리하고 싶지만

한 달에 한 번씩, 런던 동부의 세인트존스 교회 강당은 레이턴스톤 수리 카페로 변신한다. 벽에는 세로로 세 줄로 나뉜 커다란 종이 한 장이 걸리는데 첫 줄에는 신청자 이름, 두 번째 줄에는 가져온 물품, 그리고 세 번째 줄에는 결과가 적힌다. 보통 결과 칸에는 웃는 얼굴 표시가 그려진다. 두 번째 줄에는 이렇게 쓰여 있다. '서류 가방, 가장 아끼는 드레스, 휴대전화, DVD 플레이어, 샌드위치 메이커, 러그 재킷, 선풍기, 혈압 측정기.' 강당 앞에서는 자전거를 끌고 온 사람들이 뙤약볕 아래 일렬로 선 채 대형 천막 아래에 앉은 수리 기사를 만나려고 기다리는 중이다.

문 앞에 서서 사람들을 붐비는 강당으로 맞아들이는 사람은 윌섬 포레스트 시의회 소속 폐기 및 재활용 담당관인 올리버 피트Oliver Peat이다. 지난 10년간 월섬 포레스트는 영국 내 빈곤 자치구 순위 15위에서 35위로 내려갔다. 지역 인구는 대체로 파키스탄, 폴란드와 자메이카 출신 등으로 다양하다. 강당에서 케이크를 먹으며 인내심 있게 기다리는 사람들을 보면 그 사실을 확인할 수 있다.

고양이가 인쇄된 티셔츠를 입은 여성이 뭔가를 들고 들어오는데, 알고 보니 배터리로 작동하는 고양이 출입구다. 올리버는 죄송하지만 가전제품 수리 예약은 마감되었다며 양해를 구한다. 여성은 한숨을 푹 쉬더니 다음 달에 고장 난 냉장 겸 냉동고를 가져와도 되느냐고 묻는다. 고양이 출입구를 가져온 여자가 자리를 뜨자 올리버가 말한다. "폐기물 처리의 우선순위는 이렇습니다. 줄이고, 재사용하고, 재활용하고. 하지만 정말이지 우리는 좀 더 위쪽에 초점을 맞춰야 합니다. 수리요."

"수리가 더 바람직한 이유는, 재활용은 다른 방법이 남지 않았을 때 마지막으로 가는 선택지이기 때문이죠. 물건을 가능한 한 오래 살려둘 수 있으면 쓰레기통에 던져지는 걸 막을 수 있으니까요." 올리버는 수선 카페 같은 행사에 대한 관심이 갈수록 커진다고 말한다. 어느 정도는 돈을 아끼려는 마음에서일 것이다. "저희는 지역 주민들과 소통해왔는데 다들 그 점을 이해하는 것 같아요. 이런 생각인 거죠. '이걸 그냥 내다 버리고 싶지는 않아. 정이 들어서, 또는 돈을 아끼고 싶어서, 또는 환경에 뭔가 좋은 일을 하고 싶어서. 아니면 지난주까지만 해도 멀쩡히 작동했으니까, 뭔가 방법이 있을지 알아보고 싶어.'"

예약이 초과된 가전제품 수리팀을 이끄는 사람은 리스타트 프로젝트의 공동 창립자인 재닛 군터Janet Gunter이다. 수리팀은 물건들이 매립지행이 되지 않도록 무료로 가전제품을 수리해주고 수리 방법을 가르치는 데 열심인 사람들로 이루어져 있는데, 인원이 점점 늘어나고 있다.

재닛은 이렇게 설명한다. "뭔가 문제가 생겼다고 곧장 파쇄기나 매립지로 보내선 안 돼요. 뭐가 잘못되었는지 파악하고 해결책을 알아내려고 애는 써봐야죠. 이런 행사에서는, 심지어 뭔가가 수명이 끝나더라도 시도는 해봤잖아요. 노력은 해본 거죠."

재닛은 탁자 위에 놓인, 분해되어 전선이 늘어진 온풍기를 향해 몸짓을 한다. 소비재를 수리하는 과정에서 부딪혀야 하는 장벽에 꽤나 기가 죽은 표정이다. 탁자 위에 놓인 물건 중 다수는 분해를 염두에 두지 않고 설계된 가전제품이다. 이들은 안전 나사와 접착제로 단단히 접합되어 있다.

그다음 장애물은 핵심 정보를 밝히지 않는 제조사이다. 재닛의 팀은 그간 그 어떤 제품에 대해서도 서비스 매뉴얼을 받지 못했다. 제아무리 고가 제품이라도 정보가 부족하면 수리하기가 정말 힘들다. 아마추어든 프로든 마찬가지다. 상황이 이렇다 보니 재닛과 수리팀은 회로기판의 어떤 부품을 교체해야 하는지를 알아내는 데만도 몇 시간씩 투자해야 한다. 재닛은 이렇게 말한다. "때로는 설계 때문에, 때로는 제조사가 거기서 비용을 절감하기 때문에 여기 있는 물건 중 다수는 엄청 싸구려예요. 쓰고 버리라고 만든 거죠."

다른 모든 사람과 똑같은 물을 마시고 똑같은 공기를 호흡해야 하는데, 선도적인 제조업체들은 도대체 무슨 생각으로 그런 무책임한 관행을 확립한 걸까? 재닛은 말한다. "이윤…… 주주자본주의 때문이죠. 많은 회사가 분기별로 쳇바퀴 위를 달리는 처지라, 주주들에게 이윤을 배당하는 것처럼 보여야 하거든요."

산업디자이너로서는 3년을 바쳐 만든 제품이 생태적으로 책임감 있는 제품이길 원할지도 모른다. 그렇다 해도 늘 '더 작고, 더 반짝거리고, 더 섹시한' 제품을 원하는 마케팅 부서와, 단지 더 싼 물건을 원하는 생산

관리직의 압박을 피할 수 없다. 그렇다면 어떻게 해서 수리를 더 수월하게 할 수 있을까? 재닛은 말한다. "수리를 가로막는 장벽이 줄어들었으면 좋겠어요. 그러려면 문서에 접근할 수 있어야 하고, 여분의 부품을 구할 수 있어야 하고, 접착제 같은 최악의 디자인 결정은 법으로 금지해야 해요. 소형 가전제품에는 갈수록 접착제가 더 많이 쓰이고 있어요."

2007년, 프랑스는 의류와 방직 및 제화업체가 제품 수명 종료 후 관리에 책임을 지도록 하는 생산자책임재활용ERP 제도를 도입했다. 그런 제도의 목적은 제조사에 공적 책임을 부과하면서 환경친화적인 디자인을 독려하려는 것이다. ERP 제도 덕분에 프랑스에서는 2011~2016년에 중고 TCF 수집품 물량이 세 배로 증가했고 전체 수집품의 90퍼센트가 재사용되거나 재활용되었다.[7] 한편 영국에서는 상황이 시급함에도 불구하고 폐기물 처리 시스템을 점검하고 생산자 책임 제도와 재활용 보증금 제도를 확장 및 강행하려는 노력이 아직 실효를 거두지 못하고 협의 단계에 머물러 있다.

레이턴스톤 수리 카페에서 의류는 수선되고 있지만 신발은 전혀 찾아볼 수 없고, 지역 기반 신발 수선 공방에 관한 소식도 전혀 없다. 현재로서는 신발 수선이 개인 사업의 수준을 넘어서지 못했다.

수선의 역설

1950년대 말 키프로스의 작은 마을에서, 코스타스 크세노폰토스의 할아버지는 아들을 불러 앉혀놓고 어떤 분야의 일을 배우고 싶으냐고 물었다. 제대로 된 신발을 한 번도 신어보지 못한 코스타스의 아버지는 제화공이 되고 싶다고 대답했다. 그리고 정식으로 일을 배우고 돈을 벌어 고향으로 돌아올 꿈을 품고 영국으로 떠나는 배에 올랐다.

하지만 코스타스의 아버지는 1963년 클래식 슈 리페어스를 세우고 아들들을 좋은 학교에 보냈고, 고향 키프로스로는 끝내 돌아가지 않았다. 비록 시작은 고되었지만, 클래식 구두 수선소는 이제 명품 구두 브랜드인 지미 추의 공식 수선업체다. 잠가놓은 찬장에는 이음새 없는 수선에 쓰이는 지미 추 자체 브랜드의 가죽이 놓여 있다. 켄티시 타운점은 심지어 다이애나 왕세자비의 가방도 수선한 적이 있다.

고객들은 마치 개인 스파에 온 듯한 대우를 받는다. 커다랗고 환한 로비의 한쪽 벽에는 작은 나무 서랍 수백 개가 들어차 있고, 각각의 서랍 속에는 수거를 기다리는 구두가 들어 있다. 번쩍거리는 접수 데스크 뒤편의 계단으로 한 층 내려가면 천장이 낮고 널따란 작업장이 나온다.

작업장의 라디오에서는 스포츠 뉴스가 흘러나오고, 에어컨이 공기를 쾌적하게 유지시켜준다. 각 선반마다 구두 상자와 연장, 그리고 가죽 표본이 꽉꽉 들어차 있다. 지퍼, 실, 접착제, 페인트, 뒷굽과 못이 든 용기들이 눈에 띈다. 클래식 슈 리페어스의 직원은 24명이다. 코스타스는 말한다. "우리가 아직 어렸을 때 여기 있던 구두 수선 기술자는 모두 그리스인이었습니다. 만약 제 결혼식에 오셨다면 그리스 구두 수선 기술자 모임인 줄 알았을 겁니다. 우리 아버지는 업계에 종사하는 사람을 전부 알고 있었거든요." 그런 상황이 지금은 극적으로 달라졌다. 몇 년 전, 코스타스의 형제가 전 직원에게 각자 모국어로 아침 인사를 말해보라고 하자 대략 12개 언어로 된 인사말이 울려 퍼졌다.

통로를 걸어가던 코스타스가 남성용 가죽 구두 한 켤레를 들어올리며 이렇게 말한다. "이건 커다란 구멍이 뻥 뚫려서 밑창을 갈았습니다. 갑피 상태는 좋고, 번쩍거리게 광을 낼 겁니다. 이걸 찾아간 고객은 앞으로 두 배는 더 오래 신을 수 있을 겁니다." 코스타스는 설포(신발 끈을 맸을 때 발등을 보호하는 역할을 하는 부분 – 옮긴이)를 잡고 구두를 들어올려 안쪽의 얇아지고 변색된 부분을 가리킨다. "어떤 사람들은 신발을 안쪽부터 닳게 신죠.

색이 변한 게 보이나요? 이 고객은 발에 열이 많아서 안창을 갈아야 합니다."

안쪽으로 더 들어가보면 굽을 새로 가는 작업만 하는 곳이 보인다. 힐 끝이 없어지거나 긁힌 경우도 있고, 심지어 배수구 덮개나 자갈길에 뒷굽이 부러진 경우도 있다. 상자를 들여다보니 여러 조각으로 해진, 손 써볼 만한 가망이 지극히 희박해 보이는 검은색 스웨이드 발렌티노 하이힐이 들어 있다.

이 분야에서 일하는 욘은 인도네시아 출신의 젊은 남성이다. 2005년부터 구두를 수선하기 시작했고, 이 작업장에 온 지는 5년째다. 그렇게 낡은 구두를 굳이 수선하러 가져오는 이유가 뭐라고 생각하느냐는 질문에 욘은 이렇게 대답한다. "이런 스타일은 이제 상점에서 팔지 않거든요. 이런 스타일이 좋다면 수선을 받는 수밖에 없죠. 아니면 이미 발에 익어서 그럴 수도 있고요. 가죽 구두는 발에 맞게 길을 들여야 하니까요. 새 신발을 사면 물집이 생길 수도 있고요."

사람들이 신발에 대해 갖는 감정적 애착에 관해 욘은 다음과 같이 단순하게 말한다. "첫째는 감상이고, 둘째는 편안함이죠. 무척 개인적인 거예요. 사랑하는 대상에게는 돈이 얼마가 들어도 아깝지 않죠. 할머니한테서 물려받은 것일 수도 있고, 결혼식 때 신은 것일 수도 있고. 거기에 어떻게 가치를 매기겠어요."

가장 좋아하는 신발을 되살려달라는 손님들의 간청에 수십 년간 응답해온 코스타스는 그 의견에 동의한다. "온갖 이유가 있죠. 어머니에게서 물려받은 기성품 구두나 낡은 웨딩슈즈도 있고, 아니면 운명의 상대에게 처음 입 맞추었을 때 신고 있던 신발일 수도 있고, 사람들은 저마다 별난 구석이 있으니까요. 물리적이기보다는 정신적이죠. 우리가 뭐라고 토를 달겠어요."

이번 손님은 결국 새것처럼 멀쩡한 발렌티노 하이힐을 가져가겠지만 모두가 자기 신발을 되살리겠다는 의지가 그렇게 굳건하지는 않고, 코스타스에게 오는 신발 중 다수는 수선이 불가능하다. 코스타스의 말에 따르면, 이는 많은 신발이 애초에 전혀 수선을 염두에 두지 않고 만들어졌기 때문이다. 특히 캐주얼한 의상이 보편화되면서 인기를 얻은 운동화는 밑창이 통으로 성형되고 접착제로 붙여져 있어 수선하거나 교체하기가 힘들다. 지하실의 수선팀은 실제로 운동화 수선을 접수하고 때로는 성공을 거두기도 한다. 하지만 수선비가 일반적인 신품 운동화 가격보다 더 비싼 경우가 드물지 않아서, 수선하는 것은 대체로 명품 브랜드다.

코스타스는 말한다. "터놓고 말해, 특히 지난 몇 년간 우리 사회는 패션에 관한 한 쓰고 버리는 사회가 되었다고 봐야 해요. 운동화가 처음 유행을 탄 1980년대에는 심지어 노인들도 운동화를 신고 뛰어다녔는데, 사람들은 쉽게쉽게 신던 걸 버리고 새 신발을 사곤 했지요."

제화업체들이 딱히 수선을 선호하지도 않는다. 일방향식 공장 제조 라인은 신발을 분해해 다시 제작하기 위해 설계되지 않았다. 공장에서 신발을 수선하는 것은 비록 이론상으로는 가능하지만, 만약 실제로 수선하기 시작한다면 그건 생산 라인에 스패너를 던지는 행위일 것이다.

역설적인 상황이다. 코스타스는 자신의 사업이 제조업체들이 마땅히 해야 할 일을 하지 않는 데 기대고 있음을 알고 있다. 수선이 불가능한 신발이 점점 더 늘어나는 게 보이지만, 만약 실제로 업계 표준이 개선된다면 자신의 사업이 어떻게 될지는 모를 노릇이다. 코스타스가 바라는 건 더 많은 대학 졸업자가 숙련 수선업계에 들어오는 것이다. "런던 패션스쿨 같은 데 가는 젊은이들은 디자이너나 제조업자가 되고 싶어 하지, 서비스 분야에 들어오고 싶어 하는 경우는 많지 않습니다." 이처럼 영국 내 노동력 부족, 그리고 다문화 직원들에게 브렉시트 이후 어떤 미래가

기다리고 있을지가 코스타스의 주된 근심거리다.

　사람들이 신는 신발은 극심한 공격을 당한다. 가끔 '투자'라고 불리기도 하지만, 다른 어떤 투자도 신발처럼 그렇게 심한 대우를 받지는 않는다. 코스타스는 말한다. "우리가 몸에 걸치는 모든 것, 블라우스와 청바지, 그리고 신발을 통틀어 가장 심하게 해지는 건 신발일 겁니다. 내 체중이 모두 신발에 실리죠. 신발은 길바닥을 딛고 산성비를 맞습니다. 발의 청결에 어느 정도 좌우되긴 하지만, 건강 측면에서 신발 하나를 신을 수 있는 기간은 한계가 있습니다. 우리 몸에 걸치는 모든 것들 중에서 신발이야말로 가장 심한 공격을 당하는 존재입니다."

　하지만 신발의 닳은 정도가 재사용하거나 수선할 수 있는 한계를 넘어서면, 쓰레기통이 정말 우리에게 남은 최선의 선택지일까?

재활용의 걸림돌

신발 재활용에 관해 알아야 할, 말 그대로 모든 것을 아는 사람을 한 명만 꼽으라면 샤힌 라히미파르드Shahin Rahimifard 교수를 꼽아야 할 것이다. 열정이 넘치고 말주변 좋은 이야기꾼인 라히미파르드 교수는 자신의 연구를 기존의 관행 유지를 위한 핑계로 이용하려는 신발 브랜드들과의 오랜 전투로 잔뼈가 굵은 사람이다.

　라히미파르드 교수는 15년 전 러프버러 대학에서 신발 재활용이라는 난제에 처음 덤벼들었다. 처분하고 싶은 신발이 커다란 자루 하나에 가득 들어 있는데 그걸 어떻게 처리하면 좋을지 생각해보라는 (역시 명망 있는 학자인) 아내의 말에서 아이디어를 얻었다고 한다.

　라히미파르드 교수의 연구실에서 신발 재활용은 '황금 프로젝트'로, 자동차나 휴대전화 또는 노트북 같은 그 어떤 고가 제품의 재활용보다 더 많은 관심을 받고 있다. 그는 신발에 아무런 감정적 애착도 가지고 있지 않다. 그저 실용적 물건이었던 신발이 패션 상품이 되면서 통제를 벗어났다고 본다. 그에게 신발은 물질적으로 따지자면 가치가 매우 낮지만(회로판에서 금을 추출해낼 수 있는 것도 아니므로), 그럼에도 빈틈없이 견고하게 조립되어 있다는 점에서 도전적이고 유혹적이다.

따라서 핵심 과제는 신발을 어떻게 가장 작은 단위로 효율적으로 분해하느냐이다. 어떻게 모든 다른 소재를 제각각 분리하고, 폐기물에서 약간이라도 가치를 뽑아내고, 그러면서 지구의 생태적 파괴를 방지할 것인가.

지속 가능한 제조 및 재활용 기술 센터SMART에서, 라히미파르드 교수의 연구팀이 처음 떠올려보고 포기한 아이디어는 헌 신발로 새 신발을 만드는 것이었다. 만약 일부분만 망가졌다면, 그냥 망가진 갑피나 밑창을 수선해서 새것처럼 된 신발을 돌려주면 되지 않는가? 하지만 업사이클링은 실패하고 말았는데, 공학이나 기술적 측면이 아니라 소비자와 상업적 인식 때문이었다.

버려진 부품으로 신발을 만드는 것은 기후가 붕괴된 미래 시대에는 가능할지 몰라도, 현대 사회에서 재활용해야 하는 시점에 이른 신발은 스타일이 뒤처지고 만다. 그다음으로는 품질 관리와 균일성의 문제, 그리고 세균 오염을 어떻게 방지할 것인가 하는 문제가 있다. 간단히 말해, 폐품 신발을 굳이 구매해 신고 싶어 하는 사람이 드물다는 것이다.

그리하여 라히미파르드 교수의 연구팀이 정착한 방법은 '분절과 분절 후 분리separation'였다. '분절'은 신발을 각각의 부품으로 분해한다는 뜻이다. '분절 후 분리'는 부품을 원료 유형에 따라 나눈다는 뜻이다.

이는 간단한 작업이 아니다. 신발 한 켤레를 이루는 원료의 수는 최고 40가지에 이른다. 가죽, 고무, 강철, 청동, 무게와 밀도가 제각각인 플라스틱, 폴리에스테르, 아크릴섬유, 나일론사 등등. 또한 규모의 문제도 있다. 이 난제의 핵심은 신발 하나를 어떻게 차근차근 분해하느냐가 아니라 모두 제각기 다른 조립 방식으로 만들어진 수백만 톤의 버려진 신발을 어떻게 효율적으로 처리하느냐이다. 독일 울펜에 위치한 SOEX 재생공장에는 매일 3만 5,000켤레의 헌 신발이 도착하는데, 그중 8,750켤레(25퍼센트)가 해체된다.[8]

라히미파르드 교수는 이렇게 설명한다. "때로는 신발 하나에서 네 종류의 플라스틱을 포함해 동일한 원료가 10~15가지의 서로 다른 유형으로 쓰인 경우도 있습니다. 제조업체는 다른 업체로부터 밑창과 신발 부품을 구매하는데, 제각각 서로 다른 플라스틱을 사용하고, 몇몇 제조업체는 그 부분에 전혀 관심이 없습니다. 품질 기준에만 부합하면 전혀 문제 삼지 않죠."

오늘날 신발 디자인의 핵심 요소들은 재생에 심각한 문제를 제기한다. 한데 뒤섞여 쓰인 원료는 하나의 커다란 걸림돌이 되고, 색상을 혼용하는 것 또한 어마어마한 어려움을 제기하며, 생크(굽과 밑창 사이 발의 아치 부분에 위치해 지지대 역할을 하는 금속 조각-옮긴이)나 장식용 징은 그야말로 재앙이다. 너무 딱딱해서 갈리지 않기 때문이다. 라히미파르드 교수는 말을 잇는다. "현재 신발의 디자인과 제조 과정에서는 신발의 수명이 끝날 때를 고려하지 않습니다. 신발에 금속 부품을 넣으면 재생하기가 훨씬 더 어려워집니다. 우리는 제화 과정에 금속 사용을 금지할 것을 요구하고 있습니다."

브랜드들이 발생시키는 문제는 시급하고 심각하게 우려스럽다. 운동화에 충격 흡수용 중간창으로 흔히 쓰이는 에틸렌초산비닐 한 장을 쓰레기 매립지로 보내면 그것은 거기서 1,000년간 남아 있게 된다.[9] 그걸 수십억 배로 부풀려보면 지금 우리가 어떤 환경적 유산을 만들고 있는지가 선명하게 와닿을 것이다. 조깅화 같은 물건은 우리를 자연으로 데려

다주고 심신의 안녕을 달성하도록 도와준다고 약속하지만, 현실적으로
는 우리와 연결되어야 할 바로 그 자연을 파괴하고 있다.

최종 목적지

라히미파르드 교수의 연구실에서 개발 중인 가장 최근의 공학 프로젝
트는 현재 자금 지원 방식 때문에 기밀 협약에 묶여 있지만, 주로 공기와
물, 그리고 탁상식 진동기를 사용해 다양한 원료를 무게에 따라 분리하
는 것과 관련되어 있다.

　연구실의 테이블 하나에 이 과정의 결과물이 놓여 있다. 작은 플라
스틱 견본품 봉투에 고무 칩이 가득 차 있는데, 일부는 레진으로 한데 접
착되어 있다. 고무는 폭신하기 때문에 농구 경기장에서 바닥 깔개로 쓰
이거나 자동차 휠 아치의 단열과 소음 절연 처리에, 그리고 육상 트랙 표
면으로 사용하기에 이상적이다.

　하지만 육상 트랙이 되는 것을 결코 신발의 최종 목적지로 보아서는
안 되는데, 트랙 표면은 언젠가는 닳고 결국 제거되어야 하기 때문이다.
라히미파르드 교수는 말한다. "우리가 무엇을 생산하든, 그건 언젠가 폐
품이 되고 그 또한 재생해야 한다는 점을 잊어서는 안 됩니다. 만약 일을
제대로 못하면, 다음번에 재생하러 왔을 때는 어떻게 손써볼 도리가 전
혀 없어서 그냥 매립지로 보내지고 말 겁니다."

　라히미파르드 교수가 '순환경제'라는 용어를 마뜩찮아 하는 것은 이
런 이유 때문이다. 그 개념은 폐쇄회로식 생산을 통해 자원이 매립지에
가기까지 걸리는 시간을 최대한으로 늘린다는 뜻이다. 순환경제 접근법
의 문제점은 환경적으로 가장 잘 쓰자는 것인지, 아니면 경제적으로 가
장 잘 쓰자는 것인지를 규정하지 않은 채 폐품을 '가능한 한 최대한도까
지 이용'할 것을 권한다는 점이다. 물건을 소각하는 것은 가장 경제적인

접근법일 수도 있지만, 환경적으로는 무의미하다.

라히미파르드 교수는 '순환경제'에 관해 이렇게 말한다. "저는 이 용어가 종종 잘못 쓰인다고 봅니다. 경제적 관점이 복구와 재생의 주요 초점이 되면 문제가 발생합니다. 제가 만나본 회사 중에는 이렇게 말하는 곳들이 있습니다. '저기요, 재생 원료를 이용하려고 애쓰느니, 차라리 폐품을 태워 에너지를 발생시키면 우리는 돈을 더 많이 벌 겁니다.' 이처럼 경제를 최우선시하는 접근법은 사람들로 하여금 무엇이 환경에 최선인가가 아니라 돈을 바탕으로 잘못된 결정을 내리게 만듭니다."

라히미파르드 교수의 작업은 그 대신 '원료와 자원 사용의 순환성'에 초점을 맞춘다. 자원은 '자원 은행'으로부터 빌린 것일 뿐이고, 우리는 그 목적을 정당화할 수 있어야 하며, 그 후 다시 사용할 수 있도록 은행에 돌려줘야 한다는 것이다. 이 '자원 이용하기' 개념은 '자원 소비하기'의 대척점으로 떠올린 접근법이다.

네 신발을 먹어라

이 연구실에서 작업하고 있는 또 다른 계획은 아마도 과잉소비주의에 가장 걸맞은 답안일 것이다. 라히미파르드 교수의 동료인 리처드 히스Richard Heath 박사는 사람들이 자기 신발을 '먹기'를 바란다. 지금은 재생 가죽을 동물 가죽처럼 처리해 나중에 식용 가능한 젤라틴과 섬유로 분해하는 것이 가능한지 연구 중이다.*

일반 대중을 설득해 폐품 신발을 매일 식단에 포함시키게 만들 수

---

* 독일의 유명 영화감독인 베르너 헤어초크는 동료 영화감독과의 내기에 져서 자기 신발을 먹겠다는 약속을 충실히 이행했다. 캘리포니아의 어느 최고급 음식점으로 신발을 가져가 다섯 시간 동안 끓이고 갖은 양념을 한 후 캘리포니아 대학교 버클리 캠퍼스의 극장 무대 위에서 먹었다. 한편 찰리 채플린은 영화 「황금광시대」에서 자기 신발을 먹는 척했는데, 사실 그건 감초로 만든 것이었다. 또한 신발은 음식을 담는 접시로도 쓰였는데 샌들과 운동화, 나막신을 접시 대신 이용한 음식점도 있었다. 일본의 총리였던 아베 신조는 이스라엘의 어느 유명 셰프에게서 매우 그럴싸한 금속 구두에 담긴 초콜릿 트러플을 대접받은 적이 있다고 한다.

있을지, 아니면 실제로 기후 붕괴가 닥쳐와 결국 우리 모두가 매립지를 뒤지며 먹을 것을 찾는 상황이 될 때까지 그 발상을 일단 미뤄두어야 할지는 좀 더 두고 볼 일이다.

매년 수억 켤레의 신발을 토해내는 브랜드들이 그 후 그 신발들이 어떻게 되는지에 대해서는 거의 철저한 무시로 일관하는 상황에서, 라히미파르드 교수는 소비 후 폐기물에 대한 업계의 대응을 '책임 태만'이라고 부른다. 2020년 전 세계 제화 시장의 규모는 2,049억 달러로 추정되었다.[10] 라히미파르드 교수는 최근 더 많은 프로젝트를 다루기 위해 좁은 연구실 가운데에 칸막이를 설치했다. 지금 당장 바라는 변화를 하나만 꼽자면, 브랜드들이 연구를 재정적으로 지원함으로써 폐품 신발로 인한 문제를 해결하는 데 투자하는 것이다.

SMART가 일전에 추산한 바에 따르면 전 세계적으로 재생되는 신발의 비율은 겨우 5퍼센트에 불과하다. 라히미파르드 교수는 그 수치가 크게 바뀌었다고 믿지 않는다. 그는 SMART의 연구에 관해 이렇게 말한다. "어떤 재생 방식을 고려하든, 그 비율은 3~5퍼센트입니다. 새로운 연구가 이루어지지 않고 있으니까요. 그 비율이 예컨대 두 배로 늘어나는 일은 없죠. 우리가 여전히 90퍼센트의 신발을 매립지로 보내고 있다고 저는 장담할 수 있습니다."

신발 중 재생되는 비율이 겨우 5~10퍼센트밖에 안 된다는 사실은 매년 수십억 켤레의 신발이 곧장 매립지로 향한다는 뜻이다. 라히미파르드 교수는 이렇게 말을 맺는다. "매립지 이야기를 하자면, 그것이 영국에 있는지, 방글라데시에 있는지, 아니면 파키스탄에 있는지는 중요하지 않습니다. 어딘가가 더 나쁘다고 하면, 그건 그곳에 감시가 더 부족하기 때문입니다. 우리는 사물에 관해 전 지구적 시점으로 생각하게 되었습니다. 세계화의 관점이 아니라 전 지구적 관점으로 사물을 보는 거죠. 우리

가 뭘 하든 그건 어딘가, 누군가의 매립지로 가게 되고, 그곳은 전 인류의
매립지입니다."

다른 방식으로 상상하기

만약 앞으로 갈 수 있는 길이 우리가 이 별과 상호 작용하는 방식을 바꾸
는 것밖에 없다면 어떠할까? 이는 그저 탄소 배출을 더 큰 관점에서 생각
하는 정도가 아니라 우리가 지구 표면에 남기는 모든 발걸음을 재검토해
야 한다는 뜻이다.

케이트 플레처Kate Fletcher 박사는 생각 바꾸기에 관한 고찰에 많은 시
간을 할애한다. 트로이의 고위 사제로서 조국의 멸망을 예언했지만 무시
당한 카산드라처럼, 플레처 박사가 패션 산업에 들려주는 제안은 '줄이
는 것만이 앞으로 나아갈 유일한 길'이라는 것이다.

플레처 박사는 주로 브랜드들에 환경 발자국을 줄이는 방법에 관해
조언한다. 그녀가 내린 결론은, 끝없는 물품 생산에 대응하려면 단일 물
품의 영향을 줄이려는 시도로는 어림도 없다는 것이다. "소규모 감소로
얻는 효율 증가를 전부 합쳐도 소비의 누적효과를 압도하기엔 전적으로
부족해요." 그 대신 필요한 것은 '레버를 당기고' 우리 세계를 다른 방식
으로 상상하는 것이다.

우리가 마주 앉은 기차역 커피숍에서, 플레처 박사는 변화 추구에 관
해 열변을 토한다. 심지어 우리가 걷는 방식조차 근본적으로 재고해야 한
다는 것이다. 스포츠 회사들은 운동화를 인체를 보호하고 증진하는 수단
으로 마케팅한다. 그러면서 신발이 그런 보호력을 잃지 않으려면 정기적
으로 교체되어야 한다고 부추긴다. 러닝화의 지지력은 오로지 800킬로미
터까지만 유지된다는 것이다. 나이키는 지지력 유지 거리를 겨우 100킬
로미터로 한정한 메이플라이('하루살이'라는 뜻이다 – 옮긴이) 운동화를 출시하

236

기도 했다.

플레처 박사는 신발은 몸을 보호하기보다 오히려 무르고 약하게 만든다고 주장한다. 이는 에릭 트린카우스가 인간의 발가락이 4만 년 전부터 약해졌음을 발견한 것과 맥을 같이하는데, 현대 인간의 발은 부목고정splinting에 갈수록 의존하고 있다. 플레처 박사는 이렇게 설명한다. "신발을 교체하지 않을 수 없게 만드는 게 바로 그들의 사업 모델입니다. 사람들이 완충재에 의존하게 만드는 것도 그렇고요. 새로 신발을 사지 않을 수 있는 간단한 방법은 맨발로 걷는 겁니다. 신발을 벗고요. 지지 구조 없이 걸을 때 발을 보호하려면 인대와 발목, 그리고 무릎의 힘을 길러야죠. 그러면 신발을 교체할 필요가 없어요."

지금은 걷는 방식을 새롭게 바꿔야 한다면서 밑창이 3밀리미터로 최소화된 신발을 내놓는 회사가 여럿 있다. 그러면 물리적 세계와 더 폭넓은 접촉을 할 수 있다는 것이다. 사람들에게 걷는 방식을 바꿈으로써 폐품 배출을 줄이라고, 나아가 그냥 신발을 덜 사라고 설득하는 것은 막대한 도전이다. 특히 패션과 싸구려 품질이 지배하면서 많은 신발, 특히 가장 싼 신발들이 금방 해지도록 만들어지게 되었기 때문이다. 신발에 관한 지식의 간극 때문에 상황은 더한층 복잡해진다. 제화 과정이 비밀에 싸여 있는 탓에 구매자는 어떤 신발이 오래가는지, 또는 어떤 신발이 수선 가능한지에 관해 진정으로 잘 알고 구매 결정을 내리기가 쉽지 않다. 그리하여 사람들은 다국적기업을 무작정 믿고 의존하게 된다.

플레처 박사는 우리가 구매하는 물건들에 관련해 더 많은 교육이 필요하다고 믿지만, 또한 다른, 더 서서히 퍼져가는 문제들도 지적한다. 소비재의 급속한 회전율을 부추기는 문제들이다. "이런 물건들이 '오래가야 한다'는 기대를 낮추는 거죠. 소셜 미디어 같은 수많은 사회문화적 압박과, 계속해서 다른 물건들을 가져야 한다는 압박이 회전율을 높이고 있어요."

소비에 대한 플레처 박사의 접근법은 경제사학자인 애브너 오퍼Avner
Offer 교수의 '자기파괴적 선택' 관련 연구에 의존한다. 자기파괴적 선택
에는 흡연과 도박, 그리고 전쟁 같은 것들이 있는데, 모두가 현재의 주안
점이 미래의 주안점과 갈등하는 지점이다. 룰렛 테이블에서 느끼는 순간
의 스릴은 재정적 안정이라는 장기적 가능성을 어그러뜨릴 수 있다. 피
에 굶주린 복수욕은 국가와 지역을 수십 년에 걸친 아수라장으로 몰아넣
을 수 있다. 그런 순간에 관해 오퍼 교수는 단기적 주안점과 장기적 주안
점이 철저히 어긋나는 '분리된 자아'를 이야기한다.[11]

사회적 수준으로 보자면, 이는 소비에도 해당된다. 우리는 맑은 물
과 맑은 공기, 심지어 이 행성의 안정성보다도 신발을 선택하도록 배운
다. 이는 쾌락주의와 개인주의, 그리고 자기애를 부추기는 시장 경쟁 체
제가 우리에게 학습시킨 것의 결과다. 쾌락주의는 포장하고 마케팅하기
수월하며, 개인주의는 우리 모두가 공유하는 미래와 사회적 계약을 지우
고, 자기애는 자아에 대한 집착적 관심을 키운다.[12]

담배나 빠른 자동차, 패스트푸드가 그렇듯, 새 신발의 꾸준한 공급
이 야기하는 장기적 폐해의 위험 역시 처음에는 눈에 보이지 않는다.[13]
구조적 문제들, 천연자원의 과잉 사용과 계산 축소, 소비주의로부터 연
료를 공급받는 경제적 성장이라는 파괴적 모델, 그리고 규제와 기업 책
임의 부재는 장기적 폐해를 부른다.

이 함정에서 벗어나는 방법을 찾으려면 현재 우리가 내리는 결정에
미래의 필요를 심어 넣는 방법을 찾아야 한다. 이는 그저 순간순간의 짧
은 쇼핑의 흥분으로부터 삶을 되찾아오고 우리의 집합적 미래에 다시 초
점을 맞춰야 한다는 뜻이다. 그럼으로써 우리는 긍정적 미래에, 50년 후
우리와 우리가 사는 행성에 필요할 것들에 전념할 수 있다.

우리가 기업의 과잉생산과 과잉소비에 맞서 집단으로 일어나지 않는다면, 그리고 이 행성을 탐욕스러운 주인의 관점으로 상업적으로 착취하는 게 아니라 존중하며 관리할 힘을 되찾지 못한다면 암울한 운명이 우리 모두를 기다리고 있을지도 모른다.

쓰레기장을 뒤지는 사람들

방글라데시 북부의 랄마니르핫에 살던 라보니는 열두 살에 결혼을 했다. 그녀가 열여섯 살이 되었을 때는 사이클론 때문에 집이 무너지고 온 마을의 생계를 지탱하는 경작지에 홍수가 일어났다. 라보니의 가족은 폐허에서 다시 일어났지만 2년 후 다시금 같은 상황이 반복되자 라보니와 남편은 일거리를 찾아 고향을 떠났다. 3년 6개월 된 아들은 마을에 남아 할머니의 손에 맡겨졌다.

라보니와 남편은 일거리가 있다는 소문을 좇아 전국을 떠돌다가 수도인 다카에 닿았다. 결국 도착한 곳은 도시 외곽의 슬럼가였는데, 라보니는 이웃 사람들에게서 의류 공장에서 바느질 일감을 준다는 이야기를 들었다. 하지만 막상 공장을 찾아가보니 일거리는 없었고, 새로운 이웃들과 달리 라보니는 재봉틀을 다뤄본 적이 전혀 없었다.

이웃 여자들은 일감이 보장되어 있다며 마투아일에 가보라고 일러주었다. 알고 보니 마투아일은 다카에서 매일 내놓는 쓰레기 8,000톤의 절반이 보내지는 거대한 쓰레기 처리장이었다.

쓰레기에서 피어오르는 냄새는 속이 뒤집힐 만큼 강렬했다. 독수리 떼가 머리 위를 구름처럼 맴돌면서 먹이를 노리고 강하했다. 쓰레기를 실은 트럭이 도착하면 여자들과 아이들은 뒤처질세라 서둘러 달려갔다. 모든 게 손으로 수거되었고, 사람들은 플라스틱, 유리, 천, 양철과 동물 뼈를 찾아 뒤졌다. 쓰레기 더미에서 벗어난 원료들은 곤포로 묶여 산더미처럼 높이 쌓인 채 산업현장으로 보내질 준비를 갖추었다.

라보니는 며칠에 걸쳐 쓰레기에서 끌려 나온 말라붙은 동물 뼈를 분리해 모으는 일을 했다. 그 뼈들은 중국으로 보내진 후 분쇄되어 약품 캡슐 재료인 젤라틴으로 가공될 것이다. 히말라야의 얼음이 녹아 일어난 홍수에 집을 잃은 가이반다 지역 출신의 여자와, 해수면 상승으로 인해 절반이 사라진 근해 섬에서 온 또 다른 여자가 라보니 옆에서 나란히 일하고 있었다.

쓰레기장 일은 딸린 아이들 때문에 의류 공장이 요구하는 열두 시간 근무를 할 수 없거나 부잣집 입주 가사 도우미 일을 퇴짜 맞은 여자들에게 남은 선택지였다. 쓰레기 줍기는 자영업이고 유동성이 있는 일이었다. 심지어 자선단체가 양철 헛간에서 작은 학교를 운영하고 있어서 방과 후 아이들이 일손을 도울 수도 있었다.

다른 슬럼가 주민들은 쓰레기 줍기를 자기들이 하기엔 너무 천한 일로 여겼다. 라보니는 기혼자라 그나마 인력거꾼들의 모욕과 일터에서 집으로 갈 때 코를 막고 농지거리를 하면서 조롱하는 공장 노동자들을 무시할 수 있었다.

결국은 뼈 냄새에도 차츰 익숙해졌지만, 갈수록 배가 아파왔다. 일을 쉴 처지가 못 되니 통증이라도 줄여보려고 긴 천으로 배를 친친 감고 단단히 동여매는 게 고작이었는데, 나중에 알고 보니 맹장염이었다.

라보니가 일하는 도중 쓰레기를 실은 트럭이 속력을 높여 쓰레기장으로 들어왔다. 쓰레기 꼭대기에는 으레 발과 샌들이 때로 시커멓고 양손으로는 트럭 양 측면을 꽉 움켜잡은 10대 남자아이 두어 명이 쪼그려 앉아 있었다. 쓰레기를 순식간에 비운 후 트럭은 다시 다카의 거리와 공장으로 돌아갔다. 길가에서는 나이 지긋한 남자가 가정집과 회사와 호텔에서 내다 버린 카펫으로 조각보 러그를 만들고 있었다. 어린아이 한 명이 플라스틱과 코코넛 껍데기로 만든 단추를 주워 모았다. 팔과 발의 베인 상처는 패혈증으로 진행되고, 한낮의 열기 속에서 독수리와 이슬람의 정오 기도를 알리는 외침이 쓰레기 위로 맴돌았다.

이따금 쓰레기장에는 죽음이 찾아왔다. 상처에 염증이 생긴 남자, 움직이는 크레인에 머리를 맞은 여자. 불구가 된 여자의 몸은 쓰레기에 파묻혔다. 쓰레기장을 건너가다 싱크홀에 빠져 생매장된 아이도 있었다.

현실로 다가온 디스토피아

마투아일은 우리 모두가 맞게 될 어두운 미래를 미리 보여주는 것일까? 오로지 거대한 쓰레기장만 남은, 대부분의 사람들이 쓰레기를 뒤지며 살아가는, 쇼핑과 전쟁으로 멸종을 자초한 사회의 잔해로 가득한 세계의 전조일까? 사방을 포위한 악취, 쓰레기 산, 금속 이빨을 드러낸 중장비가 먼지를 피워 올리는 좁은 길가를 따라 장갑이나 부츠도 없이 지친 몸을 끌고 집으로 향하는 사람들.

마투아일은 우리 모두가 맞게 될 미래인지도 모르지만, 동시에 현실이기도 하다. 라보니를 비롯한 기후 난민들은 이미 환경 재앙 때문에 집을 잃고 세계의 쓰레기장에서 폐품을 줍고 있다. 마투아일은 거대하고 추하고 위험하다. 현실로 다가온 디스토피아 미래이다.

라보니가 마투아일에 온 이후로 세계는 파리, 코펜하겐, 그리고 카토비체에서 기후 회담을 열었다. 팡팡 터지는 카메라 플래시 속에서 정장을 빼입은 남자들은 앞으로 해야 할 일들을 논의했다. 석유 재벌들은 기후 붕괴를 부정하게 만들려고 '싱크탱크'들에 지속적으로 자금을 대왔다. 북극이 불타오를 때 과학자들은 눈물을 흘렸다. 가스 파이프라인이 성스러운 땅을 갈아엎고 통과하려 할 때 시위자들은 분개해 들고일어났다. 세계에서 가장 높은 권좌에 앉은 남자는 기후변화는 중국이 밀어

붙이는 낭설이라는 트윗을 올렸다. 라보니가 기후 난민이 된 이후로, 인류의 지구 거주 가능성이 시험에 들게 될 기후 티핑 포인트까지 우리에게 남은 시간이 11년이라는 주장이 제기되었다.[14] 우리는 언제쯤 되어야 귀를 기울이고 행동에 나설까?

8
로봇들이 몰려온다

다음과 같은 시나리오를 상상해보자. 얼굴을 천으로 친친 감은 여섯 명의 일행이 그림자 속에 웅크리고 앉아 있다. 어둠 속에서 성냥 하나가 타오르고, 뒤이어 또 하나가 타오른다. 이것은 신호이다. 근처에는 아무런 경비원이나 병사도 보이지 않는다.

무리는 밀집 진형을 이루어 가능한 한 몸을 낮춘 채로 거리를 달린다. 공장에 도달하자 사람들은 거친 벽돌벽에 몸을 바짝 붙인다. 발각되었다간 교수대에 목이 매달릴 수도 있다.

누군가가 속삭여 지령을 내리자 어깨가 떡 벌어진 여자가 앞으로 걸음을 떼어놓는다. 거대한 망치를 머리 위로 들어올렸다가 나무 문짝을 내리친다. 두 번 더 때리자 자물쇠가 쪼개지고, 여자가 문짝을 걷어차자 마침내 문이 열린다. 여섯 명의 일행은 안으로 뛰어 들어간다. 램프에 불을 붙여 들어올린다.

목재로 된 뜨개질 기계의 정사각형 몸체가 흐릿한 빛 속에 견고하게 서 있다. 말 한마디 없이, 망치 여섯 개가 허공으로 올라갔다 떨어져 틀을 쪼개고 금속 톱니와 바늘을 뭉갠다. 일은 몇 분 안에 끝나고, 일행은 황급히 그곳을 빠져나간다. 그중 한 남자가 천 가방에서 쪽지를 꺼내어 문에 붙인다. 일행은 들판을 달려가 모습을 감춘다. 휘갈겨 쓴 쪽지에는 '킹 러드KING LUDD'라고 서명되어 있다.*

노동자들이 뭉쳐서

1811~1813년의 러다이트 운동은 노팅엄셔와 요크셔, 랭커셔의 방직 노동자들이 일으킨 봉기였다. 널리 퍼진 설과 달리, 원래 러다이트는 반기술주의자들이 아니라 종종 기계장치를 남보다 앞서 잘 다루는 사람들이었다. 러다이트가 반대한 것은 자신들이 종사하는 업계가 임시 고용제로 바뀌고, 임금 하락 및 품질 낮은 천의 생산으로 인해 산업의 질이 저하되는 것이었다. 부유한 공장 소유주들에게 맞서는 가난한 러다이트들이 자신들을 로빈 후드에 비견한 사실은 놀라울 것도 없다.[1] 이들은 자신들이 행한 폭력과는 비교조차 안 되는 폭력을 맞닥뜨렸다. 저항의 대가로 폭행당하고 총에 맞고 목이 매달린 것이다.

러다이트들은 기계화의 여파에 맞서 대규모의 저항을 조직한 최초의 단체도, 최후의 단체도 아니었다. 프랑스 혁명 당시에도 기계에 대한 그와 비슷한 저항이 일어났고, 비슷한 용어도 생겨났다. '사보sabot'는 프랑스를 포함한 유럽 지역의 노동자와 소작농이 전통적으로 신던, 손으로 만든 나막신이었다. 무거운 나막신은 판자나 길 위를 걸을 때면 덜그럭덜그럭 소리를 냈다. 산업혁명기에 노동자들이 노동에 지장을 주기 위한 수단으로 파업과 태업을 이용하기 시작하면서, 생산 라인을 방해하는 행위를 가리키는 '사보타주sabotage'라는 용어가 만들어졌다.[2]

---

* 역사적 설명을 바탕으로 했지만, 이 인물들은 상상으로 그려낸 것이다.

그로부터 200년이 지난 지금, 우리는 가속화된 산업 전환의 또 다른 순간에 살고 있다. 이것을 '4차 산업혁명'이라고 부르든, 아니면 하나로 이어진 장기적 기술 발전의 한 지점으로 보든, 우리는 변화의 한복판에 있다. 낙관주의자들은 인류가 힘들고 단조로운 육체와 정신의 노동으로부터 해방되기 직전에 와 있다고 말하고, 비판자들은 이 변화의 동력은 이윤이며 지구촌의 가장 가난한 일원들이 그 고통을 짊어지게 될 거라고 말한다.

공장의 사장이 신발을 갈수록 더 빨리 조립하라고 노동자들을 닦달하는 세계에서, 그리고 오로지 인간의 신체적 한계와 노조가 얻어낸 미약한 보건 및 안전상의 규제만이 생산을 제한할 수 있는 세계에서 생산라인의 노동자들에게 휴식이나 잠이나 휴가가 필요 없다면 무슨 일이 일어날까? 로봇이 인간의 노동을 대체하게 된다면 인간에게, 그리고 지구에게 그것은 무엇을 뜻할까?

인간의 손 대체하기

신발 공급 사슬은 기계 도입의 결과로 오래전부터 급격한 변화를 겪어왔다. 콤바인으로 면화를 추수하는 것부터 거대한 방직 기계와 인쇄기까지.[3] 하지만 탈곡기나 흔히 널린 재봉틀은 당연히 로봇이 아닌데, 그 이유는 인간의 지속적인 감독이 필요하기 때문이다.[4]

자동화는 기계가 인간의 노동을 대신하는 과정으로, 여기서는 지속적인 감독이 필요치 않다.[5] 신발 공장에는 신발 한 짝을 만드는 데도 가죽과 고무를 견본에 맞춰 재단하는 것부터 각 부분을 접착제로 한데 붙이는 것, 갑피를 밑창과 접착하는 것까지 100가지가 넘는 작업이 소요될수 있다. 이제는 수천 년 동안 인간 손의 영역이었던 이런 과정을 변화시키기 위한 경주가 시작되었다.

자동화라는 세계에는 서로 어느 정도 겹치지만 별개인 두 가지의 기술 유형이 존재한다. 인공지능과 로봇공학이다. 이 장의 목적은 로봇공학의 세계로 뛰어들어 그것이 제화 산업에 어떤 영향을 미치는지 탐구하는 것이다. 이야기가 너무 복잡해지지 않도록, 이 장은 RSA(왕립예술학회)에서 말하는 로봇의 정의를 채택한다. '주어진 환경에서 일정 정도 자동으로 움직이는 물리적 기계.' 이 장에 등장하는 로봇들은 '원래는 인간의 지능이 필요한, 컴퓨터 소프트웨어에 의해 수행되는 작업'[6]으로 정의할 수 있는 분야인 인공지능을 소유하고 있지 않다.

우리는 이미 자동화된 세계에 살고 있으며, 인간의 개입 없이도 반복적이고 정해진 과업을 완수하기 위해 기계들이 이용되고 있다.[7] 조립라인에서 가전제품을 납땜하고, 저 아래 땅굴에 갇힌 광부들을 수색하고, 병상에 매인 환자를 들어올리는 로봇들을 발견할 수 있다.[8] 제화 산업은 로봇의 영역이 되기까지 아직 시간이 좀 더 필요하지만 의류 산업보다는 앞서 있다.

신발은 자동화하기 쉬운 품목?

로봇에게 옷을 꿰매게 하는 것은 오랫동안 난제로 악명을 떨쳤는데, 그이유는 로봇은 흐물흐물한 천을 다루는 데 영 재주가 없기 때문이었다. 이 난제를 해결하기 위해, 북아메리카의 발명가인 조너선 조나우Jonathan Zornow는 패션 산업을 바꿔놓는 것을 목적으로 하는 자동화 시스템 '소보sewbo'를 창조했다. 소보는 로봇이 작업할 수 있도록 천을 뻣뻣하게 만들기 위해 폴리비닐 알코올에 천을 담갔다가 헹군다.[9]

조나우는 옷에 비해 신발을 조립하는 것이 왜 로봇에게 더 쉬운지를 다음과 같이 설명했다. "(신발의 경우는) 작업 대상인 원료가 기계 처리에 훨씬 적합합니다. 두꺼운 가죽이나 플라스틱 원료, 또는 뜨개질 원료처럼 가만히 두면 늘어지거나 돌돌 말리지 않는, 자체 구조를 가지고 있는 것들이죠. 그건 기계가 다루기 훨씬 쉽습니다. 집어 들기도 쉽고 가장자리가 어딘지도 명확하죠. 로봇의 입장에서 보면 훨씬 간단해요."

로봇이 다루기에 신발이 옷보다 더 쉬운 또 다른 이유는 기하학 때문이다. 『기네스 세계기록』에 따르면 역사상 가장 큰 발은 47센티미터였고, 그 주인은 로버트 워들로였는데 1940년 스물두 살의 나이로 사망했다. 평균적인 아기 발은 길이가 대략 10센티미터이다. 이는 심지어 로봇한 대가 큼지막한 남자 신발에서 아기 신발까지 전부 도맡아 만든다 해도 작업물의 형태는 여전히 예측 가능하며 작업 범위가 0.5미터도 안 된다는 뜻이다. 이를 의류 사이즈의 다양성과 비교해보자. 양말부터 청바지, 속옷과 XXL 사이즈의 재킷에 이르기까지 옷은 형태가 제각각이고 원단의 크기도 몹시 다르다.

이런 요인들 때문에 신발은 자동화하기에 훨씬 적합한 후보다. 제화는 오래지 않아 자동화 산업이 될지도 모른다. "제화업은 앞으로 3~5년 사이에 변화를 겪을 것이고, 더는 사람들이 신발을 꿰매고 있지 않을 겁니다." 아이다호 주 남파에 본사를 둔 자동화 기업 하우스 오브 디자인의 대표 셰인 디트리히Shane Dittrich의 예측이다.

셰인은 미국의 신발 브랜드인 킨KEEN에 납품할 신발 생산용 로봇 개발을 막 완성했다. 하우스 오브 디자인은 이른바 가치 제공자value provider이다. 이번과 같은 경우에는 ABB 로보틱스 사에서 이미 제조된 로봇을 가져다가 각 고객의 특수한 제조 공정에 맞도록 설계하고 프로그래밍을 한다. 킨이 제시한 업무는 유니크UNEEK 라인에 관련된 공정을 자동화하는 것이었다. 그것은 긴 끈 두 개를 서로 엮어 짜서 갑피를 만드는 신발이다.

하우스 오브 디자인은 ABB의 IRB120 로봇 두 대를 이용했는데, 다양한 분야에서 아주 많은 업무에 이용되는 여섯 개의 축을 가진 산업용 로봇이다. 석유와 가스 산업부터 물류 창고와 제빵용, 심지어 의약 분야의 조립 도구로도 쓰인다.

기술적으로 간단히 설명하자면, ABB의 IRB120 로봇이 특별한 이유는 10미크론 반복이 가능하기 때문이다. 로봇의 사양은 '정밀성'이 아니라 '반복성'이 핵심이다. 내가 어떤 로봇에게 보드 위의 어느 지점으로 가라고 명령하면, 로봇은 정확히 내가 원하는 지점으로 가지 못할 수도 있다. 하지만 내가 원하는 목적지에 로봇을 놓고 잠시 후 그 지점으로 돌아가라고 명령하면 ABB의 IRB120은 0.01밀리미터, 즉 10미크론 내의 오차로 동일 지점에 도달할 것이다.

그 결과로 킨의 시설에서는 로봇 팔 두 개가 뜨개질바늘을 서로 쏜살같이 교차하면서 이미 만들어진 고무 밑창을 중심으로 바느질을 할 수 있는 것이다. 로봇 팔들은 뒤꿈치에서 시작해, 기계적으로 앞뒤로 직조해나가다 앞코 부분에 도달한 후 급격히 다른 편으로 돌아온다. 이것은 로봇공학에서는 매우 수월한, 고도로 반복적인 종류의 패턴에 기반하는 신발이다.[10]

셰인은 어느 정도는 신발 산업을 뒤흔들어놓으려는 의도에서 킨의 도전을 받아들였다. 셰인은 설명한다. "제화 산업은 흔히 자동화가 불가능하다고들 하는 업계에 속하는데, 대체로 스타일이 너무 빨리 바뀌어서 제조 공정을 찾아내더라도 6개월 후에는 뒤떨어지고 말거든요. 전체적으로 신발의 스타일이 너무 빨리 바뀌어요. 저로서는 이렇게 말하기에 딱 좋은 기회였어요. '보세요, 이걸 자동화하면 이게 업계 표준이 될 수 있어요.'" 그들이 깨달은 사실은 실을 직조하는 임무를 로봇 팔에게 맡기면 인간이 혼자 손으로 작업할 때보다 두 배의 속도로 일을 마칠 수 있다는 것이었다.[11]

나이키와 아디다스의 믿는 구석

자동화 공장은 부유한 신발 브랜드에 수많은 이득을 제공한다. 속도와 우월성을 자랑하는 로봇은 홍보에 큰 역할을 할 수 있다. 화려한 광고를 제작할 수도 있고, 상점 유리창에 전시할 수도 있을 것이다. 라나 플라자 공장 붕괴, 알리 엔터프라이즈 화재, 그리고 방글라데시와 캄보디아 및 중국 전역에서 일어나는 대규모의 노동쟁의 같은 아수라장이 일상인 산업에서 로봇 공장은 평판을 깎아먹을 위험을 줄여줄 수 있다. 더 이상 신문 기사 제목에 어떤 브랜드가 폭력적 죽음이나 노예노동과 나란히 등장하는 일은 없을 것이다.[12] 그다음으로는 재정적 이득이 있다. 비록 초기 투자 금액이 어마어마하지만 그 후 로봇으로만 이루어진 공장은 임금, 출산휴가, 보험이나 연금 같은 인건비 지출이 완전히 사라짐으로써 생산비 절감을 약속한다. 또한 생산 품질의 일관성을 약속한다.

예컨대 나이키는 2015년 플렉스라는 기술 전문 기업('핏비트'를 만든)과 협업해 일부 생산 공정에 자동화를 도입하려 했다. 플렉스는 멕시코 과달라하라에 위치한 나이키 공장에서 운동화를 하나로 접착하는 공정을 자동화했는데, 이는 전통적으로 수작업이었다. 〈파이낸셜 타임스〉는 나이키가 '에어맥스 2017'의 생산에 자동화를 이용함으로써 인건비와 원료비를 각각 50퍼센트와 20퍼센트 절감할 수 있었다고 보도했다. 플렉스가 북미에서 판매되는 나이키 신발의 30퍼센트를 생산하므로, 최고 4억 달러까지 비용을 절약할 수도 있었다.[13] 그러나 플렉스가 '나이키와 상업적이고 실행 가능한 해법을 찾아낼 수 없었다'고 공표하면서 프로젝트는 2018년에 종료되었다.[14]

이 제휴의 실패가 자동화로 가는 길이, 심지어 세계 최대의 브랜드에도 그리 쉽지만은 않은 현실을 보여주었지만 언젠가 이는 전 지구적 이슈가 될 것이다. 나이키는 13개국의 노동자 61만 1,120명을 신발 생산

라인에 고용하고 있는 거대 고용주다. 그리고 모든 제품으로 확대해보면 나이키는 41개국에 107만 명의 계약직 노동자를 두고 있다.[15]

자동화의 이득을 누리려 한 또 다른 브랜드로는 아디다스가 있다. 1993년, 아디다스는 더 싼 인건비를 찾아 아시아로 떠나면서 독일 소재 신발 공장 열 곳 중 아홉 곳의 문을 닫았다.[16] 오늘날 아디다스는 주로 ASEAN(동남아시아국가연합)에 아웃소싱한다. ASEAN은 캄보디아, 인도네시아, 필리핀, 그리고 베트남을 포함한 10개국으로 이루어진 경제공동체이다.

위의 4개국은 아디다스의 전체 공급 시장에서 55퍼센트를 차지한다.[17] 2015년, 아디다스는 전 세계적으로 신발 3억 100만 켤레를 생산했다고 발표했다. 그리고 2020년까지의 전략사업계획안에는 매년 신발 3,000만 켤레를 추가 생산하는 것이 포함되었다.

2016년, 아디다스는 독일에 로봇 공장 '스피드팩토리'를 새로 연다고 발표했다. 공장은 2017년 안스바흐에서 요란한 팡파르와 함께 열렸다. 공장 내에는 밑창을 제작하는 생산 라인과 갑피를 제작하는 생산 라인이 있었다. 그러나 신발에 끈을 꿰는 것은 아직 로봇 팔의 업무가 아니었다.[18]

아디다스는 애틀랜타에 자동화 공장을 추가로 개장하면서 '진정한 게임 체인저'가 될 거라고 홍보했다.[19] "신발 생산 자체만 놓고 보면, 현재로서는 제품에 따라 몇 주가 걸립니다. 모든 부품이 같은 지역에서 생산되지 않기 때문이죠." 2016년 아디다스의 대변인인 카탸 슈라이버Katja Schreiber는 그렇게 말했다.

여기에 디자인, 개발, 소매점 대상 판매와 배송을 더하면 아디다스의 운동화가 아이디어 단계부터 판매대에 놓이기까지는 일반적으로 18개월이 소요된다. 아디다스는 생산을 분업화하고 소비자와 가까운 곳에 로봇

공장을 설립함으로써 이 기간을 다섯 시간으로 단축할 수 있다고 믿었다.

그러나 2019년 아디다스는 그 두 스피드팩토리를 폐쇄한다는 소식을 전하면서 그 기술 중 일부를 '더 경제적이고 융통성 있게' 사용될 수 있는 아시아에 배치하겠다는 모호한 공약을 했다.[20] 발표 당시, 테크크런치(기술 산업 뉴스를 다루는 온라인 미디어-옮긴이)는 이렇게 평했다. '자동화를 서두르던 다른 산업들이 깨달았듯, 아직 기술이 제대로 준비되지 않은 상태에서 정도를 지나친 과욕을 부리기 쉽다.'[21]

경고 : 어느 곳이 위험한가

아디다스가 로봇공학 사업 진출을 알린 후, 국제노동기구는 ASEAN이 방직 및 의류와 신발TCF 제조 부문에 지나치게 의존하고 있다며 심각한 경고를 표명했다. 신발과 옷을 생산할 수 있는 로봇이 등장하면서 ASEAN 전역에 있는 900만 명의 의류 및 신발 노동자가 일자리를 잃을 위험이 있다고 예측한 것이다.

국제노동기구는 이 위협을 진지하게 받아들이고, ASEAN 국가에 발전의 퇴보를 피하기 위해 의류와 신발로부터의 다변화를 시작하라고 조언하고 있다. 산업혁명처럼, 이런 기술적 변화는 지극히 자본 집중적이라 작은 기업에는 선택지가 되지 못할 것이다. 권력은 소수의 손아귀에 더한층 집중될 것이다. 신발 공장 노동자에게 이는 재앙이 될 수 있다.

일라 누르바흐시Illah Nourbakhsh는 펜실베이니아 주 피츠버그에 있는 카네기멜론 대학교의 로봇공학과 교수이다. 그는 자동화를 양날의 검에 비유한다. 자동화된 회사의 소유주는 두 가지 이유로 훨씬 많은 돈을 벌 수 있다. 하나는 인건비를 줄일 수 있고, 또 하나는 마찰이 줄어들고 생산이 증가하면서 시스템의 효율성이 높아지기 때문이다.

과거에 신발 회사 소유주는 생산을 증대하려면 인건비를 지출해야 했다. 사람들이 자기 공장에 와서 일하게 하려면 임금을 줘야 했다. 하지만 자동화가 되면 돈은 생산성을 창조하기 위한 자본에, 이 경우에는 로봇 공장 장비에 투입된다.

임금을 자본 생산성(로봇)으로 돌릴 때, 문제는 그것이 수입 불평등을 심화한다는 것이다. 신발 생산 비용이 어떻게 해서 조금 내려간다 해도 혜택을 보는 사람은 더 줄어드는데, 자본을 소유한 사람의 수가 더 적기 때문이다. 누르바흐시 교수는 이렇게 설명한다. "자본은 임금과 비교조차 되지 않을 정도로 빠르게 스스로 부를 축적합니다. 그러면 부자가 되는 사람들은 얼마 안 되는 돈을 벌고 있는 가난한 사람들보다 더 빨리 부자가 되죠. 그래서 여러분은 부의 불평등으로 인해 이중 타격 효과를 입게 됩니다."

장재희는 자신이 몸담고 있는 국제노동기구 방콕 사무소에서 자동화를 다룬 보고서 「방직, 의류, 그리고 신발 : 미래의 리패셔닝」을 공동 발간했다. 장재희는 ASEAN의 노동집약적인 의류 및 신발 제조 방식이 결국은 기술에 의해 발목이 잡힐 거라고 믿는다. 보고서 발간에 부쳐 장재희는 이렇게 말했다. '그 부문의 일자리 중 일부는 남겠지만 많은, 특히 자동화가 가능한 비숙련 일자리는 더 이상 필요치 않아질 것이다.'

또 다른 문제는 소봇sewbot(자동화 봉제 로봇―옮긴이) 공장이 아시아가 아니라 유럽과 미국 같은 목적지 시장에 설립될 거라는 위협이다. 지구화 트렌드에 역행해 생산 입지가 도착지 시장으로 되돌아가는 현상을 '리쇼어링reshoring'이라 일컫는데, 그렇다고 이것이 곧 도널드 트럼프 대통령 같은 사람들이 약속해온 제조업의 귀환은 아니다. 아디다스의 최고경영자는 미국에서 리쇼어링이 그다지 유의미한 정도로 일어나고 있지 않다는 견해를 매우 명확히 밝혔는데, 그 이유는 경제적으로 '매우 비합리적'

이기 때문이다.[22] 스피드팩토리 두 곳이 문을 닫기 전에 고용한 노동자 수는 각각 160명에 불과했다.[23]

구두 밑창에는 다이아몬드가 없다

우리가 앞서 살펴보았듯이, 신발 공급 사슬의 노동자들은 이미 저임금에 과로, 그리고 상해와 건강 악화의 위험에 처해 있다. 게다가 화재나 암 발병 또는 공장 붕괴 등으로 인한 죽음의 위협까지 감수해야 하는 노동조건에 처해 있기도 있다. 이런 목록에 이제는 더 빠르고 더 싸고 덜 저항적인 소봇에 밀려날 위험까지 더해졌다. TCF 부문 노동자들에게 무슨 일이 일어날 것인가 하는 문제는 수천만 명이 불확실한 미래를 마주하게 되면서 매년 더 시급해지고 있다. 다시금, 이는 성차별과 관련된 문제이다.

이 ASEAN 국가의 목록을 살펴보자. 캄보디아 내 TCF 노동자의 81퍼센트는 여성이다. 라오스는 86퍼센트, 태국은 76퍼센트, 베트남은 77퍼센트, 그리고 필리핀은 71퍼센트다. 여성이 압도적인 이 노동자층은 평균 연령이 31세로 젊다. 캄보디아에서는 그보다 더 젊은 25세로 내려간다. 캄보디아 내 의류와 신발 일자리의 약 90퍼센트가 조립 라인의 자동화로 위험에 처하면서, 이 노동자층은 사라질 상황에 처해 있다.[24]

미래의 공장에는 공학자와 감독, 그리고 로봇 프로그래머에 대한 수요가 있겠지만, 여성 공장 노동자가 그런 역할을 맡을 수 있으려면 정부와 주주들이 교육과 훈련에 투자할 필요가 있을 것이다. 그러려면 여성이 그런 자리를 맡지 못하게 만드는 성차별적 시스템을 해체해야 한다. 수백만 여성이 가사 노예 상태로 돌려보내질 위기에 처한 상황에서 다각화와 교육이 매우 시급하다.

아시아 전역에서, 흔히 고등교육을 거의 접하지 못하는 젊은 여성들은 공장 노동으로 향하는 처지가 되었다. 노동은 임금을 뜻하고, 임금은 곧 식량과 주거, 그리고 이동을 뜻한다. 이는 여성들이 더 큰 자율성을 갖게 된다는 뜻이다. 이 여성들은 조혼을 피하고, 아이를 너무 많이 낳지 않고, 아니 아이를 아예 갖지 않고, 학대하는 배우자를 떠날 수 있고, 학교에 다니고, 나이 든 부모를 부양할 수 있다. 브랜드와 공장 소유주의 책임이 없다는 말이 아니다. 이 업계의 특징인 총체적 착취에는 변명의 여지가 없다. 하지만 우리는 이 여성들이 로봇에게 일자리를 빼앗기면 어디로 갈 수 있을지를 물어야 한다.

그렇다면 지구상에서 가장 가난한 수백만 명의 일자리를 지워버릴 수 있는 기계를 발명한다는 것은 어떤 의미일까? 조녀선 조나우는 실직의 위험이 자동화의 크나큰 문제점이라는 것을 잘 알고 있다고 말한다. 거기에 관한 우려에 엄청나게 많은 시간을 할애하고 있으며 자신의 일과 양심을 일치시키려 애쓴다고 말한다.

그럼에도 불구하고 조나우는 자신이 여전히 자동화를 위해 노력하고 있는 이유로 세 가지를 꼽는다. 첫째, 우리가 자동화를 베틀이나 재봉틀 같은 이전의 기술적 도약에 비견해야 한다는 것이다. 그것들 역시 실직에 대한 공포와 저항을 불러일으켰다. 그는 이렇게 묻는다. "그럼 이제 우리는 재봉틀을 금지하자고 주장해야 할까요? 저는 그냥 우리 인간이 도구를 만들고 앞으로 나아가는 종이라고 생각합니다. 우리는 노동으로부터 자신을 구하고 있고, 이는 결국 장기적으로 모두에게 이로울 겁니다."

둘째, 조나우는 공장 노동에 반대한다. "이런 일자리들은 경제개발에 중요하고, 사람들이 그것들을 받아들이는 데는 이유가 있습니다. 대안보다야 낫다는 거죠. 하지만 그렇다 해도 거지같은 건 사실입니다."

그는 말을 잇는다. "자기 자식들이 이 일을 하고 싶어 한다고 말하는 의류 노동자를 한 명이라도 찾으려면 무지 고생해야 할 겁니다. 그 사람들이 이 일을 하는 건 자식들이 자라서 이 일을 하지 않길 바라서예요. 한편으로는 그 기회를 빼앗아간다는 게 양심에 찔리지만, 다르게 보면 이건 좋은 일자리가 아니에요. 믿을 수 없을 만큼 따분하고, 임금은 쥐꼬리인데다 불행히도 인권 침해, 노동자 안전 문제 및 환경 파괴로 얼룩져 있죠."

소봇의 가능성을 이해시키려고 많은 시간을 들여 전 세계를 여행하는 조나우는 인도와 방글라데시에 자주 간다. 그곳 사람들을 앞으로 일어날 일에 대비시키고 싶기 때문이다. "우리 옷을 만드는 사람들, 이 모든 상황에서 얻거나 잃을 게 가장 많은 사람들이 실질적 의미에서 거기에 가장 관심이 많다는 사실은 당연하다면 당연하겠죠. '돈이 얼마나 들까?', '언제쯤 우리도 한 대 도입할 수 있을까?', 그런다니까요."

조나우는 세 번째 이유로 방글라데시를 예로 들어, 글로벌 사우스 경제가 직면한 가장 큰 문제는 자동화가 아니라고 주장한다. 로봇 공장에 의해 영향을 받게 될 재봉틀 관련 일자리는 그 기술이 완전히 준비될 즈음에는 이미 사라진 후일 것이다.

로봇 공장이 본격적으로 돌아가고 있을 즈음 방글라데시의 의류 일자리는 이미 쇠락했거나 사라졌을 거라고 조나우는 주장한다. 인건비가 오르면서 방글라데시의 공장들은 다른 아시아 국가, 그리고 최근에는 아프리카로 옮겨가고 있다. 그렇지만 방글라데시는 단일한 산업에 각별히 의존하는 위험한 상태를 유지하고 있다. 방직 및 의류가 정기적으로 모든 수출의 80퍼센트를 차지한다. 방글라데시는 다각화 없이 500억 달러 규모의 TCF 산업으로 세계를 선도하겠다는, 도박이나 다름없는 시도에 1억 인구의 생계를 걸고 있다.[25]

일자리를 둘러싼 서사

누르바흐시 교수는 로봇공학이 이론수학처럼 추상적인 분야였던 오래전부터 그 분야에 종사해왔다. 그때는 로봇공학이 매혹적이지만 우리 주위의 세계에는 별다른 영향을 미치지 않는 것으로 여겨졌는데, 이는 로봇이 사람들을 일자리에서 밀어내고 교전 방식을 바꾸던 2000년대 초부터 점차 변화하기 시작했다. 그런데 그를 괴롭힌 것은 이 기술의 역할, 그리고 그것이 어떻게 사회를 바꾸는지에 관한 공적 논의가 존재하지 않는다는 현실이었다.

『로봇 미래Robot Futures』라는 책을 쓰고, 지금은 카네기멜론 대학교에서 로봇 윤리학을 가르치는 것이 그러한 현실에 대응하는 그의 한 가지 방편이었다. 우리는 그저 아무 생각 없이 기술은 항상 옳다고 가정하며 계속 앞으로만 나아갈 것이 아니라 이 진보된 기술이 우리 사회에 현실적으로 어떤 영향을 미치는가에 반드시 관심을 기울여야 한다고 그는 말한다. 이는 일자리 손실을 둘러싼 서사를 받아들이지 않는 것과 어느 정도 관련되어 있다.

누르바흐시 교수는 이렇게 말한다. "일반적인 로봇 소비자나 로봇 제조업자는 사람들이 지저분하고 지루하고 위험한 업무에 종사해서는 안 된다는 이야기를 자주 할 겁니다. 역설적이게도 이들은 흔히 전용기를 타고 여행을 다니는 백만장자입니다. 이 사람들이 이런 말을 할 때는 로봇이 모든 지루한 노동과 지저분한 노동을 대신해줘서 모든 사람이 필요한 모든 것을 소유하고 있는 세계를 상정하고 있죠. 하지만 지저분하거나 따분하거나 위험하다는 이유로 남들이 기피하는 일을 함으로써 생계를 유지하며 거기서 약간의 존엄성을, 그리고 확실히 약간의 자양분을 찾는 사람이 인류의 큰 부분을 구성하고 있다는 사실을 이런 사람들은 대체로 이해하지 못합니다."

성장의 사다리 걷어차기

세계화 체제에서 브랜드가 더욱 싼 생산 입지를 찾아나서면서, 신발처럼 조립이 쉬운 물품의 생산 사슬은 전 세계로 흩어졌다. 그 결과 글로벌 사우스 전역에 새로운 공장 수천 개가 생겨났다. 낙수 경제는 속임수보다 그리 나을 게 없었고, 이 흐름은 불평등을 종식시키지 못했다. 심지어 상위 소득 국가인 OECD 소속 36개국 내에서도 대다수 국가는 막대한 생태학적 발자국을 남기는 와중에 30년간 가장 높은 수준의 부의 불평등을 직면하고 있다.[26] 그렇지만 제조는 산업화를 지향하는 국가에 전통적으로 가장 중요한 접근법이었다.[27] 특히 TCF 부문은 그간 비공식 농업 경제에서 공식적 임금 경제로 이행하려는 국가에 가장 확실한 수단이었다.[28]

산업화는 세 가지 요소의 도움을 받아왔다. 첫째는 기술의 이동이 쉽다는 것이다. 자동차나 신발 같은 제품은 미국에서든 태국에서든 거의 똑같은 방식으로 공장 조립이 가능하다. 둘째로, 제조라는 분야는 수백만 명의 비숙련노동자를 흡수해 경제에 어마어마한 가치를 더할 수 있는, 고도로 생산성 높은 노동자로 바꿔놓을 수 있다. 소작농의 노동력을 이용하는 중국의 신발 공장이 세워졌을 때 바로 이런 일이 일어났는데, 일을 시작하는 데 필요한 기술은 눈과 손의 기본적인 협응력이 전부였기 때문이다. 밭에서 공장으로 움직인 것만으로도 사람들의 생산성은 껑충 뛰어올랐다.[29]

셋째로, 이런 새로운 공장 노동자들이 생산하는 신발은 세계 시장으로 수출될 수 있다. 그러면 신발 생산 부문은 내수 시장이나 국내 수요 없이도 이윤을 남길 수 있다. 그러면 이론상 국가들은 단일한 유형의 제조에만 통달해도 충분하다. 국내 시장에 의존하는 경우의 문제점은 한 국가 내에 부유한 시민이 다수 있어야 한다는 것이다. 그러한 시민층이 자리잡으려면 경제의 모든 부문이 동시에 성장해야 한다.[30] 또한 이들이 해외 브랜드보다 국내에서 만들어진 신발을 사고 싶어 해야 하는데, 늘 그러하지는 않다.

경제학자인 대니 로드릭Dani Rodrik은 성장을 위한 옵션에서 산업화가 사라지려 한다는 우려를 제시하면서, 그 일부는 자동화 때문이라고 주장한다. 로드릭은 이 과정을 '조기 산업공동화deindustrialisation'라고 일컫는데, 역사상 먼저 산업화를 이룩한 국가들에 비해 후발 국가들이 산업화 기회를 더 일찍 잃어버리고 훨씬 낮은 소득수준에 정체되는 것이다.[31] 자동화 세상에서, 숙련도와 임금이 낮은 대규모의 노동력을 제공하는 능력은 한마디로 별 의미가 없을 것이다. 자동화 세상에서는 인력이 덜 필요하고 더 높은 숙련도가 더 필요하다. 로드릭은 사다리 걷어차기가 일어나고 있는 현장으로 라틴아메리카와 아프리카의 경제 상황을 지목한다.[32]

감당할 수 있는 수준

산업화와 성장을 더한층 밀어붙이는 것이 과연 해답이 될 수 있을까? 우리가 지금 살고 있는, 주주 이윤과 GDP(시장에서 팔리는 재화와 용역의 총비용) 성장을 최우선시하는 경제 시스템은 이미 우리의 지구 사회를 한계점까지 밀어붙이고 있다.

이것이 바로 통계학이 사업의 비용을 고려하지 않을 때 일어나는 일이다. GDP를 그만 놓아주고 오염을 비롯한 생산의 대가를 아우르는 진정한 진보 지표인 GPI를 보기 시작하면 무슨 일이 일어나고 있는지 더욱 명확히 알 수 있다. 경제학자인 케이트 로워스Kate Raworth의 말을 빌리자면, 이는 지구가 감당할 수 있는 수준에서 모두의 필요를 충족하는 새로운 목표를 설정한다는 뜻이다.[33]

하지만 지구가 감당할 수 있는 수준으로 살아야 한다는 사실을 받아들인다는 것이 곧 우리가 국가 간의, 그리고 국가 내의 막대한 경제적 불평등을 이대로 받아들여야만 한다는 뜻일까? 만약 어느 지역이 지금 가난하다면, 그것이 그들의 영원한 운명인가? 아니면 이는 성장을 넘어 좀 더 평등한 사회로 움직인다는 뜻인가?

2008년 금융위기 이후로 경제학자들은 '그린 뉴딜'이라는 프로그램을 연구해왔다. 생활수준을 높이고 녹색 일자리를 만들면서 탈탄소화의 속도를 올리는 등 급진적 변화를 목표로 하는 이 프로그램의 가장 유명한 옹호자는 뉴욕 의회 의원인 알렉산드리아 오카시오 코르테스Alexandria Ocasio-Cortez다. 근본적으로 그린 뉴딜은 기존의 신자유주의적 경제와 사업을 거부한다. 경제성장에 대한 의존을 멈추려면 부유한 국가들이 솔선수범하여 진보가 그저 작년보다 더 많은 물건을 생산하고 판매하는 것이 아님을 받아들여야 할 것이다. 일부 부문, 가장 해로운 부문은 축소되고 변모해야 할 것이다. 이는 삶의 질이 저하된다는 뜻이 아니다. 운 좋게도 우리는 모두가 충분히 누리고도 남을 정도의 식량과 자원을 제공하는 별에 살고 있다. 그래 보이지 않는 것은 자원이 불공평하게 분배되기 때문이다.[34]

그린 뉴딜이 전 지구적으로 적용되느냐, 그리고 글로벌 사우스를 중심에 둘 수 있느냐는 성공과 실패를 가르는 핵심 열쇠가 될 것이다. 신발 산업은 세계에서 가장 부유한 국가들이 글로벌 사우스의 노동과 자원을 약탈한다는 점에서 식민주의 및 노예제와 같은 방향으로 가고 있다. 광물 채굴을 계속하거나 녹색 일자리와 부를 창조할 기회를 글로벌 노스에서 몽땅 독점하는 것 역시 같은 방향이고, 지구 경제를 탈탄소화한다는 것은 이 방향으로 계속 가서는 안 된다는 뜻이다.

이런 의미에서 우리의 잘못을 전부 로봇과 자동화 탓으로 돌려서는 안 된다.[35] 우리가 가진 진짜 문제는 구조적인 것이다. 생산수단의 독점 소유, 이윤 축적, 기업 소유주와 공급 사슬 노동자들 간의 경이로운 수준의 임금 불평등, 어마어마한 거부들과 기업에 대한 한심할 정도로 낮은 세금, 그리고 환경보호에 대한 정치가들의 무관심.

이는 로봇이 자동으로 상황을 개선해줄 거라고 말하려는 것이 아니다. 매년 242억 켤레의 신발을 생산했다가는 반드시 뒤탈이 생길 거라고 경고하는 그 어떤 도덕적·문화적 잣대도 기술적 능력에 제동을 걸지는 못했다. 로봇공학을 통해 생산 속도가 더한층 빨라진다면 우리의 미래를 안전하게 지킬 수도, 이제 그만하면 됐다고 말할 수도 없게 될 것이다. 지구의 생태계가 너무 희소해져서 더는 계속 가는 것이 불가능해지는 지점에나 도달해야 생산에 제동이 걸릴 수 있을 테고, 아마 실제로 그렇게 될 것이다. 하지만 그것이 정말 우리가 원하는 바인가? 아니면 우리의 기술에서 더 우선시되는 뭔가가 있는가?

계산되지 않은 비용으로 넘쳐나는 제화 부문은 GPI식 사고로부터 멀찍이 떨어져 있다. 인류의 한 계층 전체가 공장 임금으로 근근이 최저 생활수준을 유지하고, 그들의 진정한 생계비는 무시된다. 지구는 공짜 자원으로 계산된다. 깨끗한 물, 열대우림, 동물들, 우리가 호흡하는 공기와 사회의 안녕은 모두 소모품 취급을 받는다. 중시되는 것은 오로지 기업과 그들의 주주들이 챙겨 가는 이윤뿐이다.

노벨상을 받은 경제학자 조지프 스티글리츠Joseph Stiglitz는 생산 효율이 반드시 시스템 효율 또는 소비 효율에 부합하지 않는다고 썼다. 신발의 역사 전체에 걸쳐 더 빠른 생산수단의 등장은 그저 더 많은, 그리고 종종 더 나쁜 품질의 신발이 만들어진다는 뜻이었다. 자본주의 아래서 로봇 공장 같은 기술 발전으로 인해 만들어지는 신발의 양이 줄어들거나 더 지속 가능한 신발이 만들어질 거라고 믿을 만한 근거는 전혀 없다. 현재의 조건에서 그보다 더 가능한 예측은 한정적인 일부에게는 과잉생산과 과잉소비가 가속화되리라는 것이다. 이는 나머지 모두에게 소득 불평등 및 가난의 심화를 뜻한다.

그러나 로봇은 진화를 거듭하고, 가격은 내려가고 경쟁력은 높아진다. 누르바흐시 교수는 이렇게 말한다. "로봇은 내일이면 오늘 할 수 있었던 것보다 더 많은 일을 할 수 있게 될 겁니다. 우리는 일방향 길 위에 있습니다. 때로는 걷고 때로는 달린다는 게 유일한 차이점이죠."

지금 우리 앞에 놓인 문제는 전 지구적 시민권을 어떻게 보호하느냐라고 그는 말을 맺는다. "이제 공공선은 정부가 제공하는 보호에 달려 있습니다. 제가 보기에 기업들은 이 문제에서 전혀 자발적으로 규제할 기미가 없습니다." 기업들이 스스로 알아서 기준을 도입할 거라는 생각은 공상에 불과하며, 우리 모두의 환경 미래는 부를 재분배하고 녹색 일자리를 창출하는 전 지구적 경제 탈탄소화 및 탈기업화 프로그램에 달려 있다.

로봇은 미국 대통령 선거를 뒤흔들었나

앞서 이야기한 아이다호로 돌아가면, 셰인 디트리히는 미국과 유럽의 자동화 결과에 관해 크게 걱정하지 않는다. 셰인은 말한다. "제조 시설 여러 곳을 두루 다녀온 제가 말씀드릴 수 있는 건, 그중 90퍼센트 이상, 아니 아마도 95퍼센트 이상은 노동력이 부족하다는 겁니다. 예전에는 흔히 직접적 노동 절감이 자동화를 합리화하는 근거였죠. 저희는 당신네 일자리 세 개가 필요 없게 될 거고, 3년 후면 자동화에 들인 비용을 전부 회수할 수 있게 될 거고, 그 후부터는 그냥 앉아서 돈을 벌게 될 거라고 말하곤 했어요. 왜냐하면 더 이상 인건비가 들지 않으니까요. 그런 식으로 그 비용이 정당화되었죠." 하지만 이제 미국 회사들은 직원을 구하고 유지하는 데 어려움을 겪으며, 그들이 자동화를 지향하는 건 인건비를 절감하기 위해서가 아니라 인력이 부족해서라고 셰인은 주장한다.

미국의 제45대 대통령 도널드 트럼프는 자신이 세계 시장을 규제하고 관세를 부과하는 대신 국내 시장의 규제를 푸는 것을 선호하는, 세계화의 적이라고 공언한 바 있다. 그리고 2016년 선거 유세 중에 갈수록 해외로 옮겨지는 일자리의 공백 때문에 어려움을 겪고 있는 지역에 임금이 높은 제조 일자리를 돌려놓음으로써 '미국을 다시 위대하게 만들겠다'고 약속했다.

비록 현실과는 거리가 조금 있었지만 수사학 면에서는 천재적이었다고 할 수 있다. 일자리가 자동화의 위협에 처해 있는 것은 글로벌 사우스만의 이야기가 아니었기 때문이다. 2018년, 옥스퍼드 대학교의 학자 세 명이 「정치적 기계 : 로봇들이 2016년 미국 대통령 선거를 뒤흔들었는가Political Machinery: Did Robots Swing the 2016 US Presidential Election?」라는 논문을 발표했다. 논문의 가설은 기술에 밀려난 유권자들이 급진적인 정치적 변화를 택할 가능성이 더 높다는 것이었다. 학자들은 여기에 착안하여 트럼프와 클린턴의 백악관을 향한 경쟁에 로봇이 미친 영향력을 살펴보았다. 그리고 자동화에 더 많이 노출된 지역 노동시장에서 트럼프의 지지도가 더 높다는 사실을 발견했다.

이 논문의 공저자인 친치 첸Chinchih Chen 박사는 자신이 이 주제에 관심을 갖게 된 것은 산업용 로봇이 정치적 동요에 불씨 역할을 할 가능성을 보았기 때문이라고 말한다. 신념이 아니라 자동화가 정치적 행위의 동력이 될 수도 있을까? 데이터 분석 결과는 충격적이었다. 논문은 미시간 주와 펜실베이니아 주, 그리고 위스콘신 주 주민들이 만약 선거 바로 이전 몇 년간 로봇과의 접점이 더 적었다면 힐러리 클린턴에게 우호적인 경향을 보였을 거라는 결론을 내린다. 그랬으면 선거인단에서 민주당원이 다수를 차지해 클린턴을 백악관에 앉혔을 것이다.

자동화가 정치적 동요를 야기한다는 문제는 25~54세의 미국 남성 중 24퍼센트가 2050년까지 일자리를 잃을 거라고 예측하는 연구 결과에 비추어보면 더한층 선명하게 부각된다.[36] 이는 1930년대 미국의 대량 실직과 이주, 그리고 고통을 포착한 사진작가 도로시아 랭Dorothea Lange의 작품을 연상케 하는 불안한 전망이다. 랭의 흑백사진들은 우리가 대공황 시대의 황진dust bowl에 뒤덮인 이주 농장 노동자들의 고난을 엿보게 해주었다.

돈과 기술에 접근할 수 있는 능력은 변화의 속도를 따라잡는 데 필수적이며, 자동화 시대에 이는 그 어느 때보다도 진실이다. 미국에서 이루어진 연구들은 히스패닉과 아프리카계 미국인, 그리고 젊은 층을 포함한 특정 인구 집단이 일자리 자동화에 더 취약한 상황에서 교육의 결여가 일자리 자동화 위험을 높인다는 결과를 내놓았다.[37]

'잘못된 시대'에 태어난 사람들

자동화는 종종 '창조적 파괴'의 범주에 딱 들어맞는다. 창조적 파괴란 노동자들이 비록 당장 해고되더라도 결국 새로운 고용 기회가 생겨날 거라는 주장이다. 하지만 이 길은 원만하지도, 평등하지도 않다. 예컨대 1780~1840년에 일어난 기계화를 살펴보자. 이는 수만 명이 일자리를 잃은, 영국의 노동자들에게 엄청난 대격변의 시기였다.

부유한 사업가들이 깔고 앉은 금 더미는 산더미처럼 부풀어 올랐고, 실직의 영향은 노동자들의 신체적 건강에서 명확히 드러났다. 1850년과 1760년의 영국 남성들을 비교해보면 오히려 전자의 키가 더 작은데, 그 이유는 제대로 먹지 못해서였다. 옥스퍼드 보고서는 다음과 같이 지적한다. '거의 모든 면에서, 일반 영국인의 물질적 기준과 생활 조건은 1840년 이전까지 개선되지 않았다.'[38] 새로운 일자리가 실제로 등장했을 때는 뚜

렷한 차이가 나타났다. 맨 처음으로 등장한 기계는 어린아이라도 다룰수 있을 정도로 간단했고, 아이들은 급속히 1830년대 방직 노동력의 절반을 차지했다.

오늘날 자동화가 제기한 문제들을 살펴보면서 첸 박사는 기술적 변화라는 생각을 부정하지는 않는다. "고대 이래로 기술은 우리가 비록 단기적으로 고생하지만 장기적으로는 이득을 본다는 뜻이었어요. 시간 단위를 100년, 200년으로 잡으면요." 하지만 '잘못된 시대'에 태어난 오늘날의 사람들에게는 무슨 일이 일어나겠는가? 자동화에 일자리를 빼앗긴, 30세의 캄보디아 신발 공장 여성 노동자는 남은 노동 인생 내내 뭘하겠는가? 진보가 왜 가장 가진 게 없는 사람들의 고통을 또다시 요구해야만 하는가?

대량 실직의 충격을 완화하려면 전 지구적 규모의 정치적 계획이 필요하다. 세대 규모의 기술 전환skills switch이 필요하다. 이는 그저 조립 라인에 필요한 것 이상의 기술을 갖출 수 있도록 사람들을 재훈련시킨다는 뜻이 될 것이다. 우리 앞에 놓인 도전은 일자리들이 유의미하고 보수가 좋으며 자연 세계와 조화를 이루는 전 지구적 녹색경제를 다시 상상하는 것이다.[39]

이는 시급한 도전이다. 임금이 상승하고 기업이 로봇이 약속하는 이윤 상승폭에 그 어느 때보다도 강한 유혹을 받는 지금, 노동집약적인 신발 산업의 자동화는 기후 붕괴와 나란히 당장이라도 닥쳐올 듯하다.

만약 요구와 경제적 계획이 각 국가의 국경 안에만 머문다면 전 지구적 녹색경제로의 이행은 불가능하다. 세계를 바꾸는 데는 전 지구적으로 막대한 노력이 필요하다. 이는 가장 가난한 국가들이 신재생에너지로이행하는 과정에 가장 부유한 국가들이 힘을 보태야 한다는 뜻이 될 것이다. 자선 행위로서가 아니라 수 세기의 식민 지배, 착취와 불공정 무역 거래를 인정하고 배상하는 행위로. 오로지 그런 다음에야 우리는 인류와 지구에 영향을 미치는 전 지구적 합의를, 더 밝고 더 공평한 세계로의 응당한 이행을 보게 될 것이다.

기계는 지치지 않는다

온라인에서는 매년 수십억 개의 상품이 판매되지만, 거대 인터넷 기업인 아마존에서 그중 특히 신발은 대형 사업이다. 2016년 아마존은 홍보를 위해 단 하루 동안 할인 판매를 실시했는데, 그날 하루에 전 세계 쇼핑객을 대상으로 100만 켤레가 넘는 신발을 판매했다.[40] 아마존은 오프라인 판매점을 운영하지 않는 터라 주문받은 상품 모두를 거대한 물류센터에서 발송하는데, 아마존은 그 물류센터를 '주문처리센터fulfilment center'라고 부르길 좋아한다. 이런 물류센터의 노동력에는 인간도 있고 로봇도 있다.

공급 사슬의 이 부문에 도입한 로봇으로 인해 일자리 손실이 야기되지는 않았다. 자동 진공청소기처럼 생긴 작은 오렌지색 플로어 로봇 수천 대가 사람들과 나란히 아마존 물류센터 안을 헤집고 다니며 재고를 수집한다. 한편 더 큰 로봇은 더 높은 선반에 놓인 물건을 아래로 내려놓는다.

나이젤 플래니건Nigel Flanagan은 전 지구적 노조인 UNI 글로벌 유니언의 상임 노조 조직가로 7년간 활동했다. 아마존에 근무하는 노동자 수백 명을 인터뷰하고 아마존으로부터 출입 허가를 받아 폴란드에 위치한 주문처리센터에 다녀온 나이젤은 자신이 본 광경에 충격을 받았다. "「닥터 후」에서 달렉들의 지배를 다룬 에피소드가 절로 떠오르더군요. 상상하는 만큼 그렇게 엄청 번쩍번쩍하거나 미래지향적이지는 않아요. 사람들이 있고, 플로어 로봇들이 돌아다니는 걸 보면 약간 엉성하고 조잡해 보이죠. 하지만 로봇들은 기본적으로 모든 노동을 주도하고 있어요."

아마존은 썩 개운찮은 노동 관행으로 오래전부터 관심을 받아왔다. 〈파이낸셜 타임스〉는 2013년 노동자들이 물류센터에서 서로 대화하는 것을 막는 아마존의 엄격한 '삼진아웃' 제도에 관해 보도했고,[41] 〈뉴욕 타임스〉는 2015년 면밀한 조사를 실시해 노동자들이 움직이는 속도를 높이도록 컴퓨터로 감시당하고 있는 현실에 관해 상세히 보도했다.[42] 아마존은 '당사의 전 직원을 존엄성과 존중으로 공정하게 대우하는 데 하루도 빠짐없이 심혈을 기울이고 있다'고 주장한다.[43]

로봇은 이 제도에 감시를 한 겹 더 추가했다. 카메라가 설치된 로봇은 노동자들을 감시하고 자기 업무를 제대로 하고 있는지를 촬영한다.

나이젤은 말한다. "노동자들이 왜 로봇을 박살내지 않고 놔두는지 궁금해지더군요. 감히 그럴 엄두를 내지 못하는 건 로봇이 모두 감시 카메라를 장착하고 있기 때문이라나요. 만약 로봇을 손상시키거나 태업을 벌이면, 아마존은 기록에 접근할 수 있으니 경위를 파악할 수 있겠죠."

로봇은 지속적인 감시자 역할 외에 물류센터의 노동에 또 다른 변화를 가져왔는데, 그것은 진정 기계적인 속도였다. 비록 재충전이 필요하지만, 로봇은 피로를 모르고 근무시간이 아무리 길어져도 속도가 떨어지지 않는다. 업무를 최종 마무리해주는 인간 '동료'가 필요하지만, 로봇은 속도를 늦추거나 한숨 돌리고 싶은 욕구를 느끼지 않는다. 나이젤은 말한다. "로봇에게는 '나 소변보러 가야 하는데 잠깐만 멈춰줄래?' 또는 '아얏, 무릎을 다쳤어'라고 말할 수 없다는 점이 힘들죠. 그냥 로봇 뒤를 쫓아 계속 달려야 합니다. 그리고 만약 자리를 비우면 로봇은 경영진에게 내가 농땡이 치고 있다는 증거를 갖다 바칠 수 있죠."

이는 로봇이 인간 노동자의 조력자가 아니라 그와 반대되는 시스템을 만들어낸다. 나이젤은 말을 잇는다. "자율성은 박탈당하고, 이동이나 의사 결정의 자유가 전혀 없는 상태입니다. 로봇은 그 어떤 식으로도 노동자들의 노동 생활을 전혀 개선하지 않아요. 그저 노동 강도와 속도를 한층 높이고, 휴식 취하는 걸 더 어렵게 만들 뿐이죠."

아마존의 시스템이 인간과 기계의 전통적 관계를 역전시키고 있다는 점에 착안한 한 작가는 인간을 '고기 알고리즘'이라고 묘사했다. 움직이고 명령에 따르는 능력을 제외하면 아무것도 아닌, '고용하고 해고하고 학대하기' 쉬운 존재로 전락했다는 것이다.[44]

로봇의 속도는 심각하게 부정적인 영향을 미치는데, 수많은 사람들, 특히 노동자 대표들이 우려를 표하고 있다. 한 GMB 노조(영국의 산별노조급 노동조합 – 옮긴이)는 영국에 위치한 아마존 물류센터에서 상해율을 조사한 결과 3년간 14개 센터에서 구급차가 600회 호출되었다고 발표했다. 그중 116건은 스태퍼드셔의 아마존 루겔레이 부지에서 이루어졌는데, 거기에는 임신한 여성 세 명, 그리고 중증 외상 세 건이 포함되었다. 또한 의식을 잃거나 감전 사고로 치료가 필요한 사례도 있었다. 그에 비해 근처의 창고형 슈퍼마켓에서는 동일 기간에 겨우 여덟 건이 전부였다.[45] 아마존은 '이런 데이터나 근거 없는 일화에 기반해 당사의 노동조건이 안전하지 않다고 하는 것은 터무니없는 주장이다'라고 대응하면서, 이런 고발은 자기네 물류센터에서 일어나는 상황을 정확하게 반영하지 않는다고 덧붙였다.[46]

각자의 발에 딱 맞는 신발도

아마존 물류센터에서 기술은 인간의 삶을 더 낫게 만드는 게 아니라 이윤을 더 높이는 데 이용되고 있다. 그러나 생활수준을 더 높이는 데 이용될 수 있는 기술들이 이미 존재한다. 발의 형태를 결정하는 요소는 여러 가지다. 뒤꿈치에서 발가락까지의 길이, 발등 높이, 발목 둘레, 거기다 발등, 엄지발가락 밑면과 뒤꿈치의 폭과 둘레 등. 이런 특징들은 우리의 발

모양을 지문 못지않게 독특하게 만든다. 이처럼 복잡한 특징들은 발이 단순히 수치화된 사이즈로 압축되는 하이 스트리트 패션에는 반영되지 않는데, 이 체제는 너무나 불완전해서 브랜드에 따라 동일한 사이즈로 표시된 신발들 사이에 최고 네 사이즈까지 차이가 날 수 있다.[47]

사람의 발 모양이 저마다 독특하다는 문제를 해결하는 전통적 방식은 각 고객의 발 모형을 나무로 본뜬 구두골을 이용하는 것이었다. 오늘날 그런 맞춤 신발 한 켤레를 제작하는 데는 최고 수천 파운드까지 들기도 한다. 그러나 어쩌면 기술을 이용해 이 과정을 대중화하는 것이 가능할지도 모르는데, 특수하게 제작된 트레드밀과 레이저 스캔을 이용해 각자의 발에 완벽하게 맞는 신발을 결정하는 것이다. 그렇게 파악한 치수를 3D프린터로 찍어내거나 위탁 생산할 수 있다. 그리고 보통 신발을 닳게 만드는 걸음걸이나 체중을 고려해 더 튼튼하게 만들 수도 있다.[48] 최고의 품질과 개인에게 맞춤한 제품을 제공하는 이와 같은 기술이라면 신발 소비를 대폭 줄이는 해법이 되어줄지도 모른다. 그러나 문제는 기술이 공익을 위해 사용되지 않는다는 것이다.

노동 이후의 사회

발명가이자 로봇 기술자였던 프랜시스 게이브Frances Gabe에게 자동화는 단조롭고 고된 노동으로부터 여성을 해방하기 위한 구체적 수단이었다. 1915년에 태어난 게이브는 오리건 주 뉴버그에서 자동 청소 주택을 설계하고 건축한 선각자였다. "여성해방에 관해 뭐라고 떠들든 상관없지만, 주택은 여전히 여성들이 하루의 절반을 무릎 꿇거나 구멍에 고개를 집어넣은 채 일하도록 설계됩니다." 1981년 게이브는 〈볼티모어 선〉에 그렇게 말했다.[49]

자동 청소 주택에서는 그릇 찬장이 동시에 식기세척기 역할을 하므로 집어넣기와 꺼내기를 끝도 없이 반복할 필요가 없다. 벽장에서는 의류 세탁과 건조가 모두 이루어지며 스프링클러 버튼만 누르면 벽과 바닥이 모두 물로 세척되고 그 후 모든 게 바람으로 건조된다. 이는 천재적인 발명품의 모습을 한 정치적 주장이자 감사받지 못하는, 끝없는 가사노동으로부터 여성을 해방시키기 위한 운동이었다.

신발 산업에서도 이런 유형의 자유를 얼마든지 상상해볼 수 있다. 자동화의 미래와 신발에 관해 국제노동기구 소속 경제학자인 장재희는 '가장 반복적이고 지루하고 머리를 쓸 필요가 없는 의류와 신발 제조 업무를 로봇이 담당하는' 가장 이상적인 시나리오를 그려낸다. "또한 인간 노동자에게는 위험할 수 있는 화학물질을 혼합하는 것 같은 위험하고 지저분한 임무의 다수가 로봇에게 돌아가죠."

하지만 이제껏 산업 발전의 역사에서 인간의 안녕에 대한 고려가 없었음이 이토록 빨리 드러나고 로봇공학의 초점에, 또는 로봇이 누구와 무엇을 도울지를 결정하는 데 민주적 통제력이 전혀 발휘되지 않는 상황에서 그것이 과연 가능할까? 2007년, 화가인 릴리 벤슨Lily Benson이 프랜시스 게이브의 자동 청소 주택을 방문했을 때 집은 폐허로 변해 있었다. 벤슨은 게이브와 그 프로젝트가 투자와 지원을 받지 못한 것이 '벤처자본가들은 여성을 가사노동으로부터 해방시키는 데 전혀 관심이 없었기' 때문이라고 썼다. 시대를 앞섰던 여성인 게이브는 스스로 헤쳐 나갔다. 벤슨은 이렇게 썼다. '재정 지원을 받지 못했는데도 프랜시스는 그저 목표를 향해 나아갔고, 자신이 가진 자금과 자신의 두 손으로 온전히 집 한 채를 지었다. 원형은 비록 완벽하게 기능하지 않았지만, 게이브의 비전과 꿈을 담은 실제 크기의 모형이었고 게이브에게 쉴 곳을 제공했다.'[50]

그렇다면 어떻게 해야 자동화의 혜택이 모두에게 돌아가게끔 할 수 있을까? 로봇은 우리가 끝없는 성장과 막대한 불평등의 구렁텅이에서 벗어나도록 도와줄 수 있을까? 만약 자동화가 노동을 좀 더 공정한 방식으로 재분배하는 데 도움이 될 수 있다면? 과로한 노동자들의 일거리를 덜어주고, 직장을 잃은 사람들이 의미 있는 일거리를 찾게 해주고, 단순히 임금을 넘어 소득을 얻을 수 있는 다른 방식을 창출하는 데 로봇이 이용될 수 있다면?

주 5일제를 주 4일제로 단축해 노동자들에게 사흘의 주말을 제공하면서 동일한 임금을 주는 것을 포함하는 아이디어가 이미 제시되어 있다. 영국에서 이 발상은 노동조합총협의회TUC의 지지를 얻어 노동당에서 채택되었다. 미국에서는 알렉산드리아 오카시오 코르테스 하원의원이 로봇이나 생산 자동화로 발생한 수익에 최고 90퍼센트까지 세금을 물린다는 안건을 내놓았다. 사람들이 자동화에 환호하지 않는 이유를 코르테스는 다음과 같이 옳게 짚었다. "우리는 일자리가 없으면 나가 죽는 수밖에 없는 사회에 살고 있거든요. 그리고 그게 바로 우리의 핵심적인 문제죠."[51]

로봇에 물리는 세금은 가난을 몰아내고 재정적 안정을 확보하기 위한 보편 기본소득의 재원으로 이용될 수 있다. 보편 기본소득이란 국가가 생존에 필요한 최저 금액을 모든 사람에게 무조건적으로 지급해야 한다는 개념이다. 캐나다, 미국, 인도, 나미비아와 가장 최근에는 핀란드에서 시범 운영되었는데, 핀란드에서는 총 2,000명의 시행 집단에 2년간 매달 560유로(약 75만 원-옮긴이)를 지급했다.[52]

보편 기본소득은 단순히 빈곤 타개를 넘어 사람들이 인생에서 그저 노동만이 아니라 더 많은 것을 누리게 해주는 핵심 수단이다. 이는 사람들의 삶이 단순히 시장을 기반으로 하는 생산 활동과 동의어가 되지 않고 예술, 문학, 음악, 공연, 스포츠, 정치, 여행과 공동체에 더 쉽게 접근하도록 해준다.

픽스페스트Fixfest 같은 단체들은 니코 페히Niko Paech 같은 경제학자와 협력하여 사람들이 1주일에 20시간은 노동을 하고 20시간은 산업 생산 시스템과 완전히 별도로 제품을 수리 및 생산하고 공유하는, '소비자'를 '프로슈머prosumer(생산/소비자)'로 바꾸는 시민 주도 변화 프로젝트를 위해 앞장서 활동하고 있다. 가장 중요한 것은 이 모든 아이디어가 전 세계적으로 적용되어야 한다는 것이다. 단순히 글로벌 노스만이 아니라 글로벌 사우스의 시민들에게도 적용 가능하고 바로 접근 가능해야 한다.

그런 계획을 위한 재원을 도대체 어디서 마련할지 궁금하다고? TUC는 인공지능과 로봇공학 및 자동화를 통해 향후 10년간 영국의 경제 생산량을 2,000억 파운드 더 끌어올릴 수 있을 것이라고 추산한 바 있다. 문제는 돈이 공정하게 분배되지 않고, 현재 극소수에 불과한 실리콘밸리 거물들의 손아귀에 집중되어 있다는 것이다. 따라서 넘어야 할 난관은 부의 공평한 분배를 확보하는 것이다. 아울러 그린 뉴딜의 지지자들이 즐겨 말하듯, 이는 했을 때보다 '안 했을 때' 더 큰 비용이 드는 일이다.

공평한 분배라는 난제는 동일 임금에 노동시간 축소라는 난제와 마찬가지로, 두 세력 간의 전투에 달려 있다. 공평한 분배로부터 이득을 얻게 될 다수 대 부의 독점에서 더 이득을 보는 소수. 수작업의 축소와 글로벌 사우스의 노동 및 성 불평등으로 인해 신발 산업은 가까운 미래에 저항하기 힘든 변화를 맞게 될 것이다. 바로 그때야말로 우리가 경제활동을 인간 착취 및 생태 파괴로부터 분리할 수 있음을 입증해야 할 때다. 로봇은 그 기회를 제공할 것이고, 우리는 기업이 유일한 수익자가 되는 것을 손 놓고 지켜만 봐서는 안 된다.

9
신발이 발에 맞으면

회색빛 런던 하늘 아래 2,000명이 폴란드 대사관 앞에 모여 있다. 카토비체에서 열리는 제24차 유엔 기후 회담을 하루 앞둔 저녁, 마그다 올레요르Magda Oljejor는 폴란드 활동가들이 보내온 전언을 낭독하기 위해 임시로 만든 연단에 오른다.

마그다는 말한다. "우리는 가장 중요한 건 비즈니스와 돈이라는 말을 귀에 못이 박이도록 듣습니다. 사람보다 더 중요하고 환경, 건강, 사랑과 우정보다 더 중요하고 우리의 미래보다 더 중요하다고요. 이제는 이 사람들이 자기가 하는 일이 우리 존재를 위협한다는 사실을 납득해야 할 때입니다."

"이게 까다로운 부분입니다. 여기 모인 분들 중에 폴란드어를 하는 분이 계시면 절 좀 도와주셨으면 합니다. 이런 얘기죠. '라젬 들라 클리마투! 라젬 들라 클리마투!'" 마그마는 그렇게 말을 맺는다. 군중은 추위를 떨치려 발을 구르며 구호를 따라한다. '라젬 들라 클리마투Razem Dla Klimatu(우리 함께 기후를 위해)'라고 적힌 파란색 플래카드를 들어올린다.

연단에 오른 하원의원 클라이브 루이스Clive Lewis는 군중을 향해 산업화를 최초로 이룩한 국가로서 영국이 기후변화에 맞서는 데 앞장서야 할의무가 있다고 말한다. 영국의 산업화에 연료를 댄 것은 정복과 노예제도였다고, 설탕을 만들기 위해 아프리카에서 납치되어 서인도제도의 섬으로 끌려간 사람들이었다고 그는 주장한다. 자기 아버지의 출신지인 서인도제도의 주민들이 이제는 산업과 기후 붕괴가 불러온 허리케인에 두들겨 맞고 있다고 말한다.

사람들은 저마다 집에서 만들어 온 플래카드를 흔든다. '지구의 미래가 우리의 미래', '대자연 어머니의 살해를 중단하라', '기후변화 말고 시스템 변화'. 멸종반란Extinction Rebellion의 검은 인장이 찍힌 분홍색과 오렌지색과 파란색 깃발이 차가운 바람에 나부낀다.

빈곤과의 투쟁War on Want(국제적 빈민 구제를 목표로 하는 영국의 자선 조직 – 옮긴이)에서 나온 아사드 레흐만Asad Rehman이 발표한다. "우리는 한 시스템 안에 있습니다. 유색인종과 가난한 사람들은 이윤을 위해 희생될 수 있다고 말하는 경제 시스템이죠. 우리는 기업과 거대 기업의 이익이 보통 사람들의 이익보다 우선시되는 시스템 안에 살고 있습니다."

연설과 환호가 끝난 후, 시위대는 폴란드 대사관을 떠나 런던의 가장 유명한 쇼핑 구역인 옥스퍼드 서커스를 향해 행진했다. 나이키 타운, H&M, 버버리와 탑샵 지점들 앞을 지나, 어리둥절한 표정의 크리스마스 쇼핑객들을 지나, 스트레스에 짓눌린 판매직 노동자들을 지나, '선택'을 가장하는 것들을 지나, 기업의 은행 계좌로 끝도 없이 흘러드는 수십억 파운드를 지나 행진했다. 리젠트 스트리트를 걸어 클라크, 캠퍼, 애플과 또 다른 H&M 지점을 지난 시위대는 트라팔가 광장으로 접어들어 영국 정치권력의 심장부인 다우닝 가로 향했다.

국가보다 강력한 기업

향후 10년간 이루어질 결정들은 인류를 포함해 이 지구별에 살고 있는 수만 종의 운명을 좌우할 것이다.

신발이 이 시스템에서 유일하게 파괴적인 물품은 결코 아니지만, 어떻게 그런 단순한 물품이 그런 아수라장을 불러올 수 있을까? 인간과 이 행성을 보호하기 위한 견제와 균형은 어디에 있을까? 책임은 어디에 있을까? 이런 의문에 답할 수 있으려면 신발 산업의 울타리에서 한 발짝 떨어져서 세상이 어쩌다 이렇게 난장판이 되었는지를 보여줄 문제들의 뒤엉킨 실타래를 한 가닥 한 가닥 풀어나갈 필요가 있다. 여기서 우리는 기업 권력의 발흥과 법제도의 대처 능력 결여라는 가닥을 풀어낼 것이다. 기업의 사회적 책임CSR 프로그램이 어떻게 진보를 전복시키고 저항을 범죄화해왔는지, 그러면서 물론 우리가 사는 자본주의 경제 시스템이 진보에 어떤 식으로 제동을 걸어왔는지를 살펴볼 것이다.

이 책에 실린 환경과 노동권의 범죄 중 다수는 기업이 저지른 것이다. 그들은 흔히 다수의 국가보다 더 강력하기 때문에 내키는 대로 자유롭게 행동할 수 있다. 문제는 일련의 심각한 권력 불균형이 세계화의 특성 그 자체라는 것이다. 그중 첫째는 국가와 기업 간의 불균형이다.

GDP, 즉 국내총생산은 한 국가 내에서 특정한 기간 동안 생산되는 전체 재화와 제공되는 전체 용역을 모두 합해서 결정된다. 이 계산에 따르면 2019년 초 세계 1위부터 5위까지는 미국, 중국, 일본, 독일, 그리고 영국이 차지한다. 현재 GDP 순위는 국가에만 적용되지만 만약 기업을 포함시킨다면 어떠할까? 나이키를 국가로 취급해 경제 순위를 매긴다면 전 세계에서 96위라는 높은 순위를 차지할 것이다. 이는 카메룬보다도 높다. 월마트는 4,858억 7,300만 달러의 GDP로 벨기에보다 높은, 세계 24위를 차지할 것이다.[1]

그럼에도 기업은 국가와 달리 계산에 들어가지 않는다. 거대 기업은 단순히 다국적기업이라고 할 게 아니라 '후post국가적, 초trans국가적, 심지어 반anti국가적' 기업이라고 해야 하는데, 자신들의 사업 진행을 제약하는 모든 것에 맞서기 때문이다.[2]

더 엄격한 법이 필요하지 않을까?

그린피스 국제법 팀에서 함께 일하고 있는 대니얼 시먼스Daniel Simons와 찰리 홀트Charlie Holt는 기업 대 환경의 전시 상태에서 한시도 긴장의 끈을 놓지 못하고 있다. 찰리는 설명한다. "최근 몇십 년간 기업 권력이 어마어마하게 몸집을 부풀렸어요. 하지만 국제 공동체의 책임 메커니즘은 거기에 한참 뒤처진 상황이죠. 우리는 권력에 걸맞은 책임을 지우는 데 별다른 진전을 이루지 못하고 있습니다."

견제와 균형이 부재하는 상황에서 기업은 국가, 특히 글로벌 사우스의 국가들을 지배할 수 있다. 대니얼이 덧붙인다. "고용이 필요한 국가에서는 기업의 협상력이 커집니다. 세금을 부과하지 말라고 요구할 수 있고, 노동조건이나 환경규제가 자기들한테 유리하게 적용되도록 로비 활동을 할 수도 있죠."

그리고 글로벌 노스의 기업들은 글로벌 사우스 국가의 부패한 권력층을 매수해 자기들이 원하는 대로 규제를 좌우하기도 한다. 이 부당한 영향력은 국가 내부에도 존재한다.

하지만 국제법으로는 환경기준을 지키는 일, 그리고 부유한 국가나 기업이 아무런 대가도 치르지 않고 가난한 국가를 개방해 쓰레기통으로 이용하는 일을 막는 게 불가능한가?

현재의 국제법 아래서 개별 국가는 어떤 조약에 조인하고 어떤 조약을 거부할지 결정할 수 있다. 경제성장과 기업 활성화를 원하는 국가는 자유무역협정에 조인하기 급급하고, 그러는 한편 환경이나 노동권 문제는 흔히 기피하려 한다. 이는 여전히 국가 주권의 문제로 여겨지므로, 국가에 집행 메커니즘을 강제하는 것은 불가능하다. 최종적인 정치권력과 법의 권위는 국경 안에 자체적인 법과 규제를 두고 있는 각국 정부에 주어져야 한다는 것이다.

국가가 기본적인 환경기준이나 노동자 보호를 위한 서약을 꺼리는 것은 외국의 투자를 끌어들여야 하기 때문이다. 정유공장과 달리 신발 공장은 다른 국가나 다른 대륙으로 옮길 수 있다. 이윤이 가장 많이 남는 생산 옵션을 추구하는 기업은 인건비가 가장 싸고 환경기준상 가장 이득이 남는 곳이면 어디든 가리지 않는다.

이 책에서 줄곧 다뤄온 것은 바로 이 '바닥을 향한 경주race to the bottom'이다. 세계화와 불평등의 충돌 속에서 더 가난한 나라가 가난의 구렁텅이에서 벗어나려면 자신들을 계속 기업에 개방하는 수밖에 없고, 이는 다시금 학대에 취약해진다는 뜻이다.

전 지구적 무역의 특징은 국가 개입의 정도가 제각각이라는 것이다. 국가는 자국 국경을 넘나드는 재화에 대해 엄격한 규제나 관세를 적용할 수도 있고, 아니면 이른바 '자유무역' 접근법을 취할 수도 있다. 이는 규제와 관세를 최소화하거나 아예 제거하는 방식이다.[3] 대니얼은 말한다. "문제는, 무역을 자유화하면 투자를 더 많이 유치하고 수출을 증대하기 위해 국가가 환경기준을 낮추고 싶은 유혹을 받게 된다는 겁니다. 경제 활동은 환경법, 세금법, 노동권 같은 측면에서 가장 저항이 덜한 국가로 옮겨갈 겁니다." 노동과 환경기준을 보호하기 위한 협약으로 보완되지 않는 무역 자유화는 재앙의 레시피다.

유럽연합 같은 국가 공동체는 환경 및 노동권과 소비자 권리를 지키기 위한 보호막을 세워왔고, 그 덕택에 유럽연합 내의 위험한 관행을 어느 정도 감소시킬 수 있었다. 하지만 오염 산업은 지구상에서 사라지는 대신 보호책이 덜 엄격한 국가로 수출되었다. 이를 가장 명확히 보여주는 사례는 가죽 산업이 방글라데시에서 야기한 대파국이다.

케이먼에서 법정으로

오늘날까지 국제 시스템은 '유엔 기업과 인권에 관한 이행 지침' 같은 자발적 움직임에 의존해왔다. 이 2011년의 협약은 역사적 돌파구이자 더 이상 인권 수호의 책임이 단지 각국 정부에 머물지 않는다는 것이 세계적으로 인정된 순간으로 칭송받았다. 이 원칙들은 기업이 어떻게 행동해야 하는지에 관한 기대의 집합체였지만, 어디까지나 자발적 수준에 머무는 탓에 사적 부문은 여느 때와 마찬가지로 비윤리적이다.

유엔의 한 정부 간 실무협의회는 이 상황을 바꿀 수 있기를 바라며 기업에 인권 준수 의무를 부과하기 위한 구속력 있는 조약을 검토하고 있다. 지금까지 그 진행 상황은 매우 느린데, 글로벌 사우스에서는 압도적인 지지를 받고 있지만 산업화를 이룬 국가와 글로벌 노스, 특히 미국과 유럽연합이 반대하고 있기 때문이다.

그러나 기업들이 법적 구속력을 가진 협약에 부정적이라고 섣불리 가정해서는 안 된다. 자기들한테 이로운 한은 좋아한다. 기업들이 지금처럼 다국적기업이 될 수 있었던 것은 국경을 넘나들며 흐르는 자본에 대한 제약이 제거된 덕분이었다. 이 과정에 전 지구적 범위의 투자 조약 수천 건이 개입했는데, 그중에는 북미자유무역협정NAFTA과 현재는 폐기된 범대서양무역투자동반자협정TTIP 등이 있다.

투자 조약과 자유무역협정의 베일에 싸인 세계에는 투자자 국가 분쟁 해결ISDS 제도가 도사리고 있다. 이 제도는 기업이 예컨대 자연 서식지를 보호하려 하거나 위험한 채굴 면허를 내주지 않으려 하는 국가를 자기네 투자에 피해를 끼쳤다는 이유로 고소하게 해준다. ISDS 규정의 원래 목적은 국가 간의 충돌을 막는 것이었다. ISDS 규정이 없다면 투자자는 해외로 진출한 시민을 보호하고 법치를 강화하기 위한 자국 정부의 개입에 기대어야 할 것이다. 기업이 자기 자산을 보호할 수 있도록 무역과 투자 조약에 이 메커니즘을 심어 넣는 것은 통상적인 관례가 되었다. 하지만 어떤 기업이 그들의 법을 위반했을 경우, 모든 조약이 국가들에 동일한 선택지를 주는 것은 아니다.

"ISDS 아래서 공격을 받아온 유형의 법과 조치는 주로 인간의 건강을 지키거나 노동 표준을 다루거나 환경을 보호하기 위해 고안된 것이었습니다." 국제환경법센터CIEL의 대표인 캐럴 머펫Carroll Muffett은 그렇게 설명한다. 현재 이런 협정은 수천 건쯤 존재한다. 뉴욕에 위치한 국제환경법센터가 현재 맡고 있는 사건 파일을 보면 세금을 피하기 위해 케이먼 제도에, 이로운 조사를 수행하기 위해 글로벌 사우스에, 그리고 어떤 임의의 자유무역협정 아래서 가장 수월하게 고소할 수 있는 특정 국가에 자회사를 차린 부유한 글로벌 노스 기업이 수두룩하다. 개인이나 정부와 달리 기업은 어느 국가에 남을지 떠날지를 자유롭게 선택할 수 있다.

세계화를 지지하는 측은 흔히 자율적 규제가 이루어지는 전 지구적 자유시장이 성공의 열쇠라고 주장한다. 하지만 현실에 존재하는 건 '자유'시장이 아니라 기업 이득을 위주로 규제되는 시장이다. 조지프 스티글리츠는 이렇게 말한 적이 있다. "우리는 '글로벌 정부 없는 글로벌 통치'라고 불러야 하는 시스템을 가지고 있습니다."[4] 이는 금융기관과 상업적 이해관계가 지배하는 시스템이다. 거기서 가장 큰 영향을 받는 사람들은 거의 목소리를 내지 못한다. 전 지구적 메커니즘이 존재하지 않는 상황에서 인간과 환경을 보호하는 것은 결국 국내법의 몫으로 돌아가고, 이는 기업에 너무 쉽게 완패당할 수 있다.

캐럴은 말한다. "이는 수많은 국가에서 다국적기업이 대체로 법의 제약을 받지 않는 시스템으로 이어져왔습니다. 우리는 ISDS가 적용되는 과정에서 이를 몇 번이나 되풀이해 목격했습니다. 이런 조약이 제정되고 새로운 환경규제가 채택되거나 자신에게 불리한 노동 규제가 마음에 들지 않거나 이런 특정한 건강 규제에 동의하지 않는다는 이유로 반발하는 다국적기업은, 정상적인 사법 및 정치적 절차에서 소송을 이끌어내어 기업에 심하게 유리한 은밀한 환경으로 가져가도록 고안된 조항들을 이용해 진출국host country의 정부를 고소할 것입니다."

ISDS 현상을 제거하려면 수천 건의 무역협정을 철회하거나 재협상할 필요가 있을 것이다. 대중적 압박의 강도를 높이는 것은 ISDS 시스템이 어떤 새로운 조약에 침투하지 못하게 하는 데 핵심적이다. ISDS 시스템의 이점을 만끽하는 것은 흔히 미국과 유럽에 본사를 둔 기업이다. 캐럴이 제시하는 근본적 해법은 회사들을 '다시 집으로' 보내는 것, 즉 모든 회사가 그들이 존재하는 국가를 단 하나로 명시해야 하는 시스템을 강행하는 것이다. 이러면 필요한 경우 누군가가 그 회사를 고소할 수 있다. 회사가 단일하고 명확한 장소에 존재하기 때문이다.

생태학살

작고한 영국의 변호사이자 사회운동가 폴리 히긴스Polly Higgins는 기후 생태학살ecocide이 '우리 시대의 삭제된 국제범죄'라고 말했다. 히긴스는 생태계 파괴 범죄가 국제형사재판소ICC 설립의 바탕이 된 로마 규정에서 마지막 순간에 삭제되었다고 주장했다.[5] 그것이 포함되었다면 국가와 기업에 책임을 추궁하는 수단이 되어줄 수 있었을까?

생태계 파괴란 어떤 생태계나 지역이 '주민들의 평화로운 향유를 심각하게 위축했거나 위축할 것으로 예상되는' 방식으로 상실되거나 손상되거나 파괴되는 것으로 규정할 수 있다. 국제형사재판소에서 무엇을 가장 끔찍한 국제범죄로 간주할 것인가를 규정한 로마 규정에 생태계 파괴도 포함해야 한다고 주장하는 활동가가 점점 늘어나고 있다. 지금은 인종 학살, 반인륜적 범죄, 침략과 전쟁범죄가 포함되어 있다.

하지만 다시금 환경보호는 자발적 협약, 그리고 정의를 둘러싼 논쟁이라는 문제에 맞닥뜨린다. 찰리 홀트는 설명한다. "현재로서는 로마 규정에 포함된 핵심 범죄가 네 가지에 불과합니다. 그중 하나는 침략이죠. 침략은 유엔 안전보장이사회에 회부되면 그 결과가 모든 국가에 집행될 수 있지만, 당사국에 의한 회부나 자기 회부 또는 소추관의 단독 회부인 경우에는 겨우 34개국에서만 집행될 수 있습니다."

'침략'의 의미를 둘러싸고 벌어지는 갑론을박을 들여다보면 생태계 파괴의 정의에 대한 국제적 합의를 이끌어내기가 얼마나 어려운지 짐작될 것이다. 그러나 현재 생태학살을 기소하기 위한 개념 정리가 진행되면서 로마 규정이 적용 가능하다고 믿는 진영이 힘을 얻어가고 있다.

2016년, 국제형사재판소의 검사인 파투 벤수다Fatou Bensouda는 국제형사재판소가 환경 파괴 때문에, 또는 환경 파괴의 결과로 일어나는 범죄에 특히 초점을 맞춰야 한다고 진술하는 정책서를 내놓았다. 이 정책서에는 국제형사재판소가 우선적으로 기소해야 하는 사건의 유형이 제시되었는데, 거기에는 자연자원의 불법 착취, 환경 파괴 사례 및 투자자가 가난한 국가의 방대한 토지를 매입하는 토지 수탈 등이 포함된다.

이에 따르면 환경 파괴가 야기한 반인륜적 가혹 행위를 저지른 개인을 기소할 수 있다. 이는 기업 최고경영자와 정치가를 국제형사재판소의 피고석에 군사지도자와 나란히 앉힐 가능성을 열어주는 것이며,[6] 기업을 정부와 같은 방식으로 인권을 위협하는 능력을 가진 존재로 인식해야 한다는 대중의 압박이 커지고 있다는 증거다.

심판의 날이 다가온다

직접 행동을 통한 저항과 '미래로 가는 금요일' 같은 기후를 위한 등교 거부 캠페인은 정부에 대한 압박을 더해왔다. 기후 운동에 생동감과 낙천주의를 불어넣고 있는 또 다른 요소는 기후변화 책임 소송 건수의 증가이다. 사람들은 집단으로 자기 권리의 보호를 요구하거나, 기업이나 정부의 행동 혹은 행동 결여에 의해 침해된 자신의 권리를 주장하기 위한 인권 소송을 제기하고 있다.

"기후변화는 더 구체적인, 그리고 인간의 삶에 직접적이고 견고한 의미를 가진 문제로 떠오르면서 단순히 환경보호주의나 환경보존을 넘어 정의에 관한 문제가 되어가고 있습니다." 찰리는 그렇게 말한다. 과학이 더 진보할수록 실질적인 피해를 제대로 파악하고 불법행위법이나 형사법을 적용하기가 더 쉬워질 것이다. 그 결과 중 하나로 지구 전역에서 소송이 제기되어왔고, 더 많은 소송이 그 뒤를 따를 것으로 기대된다.

"이런 사건들은 '기존 사업 관행'이라는 사고방식을 멈추는 데 매우 중요합니다. 지금까지 수많은 기업이 이걸 견뎌낼 수 있다는 배짱을 부렸지만, 저는 지금이 또 다른 담배 산업 패배의 순간이라는 사실이 명확해지고 있다고 봅니다." 대니얼 시먼스의 설명이다.

1990년대와 2000년대에 제기된 소송에서 거대 담배 회사가 결국 책임 추궁을 당한 것과 마찬가지로, 화석연료 기업은 자신들이 끼치고 있는 극심한 피해에 대한 묵비권을 빼앗기고 법정에 서게 될지도 모른다. 대니얼은 기업들이 현재의 사건을 놓고 씨름하는 것은 가능할지 몰라도, 아무런 실천도 보여주지 않는다면 자신들을 방어하기가 갈수록 어려워질 거라고 말한다. 대니얼은 이렇게 말을 맺는다. "담배 산업과 매우 유사한 패턴입니다. 정책입안자와 일반 대중이 확신을 갖기 훨씬 전부터 그들은 이미 과학적인 증거를 갖고 있었죠. 기업들은 끔찍한 뒤탈이 일어날 줄 알면서도 덮으려 했습니다. 이제 그게 명확해졌으니 정말이지 이젠 돌아갈 길이 없습니다. 그간 해온 방식을 바꾸기 시작하든가, 아니면 자기들의 사업이 불러온 피해에 대해 책임을 져야 할 겁니다."

최근에는 일부 환경 단체를 넘어 몇몇 국가까지 자연 그 자체가 권리를 가지고 있다는 개념을 이리저리 굴려보는 중이다. 전 세계의 여러 토착민의 믿음으로부터 영감을 받은 이 개념은 칠레에서 인도까지 다양한 집단에 의해 채택되어왔다. 예컨대 강이 법인격(권리와 의무의 주체가 될 수 있는 자격-옮긴이)을 획득할 수 있는가? 부리강가 강은 권리를 가지고 있다고 인정받을 수 있는가? 2008년 파차마마Pachamama라는 대지의 여신은 에콰도르의 헌법에 포함되었고, 볼리비아 역시 금세 동일한 조처를 취했다.[7]

하지만 아마도 인간 역사상 가장 중요한 순간에 트럼프와 보우소나루 같은 지도자들이 통치하고 있는데 어떻게 낙관할 수 있을까? 미국, 러시아, 사우디아라비아와 오스트레일리아 같은 강대국이 환경 진보에 적극적으로 역행하는 행정부에 의해 운영되고 있는데?

찰리와 대니얼은 대중적 압박이 변화의 열쇠라고 주장한다. "우리는 국가를 모두가 동일한 방식으로 작동하는 단일체로 취급하는 경향이 있지만, 이는 전혀 진실이 아닙니다." 찰리는 그렇게 말한다. 심지어 대통령은 그 어떤 유형의 압박에도 흔들리지 않는 것처럼 보일지라도 그 아래에는 정부를 구성하는 정치가와 관료가 있고, 이들은 공적 압박에 더 취약하다.

또한 기업에 위력을 행사하는 것도 필요하다. 사회적 계약에 의존하는 기업은 공적 압박에 민감하다. 사업 활동이 갈수록 전 지구적 수준으로 확대되면서 기업의 상점과 사무실은 캠페인과 저항의 표적이 될 수 있다. 그러나 앞으로 보게 되겠지만, 심지어 이런 영향력이 기업을 자극해 실천으로 옮겨지더라도 반드시 최고의 결과를 낳지는 않는다.

기업의 사회적 책임

제조를 노동권이나 환경권이 더 취약한 국가로 옮기고 가장 심각한 유형의 착취에 기대어 운영하는 공장과 계약한 유명 브랜드는 골치 아픈 상황에 처한다. 여행과 통신 덕분에 인권 단체와 언론인 또한 전 지구적으로 불의를 찾아나설 수 있게 되었다. 세계 최대의 브랜드 몇 개의 공급 사슬에서는 아동노동, 폭력, 비위생적 환경과 비인간적 임금이 모두 발각되었다.

나쁜 평판에 대한 대응책으로 개발된 것이 기업의 사회적 책임CSR 프로그램이었는데, 1990년대에 시작된 이 경향은 오늘날까지 지속되고 있다. CSR 부서들은 사회, 인권, 그리고 환경 관련 우려를 아우르는 윤리적 비즈니스 실천을 약속했다. 이는 그 어떤 구속력 있는 협의나 입법과도 무관한 자발적 노력을 기반으로 한 번에 공장 하나씩 차츰차츰 노동 조건을 개선해나가겠다고 약속하는 전략이었다. CSR 프로그램이 장장 25년간의 시간과 수십억 달러의 비용 투자에도 아랑곳없이 결국 직장과 사회에서 공급 사슬 노동자들의 삶을 개선하는 데 실패했다는 비판을 받고 있는 것은 그리 놀라운 일도 아니다.[8]

터프츠 대학교의 베스 로젠버그Beth Rosenberg 교수는 직업 및 환경 건강 분야의 전문가다. 그녀는 매사추세츠 신발 공장 주인의 후손으로, 이전에 미국 화학물질 안전 및 위험 위원회 소속이었다. 2005년 여름, 로젠버그 교수는 자사 공장의 기준을 개선하고자 하는 대형 신발 브랜드 몇 개의 초청을 받아 중국과 베트남에 위치한 여러 공장을 방문했다. 그 결과로 그녀는 오늘날까지 CSR의 전제 그 자체에 관해 깊이 회의를 품게 되었다.

공장의 상황은 제각기 달랐지만 그중 최악은 간담을 서늘케 했다. 한국인이 운영하는 중국 북부의 한 공장에서는 젊은 여성 열여섯 명이 아무것도 없는 기숙사 방 하나를 같이 썼고, 화장실은 15미터 밖에서부터 코를 찌르는 악취가 났다. 공장 소유주들은 CSR 요구 사항을 감독하기 위해 미대생을 한 명 고용했는데, 그 사람은 건강과 안전에 관해 전혀 문외한이었다.[9]

로젠버그 교수는 진정 실소를 자아낸 순간에 관한 이야기를 들려준다. 교수가 방문한 공장 중 몇 군데는 단일한 브랜드의 생산만 담당하고 있었지만, 몇 군데는 아주 커서 각 생산 라인에서 각기 세 개의 다른 신발 브랜드를 하나씩 맡아 생산하고 있었다. "이 서로 다른 신발 브랜드들은 각기 다른 윤리강령을 가지고 있어서, 이 브랜드의 CSR 프로그램은 더 안전한 수용성 접착제를 선택하고 용제 기반 접착제를 금지하는데 저 브랜드의 프로그램은 용제 기반 접착제를 그대로 쓰게 하는 식이었어요. 의도가 얼마나 선하냐는 중요하지 않았어요. 모두가 똑같이 아주 해로운 걸 흡입하고 있었는데, 왜냐하면 생산 라인 간의 거리가 6미터밖에 안 되었거든요."

로젠버그 교수는 말을 이었다. "그런 걸 보면 CSR 프로그램이 얼마나 엉터리인지 알 수 있습니다. 자율적이고, 집행력이나 감시자는 거의 찾아볼 수 없고, 감시자가 있더라도 브랜드로부터 돈을 받는 사람들이라 이해관계의 충돌이 심각한 상황이죠."

심지어 부상을 줄이기 위한 목표치 설정 같은 단순한 방법으로도 위험한 관행을 감출 수 있다. 로젠버그 교수는 노동자들과 감독들이 다쳤다는 이유로 '질책을 당하고' 벌금으로 하루 임금의 거의 3분의 2가 삭감되는 광경을 목격했다. 이는 부상을 보고하길 꺼리게 만드는 확실한 방법이다. 미국에서는 이런 관행을 '피 묻은 주머니 현상'이라고 부르는데, 낮은 부상률이 성공의 척도로 보이지만 실제로는 과소 신고의 결과라, 안전하지 않은 노동조건이 유지되게 만든다.[10]

소비자에게 보이지 않는 곳

또 다른 심각한 문제는 CSR 프로그램이 흔히 공적 압박에 민감한, 소비자를 상대로 하는 기업에만 해당된다는 것이다. 제화업계의 엄청난 다수는 여기서 제외된다. 로젠버그 교수는 베트남 호치민 시 외곽의 커다란 국유 공장단지를 처음 찾았을 때의 일화를 들려준다. 그 단지에 위치한 건물의 대다수는 업계에서 내로라하는 스포츠 브랜드의 운동화를 해당 기업의 CSR 프로그램 아래서 생산하고 있었다. 비록 초과근무와 방호용 장비, 그리고 장시간 서서 일해야 하는 것과 관련된 문제들이 있었지만, 적어도 건물 환기는 잘되었고 조명도 밝았다.

같은 단지에 슬리퍼 제조사가 임차한 건물 하나가 있었다. 유명한 고객이 없는 그 공장은 수치 그 자체였다. 로젠버그 교수는 이렇게 썼다. '환기 시설이 전혀 없고 온도는 30도를 넘는데다 습하기까지 했다. 창은 원자재 선반으로 막아놓았고 환풍기조차 없어서 접착제 냄새로 머리가 핑핑 돌았으며 두 방 모두 흐릿한 전구 하나가 유일한 조명이었다. 노동자들은 불안해 보였다.'[11]

기준을 부과하는 것이 브랜드가 주도하는 단편적인 CSR 협약밖에 없으니, 나란히 붙어 있는 공장이라도 상황은 서로 딴판이기 일쑤다. CSR 프로그램으로 일부 공장의 기준은 높아질지 모르지만, 노동권을 이런 식으로 운에 맡기는 건 대다수 노동자를 나 몰라라 하는 것이나 다름없다. 예컨대 신발을 이루는 부품은 아무도 이름을 들어보지 못한 회사에 의해 만들어진다. 그런 공장은 누가 감시하고 있는가?

로젠버그 교수는 말한다. "안전한 일터를 만드는 데 관심이 있다면 브랜드별로 규제해서는 안 되죠. 종류를 막론하고 소비자 불매운동이나 소비자의 관심에 취약한 것은 오로지 공급 사슬의 맨 위에 위치한 공장들뿐이에요. 운동화를, 그리고 운동화가 무엇으로 만들어지는지 생각해

보면, 접착제 공장이나 신발 끈 공장, 또는 신발 끈고리를 만드는 공장의 노동조건에 대한 소비자 불매운동은 존재하지 않거든요."

유명 브랜드에 납품하는 접착제 공장에서 배출되는 오염물질 때문에 불매운동에 참여하는 사람은 없을 거라고 로젠버그 교수는 주장한다. 그것이 신발에 대한, 그리고 그들의 불분명한 구성 부품에 대한 정부의 규제와 감시가 필수적인 이유이다.

'지속 가능성'을 판매한다

CSR 프로그램은 수많은 웹사이트, 반짝이는 책자, 보수가 높은 일자리와 고결한 표어를 낳아왔다. CSR 프로그램은 실패인가, 아니면 그저 허울인가, 그도 아니면 잠깐 머물다 사라질 찰나의 존재인가?

한 기업 진단 전문가는 CSR 산업에서 10년간 종사한 경험을 다룬 기사에서 브랜드들에 관해 다음과 같이 주장했다. "그들은 '지속 가능성'을 담당하는 부서를 하나 만듭니다. 지속 가능성은 예를 든 것이고, 인권이나 기업 시민권, 사회적 책임, 뭐든 마음에 드는 단어를 넣어서요. 그들의 업무는 비정부기구의 접근을 방어하는 겁니다. (……) 그러는 동안 회사의 다른 부서 열다섯 개는 정확히 늘 하던 대로의 일을 하고 있죠. 지금 달라진 점은 그 모든 것을 '지속 가능성'으로 위장해서 고객한테 팔아먹는 사람이 생겼다는 것뿐이에요."[12]

다른 예를 들어보자. 2012년 5월, 영국의 리서치 회사가 푸마를 지속 가능 브랜드 순위 1위에 올렸다. 그 보고서에 따르면 푸마는 인권 침해가 매우 빈번한 업계에 속하는데도 환경 기록이 매우 좋았으며 공급 사슬 노동 표준에서 개선을 보여주었다.[13] 하지만 역설적인 것이, 푸마 납품 공장에서 일어난 노동자 시위 도중 한 여성이 총상을 입은 사건과 관련해 푸마 경영진이 캄보디아로 향하고 있다고 로이터 통신이 보도한 시점이 그로부터 불과 3개월 전인 2012년 2월이었다. 시위의 목적은 더 나은 노동조건과 임금 인상이었다. 1년 전, 캄보디아의 다른 푸마 납품업체는 집단 실신 증상(제2장에서 등장한 유형의)이 발생하여 조사를 받았다.[14] 그러나 2017년 푸마는 〈가디언〉과의 인터뷰에서 집단 실신 문제에 대한 해결책으로 에너지바 제공과 건강검진 실시, 환기 시스템 유지와 노동자·경영진 합동 위원회 조직을 제의했다고 말했다. 푸마는 이렇게 말했다. '집단 실신의 원인은 다양하고 종종 복잡할 수 있습니다. 브랜드들, 공장들, 노동자들과 정부가 공동으로 접근해야만 상황이 개선될 것입니다.'

영혼의 거래자들

쥐트빈트 연구소는 독일 본의 한 철도 선로 옆 사무실 건물을 사용하고 있다. 쥐트빈트는 전 지구적 신발 산업을 가장 지속적이고 상세하게 조사하는 단체 중 하나로, 브랜드들과 그들의 CSR 부서가 내세우는 주장을 감시하는 역할을 맡고 있다. 안톤 피퍼Anton Pieper는 2015년 이래로 쥐트빈트에서 신발 산업을 조사하고 있다. 자신의 업무에 열정적인 안톤은 대형 스포츠웨어 브랜드가 내세우는 이미지와 현실 간의 괴리에 끊임없이 분개한다.

안톤은 이렇게 말한다. "산업에서 내세우는 것, 일반인이 그런 브랜드에 관해 알고 있는 것과 공장에서 일하는 노동자들의 현실 사이에는 엄청난, 그야말로 엄청난 괴리가 있습니다. 이건 모든 대형 브랜드에 해당됩니다. 유명 브랜드에 납품하는 1차 하청 공장을 들여다보면 중대한 노동권 침해를 거의 찾아내지 못할 겁니다. 하지만 공급 사슬에서 좀 더 아래쪽에 있는 하도급 회사를 더 자세히 들여다보면 그 부문이 전체적으로 국제 노동법 및 환경규제를 준수하지 않는다는 사실을 자주 발견하게 될 겁니다."

안톤의 말에 따르면 대부분의 대형 브랜드는 철저히 투명하지 않은 공급자 시장에 의존한다. 종종 작은 무두질 공장에서 생산되는 가죽 같은 원단은 생산에 관련한 추적이 불가하다. 따라서 공급 사슬 전체를 본다면 브랜드가 내보이는 것과 매우 다른 그림을 볼 수 있다. 안톤은 브랜드들이 받는 압박이 늘어나면서 그 결과의 하나로 CSR 산업이 우후죽순 성장하는 현상을 보아왔다. 안톤은 말한다. "갈수록 더 많은 회사가 CSR 부서를 두거나 적어도 담당자를 고용합니다. 전체로 보면 여전히 정말 드문 일이지만, 더 큰 회사들은 그 길로 가고 있어요. 성공담으로 팔기도 좋고, 회사에 우리가 이야기할 수 있는 누군가가 있다는 건 확실히 좋은 일이죠."

그러나 나쁜 점도 있으니, 흔히 CSR 부서에 소통 가능한 담당자가 한 명 있는 것으로 끝나는 경우가 많다는 사실을 깨닫게 된다는 것이다. 브랜드들은 쥐트빈트 연구소 같은 조직을 상대로 말로 떠벌리기만 할 뿐, 현실에서는 아무 일도 하지 않을 때가 많다.

안톤은 이 망가진 시스템에 대해 더 많은 문제를 열거한다. CSR 팀은 회사 위계상 경영진과 구매자들에 비해 한참 아래에 있다. 이들 부서는 윤리적 소비자 단체가 보내온 설문을, 자신들이 좋은 평가를 받을 수 있도록 요령 좋게 채운다. 안톤은 CSR을 전담하는 직원으로 가득한 사무실을 둔 덕분에 '윤리경영 순위'에서 잘나가는 대형 신발 브랜드 하나를 언급한다.

CSR은 생산의 현실을 흐릿하게 만들고 책임감 있는 이미지를 씌워주면서 그린워싱의 유용한 도구가 되어왔다. CSR 자문들이 실제로 뭔가 좋은 역할을 했다고 하더라도 그들이 미친 해악에 비하면 아무것도 아니다.[15] 하지만 CSR의 목적이 애초부터 업계를 바꾸는 것이 아니라 단순히 회사를 좋아 보이게 만들려는 것이었다면 엄청난 성공을 거둔 셈이다.

그렇지 않다면 어떻게 석유, 플라스틱, 면, 고무, 금속과 화학물질을 집어 삼키는 거대 기업인 나이키가 일반인을 대상으로 조사한 지속 가능 브랜드 평판 순위에서 1위를 차지했겠는가?

CSR 시스템은 단순히 소비자의 주의를 딴 데로 돌리기 위한 것이 아니라 노동 표준을 조사하고 집행할 수 있는 엄격한 재단들과 직접 경쟁을 목적으로 설치되어왔다. 지난 수십 년간, 법정과 입법자들이 힘을 키웠어야 하는 바로 그 시기에 정부 기관과 법치 그 자체가 한구석으로 밀려나고 말았다.

2013년 라나 플라자 의류 공장이 붕괴되는 사고로 1,138명이 목숨을 잃었을 때, 프라이마크의 감사 시스템이 그 공장에 안전 증명서를 한 번도 아니고 '두 번이나' 발급했다는 사실이 드러났다. 사망한 노동자들에게 필요했던 것은 무의미한 기업의 네모 칸 체크가 아니라 엄격한 정부 소속 공장 조사관과 독립적 노조였다. 한편 프라이마크는 2013년 이전의 자기네 감사 과정에는 건물의 구조적 안전성을 확인하는 것이 포함되지 않았다는 입장을 발표했다.[16]

예전에 제화업체의 본거지는 노동과 환경을 관리하는 엄격한 규약을 가진 국가였지만, 글로벌 사우스의 더 싼 생산 부지를 찾아 떠나면서 이들 국가는 버림받았다.

공장 기준에 대해 최종 결정을 내리는 것은 다국적기업의 몫이 전혀 아니다. 단순히 그럴 자격이 없어서가 아니라 어떤 기업이든 목표는 항상 이윤일 수밖에 없기 때문이다. 그러니 그들을 믿고 자율 규제에 맡겨두는 것은 수많은 사례를 통해 보아왔듯이 재앙이나 다름없는 실수이다.

국경을 초월하는 규제

국제노동기구의 애리애나 로시Arianna Rossi는 이렇게 말한다. "지구화는 전통적·역사적으로 주변화되어왔고 임금 노동과 단절되어 있던 노동자 집단에 일할 기회를 가져다주었습니다. 이 사실을 아마도 가장 명백히 보여주는 것은 개발도상국에서 이 수출 지향 산업이 발흥하기 전에는 공식 노동력에 포함될 기회가 전혀 없었던 젊은 여성 노동자일 것입니다. 또한 이주노동자와 비숙련노동자를 비롯한 다른 수많은 집단에도 같은 말을 할 수 있습니다. 물론 이런 집단들 사이에는 수많은 교차성이 존재하죠."

하지만 애리애나는 모든 기회에는 도전이 따른다는 단서를 단다. 그리고 그것을 가장 명확히 보여주는 것이 바로 일자리 기회가 종종 착취적 노동조건의 형태로 나타나는 의류와 신발 부문이다.

애리애나는 국제노동기구와 국제금융공사IFC의 협동 프로그램인 베터 워크Better Work 프로그램에서 일한다. 베터 워크는 글로벌 의류 및 제화 산업에서 노조, 고용주, 제조업자, 정부 및 브랜드와 소매업자들 사이에 다리를 놓음으로써 노동조건과 경쟁력을 개선하는 것이 목표다. 방글라데시, 캄보디아, 베트남, 인도네시아, 요르단, 니카라과, 아이티와 에티오피아에서 운영되며 이집트에서는 2017년부터 2018년까지 시범 운영했다.

하지만 아무리 사람들을 보호하려 애쓰는 대형 노동권 조직이 있어도 전 지구적 노동시장은 여전히 서부 무법지대처럼 보인다. 평범한 사람들을 위한 보호책은, 노조 권리를 엄수하고 기업 권력에 맞서기 위한 견제와 균형은 어디에 있는가?

애리애나는 이렇게 설명한다. "노동 규제라는 관점에서 보면 세계화는 본질적 도전을 제기하는데, 왜냐하면 세계화는 정의 그 자체가 초국적인 반면 노동 규제는 역사적으로 한 국가의 국경 안에 머물기 때문입니다. 전 지구적 공급 사슬은 국가의 정부에 도전을 제기해왔는데, 정부는 자국 국경 너머까지 법을 집행할 장치를 전혀 갖추고 있지 않거든요."

애리애나는 공급 사슬이 이제 복잡하고 전 지구적이라는 사실을 세계가 서서히 깨닫고 있음을 보여주는 예시로 영국의 2015년 현대 노예법 같은 최근의 투명성 법transparency legislation을 거론한다. 하지만 다시금 기업들은 가장 싸고 가장 가깝고 가장 쉽게 주무를 수 있는 생산 입지를 찾아 이 나라에서 저 나라로 끝도 없이 폴짝폴짝 옮겨 다닐 수 있는 유연성을 가지고 있다. 이는 소비자 시장을 사람들이 새로운 제품 라인이 지속적으로 나타나길 기대하는 초고속 회전통으로 바꿔놓았다.

내부의 감시 전문가

이런 착취를 종식시키고, 공급 사슬의 모든 지점을 건강과 안전, 임금과 노동시간 준수 여부를 감시하는 전문가로 채우는 것은 전적으로 가능하다. 이런 역할을 맡기에 최고의 적임자는 현재 가진 역량을 충분히 발휘하지 못하고 착취당하는 바로 그 노동자들이다. 기계를 관리하고 건물을 관리하면서 온종일 공장에서 일하는 그 사람들은 모든 것을 본다. 이런 의미에서 공장의 문제를 예방하는 데 필요한 것은 새로운 개입이 아니라 한 회사가 이미 가지고 있는 최고의 자원, 즉 직원들에게 제대로 동기를 부여하고 존중하는 것이다.

그러려면 노동자들이 목소리를 낼 수 있어야 하는데, 역사적으로 이 목소리를 내는 방법이 바로 노조였다. 영국 산업혁명 당시 최악의 착취를 종식시킨 것은 이처럼 목소리를 얻은 노동자들이었다. 집합적 목소리가 없으면 공급 사슬의 노동자들은 원자화되고 취약해진다. 로젠버그 교수는 말한다. "일반적으로 노조는 노동자들에게 CSR에서는 가지지 못한, 협상 테이블에서의 목소리를 줍니다. CSR은 엄청나게 불균형한 역학을 변화시키지 못하지만 노조는 그럴 수 있죠."

"저는 노동자들이 자신들의 노동조건에 대한 더 많은 영향력과 발언권을 가지는 걸 보고 싶습니다. 직장에서 더 많은 민주주의를 보고 싶습니다." 로젠버그 교수는 뒤이어 제화 산업을 망치고 있는 요소 중 노조가 협상할 수 있는 몇 가지를 열거한다. 노동시간, 노동조건, 임금, 사용되는 원료, 원료에 포함된 유해물질의 함량, 생산품의 양과 그런 생산 업무를 수행하는 가장 안전한 방법 등. 더 나은 조건을 위한 노동 투쟁이 늘 성공하지는 않지만, 적어도 협상과 논의를 위한 공론장을 확립할 수는 있다.

인종차별, 계급 착취, 그리고 성차별

직장 내 민주주의의 부재는 특히 여성에게 부정적 영향을 미쳐왔다. 우리가 앞서 보았듯이 의류 노동자 중 대략 80퍼센트, 그리고 비록 불확실한 추정치이지만 신발 노동자 중 46퍼센트는 여성이다. 여성 고용 통계가 정확한 국가가 별로 없다 보니 데이터가 불확실하지만, 우리는 일반적으로 여성이 남성보다 임금이 낮다는 걸 알고 있다.

국제노동기구가 아시아를 대상으로 실시한 지역별 방직 및 의류와 신발TCF 노동자의 임금 연구 결과, 비록 최저임금 규제 미준수 사례가 만연하긴 했지만, 여성이 남성에 비해 최저임금에 미치지 못하는 임금을 받을 가능성이 더 높았다. 남녀의 임금 격차가 가장 크게 나타난 국가는 파키스탄이었는데, TCF 부문에서 최저임금보다 더 적게 받은 남성 노동자는 26.5퍼센트인 반면 여성 노동자는 86.9퍼센트였다.[17]

여성 착취는 임금에만 국한되지 않는다. 2006년 미국의 활동가 타라나 버크Tarana Burke가 성폭력의 생존자들에게 목소리를 내라고 독려하면서 일어난 미투 운동은 이후 전 세계를 휩쓸어왔다. 그리고 하비 웨인스타인 같은 거물들이 수십 년간 여성에게 성폭력을 저질러온 것과 같은 할리우드의 권력 불균형이 폭로되면서 더욱더 유명해졌다.

패션 산업 또한 패션모델들의 처우와 관련하여 철저한 조사를 받았다. 이와 유사하게 미투 운동이 나이키로 번져 차별과 성적 괴롭힘을 포함한 사내 괴롭힘이 팽배한 기업 문화에 대한 고발이 속속 제기되면서 최고경영진의 다수가 회사를 떠났다.[18] 나이키는 그간 줄곧 차별에 반대하며 다양성과 포용을 위해 전념한다고 주장했다. 직원 대다수가 자기들의 존엄의 가치에 따라 살며 타인을 존중한다고 말했다.

젠더 권력 불균형은 그저 기업의 중역 회의실에만 존재하는 것이 아니라 공급 사슬을 관통해 흐른다. 직장 내 성적 괴롭힘이나 학대는 남자들이 이미 가지고 있는 우월한 권력을 직장에서 여성들을 상대로 휘두르는 것이다. 이 권력 덕분에 가해자는 자신이 저지른 짓을 책임지지 않아도 되고, 남자들의 학대를 고발한 여자들은 일자리를 잃거나 공개적 모욕을 당할 위험을 감수해야 한다. 따라서 직장 내 성적 학대는 여성의 굴욕을 통한 남성 지배의 재언명이다.[19]

공장 내의 성적 괴롭힘에 대한 구체적인 연구들은 결론에 이르지 못했다. 이런 공급 사슬에 얼마나 많은 여성이 존재하는지에 대해서도 정확한 데이터가 없는 마당에 그들의 경험에 대한 데이터는 말할 것도 없다. 페어웨어 재단은 방글라데시 의류 노동자의 60퍼센트가 일종의 사내 괴롭힘을 겪었다고 믿는데, 그보다는 브락BRAC 대학의 연구에서 제시된 수치가 더 정확할 수도 있다. 그 연구에 따르면 대중교통을 이용해 출근하는 방글라데시 여성의 94퍼센트가 성적 괴롭힘을 당한 적이 있는 것으로 밝혀졌고, 가해자의 압도적인 다수는 41~60세의 남성이었다.[20]

TCF 부문의 여성들은 남자들이 소유하고 경영하는 공장에서 일한다. 이 여성들은 여성을 남성보다 열등하게 여기는 사회적 맥락 속에서 성 불평등과 계급, 인종, 민족성, 나이와 이주자라는 불평등의 교차 억압에 갇혀 있다.[21] 여기에 더해 패션과 신발은 역사적으로 여성의 관심사로 치부되어 진지하게 받아들여지지 못했다. 이런 태도 때문에 패션과 신발 생산은 '여성의 노동'으로 더욱더 주변으로 밀려나고, 일터와 생산 라인에서 여성 노동의 가치가 깎이고, 변화를 위한 요구가 진지하게 받아들여질 가능성이 하락한다.

성차별적 착취 없이 신발 산업이 존재할 수 없다는 것은 슬프지만 진실이다. 신발은 돈이 넘쳐나는 산업이지만, 그럼에도 제화 노동자들은 찢어지게 가난하며 착취당한다. 이는 단순한 우연이 아니라 성차별과 심오하게 관련된 문제이다. 성차별주의는 인종차별 및 계급 착취와 긴밀히 얽혀 있다. 우리는 여성이 남성보다 더 적은 돈과 더 나쁜 대우를 받는 세계에, 글로벌 사우스 사람들의 목숨이 부유한 백인의 목숨보다 더 값싼 취급을 받고 가난한 사람들이 노골적으로 착취해도 되는 대상으로 여겨지는 세계에 살고 있다. 신발 산업이 이 충돌 지점에서 이득을 취한다는 것은, 다시 말하지만 전혀 우연이 아니다.

산업 투쟁은 여성들이 자신들의 노동조건만이 아니라 사회적 지위 역시 바꿀 수 있는 한 분야이다. 1910년 메리 맥아더의 사슬 제조 노동자들부터 1960년대의 대거넘 공장 노동자들, 1970년대에 2년간 이어진 그룬윅 투쟁과 오늘날 인도 의류노동조합의 여성들까지 그 사례는 넘쳐난다. 하지만 성차별적 착취를 뿌리 뽑고 사회적 변화를 일구는 데 핵심적인 이 경로는 노동자들의 권리 신장을 위한 외침이 침묵당할 때마다 가로막히기 일쑤다.

변화를 막는 이런 장벽은 특히 자유무역지대FTZ라고도 알려진 수출가공지대EPZ 내에서 심화된다. 이런 지대는 3,500곳도 넘는데, 그중 900곳 이상이 아시아 전역에 존재한다.[22] 가장 오래된 수출가공지대 중 몇 곳은 라틴아메리카에 위치해 있으며, 의류와 신발과 장난감을 쏟아내고 있다.[23] 이런 지대는 수출 지향 산업과 해외직접투자자를 유치할 목적으로 설립된다. 심지어 수출가공지대는 다국적기업에 기존보다 더 많은 특권과 통제력을 제공한다. 세금 우대, 규제 완화, '견습 제도'를 명목으로 최저임금을 피해 가는 꼼수들, 그리고 핵심적으로는 노동조합권의 제약 등이다.

수출가공지대에서는 노조 결성이 철저히 금지되거나, 노조 지도자들의 접근이 원천 봉쇄되기도 한다. 쟁의는 불법화되고 단체 협상은 억압당하며 현 상태에 도전했다가는 누구를 막론하고 약식으로 해고될 위험에 처한다.[24] 사회 진보로 나아가는 길이 가로막힌 상태에서 지구화는 이윤이 계속 굴러 들어오도록 하기 위해 공장 노동자에게 불리하게 조작된 시스템을 만들고 유지해왔다.

저항의 범죄화

〈가디언〉 웹사이트에서 가장 우울한 페이지 중 하나는 '디펜더스Defenders'라고 불린다. 여기엔 자기 공동체의 땅이나 자연자원을 보호하려 애쓰다 살해당한 모든 사람의 이름이 적혀 있다. 그 페이지에는 어쩌면 이번 주에 지구상의 어딘가에서 그런 사람 네 명이 더 죽을지도 모른다고 쓰여 있다.[25]

환경운동가로 살기에 가장 위험한 곳은 브라질과 필리핀, 그리고 온두라스이다. 그들이 살해당하는 곳은 주로 빈곤과 토착민, 그리고 주변화된 인구가 심오하게 교차하며 채굴 자원이 위치한 곳이다.

캐럴 머펫은 이렇게 말한다. "갈등이 일어나면 자기네 토지와 공동체를 지키기 위해 활동하는 사람들은 그 나라에서 가장 취약한 계층인 경우가 흔하고, 이는 당연합니다. 그런 탓에 그 사람들은 유독 노출된 상태입니다. 흔히 공적 면책이 이미 문제시되는 국가들에서요. 바로 이 때문에 우리는 인권과 환경 옹호자들에 대한 공격이 강도를 높여가는 걸 거듭 목격하고 있는 겁니다. 그리고 최근 몇 년간 그 심각성은 한층 더해가고 있습니다. 기업들은 그러고도 무사히 빠져나갈 수 있다는 걸 몇 번이고 거듭 보아왔지요."

폭력의 위험에 처한 사람들을 보호하려면 국제 연대를 위한 운동을 구축해나가는 것이 필수적이다. 환경운동가들이 강력한 전 지구적 지지를 등에 업고 있음을 보여주어야 한다. 하지만 글로벌 노스의 운동가들이 겪는 괴롭힘이 갈수록 심해지고 체포가 더 잦아지면서 난관은 더한층 강해진다.

캐럴 머펫은 이렇게 말한다. "우리는 환경과 인권운동가들에 대한 이 적대감의 동일한 메아리를 심지어 민주주의와 언론 자유의 등대라고들 하는 국가에서도 목격하고 있습니다. 저항의 범죄화, 키스톤 XL 송유관으로부터 다코타 액세스 송유관, 그리고 바이우 브리지 송유관에 이르기까지 경찰의 군사화를 갈수록 더 많이 목격하고 있습니다. 평화로운 시위자들은 역사적으로 이 나라가 제공해온 가장 근본적인 자유 중 하나인 조국을 비판할 자유를 행사했다는 이유로 심각한 범죄 혐의를 받습니다."

그린피스는 SLAPPs, 이른바 전략적 봉쇄 소송과 맞서 싸우고 있는데, 이는 근본적으로 환경운동가들을 괴롭히기 위한 민사소송이다. 글로벌 노스의 이 반동은 #프로텍트더프로테스트 #ProtectTheProtest 운동의 발흥을 불러왔다. 하지만 이는 운동가들이 여러 전선에서 동시에 싸워야 하게 만든다. 기후 파괴에 저항하고, 이른바 민주주의 국가에서 기본적인 자유를 지켜내기 위해 싸우는 동시에 저항의 대가가 죽음일 수도 있는 국가에서 활동하는 사람들을 더 강력히 보호하기 위해 목소리를 높여야 한다는 것이다.

타이타닉 호의 선창과 갑판

12월의 바람이 폴란드 대사관 앞의 시위자들을 매섭게 때릴 때, 아사드 레흐만은 군중에게 이전 기후 회담에 참석한 자신의 경험을 들려주었다. "이런 기후 회담의 참석자들은 저한테 이렇게 말하곤 했습니다. '당신은 너무 급진적이에요. 우리는 체제 안에서 살아야 해요. 체제 안에서 일해야 한다고요.' 그러면 저는 이렇게 받아치곤 했죠. '그야 당신이 그 체제에서 죽어가고 있지 않으니까 하는 말이죠.'"

아사드는 이 체제를 일러 이윤을 위해 '가난한 유색인종'을 희생하는 체제라고 말한다. 회사와 대기업의 이익이 평범한 사람들의 이익보다 우선시되는 체제. 이는 단순한 자본주의 경제체제가 아니라 글로벌화된 신자유주의식 자본주의 경제체제이다. 신발 산업이 지금 같은 지경에 놓인 것이 바로 그 때문이다.

자본주의는 18세기 영국에서 지배적인 경제체제이자 계급구조로 확립되었고, 곧 전 세계로 퍼졌다. 그것은 생산수단, 즉 공장과 토지 같은 자원을 사유화하는 체제다. 이 체제에서 사람들은 살아남기 위해 자신의 노동을 팔고, 그 노동으로 생산되는 부에 비해 더 적은 돈을 받는다. 생산수단을 소유한 소수가 잉여가치를 챙길 수 있는 것은 노동자들이 더 적은 돈을 받고 지구가 공짜 자원 취급을 받는다는 사실 덕분이다.

신발은 이 시나리오를 완벽하게 보여준다. 봉건제나 초기 자본주의 체제하의 독립적 제화공들은 신발 한 켤레를 만들 때마다 작은 이윤을 벌었다. 그 잉여는 만드는 데 든 돈보다 조금 더 높은 금액에 신발을 판매한 데서 나왔다. 그와 대조적으로 현재의 공장 체제에서 생산 시설은 수만 명의 노동자를 고용할 수 있다.

게임의 목표는 생산 비용과 신발의 판매 가격 사이에서 이윤의 폭을 최대화하는 것이다. 이는 두 가지를 의미한다. 노동비용을 가능한 한 낮추는 것, 그리고 자원을 가능한 한 싸게 공급받는 것. 기업이 노예노동을 사용하지 않는 한 노동자들은 임금을 받아야 하지만, 신발 산업의 특징은 가능한 한 낮은 임금을 추구하고 유지하는 것이다. 그리하여 세계화로 인해 글로벌 노스가 글로벌 사우스에 접근할 수 있게 되면서 노동비용의 절감 가능성은 완전히 신세계를 마주하게 되었다.

이윤과 더불어 자본주의를 규정하는 또 하나의 요소는 경쟁이다. 한두 개의 회사가 유럽과 미국의 오랜 생산 중심지를 처음으로 떠난 순간, 산업에서 이미 다른 선택지는 사라졌다. 다른 회사들과의 경쟁 때문에, 심지어 공장 문 닫기를 망설이던 브랜드들도 경쟁업체가 비용을 크게 절감하는 방법을 찾아내면 다른 선택지가 거의 없다고 느끼게 된다. 자본주의는 전 지구화되면서 극도의 신자유주의에 희생할 것을 요구했다. 그 무엇도 그 길을 막아설 수는 없다.

신자유주의식 자본주의, 그리고 사람보다 이윤을 우선시하는 사고방식은 기후 파괴와 긴밀하게 엮여 있다. 우리는 제화 산업이 신자유주의의 특징을 얼마나 고스란히 보여주는지 목격했다. 그것은 물, 석유, 동물, 공기와 열대우림을 마치 공짜이거나 하찮은 자원인 양 취급하는, 끔찍하게 파괴적이며 단기 이익 중심적인 사고방식이다. "결국 신자유주의, 무제한적 기업 권력, 규제 완화, 그리고 작은 정부주의와 기업 권력의 강화가 기후 위기를 낳은 것입니다." 아사드는 그렇게 말한다.

우리는 신자유주의 아래서, 그리고 특히 내핍 상태에서 부가 빈자에서 부자에게로 이전되고 가장 책임이 작은 쪽이 가장 큰 영향을 받는 것을 보아왔다. 탄소 불평등 또한 너무나 극단적이라서 세계 인구의 상위 10퍼센트가 탄소 배출량의 50퍼센트를 차지하는 한편, 가장 가난한 50퍼센트는 10퍼센트만 차지한다.[26] 런던에 위치한 빈곤과의 투쟁 사무국에서 만난 아사드는 기후 파괴를 그중 가장 큰 불평등으로 꼽으며 '빈자에서 부자로의 생명 이전'이라는 서늘한 표현을 입에 올린다.

아사드는 이렇게 말한다. "이런 말을 하죠. 기후변화는 모든 사람에게 영향을 미치고 우리는 타이타닉 호에 타고 있으며 이미 빙산에 부딪혔다고. 우리 모두가 타이타닉 호에 타고 있는 건 맞지만 차이가 있습니다. 부자들은 타이타닉 호의 갑판에서 여전히 칵테일을 홀짝이고 관현악단의 음악을 감상하면서 어떤 기적적인 해법이 나타나기를 바라고 있습니다. 한편 선창에서는 가난한 사람들이 이미 죽어가고 있으며, 물을 피해 도망치려 하지만 밖으로 나오지 못하도록 갇혀 있습니다."

전 지구적 법 체제는 기업 권력의 현실을 따라잡도록 허용되지 않았다. 기업들은 지구를 찢어발기면서 겉치장을 위해 얼토당토않은 해법을 내놓아왔다. 노동자들은 결사의 자유권을 부정당했고, 이 이른바 지구촌에서 평등한 권리를 누리려는 여성들의 노력은 가로막혀왔다.

신발이 왜 그토록 많은 아수라장을 초래했느냐고 묻는다면 그 답은 신발 산업이 규제 완화와 하도급이 일어나는 자본주의에 속해 있기 때문이다. 글로벌 사우스의 사람들과 지구에 대한 지나친 착취를 토대로 하는 엄청난 과잉생산을 수단으로 수십억 달러를 벌어들이는 자본주의 말이다. 통제에서 벗어난 이 생산은 처음의 짜릿함이 사라지면 매립지로 향할 운명인 반짝상품의 과잉소비와 얽혀 있다. 이 아수라장을 키워낸 요람은 오늘날 우리가 살고 있는 자본주의, 그리고 지구화된 자본주의이다. 이제 우리가 물어야 할 것은 거기에 어떻게 대처하느냐이다.

10
반격하라

학교를 그만둔 지 한참 된 스무 살의 크리스티나 암페바는 폭력으로 점철된 불행한 결혼 생활을 끝내고 이제 양육권 다툼 중이다. 크리스티나는 법정에서 갓난 딸을 보살피고 싶으면 일자리를 구하라고 한 이야기를 전하며 라이터에 손을 뻗는다. 휴대전화가 울리고, 전화를 받은 크리스티나는 자리에서 일어나 거실 안을 이리저리 서성인다. 전화를 건 사람은 전 직장의 고용주를 고소 중인 노동자다. 크리스티나의 조언이 필요하다.

크리스티나의 발코니에서는 슈티프 시가 한눈에 내려다보인다. 빨간색 지붕들이 한눈에 들어오는 마을은 녹색 산골짜기를 향해 굽어 있다. 밝은색으로 칠해진 초등학교 건물은 아이들로 북적대고 가로수가 길가를 따라 늘어서 있다. 시에는 정원이 1만 6,000명인 대학교가 있어서, 강가의 산책로를 거닐거나 카페에서 유유자적하는 대학생들이 눈에 들어온다.

슈티프를 내려다보는 언덕 높은 곳에 거대한 철 십자가가 우뚝 서 있다. 언덕으로 이어지는 가파른 계단 길의 양 가장자리에는 제2차 세계 대전에서 싸우다 목숨을 잃은 젊은이들의 이름을 새긴 흰 대리석 기념 비가 늘어서 있다. 이곳 사람들은 그 언덕을 즐겨 찾는다. 전사자들을 기 리는 대리석 기념비는 섹스니 마약이니 감정이 배제된 게 좋다느니 하는 낙서로 뒤덮여 있다. 붉은색으로 누군가가 이렇게 써놓았다. '나는 보스 이고 넌 노동자야, 이년아.'

역사적으로 산업 지대였던 슈티프는 '마케도니아의 맨체스터'라고 불려왔다. 방직공장이 대략 80개쯤 되는데, 각각 적게는 15명에서 많게 는 200명의 직원이 일하고 있다. 언덕 꼭대기에서는 이 도시의 공장 지 대가 한눈에 들어온다. 대개 단층 아니면 2층짜리인 건물들은 유고슬라 비아의 호황기에 세워졌다.

몇 년 전 크리스티나 역시 이런 공장에서 일자리를 구했다. 전화를 끊은 크리스티나는 자신이 갑자기 건강보험과 연금, 그리고 매달 15일 에 월급이 또박또박 들어오는 일자리를 갖게 되었을 때의 심정을 들려 준다. "좋더라고요. 일자리가 있으니 아이를 키울 수 있게, 법정에 보여 줄 수 있게 되었으니까. 하지만 겨우 며칠 만에 저는 제 자신에게 이렇게 묻고 있었어요. '너 여기서 뭐 하는 거니?' 전 이런 호통을 들으며 일하고 있었어요. '이 멍청한 여자야, 바느질도 못하고, 기계도 못 다루고, 넌 아는 게 도대체 뭐냐?'"

4개월간 60유로도 안 되는 쥐꼬리만 한 수습 임금을 집으로 가져갔 다. 입을 꾹 다물고, 잘리지 않기 위해 그저 시키는 대로 따랐다. 크리스 티나는 싱긋 웃고는 새 담배에 불을 붙이며, 그 후로 4년간의 사연을 풀 어놓는다. 남편인 데니스를 만나 둘째 아이를 갖게 되었고, 비록 이전보 다 상황이 나아졌지만 일은 여전히 고되었다. 크리스티나는 함께 일하는 여성 노동자들에게 잔업이나 토요일 출근을 거부해야 한다고 목소리를 높였다.

크리스티나는 회상한다. "저는 파업을 하자고, 여길 그냥 나가버리자고 했어요. 우리 근무시간은 오전 7시부터 3시까지였어요. 하지만 제 옆자리 여자들은 이러더군요. '그 사람들이 우리를 자를 텐데, 그러면 어디 가서 일하라고? 우린 너보다 나이가 많잖아. 그리고 방직공장이란 데가 원래 이래. 네가 젊고 임신한 건 안됐지만, 원래 이런 식이야. 너도 익숙해질 거야.'"

"하지만 전 끝내 익숙해지지 않았죠."

휴대전화가 다시 울리고 크리스티나는 전화를 받는다. 흥분한 어조로 통화를 마친 후 하던 이야기로 돌아온다. 둘째 딸을 낳고 난 여름, 연령대가 높은 동료들이 고혈압으로 쓰러지기 시작했다. "우리는 아무런 휴식도 없이 30일간 작업을 이어갔어요. 유럽의 협력사들이 납품을 기다리고 있었거든요. 일요일이고 토요일이고 국정 공휴일이고 할 것 없이 하루도 못 쉬었어요. 9월에 월급명세서가 나온 걸 보니 액수가 100유로를 살짝 넘더군요. 전 그랬죠. 이걸로 끝이야." 다음 직장은 노동자 50명이 매일 카시트 500개를 생산하는 공장이었다. 월급만 보면 꽤 오른 셈이었지만 일이 너무 힘들고 여전히 끊임없이 고함소리를 들어야 하는 게 싫었다.

의료와 아이들의 학교 교육에 관련해 점점 더 많은 불의를 겪으면서 크리스티나는 지역 활동가가 되었다. "머릿속에 번쩍! 불이 켜지는 것 같았어요." 모두가 쉬쉬하는 사회문제를 온 사방에서 갑자기 발견했을 때 크리스티나는 그런 기분이었다고 한다. 야당으로부터 의류 노동자 관련 활동 운영을 맡아달라는 요청을 받기도 했다. 2017년, 크리스티나는 독립적 단체인 글라센 텍스틸렉 협회를 창립하기로 결정했다. 시끄러운 방직 노동자들이라는 뜻이었다.

슈티프에 위치한 글라센 텍스틸렉 협회의 비좁은 사무실은 사방의 벽이 모두 붉은색 포스터로 도배되어 있고, 바깥의 번잡한 교차로와 불투명한 유리문 하나로 분리되어 있다. 화장실은 좁아터졌고 책상 위에는 커피포트를 올려놓은 가스레인지가 있다. 동유럽의 이 조그만 지역에서 의류와 신발 산업을 재검토하기 위한 싸움의 선봉에 선 크리스티나는 20명분은 훌쩍 넘을 일거리를 혼자 떠맡아 숨 돌릴 틈도 없이 일하고 있다. 정식 공장 감사를 실시하고 최악의 착취에 맞서는 단체행동과 시위를 조직하는 일이다. 다른 동유럽 국가의 노조 조직가와 독일의 캠페인 활동가로부터 조언과 지지를 받고 있다.

변화를 요구해야 한다는 생각이 널리 퍼지고 있다. 사무실 문을 열고 들어오는 사람은 법률 자문 담당인 스물여섯 살의 시모나 마네바 지프코바이다. 시모나는 공장 노동자들에게 무료로 법률 조언을 제공한다. 두려움 때문에 익명을 유지해야 하는 노동자와, 법을 어기는 공장 소유주에게 벌금을 부과하는 정부 소속 노동조사단 사이에서 전달자 역할을 맡고 있다. 또한 파업을 감행하려는 노동자들이 필요로 하는, 법률 문서 작성이라는 장애물을 넘을 수 있도록 돕는다.

그러나 시모나가 맡은 가장 중요한 업무는 그런 문제에 스스로 대처할 수 있도록 노동자들을 훈련시키는 것이다. 노동자가 법에 무지한 상태로 남아 있는 편이 공장주에게는 더 이롭겠지만, 시모나는 노동자 겸 준법률가의 소수 정예 팀을 만들어가고 있다.

현재까지 업계 내 비밀 법률 대리인이 되겠다고 서약한 노동자는 총 다섯 명이다. 마침 시모나를 만나러 온 노동자 겸 준법률가는 자신의 권리를 알고 동료들을 도울 수 있다고 생각하면 힘이 난다고 말한다. 이들은 비밀 유지를 위해 다른 사람들에게는 노동자를 도울 수 있는 친구를 알고 있다고 둘러댄다.

이미 맞서고 있는 문제들 중에는 노동자들에게 임금 중 일부를 현금으로 반환하도록 강요하는 공장과, 최저임금보다 한참 낮은 임금을 지불하는 정형외과용 신발 생산 공장이 있다. 크리스티나와 시모나가 맞서는 상대는 강력한 업계 거물들, 유럽 최대의 브랜드들, 그리고 인정머리라곤 눈곱만큼도 없는 정치체제이지만 두 사람의 기반이 다져지면서 성공 가능성 역시 높아지고 있다.

변화의 삼각형

신발은 글로벌 사우스의 공장과 재택 노동자들에 의한 생산, 걷잡을 수 없는 소비주의, 그것이 낳는 산더미 같은 폐기물, 자본주의가 마술처럼 만들어내는 환영, 이주의 흐름과 장벽, 생물권 착취, 법적 보호 부재와 첨단기술 미래의 시작 같은 세계화의 특성을 살펴보는 데 도움을 준다. 신발 생산을 추적하다 보면 우리가 오늘날 어쩌다 이런 위기를 맞닥뜨리게 되었는지가 드러난다.

하지만 세계화의 특징이 하나 더 있다. 억압과 파괴가 있는 곳에 저항 또한 있다는 것이다. 이 책은 사람들이 권리 침해에 맞서 저항하고 있으며 초국적기업, 억압적인 공장 소유주, 환경 파괴와 불공정한 정부에 도전하고 있다는 사실을 다루지 않는다면 반쪽짜리에 불과할 것이다.

세상을 바꾼다는 것은 쉬운 과업이 아니다. 투명성, 책임성과 표준 측면에서 나머지 패션 산업에 비해 뒤처져 있는 제화 산업은 앞으로 갈 길이 험난하다. 이 상황에 대처하기 위해, 이 장에서는 세 가지의 쟁점을 살펴본다. 개인적 변화, 정치적 변화, 그리고 시스템의 변화이다. 다음에 나오는 그림은 변화의 삼각형인데, 개인적 변화는 이 삼각형에서 맨 위 칸을 차지한다. 권력 균형의 이동에 관해 생각할 때 대체로 사람들이 거기서부터 시작하기 때문이다. 하지만 독자 여러분도 알다시피, 그로써

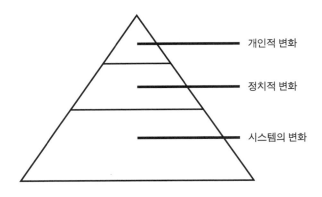

개인적 변화

정치적 변화

시스템의 변화

영향을 미칠 수 있는 부분은 오로지 빙산의 일각에 불과하다.

　여기서 문제가 되는 신발은 소비자 제품이므로, 흔히 우리를 둘러싼 조건보다는 우리 자신을 바꾸는 데 방점이 찍히기 쉽다. 개인적 변화는 나와 내 옷장, 식품 저장고, 화장대 따위를 바꾸는 데 초점을 맞춘다는 점에서 가장 내향적이며 단선적인 해법이다. 개인적 변화가 무의미하지는 않지만, 이는 함정이 될 수도 있다. 함정이란 삼각형의 꼭대기만 바로잡으면 모든 걸 바로잡을 수 있다고 착각하고, 그 수준에 머문 채 끝내 그것을 넘어서는 진보를 이루지 못하는 것이다.

　삼각형의 다음 칸은 정치적 변화로, 권력의 문제를 살펴보기 시작하는 단계다. 여기서는 규제, 입법, 결사의 자유와 세금을 다루는데, 이 단계가 가능하려면 정부와 기관에 신자유주의적 자본주의를 규제하도록 정치적 압박을 행사할 필요가 있다. 단체 활동 및 권력에 관한 논의가 필요하며, 그 본질상 집단적이고 훨씬 큰 수의 공장과 국가가 대상이 된다.

　세 번째 단계는 가장 크고, 모두가 모른 척 쉬쉬하는 방 안의 코끼리이다. 이는 말 그대로 문제의 뿌리다. 우리가 자본주의의 가장 큰 저항에 맞닥뜨리는 것은 바로 이 지점이다. 구조적인 여성 착취, 글로벌 사우스 착취, 인종차별주의의 유지, 그리고 계급 차별 및 가난의 강요와 착취. 이 세 번째 단계는 자본주의에 정면으로 맞서는 것, 그리고 시스템의 변화를 향해 움직이는 것을 뜻한다.

불편함에 대하여

이 책의 목적은 제화 산업을 정확히 조망하고 세계화의 시스템에 조명을 비추는 것이다. 그러나 이 책을 읽고 난 여러분은 자신의 신발을 내려다보면서 다소 불편함을 느낄지도 모른다. 어쩌면 창밖으로 세상을 내다볼 때에도 그러할지 모른다.

이 불편함은 반드시 느껴야 하는 중요한 감정이다. 그리고 우리만 느끼는 것도 아니다. 실제로 이 세계가 어딘가 잘못되었다고 느끼는 사람들이 이전의 어느 때보다도 많아졌다. 그 이유는 어느 정도, 인류가 지금 거대한 질문들을 마주하고 있기 때문이다. '우리는 어떻게 기후 파괴를 막고 자원을 재분배하고 세계를 공정하며 평화로운 곳으로 만들 것인가?'

이런 질문은 워낙 거대해서 그냥 모른 척, 안락한 내 집이나 방이나 침대에 틀어박혀 현실 도피나 하고 싶어지기 십상이다. 바로 이 지점에서 우리가 느끼는 불편함을 있는 그대로 받아들이는 것이 필요하다. 불편함을 얼싸안는다는 것은 깨어나는 것이다. 세상에 뭔가 잘못된 게 있고, 그 해법을 찾는 데서 우리가 해야 할 몫이 있음을 깨닫는 것이다. 불편함은 우리가 세계의 현 상황에 관심을 갖는다는 뜻이고, 그것이 변화를 이끌어내는 첫걸음이다.

불편함은 또한 우리가 관심을 갖는 대상과 관계를 맺을 힘을 가졌다는 뜻이다. 그것이 열대우림이든, 무두질 노동자들이든, 아니면 난민이나 도살장으로 끌려가는 소들이든 간에. 우리가 느끼는 불편함은 우리가 다리를 놓을 수 있고 자신이 아닌 다른 사람들 및 사물과 관계를 맺을 수 있다는 뜻이다. 그러니 그 느낌을 억지로 밀어내지 말자. 우리가 자신의 고치에 틀어박혀 오로지 나만 생각하고 내 작은 공간을 완벽하게 만들고, 거기서 편안함을 느끼며 자부심을 갖는다면 신자유주의는 좋아서 날뛸 것이다. 그러면 나머지 모두는 어떻게 되겠는가, 그리고 결국 우리는 어떻게 되겠는가?

개인적 변화

우리 인류라는 종은 세계의 자원을 과잉 사용하고 있다. 소비를 지속 가능한 방식으로 바꿔야 한다는 것은 기정사실이다. 이는 가진 게 없는 사람들은 더 많이, 너무 많이 가진 사람들은 덜 가져야 한다는 뜻이다. 누군가의 삶을 더 나쁘게 만들기 위해서가 아니다. 모두의 삶을 더 낫게 만들기 위해서다.

제7장에 나오는, 차분하고 현명한 전형적 학자인 케이트 플레처 박사는 소비의 사회적 무게에 대응하기 위해 '사용 기교'라는 생각을 제시하는데, 이는 끊임없이 새 물건 사들이는 것을 그만두고 우리가 몸에 걸치는 것과 상호 작용하는 하나의 방식이다.

자본주의가 유지되려면 우리가 지속적으로 쇼핑을 해야 하기 때문에, 우리는 몸에 걸치는 물건에 담긴 추억과 사연을 소중히 하는 게 아니라 무시하는 법을 학습한다. '패스트패션'이 소비와 폐기의 주기를 갈수록 단축시키면서 이 현상은 더한층 극심해지고 있다. 그에 맞서는 '사용 기교'라는 접근법은 소비를 행위로 대체하는 방식인데, 우리가 이미 가진 것을 유지 관리하는 기술을 개발하고 수선과 유지에서 즐거움을 누리는 것이다. 이 전략은 더 많은 물건을 사들이는 대신 우리 주위의 물건을 잘 관리하는 것을 토대로 한다. 소유(권)가 아니라 관리의 개념이다.

플레처 박사는 친구가 운영한다는 팝업스토어를 예로 드는데, 그곳에서는 옷을 새로 살 수 없고 오로지 이미 입었던 옷과 교환할 수만 있다.

거래가 성사되려면 버리고자 하는 물품을 구매한 사연과 왜 그것이 마음에 들었는지를 카드에 적어내야 한다. 그 결과 확인된 것은, 기존에 갖고 있는 물건의 가치를 재발견한 사람들은 대부분 교환을 포기한다는 사실이었다.

이러한 마음가짐의 변화를 일구어나가려면 우리가 이미 가진 것들의 한계 내에서 만족과 창조의 기쁨을 발견할 수 있음을 깨달아야 한다고 플레처 박사는 말한다. 한 사람 한 사람이 지구 생태계의 일부라는 사실을 깨닫고, 거기에 따르는 책임감을 명확히 인식해야 한다. 신발은 말 그대로 인류의 독창성이 수만 년에 걸쳐 낳은 수제품이다. 우리는 이 전체 과정에서 따로따로가 아니라 좋은 쪽으로든 나쁜 쪽으로든 서로 연결되어 있다. 우리가 신은 신발을 만든 사람들과도, 그 신발을 구성하는 원료와도 그러하다.

소비주의와 우리의 관계를 재설정하려는 노력은 분명 가치 있는 행위이지만, 개인적인 접근법에는 한계가 존재한다. 신자유주의는 쇼핑하는 능력이 곧 우리의 가치이며, 변화는 상점 계산대 앞에서 일어난다고 믿도록 부추긴다. 나아가 우리 모두가 '더 나은' 쇼핑을 하면 자본주의를 변모시킬 수 있다고 주장한다. 이 이론은 우리가 계속 쇼핑을 하도록 만들 뿐만 아니라 쇼핑이 모든 사람에게 동등하게 열려 있으며 우리 모두가 동일한 출발선에 서 있다고 가정한다. 이 이론을 믿는 것은 계급 불평등을 무시하는 것이다. 사람들에게 그저 돈을 더 모아서 더 튼튼한 신발을 사라고 말하는 것은 무의미하다. 돈을 모으기는커녕 고금리 대출로 매달 말을 간신히 넘기는 사람이 수두룩하다. 사람을 배제하는 방식으로는 결코 진정한 변화를 불러올 수 없다. 효과적인 방식은 접근하기 쉬워야 한다.

쇼핑을 바탕으로 한 해법의 또 다른 문제는 우리의 잠재력에 한계선을 긋는다는 것이다. 다큐멘터리 「더 트루 코스트」의 감독인 앤드류 모건Andrew Morgan은 자신이 한 번도 '소비자'를 만나본 적이 없다고 즐겨 말한다. '소비자'보다는 시민, 교사, 직원, 노조원, 활동가처럼 능동성 있는 정체성이 훨씬 더 힘이 세다. 이런 변화는 평범한 사람을 비범하며 힘 있는 사람으로 만든다. 광범위한 변화를 일으킬 수 있다면, 그 가능성의 실마리는 바로 여기에 존재한다.

삼각형의 맨 위 칸에 너무 많은 시간을 허비하지 말아야 하는 또 다른 이유는 개인주의가 이 시스템의 병폐에 대한 책임을 엉뚱한 곳에 미루기 때문이다. 우리는 발암물질 원료로 만들어진 신발을 소비하는 사람들을 탓할 게 아니라 그처럼 위험한 방식으로 생산된 제품이 어떻게 시장에 나올 수 있느냐고 따져야 한다. 신발 생산은 디자인 단계에서 시작되어 원료 수급과 공장 발주로 이어진다. 우리가 따져야 할 것은 사람들이 왜 난민들이 만든 신발을 구매하느냐가 아니라(소비자는 신발이 어디서 어떻게 왔는지 전혀 모르거나 알 방법이 없는 경우가 많다) 브랜드와 소매업자가 왜 그런 비양심적인 공급 사슬을 유지하느냐이다.

정치적 변화 : 산업 재구축하기

삼각형의 두 번째 칸은 정치적 변화이다. 개인주의에서 벗어나는 움직임이 시작되는 것은 여기서부터다. 신발 산업의 도전은 이제 어떻게 착취나 파괴를 피하면서 77억 인구에게 신발을 제공하느냐이다. 이것은 몇만 명의 사람, 아니 몇백만 명이 신는 신발의 브랜드를 바꾼다고 극복할 수 있는 문제가 아니다. 필요한 일은 신발 공장 시스템이 더는 규제와 감시를 피해 가지 못하게 만드는 것이다.

이런 변화를 이끌어내려면 여러 세대의 시민과 선출된 대표가 한데 모여 변화를 요구하는 목소리를 내야 한다. 그러려면 정부가 기업 공급 사슬의 매 단계에서 이루어지는 모든 활동을 규제해야 한다. 환경과 동물 권리에 관련된 법적 규제의 구속력을 세계적 수준으로 높이고 지역적으로나 전 세계적으로나 최저 생계 임금을 확립함으로써 바닥을 향한 경주를 끝내야 한다. 화재와 건물 안전, 그리고 신발 생산에 쓰이는 화학물질과 원료 등등에서 모든 공장 노동자 및 재택 노동자의 건강과 안전을 철벽처럼 방어해야 한다. 마지막으로, 노동자들의 결사의 자유를 노조 형태로 온전히 보장해야 한다.

이는 쉬운 일이 아니고, 때로는 세상의 구조가 사람들의 정치 참여를 막도록 짜인 것처럼 느껴진다. 하지만 우리에게 필요한 것은 전 지구적 변화이기 때문에, 모든 사람이 정치적으로 활발히 활동하고 참여해야 한다.

3포인트 쇼핑 목록

데보라 루체티Deborah Lucchetti는 클린 클로즈 캠페인의 이탈리아 지부인 라 캄파냐 아비티 풀리티의 간사이다. 제노바에 살면서 제화 산업의 노동권 분야에서 선도적인 전문가로 활동 중이다.

데보라는 제화 산업을 변화시키는 데 필요한 세 가지를 다음과 같이 간략히 설명한다. 첫째는 브랜드와 소매업체가 전 세계의 공급업체에 터무니없이 낮은 가격을 강요하는 기존의 구매 관행을 바꾸는 것이다. 공급 사슬에서 가장 큰 영향력을 행사하는 브랜드와 소매업체는 노동조건에 가장 큰 지분을 가진다. 납품업체가 법망을 회피하고 임금을 쥐어짜고 환경을 오염시키는 것은 그들이 최저 가격을 고집하기 때문이다.

두 번째로, 데보라는 전 지구적 가치사슬에서 구조적 권력이 주주 이윤이 아니라 노동자들에게 유리한 방향으로 재조정되어야 한다고 주장한다. 지금으로서는 임금부터 건강과 안전까지 모든 것이 이윤 증가의 뒷전으로 밀려나 있다.

　세 번째로, 구속력 있는 법이 도입되어 제화업계가 그들이 활동하는 모든 국가에서 기본 인권과 노동권을 존중하도록 강제해야 한다. 이 법은 국내뿐 아니라 국제적 차원에서도 기소와 벌금 등을 통해 적극적으로 집행되어야 한다. 공급 사슬의 투명성을 의무화하고, 언론인과 정치인 및 시민들의 공적 감시를 허용하는 것도 포함되어야 한다. 생산 시설, 고용 통계, 공장 회계 및 제품 정보에 관한 자료는 누구나 쉽게 접할 수 있도록 공개되어야 한다.

　이 3포인트 쇼핑 목록은 전혀 과분한 요구가 아니다. 그럼에도 제화 산업은 여전히 규제와 감시에서 비껴나 불투명한 상태를 유지하고 있다. 데보라는 말한다. "제화 산업을 바꿀 수는 있지만, 그걸 실현하려는 정치적 의지가 없다면 결코 실현될 수 없습니다. 초국적기업은 오로지 대중적 압박하에서만, 그리고 자신들이 감시하에 있으며 위법에는 강력한 제재가 따른다는 것을 인지할 때에만 정치적 의지를 보여줄 것입니다."

　전 지구적 기후 회담과 관련하여, 대중적 압박을 강화하는 것 또한 반드시 필요하다. 국민들이 입을 모아 정치가에게 책임을 묻고 공약 엄수를 요구하지 않는다면 급할 게 뭐가 있겠는가? 이 별의 미래가 처한 위험을 생각하면 마땅히 우려에 찬 수백만 시민이 기후 회담이 진행되는 건물을 밤낮으로 에워싸고 있어야 하는데, 현실은 왜 그렇지 않을까?

　마지막으로, 노조 가입과 단체협약의 극적 증가 없이는 아무런 개선도 이루어질 수 없다는 것이 제화 산업을 바꾸려 하는 측의 중론이다. 결사의 자유권이 핵심이라는 생각은 옳다. 공장 시스템에 직접 피해를 입는 측, 즉 노동자들과 직접적으로 관련되지 않은 진정하고 지속 가능한 구조적 변화는 불가능하다. 이들은 문제를 탐지하고 위반을 예방하고 장기적 해법을 제시하고 해법이 어떻게 실행되는지를 감시하기에 최고의 적임자이다.

세계 최대의 신발 생산국에서 현재 이는 심각한 문제다. 중국에는 노동자들의 결사의 자유가 존재하지 않고, 그 대신 국가가 통제하는 전 중국노조연합이 노동자의 대표를 자처하고 있다.

인민의 힘

대만 회사인 유원공업은 직원이 40만 명도 넘는 세계 최대의 스포츠 신발 생산업체다.[1] 나이키, 아디다스, 아식스, 뉴발란스, 푸마, 컨버스와 팀 버랜드를 비롯한 유명 브랜드에 신발을 납품하는 유원공업의 공장은 중국, 인도네시아, 베트남, 미국과 멕시코를 포함한 여러 나라에 흩어져 있다. 2014년에는 중국 남부 둥관 시에서 대략 6만 명의 노동자를 고용했다.[2] 그리고 그 거대한 시설 중 한 곳은 중국에서 수십 년 만에 발생한 최대의 사회적 불안의 현장이자, 공장 노동자들이 더는 당하고만 있지 않겠다고 결심하면 무엇을 이뤄낼 수 있는가 하는 것을 보여주는 상징이 되었다.

유원공업의 노동자들은 사측이 사회보험과 주택준비기금의 의무 부담금을 만성적으로 덜 지급해온 데 분노했다. 또한 임금 인상과 단체 결성권을 원했다. 2014년, 무려 4만 명이나 되는 유원공업의 노동자가 작업장을 떠나 파업에 돌입했다.

중국 노동법에는 사회보험의 개인부담금 지급이 의무 사항이다. 국가 대신 개별 고용주가 연금의 개인부담금과 실직보험, 의료비, 노동 관련 부상과 출산휴가 대체근무의 비용을 부담하게 하려는 것이었다. 하지만 사회보험의 범위는 여전히 단편적이었고, 많은 노동자가 혜택 따위는 구경조차 못했다. 이는 노후에 대한 불안을 조성한다. 노동자의 다수는 은퇴를 대비해 저축을 하기엔 임금이 너무 낮은 여성인데다 1자녀 정책으로 인해 식구 수도 적으니, 30년간의 노동 후 그들을 기다리는 건 연금 없는 노후일 가능성이 높다.[3]

유원공업의 소요는 몇 주 동안 계속되었고, 폭동 진압 경찰이 평화로운 시위대를 공격하는 영상이 온라인에 공개되었다.[4] 노동자들이 물러설 기미가 없자 사측은 결국 두 손 들고 사회보험과 주택기금의 개인부담금을 제대로 지급하기로 약속했다. 시위 노동자 중 다수는 공장에 들어올 때는 여자아이였지만 이제는 자신들의 힘을 깨닫고 쉽게 겁먹지 않는 성숙한 어른이 되어 있었다. 이후 유원공업은 파업의 여파와 더는 노동자들에게서 개인부담금을 강탈하지 못하게 됨으로써 2014년 상반기의 이윤이 전년보다 48퍼센트 떨어진 1억 140만 달러를 기록했다고 발표했다. 1년 전 같은 기간에는 1억 9,445만 달러였다.[5]

몇 주 동안의 시위를 통해 노동자들은 세계 최대의 제화 기업으로 손꼽히는 유원공업에 미지급 수당에 대한 책임을 묻는 쾌거를 이루었다. 베트남과 멕시코에 위치한 유원공업 공장 노동자들이 함께 파업을 조직했다면 회사를 아예 마비시킬 수도 있었을 것이다.

이런 파업은 중국에서 산업 불안과 사회적 불만이 증가하고 있음을 보여준다. 이듬해인 2015년 3월, 스텔라 인터내셔널 홀딩스가 소유한 둥관 시의 한 공장에서도 5,000~6,000명의 노동자가 참여한 파업이 일어났다. 그 공장에서 생산되는 신발의 브랜드는 나인웨스트, 나이키와 케네스콜 등이었고, 여기서도 노동자들이 분노한 이유는 사회보험과 주택기금 부담금이 제대로 지급되지 않은 것이었다. 쟁의는 강력한 진압을 당했고, 수많은 노동자가 경찰견에 물렸다고 보고했다.

파업이 일어나면 국가의 정부는 공장주의 편에 서기 십상이다. 해외투자 보호에 민감하기 때문이다. 중국 정부가 사회 불안의 확산을 막겠다고 노동권 단체를 강력 탄압하자 파업의 기세는 오히려 더한층 거세졌다.

체포와 실종, 그리고 재판이 빈번하게 일어났다. 2016년 11월, 광둥성에 위치한 판위 노동자센터 소속 노동 운동가인 멍한이 '군중을 결집해 공공질서를 어지럽힌' 혐의로 2년에 가까운 금고형을 선고받았다.[6] 멍한은 리드 공장의 제화 노동자들이 쟁의를 통해 1억 2,000만 위안(1,800만 달러) 이상의 배상금을 받도록 도운 전적이 있었다. 이때 마르크스주의자인 신세대 대학생들 역시 노동자들과 협력했는데, 당국은 학생들도 체포해 처벌했다.[7]

노동자들이 분노에 가득 차 있고 국가가 통제하는 전중국노조연합이 신뢰를 잃은 터라, 최근 일어난 파업 중 다수는 즉흥적이고 거친 양상을 띠었다. 노동권 단체의 조직력이 뒷받침되지 않은 즉흥적 파업은 폭력적으로 변할 수 있으며, 산업구조 조정과 공장 이전 같은 구조적 문제는 시민사회를 억압한다고 해서 해결되지 않을 것으로 보인다.[8]

변화가 시작되는 지점

베이징에서 태어나 시골에서 자란 한둥방은 중국철도공사에서 전기기술자로 일했다. 정치에 관심을 갖게 되면서 1980년대 말 민주화 운동에 참여했고, 톈안먼 광장 시위에 가담한 죄로 재판을 받아 2년간 옥살이를 했다. 이후 감옥에서 위중한 병을 얻어 결국 미국에서 치료를 받은 후 중국에서 추방당했다. 그리고 1994년, 한둥방은 홍콩에서 '중국노동회보 China Labour Bulletin'(중국 노동자의 인권을 대변하는 비정부기구 – 옮긴이)를 창립했다.

현재로서는 국가 통제력을 약화시킬 방법이 전혀 보이지 않는 터라, 중국노동회보는 작업장에서의 단체교섭권을 얻어내기 위한 협상에 초점을 맞춘다. 정부가 완전한 결사의 자유를 너무 큰 위험 요소로 취급하는 바람에 다른 접근법을 찾아야 했다고 한둥방은 설명한다. "우리는 더 나은 임금, 더 나은 노동조건, 합리적인 휴가와 노동시간을 위해 고용주와 협상할 권리를 가지고 싶습니다. 그러면 노동자의 권익을 더 잘 보장하고 고용주를 더 잘 규제할 수 있을 뿐더러 정부에도 '해를 미치지' 않습니다."

한동방과 동료들은 인도에서 자신들이 일하는 공장의 변화를 추구하는 인도의 노조와 협력 중인데, 거기엔 중국의 억압적 태도 탓도 있지만 어느 한 국가 내에서만 변화가 일어날 수 있다고 믿지 않는 이유도 있다. 한동방은 단체교섭의 중요성은 아무리 강조해도 지나치지 않다면서, 그것을 '세계화의 종말의 시작, 수정판 세계화'라고 부른다.

한동방에게 판을 바꿀 열쇠는 최전선에 있는 노동자이고, 그들은 흔히 여성이다. 거기엔 육체적·금전적·심리적 대가가 따르지만, 변화를 만들어낼 가능성이 가장 높은 것은 바로 이 사람들이다. "우리가 세계화에 관해 이야기할 때 변화의 지점이 어디냐고 묻는다면, 시작 지점이 바로 거기입니다. 대학 연구, 언론의 관심, 브랜드의 CSR 프로그램과 전 세계적 노조가 중요하지 않다는 뜻이 아닙니다. 하지만 모든 노력은 이런 노동자들, 특히 여성들이 (피해자가 아닌) 투사가 되도록 돕는 데 최대한 초점을 맞춰야 합니다."

비록 한동방은 자신의 조국보다 인도에서 힘을 얻을 때가 많지만, 중국에서도 어렴풋이나마 희망을 보고 있다. 한동방의 말마따나 노동자들이 가만히 손 놓고 기다리기를 그만두었기 때문이다. 파업이 지속적으로 일어나고 있다. 제화 부문만이 아니라 업계 전역에서도 같은 상황이다. 한동방은 40년에 걸친 경제개혁 이후 "어떤 사람들은 부자가 되었지만 대다수 사람들은 여전히 근근이 입에 풀칠하는 수준입니다. 중요한 건, 10~20년 전만 해도 사람들은 가난했지만 자신들이 왜 가난한지 도무지 몰랐다는 겁니다"라고 말한다.

새롭게 달라진 점은, 사람들에게 왜 가난에서 벗어나지 못하는가라는 질문에 스스로 답을 찾게 해주는 것이다. 소셜 미디어는 사람들이 자신의 상황을 나라 곳곳의 타인들의 경험에 비추어보게 해준다. 성공한 파업의 정보와 사진이 널리 퍼지면 사람들은 이렇게 묻는다. '나도 저렇게 안 될 게 뭐야?'

한동방은 중국의 인터넷 통제에 관한 해외의 보도에 코웃음을 친다. 그런 보도에 따르면 중국은 국민이 해외의 소식을 전혀 접하지 못하는, 철저히 통제된 국가처럼 보인다. 하지만 이는 현실과 다르다고 한동방은 주장한다. 작업장의 안전, 사회보장 수급과 임금수준에 비하면 워싱턴이나 런던발 뉴스는 사람들에게 별로 중요하지 않다. 한동방에 따르면 사람들은 자신의 사례와 성공담을 기꺼이 소셜 미디어에 공유할 마음이 있으며 실제로 그럴 수 있다. 당국의 통제를 피하려는 사람들이 흔히 이용하는, 사용하기가 간편한 앱, 즉 웨이보와 위챗에서는 전국 곳곳의 사람들이 올린 환히 웃는 사진과 영상을 볼 수 있다. 공정함을 얻어내기 위해 투쟁하고 싸운다는 생각은 이제 대중의 의식에 자리잡았다.

한동방은 말한다. "이렇게들 말하겠지요. '중국은 결사의 자유가 없고 정치적 문제가 심각하고 모든 걸 통제하며 어용 노조만 존재하는 블랙홀이다.' 그건 부정적인 일부분에 불과합니다. 하지만 긍정적인 부분은 2000년대 초부터 노동자들의 파업이 시작되었다는 겁니다. 그로부터 거의 20년이 지난 지금은 소셜 미디어가 이런 사상을, 이런 사진을 전국으로 실어 나르고 있고, 이건 나라를 바꿔놓을 겁니다. 신발 산업, 전자산업…… 그 어떤 산업도 이 사실을 무시할 수는 없습니다."

세계적인 브랜드와 투자자에게 이는 사업의 위험 요인 목록에 임금 상승과 더불어 파업 가능성이 추가된다는 뜻이다. 그로 인해 일부 투자자는 아시아와 아프리카의 다른 지역에서 또 다른 기회를 찾아나섰다. 우리가 진정한 성공을 원한다면, 노동자들의 쟁의는 노동조건을 좌우하

는 초국적 브랜드들 못지않게 서로 긴밀하게 연결되고 전 지구적이어야
한다.

학생과 노동자가 손잡다

그렇다고 신발 공장 노동자들만 정치적 변화에 참여해야 하는 것은 아니
다. '스웨트숍에 맞서는 학생연합USAS'과 나이키는 시민사회가 신발 브
랜드에 맞서 한데 뭉친 사례를 잘 보여준다.

2015년 10월, 나이키는 미국 노동권 단체인 노동자 권리 컨소시엄
WRC이 자사의 하도급 공장을 감시하는 것을 더는 허용하지 않겠다고 공
표했다. 이는 공급 사슬의 투명성에 대한 막대한 타격으로 여겨졌고, 모
교의 상징이 박힌 의류가 스웨트숍에서 만들어지는 것을 막고자 여러 해
에 걸쳐 캠페인을 벌여온 수많은 미국 대학생들의 분노를 샀다. 나이키
의 과거 행적 탓에 학생들은 공급 사슬을 독립적으로 감시하겠다는 나이
키의 주장을 전혀 신뢰할 수 없었다.

학생들은 나이키 공급업체인 한세베트남의 경우를 예로 들었는데,
WRC는 그곳에서 법정 실내온도를 초과하는 고온으로 인한 집단 실신,
그리고 임신을 이유로 여성 노동자를 해고하는 등의 심각한 위반 사항을
밝혀냈다. 이런 문제 때문에 공장에서 파업이 일어났는데도 나이키의 자
체 감시에서는 전혀 '파악되지' 않았다.

'공장 투명성의 시계를 거꾸로 돌리려는' 나이키를 막기 위해 저스
트 컷 잇 Just Cut It 캠페인이 시작되었다. 25개 대학 학생들이 2년에 걸쳐
나이키와 싸우며 WRC의 공장 출입이 다시 허가될 때까지 캠퍼스에서
나이키를 축출할 것을 요구했다. 600명이 넘는 대학 교직원이 나이키에
보내는 공개 항의서에 서명하고 캄보디아와 태국의 노조 지도자들이 미
국을 방문해 전국을 순회했으며 나이키 상점과 공장 앞에서 시위를 벌였

다. 럿거스 대학교와 캘리포니아 대학교 버클리 캠퍼스는 수백만 달러짜리 나이키 후원 계약을 종료했고 다른 대학교들은 나이키에 준 대학 로고 의류 제작 허가를 취소했다.

이러한 압박에 나이키는 결국 두 손 들고 2017년 8월 WRC의 나이키 하도급 공장 접근을 재허가한다고 발표했다.[9] 나이키는 한 성명서에서 자체적인 감시를 계속하겠다면서 이렇게 덧붙였다. '당사는 노동자 권리 컨소시엄의 노동권을 위한 노력을 존중하는 동시에 WRC가 가치 있는, 장기적 변화를 제공한다고 당사가 믿는 다중 이해관계자 접근법을 표방하지 않는 캠페인 조직인 '스웨트숍에 맞서는 학생연합'에 의해 공동 창립되었음을 짚어두고자 합니다."[10]

구조적 변화

정치적 변화를 일으키기 위한 그 모든 노고와 투쟁으로 제화 산업의 폐단을 일부나마 바로잡을 수 있다. 임금을 일정 정도 높이고, 노동조건을 개선하고, 환경오염 행위를 불법화하고, 사회적 변화에 불을 댕길 수 있다. 하지만 이런 진보는 늘 위협에 처해 있다. 힘겹게 얻은 권리가 당연한 것으로 자리잡는 종착점은 존재하지 않는다. 역사는 진보를 향해 일직선으로 나아가는 식이 아니라 착취당하는 자들과 착취로부터 이윤을 얻는 자들 간의 전쟁 같은 줄다리기이기 때문이다.

데보라 루체티를 비롯해 수많은 사람들은 우리가 살고 있는 체제가 너무나 비도덕적이어서 금지되어야 마땅하다고 주장한다. 우리는 한 줌 억만장자들의 탐욕을 충족시키기 위해 인간과 자연자원을 바닥내는 광경을 목격하고 있다. 수백만 명의 가난한 노동자는 기본적인 권리나 생존을 위한 임금도 벌지 못하는 반면 최고경영자, 경영진, 디자이너, 유명 인사와 주주들은 역사상 유례없는 부를 축적하고 있다.

이처럼 불합리한 상황은 경쟁과 이윤에 기반을 둔 약속의 결과다. 이런 현실은 수십억 명이 가난하게 살아가는 와중에 어마어마한 과잉생산과 과잉소비를 부추긴다.

시스템이 무너졌다는 수많은 증거가 온 사방에 존재하고 사소한 일상적 물품이 이토록 수많은 파국을 불러올 때는 단순히 이런 경제 모델의 결과만이 아니라 모델 그 자체에 질문을 던져야 한다. 최종 요소는 자본주의를 구조적으로 비판하는 것, 그리고 현 체제를 군데군데 때우는 것이 아니라 대안 사회를 조직하는 방향으로 나아가는 것이다.

시애틀을 위한 전투

세계 평화, '제3세계' 빚 청산, 토지권 보호, 공정 무역, 환경정의, 반기업주의와 스웨트숍은 1990년대와 2000년대 초기의 반지구화 운동을 구성한 수많은 쟁점 중 일부에 불과하다. 노동자들은 사회주의자와 무정부주의자 및 종교 단체와 손을 잡았다. 환경주의자들은 소비자 보호 및 노동권 단체와 연합했다. 평화운동가들은 학생과, 동물 권리 운동가들은 토착민 지도자 및 소작농 공동체와 어깨를 나란히 하여 행군했다.

이 시기를 특징짓는 것은 시애틀을 위한 전투로, 전 세계의 지도자들이 시애틀에 모인 1999년 세계무역기구WTO 회담을 방해하기 위해 잇따라 열린 이 시위는 성공을 거두었다. 각국 대표들이 호텔을 나서지 못하게 되면서 개회식조차 취소되었다.

2001년, 시애틀 시위 이후 전 지구적 협력의 필요성을 인지한 시민 사회가 한데 모여 세계사회포럼WSF을 창립했다. 이는 매년 다보스에서 열리는 세계경제포럼WEF에 맞선 움직임이었다. 제1차 세계사회포럼은 브라질의 포르투알레그리에서 열려, 라틴아메리카 및 지구 전역의 활동가와 시민단체를 한자리에 모았다.

당시는 나이키 운동화, 스타벅스 커피와 맥도날드 버거로 인한 해악을 핵무기의 위협과 나란히 토론할 수 있는 국제주의의 시대였다. 살충제와 토지권이 페미니즘, HIV 전염병과 동시에 거론되었고 연대의 연결고리와 활동이 모든 대륙 전역에서 이루어졌다.[11]

이런 전 지구적 정의 운동은 세계가 수백만 명의 사람들을 낙오시키고 있다는 목소리를 냈다. 진보와 부에 대한 약속이 글로벌 노스가 지구를 희생해 글로벌 사우스를 더한층 착취하기 위해 만든 체제를 숨기고 있음을 소리 내어 말했다.

시애틀에서처럼 세계의 지도자들이 마지못해 귀를 기울이기도 하지만 대부분의 경우 반지구화 운동은 매도되고 묵살되었다. 전 지구의 부를 기업과 금융기관이 차지하고 있는데, 소작농과 마을 어부들이 세계가 운영되는 방식에 무슨 말을 할 수 있겠는가? 돈이 계속 들어오는 한, 다가올 전 지구적 폭풍에 대해 경고하는 보호주의자나 토착민의 목소리를 왜 굳이 귀담아듣겠는가?

'세계화'는 1980년대 들어 유행어가 되었고, 1990년대가 끝나갈 무렵 '반세계화' 움직임은 세계화와 나란히 뿌리를 내리고 점점 더 많은 사람을 결집시키면서 급속한 성장을 이룰 것으로 기대되었다. 하지만 현실은 기대와 달랐다. 주요한 전환점은 2001년 9월 11일에 일어났다. 9·11테러 공격은 부시와 블레어가 주도한 '테러와의 전쟁'을 촉발했다. 전쟁은 처음엔 아프가니스탄을, 그다음엔 이라크를 대상으로 급발진했다. 수많은 갈래로 흩어져 반세계화 활동을 펼치고 있던 수백만 명의 사람들은 불가피하게 반전 활동으로 에너지를 돌릴 수밖에 없었다.

또한 '테러와의 전쟁'을 계기로 세계의 지도자와 지역 정치가 및 주요 매체가 세계를 '우리'와 '그들'로 갈라놓으면서 국제주의와 연대의 원칙은 노골적인 도전을 받았다. 안보 공포, 테러리즘, 전쟁, 무슬림 악마화와 민족주의의 득세는 반지구화 운동의 전 지구적 결속력을 약화시켰다. 포르투알레그리에 참여했고 이후 반전 운동에 투신한 아사드 레흐만은 이렇게 회상한다. "9·11 이후로는 우리가 '우리' 이야기를 하기가 훨씬 어려워졌습니다."

2008년의 세계 금융 붕괴 또한 와해로 이어진 또 다른 요인이었다. 금융 붕괴는 한편으로는 은행 긴급 구제로 이어졌고, 다른 한편으로는 수많은 가구에 대한 압류, 국가 긴축재정 시행, 푸드뱅크의 급증, 그리고 그리스의 채무 위기로 이어졌다. 이 시기에 불황의 충격파로 휘청대는 글로벌 노스의 진보주의자들이 지역 단위 캠페인에 전념하면서 고립은 더한층 심화되었다. 활동가들이 각자의 고국에서 전장을 맞이하면서 전 지구적 연결고리는 약화되었다.

이것이 꼬여버린 반세계화 운동의 위험이 현재 놓여 있는 지점이다. 지구화에 대한 가장 큰 최근의 도전은 진보 좌파가 아니라 우파에서 제기되었다. 트럼프와 브렉시트의 지지 세력이 득세하는 현상은 어느 정도 '타자들'이 기어오를 사다리를 끌어올리고 우리끼리만 잘해보겠다는 생각에 기반을 둔다. 이런 사고방식은 벽과 담장을, 어떤 대가를 치르고라도 경쟁에서 이겨야 한다는 생각을 기반으로 한다. 이제는 글로벌 사우스와의 연대가 아니라 타자에 대한 증오와 글로벌 노스의 번영에 대한 공포가 중심이 되고 말았다.

이런 신발 어때?

그렇다면 어떻게 해야 이 운동장을 도로 빼앗아오고 국제주의가 핵심이 되는 운동을 구축할 수 있을까? 그 열쇠는 어쩌면 기후에 있을지도 모른다.

기후 붕괴에 맞선다는 것은 곧 자본주의, 견제되지 않는 기업 권력,

규제와 법 및 민주주의의 약화, 삶의 모든 면면에 주입되고 신격화되는 이윤과 성장에 맞선다는 뜻이다. 기후 붕괴는 자본주의가 얼기설기 기워 만든 길을 따라가며, 인종차별의 불평등과 불의, 성차별적 착취, 갈등과 터무니없는 부의 불평등을 심화시킨다.

자본주의와 기후 붕괴의 이야기는 서로 너무나 깊이 뒤얽혀 있어서, 기후 붕괴에 대한 해법은 더 공정한 세계로 가는 해법이기도 하다. 예컨대 에너지를 생각해보자. 석유와 천연가스 같은 채굴 방식의 탄소 집중적 화석연료에 의존해서는 세계의 에너지 공급을 감당할 수 없다. 그 대신 우리가 100퍼센트 재생 가능한 에너지로 이행할 필요가 있다는 것이 전반적인 중론이다. 에너지 빈곤(27억 명의 사람들이 여전히 깨끗한 요리 시설은 꿈도 꾸지 못하고 오염을 야기하는 모닥불이나 비효율적인 스토브로 식사를 해결하는 심각한 상황이다)[12] 같은 문제를 제대로 해결하려면 재생 가능한 에너지가 지역 단위로 생산되고 공동체에 의해 민주적으로 소유되어야 할 것이다.

행성과 인류의 필요를 가장 중시하는 이런 에너지 시스템은 분명 BP, 셸이나 엑손모빌의 이사회에서는 인기를 얻지 못할 것이다. 이런 식으로 어떤 쟁점에 기후 붕괴라는 시급한 문제를 적용할 때 우리는 우리가 사는 세계를 지배하는 경제 모델에 관한 질문을 맞닥뜨리게 된다. 그들은 우리에게 이게 현재로선 가능한 최선이라고 말하지만, 시스템은 진정 누구를 위해 돌아가고 있는가? 생물권과 조화를 이루어 움직이면서 사람들에게 의식주와 풍요로운 삶을 제공하기 위해 설계되었는가, 아니면 뭔가 다른 것을 위해 설계되었는가?

자본주의에 대해서는 수많은 질문이 존재하지만, 열쇠를 쥔 것은 가장 단순한 질문들이다. 운동화를 만들기 위해 열대우림을 파괴할 가치가 있는가? 공장들이 연간 242억 켤레의 신발을 토해내는데도 수만 명의 아이들이 맨발로 등교하다 병에 걸리는, 이런 지독한 부의 불평등이 과연 옳은가? 무두질하는 사람들의 기대수명이 50세여야 하는가? 우리가 이런 질문의 답이 '그렇지 않다'임을 머릿속으로 인식하고 있다면, 왜 '그렇다'라고 대답하는 체제를 유지하고 있는지 자문해야 한다.

오늘날 경제는 모두에게 존엄성 있는 삶을 제공하기 위해서가 아니라 이윤으로 굴러가는 과잉생산과 과잉소비를 위주로 설계되어 있다. 이런 우선순위를 바꾸기 위해 경제를 재설계하려면 자본주의의 최악의 실천들을 즉각 폐기해야 한다. 관심사가 달라지면 결과도 달라진다. 비록 아래에 제시한 것은 불완전한 목록이지만, 존엄성 있고 지속 가능한 제화 시스템이 어떤 형태일지 상상해보자.

신발은 식물 기반 원료로 만들어지고 동물들은 집약적 목축 및 신발 공급 사슬이 가하는 고통과 죽음으로부터 자유로워진다. 재활용을 극도로 어렵게 만드는 금속 같은 원료의 사용이 금지되면서 재활용이 쉬워진다. 모든 접착제와 염료는 가장 엄격한 환경기준에 따르며 무독성이다.

디지털 스캔 기법을 통해 모든 신발이 맞춤 생산된다. 신발은 발에 부담을 주지 않고 신체 활동을 증진한다. 생산은 지역화되고 자동화된다. 작업장은 안전하고, 노동자들이 사회 내의 다양한 직업을 두루 거치면서 제작 기술이 대중화되고 만들어진 물건의 가치가 인정받는다. 공급 사슬의 모든 자원은 집단적·지역적 소유다. 노동시간은 민주적으로 결정된다.

생산기준은 엄격하고, 신발은 가능한 한 오래가도록 디자인된다. 디자인은 모듈식이라 수선하기 더 쉬우며, 심지어 수선은 공짜다. 디자인이 민주화되어 모든 개인이 자기가 신을 신발을 직접 만들 수 있다. 이는 창의력이 넘쳐흐르게 해준다.

공동체마다 신발 도서관이 있어서 사람들은 꼭 개인적으로 소유하지 않고도 다양한 신발을 접할 수 있다. 누구나 신발을 보장받고, 신던 신발이 재활용을 위해 보내지면 대용품을 받는다. 누구나 평등하게 신발을 신을 수 있고, 신발은 사람들의 필요에 따라 만들어지며 공짜다.

지구를 들여다보라

영구적이고 절대 변하지 않을 것처럼 보였던 이전 체제가 있었다. 봉건제와 노예제는 둘 다 아주 적은 소수가 부와 인구를 통제하는 수단이었다. 결국 이런 체제를 용납하지 못하는 사회 구성원의 수가 임계점에 도달하면서 체제 전복이 이루어졌다. 이제 다시 필요한 것은 충분한 수의 사람들이 저항에 필요한 집단적 힘을 모으는 것이다. 기후 붕괴는 그러기 위한 조건을 제공할지도 모른다. 우리가 더는 잃을 게 없다고 느끼게 된다면 말이다. 지구가 살 수 없는 곳이 되기 전에 그렇게 된다면 분명 더 반가운 일일 것이다.

노예제와 봉건제 아래서는 어떻게, 또는 무엇으로 이행할 것인가에 대한 공통의 청사진이 없었다. 명확한 건 그저 변화가 필요하며, 자원 독점과 인간의 노예화에 종지부를 찍어야 한다는 것뿐이었다. 현재로서 명확한 것은 다수의 희생으로 소수가 이윤을 얻는 파괴적인 경로를 이대로 계속 따라갈 수는 없다는 것이다.

이 세상 모든 부의 근원이 인간의 노동과 천연자원이라는 것은 불변의 진리다.[13] 그 두 가지가 착취를 위해 파괴되고 도둑질 당해왔음을 생각하면 서글픔을 떨칠 수 없다. 하지만 달리 생각해보면, 그것들을 되찾을 수 있다면 공정하고 지속 가능하며 모두가 필요를 공급받는 사회를 만들 수단이 우리 손에 들어오는 것이다. 기후 붕괴의 경우처럼, 해법은 우리 손에 있다. 그러려면 에너지 시스템, 식량 시스템, 주거 시스템, 토지권과 천연자원 소유권을 재검토해야 한다. 지구를 살리려면 반드시 그래야만 한다. 그것은 동시에 공정한 세계의 기반이기도 하다.

그때 난 내 신발을 떠올리지

신발을 신어야 한다는 걸

끈을 꿰려고 허리를 숙이면

땅을 보게 된다는 걸.

위에 인용한 글은 이 책의 앞머리에 실린, 세르비아계 미국인 시인 찰스 시믹Charles Simic의 시 중 일부다. 크나큰 변화에는 항상 크나큰 도전이 따를 수 있다.

우리의 신발은 4만 년간 우리 곁에 있었다. 신발은 시대를 관통하는 우리의 여정을 목격하고 추진했다. 인류의 최고와 최악을 보았다. 어쩌면 신발은 그 어떤 사물 못지않게 우리를 더 밝고 더 공정한 미래로 이끌어줄지도 모른다. 그렇지 않더라도 우리는 신발을 통해 그 안에 담긴 세계에 대해 눈을 떠야 한다.

| 맺음말 |

이 책에서 다룬 쟁점 중 다수는 지극히 시급한 것이다. 우리가 직면한 일련의 환경적·사회적·윤리적 질문은 우리에게 집단행동을 요구한다. 아래에 나와 있는 목록은 비록 완벽하지 않지만, 그저 자신의 옷장만을 넘어 세계를 바꾸고자 하는 여러분에게 길잡이 역할을 해줄 것이다.

- 찾아가 배운다. 지역 도서관에 등록해 인권과 노동권, 환경과 자본주의에 관한 책을 탐독한다. 토론에 참여하고 팟캐스트와 라디오를 듣고 다큐멘터리를 보고 소셜 미디어의 관련 정보통을 팔로우한다.
- 다른 사람들과 협력한다. 이미 변화와 진보를 위해 노력하고 시위에 참여하고 있는 조직과 연계한다. 좋은 소식은, 조직화된 캠페인이 이미 존재한다는 것이다. 클린 클로즈 캠페인, 상표 뒤의 노동, 트레이드, 빈곤과의 투쟁, 스웨트숍에 맞서는 학생연합, 그린피스, 멸종반란 등등. 이외에도 수많은 단체가 여러분의 참여를 기다리고 있다. 아울러 여러분의 일터에 노조가 있다면 반드시 가입하자. 혹시 없다면 뜻

을 같이하는 동료들과 노조 결성을 의논하자.

- TCF 산업에 초점을 맞추는 비정부기구에 더해, 모든 국가에는 자본주의 그 자체에 비판과 도전을 제기하는 조직과 단체가 있다. 이런 네트워크는 여러분에게 쟁점을 하나로 연결하고 구조적 변화를 향해 압박을 가할 기회를 제공한다. 사회적 변화는 결코 우연히 일어나지 않는다는 사실을 명심하자. 그것은 오로지 우리가 조직할 때만 일어난다.

- 권력을 구축하기 위해 이런 조직과 손을 잡고 활동한다. 결정, 시위, 캠페인과 행위가 반드시 교차성을 가지고 글로벌 사우스와의 연대에 단단히 뿌리내리게 한다.

- 기업들에 중요한 영향력을 집단으로 가한다. 소셜 미디어 계정을 이용해 브랜드에 직접적으로 공급 사슬과 임금, 그리고 노동권에 관한 질문을 한다. 브랜드가 두려워하는 것들 중 하나는 이미지가 망가지는 것이다. 브랜드는 점점 더 온라인으로 활동 영역을 옮기면서 이미지에 더 민감해진다. 여러분의 신발에 관한 정보를 찾을 수 없다면 관련 자료를 요구하자. 어떤 브랜드가 행동하는 방식이 마음에 들지 않으면 그들에게 말을 걸자. 그린워싱으로 대충 때우도록 내버려두지 말자.

- 오프라인의 글로벌 노스 사람들은 글로벌 사우스의 수많은 노동자가 간절히 원하는 무언가에 대한 접근권을 가지고 있다. 바로 브랜드와 소매업체의 본사와 상점이다. 이런 곳들에서는 저항과 시민들의 봉기를 통해 정치적 압박과 언론 보도에 불을 댕길 수 있다. 저항은 여러분의 권리이다. 그것을 써먹자.

- 조직적인 캠페인을 이용해 정치가들이 산업에 맞서 일어나도록 요구하자. 노동권과 동물 권리 및 환경기준을 위해 법을 바꾸도록 요구하

자. 신발이나 의류 산업 내의 자율 규제와 자발적 움직임은 그동안 실패만 거듭했다. 우리는 가차 없는 입법이 필요하다. 이것은 이런 대의를 수호하기 위해 치열하게 싸우며 기업에 책임을 물을 사람들을 찾아내고 선출한다는 뜻이 될 수 있다. 어쩌면 변화를 위해 여러분이 직접 공직에 나설 수도 있을 것이다.

- 정치적 변화의 최전선에 서 있는 사람들을 적극적으로 지지하자. 활동가, 법률가, 그리고 민주적 노조 운동가는 신발 공급 사슬의 모든 지점에서 목숨의 위협을 받고 있다. 이들은 노동자들을 조직하고 공장을 조사하고 소송을 성사시키고 토지권을 수호한다. 제화 산업에 지속 가능성을 요구하려면 국제적 연대가 필요하다. 무엇이 필요한지를 귀담아듣고, 기금을 모으고, 뉴스를 공유하고, 청원에 참여하고, 정치가와 관련 기관에 서신을 쓰고 타인들의 저항할 권리를 위해 거리로 나가 떠들썩하게 저항하자.

- 여러분의 옷장이 중심인 수준을 넘어서는 것도 물론 중요하지만, 앞으로 신발을 사야 하는 경우에는 어떻게 해야 할까? 아마도 그 결정에서 가장 큰 부분을 차지하는 것은 여러분의 통장 잔고이겠지만 가죽, 환경 파괴, 스웨트숍 노동을 이용하지 않는다는 작은 신발 브랜드를 스스로 찾아보고 사실 여부를 확인해보는 것도 좋은 방법이다. 그런 작은 브랜드 중 다수는 신발이 죽음과 파괴의 과정을 거치지 않고 만들어지는 미래에 대한 청사진을 제공한다. 그들에게 여러분의 신발을 맡기고 싶다면 그렇게 하자.

- 아니면 이미 가지고 있는 모든 신발을 수선해서 신거나, 1년간 쇼핑을 끊겠다고 서약하거나, 아니면 업사이클링 세계로 뛰어들 수도 있을 것이다. 중고품을 사겠다고 서약할 수도 있다. 그런 다음 시장이나 자선 상점 또는 온라인 게시판에서 이미 사랑받은 적이 있는 신발을

찾아나서는 것이다.

- 다른 방법으로는 스왑숍(모두가 물물교환용 물품을 가져오는 대안적 쇼핑 행사)이나 공짜숍(공짜로 기부된 물품을 필요하면 누구나 가져갈 수 있는 임시 상점)을 조직하거나, 친구들끼리 서로 빌려 쓰는 것 등이 포함된다. 그런 활동은 여러분이 소비주의의 압박을 의식하게 만드는 데 도움이 될 것이다. 어쩌면 여러분의 마음가짐을 평생 바꿔놓을지도 모른다. 이런 행사는 반드시 돈이 필요하지는 않지만 자원과 시간이 필요하고 물리적 공간에 접근할 수 있어야 하므로 문턱이 아예 없는 건 아니다.

- 세계를 변화시키려면 때로는 사람들을 한데 모아야 한다. 여러분과 같은 관심사를 가진 사람들을 찾고 싶다면 여러분의 학교, 대학, 일터, 종교 단체나 지역 센터 등에서 영화제, 독서토론, 공개 토론회 같은 문화 행사를 여는 것도 좋은 방법이다.

- 그리고 마지막으로, 각자 창의적 표현력을 갈고닦아 우리가 지금 처한, 신자유주의와 기업이 초래한 위태로운 난장판보다 우리가 꿈꾸는 대안이 훨씬 낫다는 것을 보여주자. 그림을 그리고 영화를 찍고 기사를 쓰고 블로그를 올리고 책을 쓰고 사진을 찍고 음악을 작곡하자. 행운을 빈다. 늘 용기를 내고, 우리가 한데 모이면 이보다 더 잘해낼 수 있다는 걸 절대 잊지 말자.

| 감사의 말 |

우선 제일 먼저 귀중한 시간을 내어 자신들의 이야기를 들려준, 이 책에 실린 모든 분들께 진심 어린 감사의 말씀을 드리고 싶다. 그분들의 넉넉한 마음과 선량한 의지와 열정 덕분에 이 책을 쓰는 것이 마치 공동 작업인 것처럼 느껴졌는데, 실로 심오한 경험이었다. 어떤 분들은 위험을 무릅쓰고 개인적 경험을 들려주었고, 어떤 분들은 나와 대화하는 것만으로도 심각한 뒤탈을 각오해야 했다. 그분들이 없었다면 이 책도 없었을 것이다. 이 책은 그분들의 용기에 큰 빚을 지고 있다.

친절함과 도움을 넘치도록 베풀어준 크리스티나 암페바Kristina Ampeva, 호세 발라드론Jose Baladron, 시에다 하산Syeda Hasan, 스콧 프레더릭Scott Frederick, 클레어 모슬리Clare Moseley, 베티나 무시올레크Bettina Musiolek, 안톤 파이퍼Anton Pieper, 샤힌 라히미파르드Shahin Rahimifard 교수, 아사드 레흐만Asad Rehman, 줄리엣 쇼어Juliet Schor 박사, 레베카 쇼크로스Rebecca Shawcross와 세이브 무브먼트Save Movement 소속 활동가들에게 각별히 감사드린다. 또한 마이클 위드만Michael Wiedemann과 데니스 암페브Denis Ampev에게 큰 감사를 드리고 싶다. 이 책의 일부는 라호르의 노동교육재단 소속 칼리드 마흐무드Khalid Mahmood와 잘바트 알리Jalvat Ali, 그리고 홈넷 네팔 소속 옴 타팔리야Om Thapaliya의 시간과 도움이 없었다면 불가능했다. 진심 어린 감사를 드린다.

또한 우스만 알리Usman Ali, 일레인 루Elaine Lu, 디나 마트로비키Dina Mitrovikj, 터그바 테케렉Tuğba Tekerek과 익명을 유지해달라고 부탁한 이탈리아의 한 언론인의 번역과 교정, 그리고 언론 관련 도움이 없었다면 나는 이 책을 온전한 모양새로 만들어낼 수 없었을 것이다. 몇 시간 길이의 녹취록을 풀어써준 엘리 배드콕Elly Badcock에게도 감사드린다. 이 책을 완성하도록 도와준 스웨타 타판 추드후리Sweta Tapan Choudhury, 리 맥앨리아Leigh McAlea, 샘 마헤르Sam Maher와 구스 알스톤Gus Alston을 각별히 언급하고 싶다.

집필을 위한 세부 조사와 별도로, 이슬링턴의 유니언 예배당에 연설하러 온 야니스 바로우파키스Yanis Varoufakis와 근처 펍에서 우연히 만난 행운은 내 삶에서 가장 중요하고 영감에 찬 진로로 나를 이끌어주었다. 나와 이 프로젝트를 끝까지 믿어준 데이비드 하이엄 협회David Higham Associates의 앤드류 고든Andrew Gordon에게 감사드린다. 당신의 혜안, 신뢰와 격려는 내게 무엇보다도 중요했어요. 또한 지칠 줄 모르는 노력과 지지를 보내준 DHA 팀 모두에게도 감사드린다.

이 책은 매 단계에서 편집자인 홀리 할리Holly Harley가 없었다면 존재하지 못했을 것이다. 당신이 보내준 격려와 열정에 천만번 감사드립니다. 내게 늘 너무나 많은 걸 가르쳐주는 위덴펠드앤니콜슨Weidenfeld & Nicolson의 제니 로드Jenny Lord에게도 감사드린다. 책이 지적이고 영리한 편집자들의 손에서 탄탄하게 변해가는 과정을 지켜보는 건 무척이나 즐거운 일이었다. 집필 과정에서 냉정함을 유지하게 해주고 출간 준비를 도와준 조 윗퍼드Jo Whitford의 능력과 인내심에, 원고를 읽고 깊이 있는 법률 조언을 해준 펠리시티 프라이스Felicity Price에게, 멋진 아트 디렉션을 제공한 룰루 클라크Loulou Clark에게, 그리고 탁월한 퇴고를 해준 사이먼 폭스Simon Fox에게도 감사드린다. 아울러 이 프로젝트에 시의적절한 도움을 준 해셰트Hachette의 매디 모그퍼드Maddie Mogford에게 믿을 수 없을 만큼 감사드린다.

잉크로 세상을 아름답게 만들고 싶은 나를 작가로, 교사로 늘 이끌어주는 비공식 가이드 앤 아일러Anne Aylor에게는 이 책에서 쓰기 마음 아팠던 부분을 부드럽게 매만져준 데 대해 각별히 감사드린다. 2018년 11월에 거의 완성된 원고가 처음으로 세상의 빛을 보았을 때 작가로서 영감을 받을 수 있는 안식처를 제공한 앤Anne과 잰 울프Jan Woolf, 그리고 친구들에게 감사드린다. 또한 때맞춰 나타나 장문 저널리즘에 관한 나의 어려운 질문에 답해준 마크 크레이머Mark Kramer에게 감사드린다.

내털리 페이Natalie Fay, 딜라일라 지어리Delilah Jeary와 ITN의 아늑한 구석자리를 차지한 팀에도 매우 따뜻한 감사의 말을 건네고 싶다. 여러분에게서 배울 수 있어서 영광이었어요. 저는 여러분의 합리적인 조언을 머릿속에서 자주 곱씹곤 한답니다.

일하고 있지 않을 때 나를 계속 웃게 해주는 친구들에게 빚을 지고 있다. 제니퍼 알크비스트Jennifer Ahlkvist, 엠마 배럿Emma Barrett, 제니퍼 브론리치Jennifer Braunlich(절대 내 구조 요청을 무시하지 않는), 에밀리 잉글리시Emily English, 리사 폭스Lisa Fox(늘 긍정적인 마음을 갖게 해주는), 로라 하비Laura Harvey(지난 20년간), 사미르 제라이Samir Jeraj, 후세인 키시Huseyin Kishi, 그리고 토니 리스Tony Reiss에게 각별히 감사드린다. 또한 다른 펍에서 이 책의 뒷부분을 쓰고 있는 내 앞에 나타나준 톰 샌더슨Tom Sanderson에게는 다 고맙지만, 특히 그 형편없는 신발 관련 농담들에 대해 감사드린다. 또한 수년에 걸쳐 울림이 큰 지혜와 통찰을 전해준 안젤라Angela에게도 진심 어린 감사를 전한다. 마지막으로, 내 소중한 친구 로빈 베스트Robin Beste, 고이 잠드시길. 당신이 너무 그리워요.

케이Kay와 개러스Gareth, 이 세상 전부를 준대도 바꾸지 않을 두 분 부모님의 모든 사랑과 격려에 감사드립니다. 마찬가지로 형제인 브린Bryn에게도. 이 길의 힘든 부분에 함께해줘서, 그리고 이 세상에서 우리의 자리를 다른 시각으로 보게 해줘서 고마워.

글쓰기는 여러 달에 걸친 고되고 외로운 노역이기 십상이라, 가치를 헤아릴 수 없는 응원과 조언, 점심과 차 대접, 프린터 잉크, 그리고 정치적 분석과 격려로 날 멈추지 않도록 도와준 샌즈 필름 스튜디오Sands Film Studio의 팀에 온 마음을 다해 감사드리고 싶다. 그분들이 없었다면 내가 지금 어디에 있을지 짐작도 안 된다. 올리비에Olivier, 크리스틴Christine, 애너벨Annabelle, 케이Kay, 그레이엄Graham, 케이Kay, 바버라Barbara, 닐Neale과 co.에게 진심으로 감사드린다. 그리고 특히 지속적인 격려를 보내주고, 내가 '하늘의 위대한 생산 매니저'의 책략을 헤쳐 나가도록 도와준 리처드 굿윈Richard Goodwin에게 하늘만큼 땅만큼 감사드린다.

마지막으로, 온 세상 구석구석에서 방직과 의류 및 제화 산업을 바꾸고자 투쟁하고 있는 분들의 헌신과 창의성, 그리고 열정을 언급하고 싶다. 대사관 앞에서 구호를 외치고 의류 상점에 딱지를 붙이고 농성을 벌이는 활동가들, 무장하고 대열을 짠 경찰들이 버티고 있는데도 아랑곳없이 파업을 벌이고 도로를 봉쇄하는 공장 노동자들, 감시의 시선을 절대 돌리지 않는 블로거와 브이로거 및 트위터 이용자들, 언론인, 도축장 앞에서 불침번을 서는 단체들, 행사와 공개 토론을 조직하는 사람들, 변화를 모색하는 학자들과 교사들 및 패션 학도들, 어려움을 겪으면서도 포기하지 않고 계속해서 변화를 일구는 노조 활동가들. 내가 이 책을 쓸 수 있었던 건 정의를 위해 모든 것을 내거는 그분들 덕분이었다. 여러분은 패션 산업의 양심이자 반드시 이루어져야 할 미래입니다.

억압과 파괴가 있는 곳에 저항 또한 있다

이 책에 관해 이야기하기에 앞서 이 책과의 인연을 만들어준 작가의 전작 『런웨이 위의 자본주의』에 관해 잠깐 이야기하고 싶다. 그 책의 번역 의뢰를 받은 것이 지금으로부터 7년 전인 2015년이었다. 신발 산업에 초점을 맞춘 이 책과 달리 전작은 의류 산업 전반을 탐사하며 고삐 풀린 자본주의와 소비주의가 미치는 개인적이고 전 지구적인 해악을 다룬다.

물론 작가의 더 거시적인 통찰에 동의하고 문제의식을 공유하면서도 그 책을 번역할 때 내 초점은 사회적인 부분보다 개인적인 부분에 주로 맞춰져 있었다. '현재가 더 단조로울수록 상상력은 미래를 더 인질로 잡아야 한다', '사람들이 소외되기 때문에 상품은 의미를 얻는다. 사람들은 짜릿한 선망의 대상인 소비를 꿈꾸면서 끝없이 길고 무의미한 노동시간을 버틴다'……. 한마디 한마디가 날카롭게 폐부를 찌르는 이런 구절들은 마치 당시 프리랜서 노동자로서 감내해야 하는 휴식 없는 긴 노동시간과 고립 및 단절의 문제를 쇼핑이라는 단기적 해소법으로 무마하며 멈추지 않는 쳇바퀴를 도는 내 상황을 저자가 위에서 내려다보며 말하는 것처럼 느껴졌다.

　불행히도 그런 문제의 원인을 제공한 상황이 해결되지 않는 한, 개인(특히 여성)의 불안과 불행을 연료로 배를 불리는 산업의 교활함을 알게 되었다고 해서 쇼핑 충동이 홀연히 사라지는 것은 아니었다. 물론 저항은 유의미하고 당연히 필요하다. 그러나 맛있게 먹던 음식이 몸에 좋지 않거나 영양가가 없다는 사실을 의식했다고 해서 갑자기 입에서 맛없게 느껴지지 않듯이, 환경 속에서 한 개인의 의지력은 너무 약하다는 것을 패배감과 함께 거듭 깨닫곤 했다.

　그리하여 이 책을 통해 저자를 다시 만나게 되었을 때, 한편으로는 저자가 또 어떤 날카로운 통찰로 정신을 번쩍 들게 해줄지 기대되었지만, 이번에는 또 어떤 무시무시한 이야기로 간담을 서늘케 할까 하는 두려움 역시 없지 않았다. 그리고 그 양쪽 모두에서 이 책은 역시 실망시키지 않았다.

　지난 7년간 개인적으로도 적지 않은 변화가 있었지만 사회적으로는 그와 비교조차 할 수 없을 만큼 정말 큰 사건이 많았다. 트럼프의 대통령 당선과 브렉시트로 대표되는 반세계화 추세(반자본주의는 아닌), 세계를 뒤집어놓은 코비드-19, 가장 최근에 일어난 러시아의 우크라이나 침공, 그리고 무엇보다도 (최근 발생한 문제는 아니지만) 발등에 떨어진 가장 큰 불이라고 해야 할 지구온난화. 인류의 생존이 달렸다는 지구온난화 1.5도 상승의 마지노선은 애초의 2100년에서 점점 앞당겨지더니 이제는 2040년을 바라보고 있다. 이런 상황에서 내 관심 역시 이전과 달리 개인적인 부분보다는 사회적인 부분에 더 쏠려 있었으니, 때마침 만난 저자의 이 책이 더 반가울 수 없었다.

　저자는 신발이라는 단순해 보이는 생필품을 통해 글로벌 사우스의 공장과 재택 노동, 고삐 풀린 소비주의, 산더미 같은 폐기물, 자본주의의 속임수, 난민, 생태계 파괴, 무력하거나 무관심한 정부 같은 세계화의 해악을 낱낱이 까발린다. 마치 자기들이 옮겨가서 살 수 있는 다른 지구라도 있는 양, 생태계 파괴라는 끔찍한 국제범죄를 저지르며 환경운동가를 괴롭힐 목적으로 민사소송을 일삼는 다국적기업과, 그러한 행태를 막아야 할 정치제도가 침묵하거나 오히려 한몫 보태고 있는 모습을 보면 상황이 마냥 절망적이기만 한 것 같다. 하지만 꼭 그렇지만은 않을지도 모른다. 저자는 그저 현 상황의 절박함을 폭로하는 데서 멈추지 않는다. '억압과 파괴가 있는 곳에 저항 또한 있다'라고 저자는 말한다. 그리고 권리침해에 맞서 저항하며 초국적기업, 억압적인 공장 소유주, 환경 파괴와 불공정한 정부에 도전하는 용감한 사람들을 우리 눈앞에 들이민다. 그리고 우리가 함께 나아갈 방법을 친절히 알려주고 함께 가자고 권한다.

혹시 무력감에 압도되어 용기를 잃었거나 세상의 불공평함에 분노해 차라리 다 함께 멸망으로 향하는 게 낫겠다고 생각하는 사람들이 있다면 저자가 인터뷰한 활동가 아사드 레흐만의 말을 들려주고 싶다.

"기후변화는 모든 사람에게 영향을 미치고 우리는 타이타닉 호에 타고 있으며 이미 빙산에 부딪혔다……. 우리 모두가 타이타닉 호에 타고 있는 건 맞지만 차이가 있습니다. 부자들은 타이타닉 호의 갑판에서 여전히 칵테일을 홀짝이고 관현악단의 음악을 감상하면서 어떤 기적적인 해법이 나타나기를 바라고 있습니다. 한편 선창에서는 가난한 사람들이 이미 죽어가고 있으며, 물을 피해 도망치려 하지만 밖으로 나오지 못하도록 갇혀 있습니다."

멸망은 우리가 예전에 상상했던 것처럼 한순간에 쾅 하고 모든 게 날아가는 혜성 충돌 같은 방식으로 오지 않을 것이다. 끝을 향해 가는 길에서조차 우리는 공평하지 않다. 이대로 간다면 가장 가진 것 없는 사람이 가장 길고 가장 큰 고통을 겪게 될 것이다.

희망을 버리면 패배감이 오고, 패배감은 우울을 부르고, 우울은 과소비를 부르고, 과소비는 환경 파괴를 앞당긴다. 희망을 버리고 싶지 않은 사람들에게 저자의 가장 중요한 메시지를 다시 한 번 전하고 싶다.

'불편함을 얼싸안는다는 것은 깨어나는 것이다. 세상에 뭔가 잘못된 게 있고, 그 해법을 찾는 데서 우리가 해야 할 몫이 있음을 깨닫는 것이다. 불편함은 우리가 세계의 현 상황에 관심을 갖는다는 뜻이고, 그것이 변화를 이끌어내는 첫걸음이다.'

마지막으로, 의미 있는 작업을 맡겨주시고 인내심 있게 기다려주신 소소의책에 감사드린다.

| 주 |

서문

1   https://www.mckinsey.com/industries/retail/our-insights/state-of-fashion
2   https://www.worldfootwear.com/news/rowthiproductioaccumulatedoveradeca
    dewipedawayi2020/6879.html
3   https://asia.floorwage.org/wp-content/uploads/2021/07/Money-Heist_Book_
    Final-compressed.pdf
4   https://www.theguardian.com/global-development/2020/dec/10/i-thought-
    about-killing-my-children-the-desperate-bangladesh-garment-workers-
    fighting-for-pay
5   https://www.ituc-csi.org/violations-workers-rights-seven-year-high
6   https://www.opendemocracy.net/en/oureconomy/report-says-soldiers-shot-
    three-dead-myanmar-factory-making-us-cowboy-boots/
7   https://www.mckinsey.com/industries/retail/our-insights/state-of-fashion
8   https://www.theguardian.com/business/2020/oct/07/covid-19-crisis-boosts-
    the-fortunes-of-worlds-billionaires
9   https://www.workersrights.org/wp-content/uploads/2020/11/Hunger-in-the-
    Apparel-Supply-Chain.pdf
10 https://www.worldfootwear.com/news/growthiproductioaccumulatedoveradec
    adewipedawayi2020/6879.html

머리말 · 신발이 뭘 어쨌기에?

1   https://classical-inquiries.chs.harvard.edu/herodotus-and-a-courtesan-from-
    naucratis/[March 2019]; https://www.ancient.eu/article/1038/the-egyptian-
    cinderella-story-debunked/[March 2019].
2   https://web.archive.org/web/20110903190535/http://www.endicott-studio.
    com:80/rdrm/forashs.html[March 2019].

3   https://www.nytimes.com/interactive/projects/cp/obituaries/archives/hans-christian-andersen[March 2019].

4   https://www.theguardian.com/environment/2018/oct/08/global-warming-must-not-exceed-15c-warns-landmark-un-report[March 2019].

5   Paper: Trinkaus, Erik and Shang, Hong, 2008, 'Anatomical evidence for the antiquity of human footwear: Tianyuan and Sunghir', *Journal of Archaeological Science*, 35(7), 1928–33, 10.1016/j.jas.2007.12.002.

6   Ibid.

7   http://staffscc.net/shoes1/?p=228[March 2019].

8   http://www.bbc.co.uk/history/british/abolition/africa_article_01.shtml[March 2019].

9   M. B. Steger(ed.), *Globalization: The Greatest Hits*, Paradigm Publishers, 2010, p. 1. Plus: https://www.nytimes.com/2006/07/06/business/06levitt.html[March 2019].

10 D. K. Vajpeyi and R. Oberoi, *Globalization Reappraised–False Oracle or a Talisman*, Lexington Books, 2018, Introduction.

11 Ibid., p. 31.

12 E. Cazdyn and I. Szeman, *After Globalization*, John Wiley & Sons, 2011, p. 1.

13 Alexis de Tocqueville, *Journeys to England and Ireland*, first published 1835: http://www.pitt.edu/~syd/toq.html[March 2019].

14 R. Wolff, https://truthout.org/articles/richard-d-wolff-capitalisms-deeper-problem/[March 2019].

15 P. Newell, *Globalisation and the Environment*, Polity, 2012, pp. 10–11.

16 https://www.theguardian.com/commentisfree/2018/sep/26/donald-trump-globalisation-nation-state[March 2019].

17 P. Newell, *Globalization and the Environment*, Polity, 2012, pp. 10–11.

18 Ibid., p. 4.

19 https://www.theguardian.com/commentisfree/2018/sep/26/donald-trump-globalisation-nation-state[December 2019].

20 P. Newell, *Globalisation and the Environment*, Polity, 2012, pp. 4–5.

21 D. K. Vajpeyi and R. Oberoi, *Globalization Reappraised–False Oracle or a Talisman*, Lexington Books, 2018, p. 31.

22 Ibid., p. xviii.

23 https://www.theguardian.com/business/2019/jan/21/world-26-richest-people-own-as-much-as-poorest-50-per-cent-oxfam-report[March 2019].

24 R. Wolff, https://truthout.org/articles/richard-d-wolff-capitalisms-deeper-problem/[March 2019].

25 J. Stiglitz, *Globalization and Its Discontents*, W. W. Norton & Company, 2002, pp. 5, 10.

26 https://www.theguardian.com/commentisfree/2018/sep/26/donald-trump-globalisation-nation-state[March 2019].

27   https://www.marxists.org/archive/marx/works/subject/quotes/index.
      html[March 2019].

1 · 발로 차

1   G. Riello, *A Foot In The Past*, Oxford University Press, 2006, p. 19.
2   J. H. Thornton(ed.), *Textbook of Footwear Manufacture*, The National Trade Press,
      1953.
3   http://www.mirror.co.uk/news/uk-news/revealed-actual-number-shoes-
      british-9660645[March 2019].
4   *World Footwear Year Book 2016*, https://www.worldfootwear.com/publications/?
      documento=14081877/37615558&fonte=ISSUU[March 2019].
5   https://www.worldfootwear.com/tag/world-footwear-yearbook/184.
      html[March 2019]. *The World Footwear Yearbook* is part of an initiative developed
      by APICCAPS(the Portuguese Footwear, Components, Leather Goods
      Manufacturers' Association), https://www.apiccaps.pt/
6   http://www.who.int/lymphatic_filariasis/epidemiology/podoconiosis/en/[March
      2019].
7   https://twitter.com/AFP/status/1045135025673396225[March 2019].
8   Article: Zygmunt Bauman, 'The Self In Consumer Society', *The Hedgehog Review:
      Critical Reflections on Contemporary Culture*, 1(1), Fall 1999.
9   https://www.youtube.com/channel/UCh7ttG6-bf3XMsv1CkZLI6Q[March 2019].
10   https://www.npr.org/2017/05/10/527429299/dont-be-fooled-generation-
      wealth-is-more-about-wanting-than-having[March 2019].
11   From: P. Bourdieu, *Distinction, A Social Critique of the Judgement of Taste*,
      Routledge, 1979.
12   J. H. Thornton(ed.), *Textbook of Footwear Manufacture*, The National Trade Press,
      1953.
13   http://inspiredeconomist.com/2012/09/20/the-greatest-invention-planned-
      obsolescence/[March 2019].
14   The quote is attributed to industrial designer Brooks Stevens, from an April 1958
      interview with *True, the Man's Magazine*. J. Wall, *Streamliner: Raymond Loewy and
      Image-making in the Age of American Industrial Design*, JHU Press, 2018.
15   https://akongmemorialfoundation.org/about/[March 2019].
16   http://someone-else.us/stories/joanne-eicher-fashion-studies/?fbclid=IwAR
      2FOlrumTtXUCy159zeQaVhHnYm2z1diMcloWo03IHsgX6MIj29-23UYKY[March
      2019].
17   T. Hoskins, *Stitched Up-The Anti-Capitalist Book of Fashion*, Pluto Press, 2014, p. 58.
18   Z. Bauman, *Work, Consumerism, & The New Poor*, Open University Press, 2005, p.
      30.

19   Ibid., p. 25.

20   Ibid.

21   J. Schor, *Plenitude: The New Economics of True Wealth*, Penguin Press, 2010, p. 41.

22   Exhibition guidebook: A. Veldmeijer, *Stepping through Time: Footwear in Ancient Egypt*, BLKVLD Uitgevers/Publishers, 2017, https://issuu.com/blkvlduitgeverspublishers/docs/fw_1lo[December 2019].

23   Jacob Nacht, 'The Symbolism of the Shoe with Special Reference to Jewish Sources', *The Jewish Quarterly Review*, vol. 6, no. 1, 1915, pp. 1-22, JSTOR, www.jstor.org/stable/1451461[December 2019].

24   A. Sherlock, https://www.sheffield.ac.uk/polopoly_fs/1.102578!/file/TranscendingTheMindBodyDualismInFashionTheory.pdf[March 2019].

25   E. Semmelhack, *Shoes: The Meaning of Style*, Reaktion Books, 2017, pp. 10-11.

26   Ibid., Conclusion.

27   H. Koda(Introduction by Sarah Jessica Parker), *100 Shoes: The Costume Institute/The Metropolitan Museum of Art*, The Metropolitan Museum of Art, 2011.

28   E. Semmelhack, *Shoes: The Meaning of Style*, Reaktion Books, 2017, p. 216.

29   https://www.newyorker.com/magazine/2011/03/28/sole-mate[March 2019].

30   Elizabeth Semmelhack, phone interview with the author, November 2017.

31   E. Semmelhack, *Shoes: The Meaning of Style*, Reaktion Books, 2017, p. 161.

32   Ibid., p. 169.

33   C. McDowell, *Shoes: Fashion & Fantasy*, Thames and Hudson, 1989, p. 9.

34   D. Ging, 'Well-heeled women?', http://webpages.dcu.ie/~gingd/articleslectures.html[March 2019].

35   Ibid.

36   https://www.theguardian.com/commentisfree/2009/sep/17/why-i-threw-shoe-bush[March 2019].

37   https://brooklynrail.org/2018/10/artseen/Ivy-Haldeman-The-Interesting-Type[March 2019].

38   https://believermag.com/an-interview-with-dian-hanson/[March 2019].

39   S. Freud, 'Fetishism', 1927, https:// cpb-us-w2.wpmucdn.com/portfolio.newschool.edu/dist/9/3921/files/2015/03/Freud-Fetishism-1927-2b52v1u.pdf[March 2019].

40   B. Barber, 'Shrunken Sovereign Consumerism, Globalization, and American Emptiness', *World Affairs*, 170(4), Spring 2008, pp. 73-82.

41   Z. Bauman, *Work, Consumerism, & The New Poor*, Open University Press, 2005, p. 30.

42   J. Schor, The Overspent American, HarperCollins, 1999, Introduction.

43   B. Barber, 'Shrunken Sovereign Consumerism, Globalization, and American Emptiness', *World Affairs*, 170(4), Spring 2008, pp. 73-82.

44   Line from a poem by Muhammad al-Maghout. Quoted in M. Hisham and M.

Crabapple, *Brothers of the Gun*, One World, 2018.

2 · 공장에서 무슨 일이 벌어지고 있을까?

1 https://www.hyllanderiksen.net/blog/2018/12/13/whats-wrong-with-the-global-north-and-the-global-south?rq=global%20south[March 2019].

2 Ibid.

3 *World Footwear Yearbook 2018*, https://www.worldfootwear.com/news/the-world-footwear-2018-yearbook/3292.html[January 2020].

4 *World Footwear Yearbook 2016*, https://www.worldfootwear.com/yearbook/the-world-footwear-2016-Yearbook/103.html[March 2019].

5 http://www.panarub.co.id/profile/company-profile[September 2019].

6 https://cleanclothes.org/news/2018/03/14/clean-clothes-campaign-files-complaint-against-adidas-for-breaching-oecd-guidelines-in-indonesia[March 2019].

7 https://www.adidas-group.com/en/media/news-archive/press-releases/2005/update-actions-taken-pt-panarub-worker-rights-consortium/[December 2019].

8 https://cleanclothes.org/news/2018/03/14/clean-clothes-campaign-files-complaint-against-adidas-for-breaching-oecd-guidelines-in-indonesia[March 2019].

9 https://fashionunited.uk/news/business/adidas-faces-compliant-for-breaching-oecd-guidelines-in-indonesia/2018031428643[December 2019].

10 https://www.adidas-group.com/media/filer_public/69/1d/691d6520-d1f9-4549-8a94-744dc49ab6ca/adidas_response_to_clean_clothes_campaign_open_letter_on_panarub_dwikarya.pdf[December 2019].

11 https://www.fairwear.org/wp-content/uploads/2016/12/CountryplanVietnam2016.pdf[March 2019].

12 https://www.theguardian.com/business/2017/jun/25/female-cambodian-garment-workers-mass-fainting[March 2019].

13 https://www.phnompenhpost.com/national/mass-fainting-kampong-cham; https://www.khmertimeskh.com/542730/dozens-of-workers-faint-at-shoe-factory-2/ and https://www.khmertimeskh.com/514897/more-workers-faint-in-kampong-cham-factory/[November 2019].

14 https://www.sciencedirect.com/science/article/pii/S2590113319300082#bb0010[November 2019].

15 *World Footwear Yearbook 2019*, https://www.worldfootwear.com/yearbook/the-world-footwear-2019-Yearbook/213.html[November 2019].

16 http://www.independent.co.uk/news/business/news/ivanka-trump-shoe-factory-china-workers-physical-beating-verbal-abuse-ganzhou-huajian-

international-a7812671.html[March 2019].

17   https://www.washingtonpost.com/graphics/2017/politics/ivanka-trump-overseas/?noredirect=on&utm_term=.d74355c40107[September 2019].

18   SACOM Report: *2016 Garment Campaign. Reality Behind Brands' CSR Hypocrisy: An Investigative Report on China Suppliers of ZARA, H&M, and GAP*, http://sacom.hk/2016/06/20/investigative-report-reality-behind-brands-csr-hypocrisy-an-investigative-report-on-china-suppliers-of-zara-hm-and-gap/[January 2020].

19   Ibid.

20   http://www.chinadaily.com.cn/china/2015-07/05/content_21185707.html[March 2019].

21   Ibid.

22   *World Footwear Yearbook 2017*, https://www.worldfootwear.com/yearbook/the-world-footwear-2017-Yearbook/209.html[January 2020]. Please note that production and export are not the same thing.

23   http://labourbehindthelabel.org/the-realities-of-working-in-europes-shoe-manufacturing-peripheries/[March 2019].

24   Ibid.

25   http://www.industriall-union.org/towards-living-wages-in-north-macedonia. Data from: Trade Union of Workers in Textile, Leather and Shoe Making Industry(STKC). This data was for the second quarter of 2018[December 2019].

26   https://www.esiweb.org/enlargement/wp-content/uploads/2009/02/swf/index.php?lang=en&id=156&document_ID=86[March 2019].

27   Ibid.

28   https://www.falcotto.com/en_gb/about-us[November 2019].

29   http://www.falc.biz/brands/[November 2019].

30   http://www.restorankajgino.mk/for_us.html[March 2019].

31   https://twitter.com/carloromeo70/status/796771979017777152[November 2019].

32   J. Murray, *Murray's Handbook for Travellers*, J. Murray, 1878.

33   J. Swann, *Shoemaking*, Shire Publications Ltd, 2003, p. 11.

34   BBC: 'Mechanisation and Northampton's shoemakers', http://www.bbc.co.uk/legacies/work/england/northants/article_4.shtml[March 2019].

35   Ibid.

36   J. Swann, *Shoemaking*, Shire Publications Ltd, 2003, p. 9.

37   http://www.northamptonshirebootandshoe.org.uk/wp-content/uploads/2013/07/Boot-and-Shoe-Industry.pdf[March 2019].

38   J. Swann, *Shoemaking*, Shire Publications Ltd, 2003, p. 19.

39   J. Waterer, *Leather and the Warrior*, Museum of Leathercraft, 1982, p. 146.

40   BBC Look East, 'Northampton Factories Made Millions of WW1 Boots'. https://www.bbc.co.uk/news/av/uk-england-northamptonshire-26353846/northampton-factories-made-millions-of-ww1-boots.

41   J. Waterer, *Leather and the Warrior*, Museum of Leathercraft, 1982, p. 138.

42   P. Russell, *100 Military Inventions that Changed the World*, Hachette, 2013, chapter: 'Let The Sweat Pour Out(The Jungle Boot)'.

43   Richard Goodwin, interview with the author, May 2018.

44   https://www.yadvashem.org/articles/general/shoes-on-the-danube-promenade.html[March 2019].

45   http://www.ilo.org/global/about-the-ilo/newsroom/news/WCMS_008075/lang--en/index.htm#n2[March 2019].

46   Ibid.

47   T. B. Kazi, 'Superbrands, Globalization, and the Neoliberalism: Exploring Causes and Consequences of the Nike Superbrand', *Inquiries Journal/Students Pulse*, 3(12), http://www.inquiriesjournal.com/a?id=604[December 2019].

48   https://cleanclothes.org/resources/publications/asia-wage-report[March 2019].

49   https://cleanclothes.org/resources/publications/follow-the-thread-the-need-for-supply-chain-transparency-in-the-garment-and-footwear-industry[March 2019].

50   http://www.nyu.edu/pubs/counterblast/issue1_nov01/media_art_review/collins.html#_ednref3[March 2019].

51   https://www.counterpunch.org/2008/06/28/nike-s-bad-air/[March 2019].

52   https://www.oregonlive.com/playbooks-profits/2014/06/post_40.html[March 2019].

53   https://ipc.mit.edu/sites/default/files/2019-01/02-007.pdf[March 2019].

54   https://www.nytimes.com/1997/11/08/business/nike-shoe-plant-in-vietnam-is-called-unsafe-for-workers.html[December 2019].

55   https://www.nytimes.com/1998/05/13/business/international-business-nike-pledges-to-end-child-labor-and-apply-us-rules-abroad.html[March 2019].

56   Forbes real-time calculator: https://www.forbes.com/profile/phil-knight/#433a3d9f1dcb[March 2019].

57   https://purpose.nike.com/human-rights[December 2019].

58   Nike received a 'C' rating the 2017 *Ethical Fashion Report*; the 2018 *Foul Play* report by Clean Clothes Campaign found Nike factory wages remain poor; Nike scored 36 out of 100 in Fashion Revolution's Transparency Index; Nike was rated 'Not Good Enough' on GoodOnYou.eco; in 2016 Greenpeace described Nike's 'commitment to Detox' as 'not credible'. Nike does, however, score positively in other reports. For example, in 2015 Morgan Stanley ranked Nike the most sustainable apparel and footwear company in North America for environmental and social performance, including its labour record.

59   ILO/IFC Better Work Programme 2018-2022, http://um.dk/~/media/UM/English-site/Documents/Danida/About-Danida/Danida%20transparency/Documents/U%2037/2018/ILO%20Better%20Work.pdf?la=en[pdf, March 2019].

60 ILO Research Paper: P. Huynh, *Developing Asia's garment and footwear industry: Recent employment and wage trends*, October 2017.

61 Ibid.

62 Dominique Muller, phone interview with the author, May 2018.

63 World Footwear Yearbook 2019, https://www.worldfootwear.com/yearbook/the-world-footwear-2019-Yearbook/213.html[March 2019].

64 According to Ethiopia's Leather Industry Development Institute, http://business.financialpost.com/pmn/business-pmn/amazing-china-documentary-more-fiction-than-fact[March 2019].

65 https://www.ilo.org/wcmsp5/groups/public/---africa/---ro-addis_ababa/---sro-addis_ababa/documents/genericdocument/wcms_573550.pdf[March 2019].

66 https://issuu.com/nyusterncenterforbusinessandhumanri/docs/nyu_ethiopia_final_online?e=31640827/69644612[October 2019].

67 http://africachinareporting.co.za/2017/01/inside-the-chinese-factory-in-ethiopia-where-ivanka-trump-places-her-shoe-orders/[March 2019].

68 Ibid.

3 · 신발 끈에 매달린 삶

1 Report: A. Pieper, P. Putri, *No Excuses For Homework-Working Conditions in the Indonesian Leather and Footwear Sector*, Südwind-Institut, March 2017.

2 http://www2.unwomen.org/-/media/field%20office%20eseasia/docs/publications/2016/05/pk-wee-status-report-lowres.pdf?vs=5731[March 2019].

3 http://www.ilo.org/wcmsp5/groups/public/@asia/@ro-bangkok/@ilo-islamabad/documents/publication/wcms_122320.pdf[March 2019].

4 https://paycheck.pk/main/salary/minimum-wages[December 2019].

5 Report: F. Gesualdi and D. Lucchetti, *The Real Cost of our Shoes*, CNMS and FAIR, April 2017.

6 From interview with Dr Martha Chen.

7 Report: C. Mather, *We Are Workers Too! Organizing Home-based Workers in the Global Economy*, WIEGO, August 2010.

8 https://www.wiego.org/sites/wiego.org/files/publications/files/GEC_Study_Executive_Summary.pdf[March 2019].

9 http://www.wiego.org/sites/wiego.org/files/publications/files/GEC%20Study_II_Executive_Summary.pdf[March 2019].

10 http://www.wiego.org/sites/default/files/resources/files/WIEGO-Myths-Facts-Informal-Economy.pdf[March 2019].

11 http://www.ilo.org/wcmsp5/groups/public/@asia/@ro-bangkok/@ilo-islamabad/documents/publication/wcms_122320.pdf[March 2019].

12 http://www.wiego.org/sites/default/files/publications/files/Sinha-Home-

Based-Workers-SEWA-India-WIEGO-PB13.pdf[March 2019].

13 https://www.ilo.org/public/libdoc/ilo/2005/105B09_326_engl.pdf[March 2019].

14 http://www.wiego.org/sites/default/files/publications/files/Sinha-Home-Based-Workers-SEWA-India-WIEGO-PB13.pdf[March 2019].

15 http://www.wiego.org/sites/default/files/resources/files/WIEGO-Myths-Facts-Informal-Economy.pdf[March 2019].

16 P. Markkanen, *Shoe, Glues and Homework: Dangerous Work in the Global Footwear Industry*, Routledge, 2017, Chapter 2.

17 Ibid., p. 89.

18 Report: *Homeworkers in South India's leather footwear industry*, Homeworkers World Wide, December 2014, http://www.homeworkersww.org.uk/assets/uploads/files/leather-footwear-briefingcomp.pdf.

19 http://www.wiego.org/sites/default/files/publications/files/Sinha-Home-Based-Workers-SEWA-India-WIEGO-PB13.pdf[March 2019].

20 P. Markkanen, *Shoe, Glues and Homework: Dangerous Work in the Global Footwear Industry*, Routledge, 2017, Chapter 3.

21 https://www.news-medical.net/health/What-is-Neurotoxicity.aspx[March 2019].

22 https://www.cdc.gov/niosh/topics/organsolv/default.html[March 2019].

23 Ibid.

24 https://www.cancer.org/cancer/cancer-causes/general-info/known-and-probable-human-carcinogens.html[March 2019].

25 P. Markkanen, *Shoe, Glues and Homework: Dangerous Work in the Global Footwear Industry*, Routledge, 2017, p. 24.

26 https://www.theguardian.com/books/2008/jan/29/fiction.stuartjeffries[March 2019].

27 https://www.gov.uk/government/uploads/system/uploads/attachment_data/file/318348/hpa_Methyl_ethyl_ketone__General_Information_v1.pdf[March 2019].

28 https://www.ncbi.nlm.nih.gov/pmc/articles/PMC4153221/[March 2019].

29 https://www.gov.uk/government/uploads/system/uploads/attachment_data/file/561046/benzene_general_information.pdf[March 2019].

30 Ibid.

31 https://www.gov.uk/government/uploads/system/uploads/attachment_data/file/659914/Toluene_general_information.pdf[March 2019].

32 https://www.ncbi.nlm.nih.gov/pmc/articles/PMC3084482/[March 2019].

33 Bangladesh Rehabilitation and Assistance Center for Addicts(BARACA).

34 http://saspublisher.com/wp-content/uploads/2014/07/SJAMS-24A1186-1189.pdf[March 2019].

35 Ibid.

36 https://www.iol.co.za/news/south-africa/glue-loses-high-to-save-street-

kid-addicts-53018 and http://thestandard.com.ph/news/-main-stories/207451/
street-kids-shift-sniff-from-rugby-to-vulcaseal.html[March 2019].

37 http://www.wiego.org/sites/default/files/publications/files/Sinha-Home-
Based-Workers-SEWA-India-WIEGO-PB13.pdf[March 2019].

38 Ibid.

39 https://www.thenews.com.pk/print/420315-11-YEAR-STRUGGLE-FOR-HOME-
BASED-WORKERS-RIGHTS-SET-TO-BEAR-FRUIT-THIS-YEAR[March 2019].

40 http://www.ilo.org/wcmsp5/groups/public/@asia/@ro-bangkok/@ilo-
islamabad/documents/publication/wcms_122320.pdf[March 2019].

41 Interview with Hannah Reed, senior employment rights officer in the TUC's
Economic and Social Affairs Department.

42 *World Shoe Report-World Footwear Production*(2010-2017), Chapter 1.

43 A Pieper and P. Putri, *No Excuses for Homework*, Südwind-Institut, March 2017.

44 Ibid.

45 WIEGO Organizing Brief No. 7, August 2013.

4 · 브랜딩

1 https://www.oldbaileyonline.org/browse.jsp?id=t17690906-63&div=t17690906-
63&terms=shoemaker#highlight[March 2019].

2 https://www.oldbaileyonline.org/browse.jsp?id=t17600416-3&div=t17600416-
3&terms=shoemaker#highlight[March 2019].

3 https://www.oldbaileyonline.org/browse.jsp?id=t17660903-23&div=t17660903-
23&terms=shoemaker#highlight[December 2019].

4 https://www.oldbaileyonline.org/static/London-lifelate18th.jsp[December 2019]

5 From interview with Rebecca Shawcross.

6 https://hbr.org/1992/07/high-performance-marketing-an-interview-with-
nikes-phil-knight[March 2019].

7 http://www.iass-ais.org/proceedings2014/view_lesson.php?id=33[March 2019].

8 https://www.emarketer.com/content/emarketer-total-media-ad-spending-
worldwide-will-rise-7-4-in-2018[March 2019].

9 Article: J. Schor, 'The New Politics of Consumption', *Boston Review*, Summer 1999,
http://bostonreview.net/archives/BR24.3/schor.html[March 2019].

10 https://news.nike.com/news/nike-inc-reports-fiscal-2018-fourth-quarter-
and-full-year-results and Forbes real-time calculator: https://www.forbes.com/
profile/phil-knight/#2c3c67231dcb[March 2019].

11 http://www.consume.bbk.ac.uk/researchfindings/newconsumers.pdf[March
2019].

12 J. Schor, *Plenitude: The New Economics of True Wealth*, Penguin Press, 2010, p. 40.

13 Ibid., p. 41.

14 https://www.businessoffashion.com/articles/opinion/op-ed-logomania-blame-the-hipsters[March 2019].

15 https://www.forbes.com/sites/kurtbadenhausen/2016/03/30/the-highest-paid-retired-athletes-2016/#684ba6431b56[March 2019].

16 https://www.forbes.com/sites/kurtbadenhausen/2016/03/30/how-michael-jordan-will-make-more-than-any-other-athlete-in-the-world-this-year/#29ab01973865[March 2019].

17 https://cleanclothes.org/resources/national-cccs/foul-play-ii-sponsors-leave-workers-still-on-the-sidelines[December 2019].

18 http://www.latimes.com/business/la-fi-repsneakers-20170905-htmlstory.html[March 2019].

19 Ibid.

20 Ibid. and http://www.nytimes.com/2010/08/22/magazine/22fake-t.html[March 2019].

21 Report: Europol and the European Union Intellectual Property Office: *2017 Situation Report on Counterfeiting and Piracy in the European Union*.

22 Ibid.

23 http://ficpi.org.uk/wp-content/uploads/2014/01/Counterfeit-Dont-buy-into-Organised-Crime.pdf[March 2019].

24 https://www.unodc.org/documents/counterfeit/FocusSheet/Counterfeit_focussheet_EN_HIRES.pdf[March 2019].

25 Email interview with Jane Boddington from the Wollaston Heritage Society.

26 M. Roach, *Dr. Martens-The Story of an Icon*, Chrysalis, 2003.

27 Ibid., p.24.

28 https://www.theguardian.com/business/2002/oct/26/manufacturing?INTCMP=SRCH[March 2019].

29 http://www.telegraph.co.uk/news/uknews/1401952/Dr-Martens-gives-Britain-the-boot.html[March 2019].

30 Ibid.

31 https://www.theguardian.com/business/2002/oct/26/manufacturing?INTCMP=SRCH[March 2019].

32 http://news.bbc.co.uk/1/hi/england/2896307.stm[March 2019].

33 https://www.designcouncil.org.uk/news-opinion/power-branding[March 2019].

34 https://www.retail-week.com/fashion/dr-martens-owner-sets-sights-on-1bn-sale/7033632.article?authent=1[December 2019].

35 https://www.highsnobiety.com/2016/07/22/dr-martens-factory-tour-cobbs-lane/[March 2019].

36 https://www.permira.com/news-views/news/dr-martens-excellent-results-delivering-on-our-strategy/[March 2019].

37 https://beta.companieshouse.gov.uk/company/05678953/filing-history[March 2019].

38 Ze Frank, quoted in https://heidicohen.com/30-branding-definitions/[March 2019].

39 https://www.designcouncil.org.uk/news-opinion/power-branding[March 2019].

40 http://www.legislation.gov.uk/uksi/1995/2489/contents/made[December 2019].

41 Report: F. Gesualdi & D. Lucchetti, *The Real Cost of our Shoes*, CNMS and FAIR, April 2017.

42 Ibid.

43 Ibid.

44 Ibid.

45 https://cleanclothes.org/livingwage/europe/europes-sweatshops[December 2019].

46 Ibid.

47 From interview with Bettina Musiolek.

48 Saskia Sassen interviewed by Shamus Khan, http://publicculture.dukejournals.org/content/28/3_80/541.abstract[March 2019].

5 · 난민들의 신발

1 Teffi, *Memories: From Moscow to the Black Sea*, Pushkin Press, 2016.

2 http://www.un.org/en/development/desa/population/migration/publications/migrationreport/docs/MigrationReport2017_Highlights.pdf[March 2019].

3 Ibid., p. 11.

4 https://genographic.nationalgeographic.com/human-journey/[December 2019].

5 http://footwearnews.com/2017/fashion/designers/ferragamo-family-interview-exclusive-371525/[March 2019].

6 http://stationmuseum.com/?page_id=3211[March 2019].

7 http://www.cbc.ca/radio/thesundayedition/the-sunday-edition-december-24-2017-1.4451296/why-nothing-will-stop-people-from-migrating-1.4451437[March 2019].

8 https://www.wsj.com/articles/eritreans-flee-conscription-and-poverty-adding-to-the-migrant-crisis-in-europe-1445391364[March 2019].

9 https://www.cfr.org/backgrounder/authoritarianism-eritrea-and-migrant-crisis[March 2019].

10 Ibid.

11 https://eu.usatoday.com/story/news/world/2018/05/24/border-walls-berlin-wall-donald-trump-wall/553250002/[March 2019].

12 Email interview with Jake Locke, head of communications at SATRA Technology.

13 https://thomashyllanderiksen.net/blog/2018/12/12/overheating-the-tedx-version[January 2020].

14 https://www.thenational.ae/world/peshawar-shoe-makers-amused-by-paul-smith-s-designer-chappals-1.563165?videoId-5606881154001[March 2019].

15 https://blogs.wsj.com/indiarealtime/2014/03/11/how-paul-smith-sandals-peeved-pakistan/[March 2019].

16 https://www.theguardian.com/law/2017/feb/22/supreme-court-backs-minimum-income-rule-for-non-european-spouses[March 2019].

17 http://www.unhcr.org/3b66c2aa10[March 2019].

18 https://reliefweb.int/report/turkey/unhcr-turkey-factsheet-october-2017[March 2019].

19 http://www.reuters.com/investigates/special-report/europe-migrants-turkey-children[March 2019].

20 From interview with Ercüment Akdeniz.

21 http://www.reuters.com/investigates/special-report/europe-migrants-turkey-children[March 2019].

22 https://ec.europa.eu/echo/where/middle-east/syria_en[January 2020].

23 https://ahvalnews.com/child-labour/there-are-2-million-child-workers-turkey-union-says[March 2019].

24 http://www.hurriyetdailynews.com/turkish-textile-sector-eyes-bangladeshi-workers--73131[March 2019].

25 https://cleanclothes.org/resources/publications/made-by-women.pdf[March 2019].

26 https://foreignpolicy.com/2019/01/28/investing-in-low-wage-jobs-is-the-wrong-way-to-reduce-migration/[March 2019].

27 https://www.academia.edu/2069138/Sexual_Predators_and_Serial_Rapists_Run_Wild_at_Wal-Mart_Supplier_in_Jordan_Young_women-workers_raped_tortured_and_beaten_at_the_Classic_Factory[November 2019].

28 https://www.arabnews.com/node/390209[November 2019].

29 https://www.ilo.org/wcmsp5/groups/public/---arabstates/---ro-beirut/documents/genericdocument/wcms_237612.pdf[November 2019]; http://www.jordantimes.com/news/local/minister-orders-factory-closure-after-alleged-abuse-guest-workers[November 2019]; https://www.ilo.org/wcmsp5/groups/public/---arabstates/---ro-beirut/documents/publication/wcms_556931.pdf[November 2019].

30 Ibid.

31 https://www.theguardian.com/commentisfree/2018/feb/02/refugee-crisis-human-flow-ai-weiwei-china[March 2019].

32 http://www.xinhuanet.com/english/2018-01/31/c_136939276.html[March 2019].

33 https://www.theguardian.com/cities/2018/feb/16/dongguan-spotlight-china-

factory-world-hi-tech[March 2019].

34 Ibid.

35 http://www.china-briefing.com/news/2013/02/27/dongguan-the-worlds-factory-in-transition-part-i.html[March 2019].

36 https://www.gsshoe.com/about.html and http://www.china-briefing.com/news/2013/02/27/dongguan-the-worlds-factory-in-transition-part-i.html[March 2019].

37 https://www.businessoffashion.com/articles/opinion/op-ed-chinas-missing-factory-inspectors-have-nothing-to-do-with-ivanka-trump[March 2019].

38 https://thediplomat.com/2016/06/chinas-new-generation-of-urban-migrants/[March 2019].

39 http://siteresources.worldbank.org/INTEAECOPRO/Resources/3087694-1206446474145/Chapter_3_China_Urbanizes.pdf[March 2019].

40 Ibid.

41 Translated by Eleanor Goodman, http://www.clb.org.hk/en/content/obituary-peanut-creatively-cynical-world-worker-poet-xu-lizhi[March 2019].

42 https://thediplomat.com/2016/06/chinas-new-generation-of-urban-migrants/[March 2019].

43 http://siteresources.worldbank.org/INTEAECOPRO/Resources/3087694-1206446474145/Chapter_3_China_Urbanizes.pdf[March 2019].

44 https://www.rfa.org/english/news/china/man-self-immolates-in-beijing-after-failing-to-find-school-for-daughter-05232016103429.html[March 2019].

45 https://www.nytimes.com/2017/12/24/world/asia/china-schools-migrants.html[March 2019].

46 Ibid.

47 https://thediplomat.com/2016/06/chinas-new-generation-of-urban-migrants/[March 2019].

48 Ibid.

49 https://edition.cnn.com/2018/02/04/health/china-left-behind-kids-photography-intl/index.html[March 2019].

50 Ibid.

6 · 지옥과 맞바꾼 가죽

1 https://www.hsa.org.uk/faqs/general#n7[March 2019].

2 https://www.vegansociety.com/whats-new/blog/answering-common-questions-about-veganism[March 2019].

3 https://www.wired.com/2014/06/the-emotional-lives-of-dairy-cows/[March 2019].

4 https://www.theguardian.com/environment/2014/dec/03/eating-less-meat-

curb-climate-change[March 2019].

5   https://leathercouncil.org/introduction-to-leather/what-is-leather/[March 2019].

6   https://leathercouncil.org/information/statistics-sources-of-information/ [March 2019].

7   M. Joy, *Toward Rational, Authentic Food Choices*, TEDxMünchen, https://www.youtube.com/watch?v=o0VrZPBskpg&vl=en[March 2019].

8   https://www.theguardian.com/environment/2018/feb/02/almost-four-environmental-defenders-a-week-killed-in-2017[March 2019].

9   https://theintercept.com/2018/10/28/jair-bolsonaro-elected-president-brazil/ [March 2019].

10 http://cicb.org.br/storage/files/repositories/phpJ5Lpan-total-exp-dec18-eng.pdf[March 2019].

11 https://conseilnationalducuir.org/en/press/releases/2018-01-24[March 2019].

12 http://cicb.org.br/storage/files/repositories/phpyK3Pmm-total-exp-oct-eng.pdf[March 2019].

13 https://e360.yale.edu/features/why-brazils-new-president-poses-an-unprecedented-threat-to-the-amazon[March 2019].

14 https://www.iwgia.org/images/publications/0617_ENGELSK-AISLADOS_opt.pdf[March 2019].

15 https://www.facebook.com/aty.guasu/photos/a.603723143096222/1382401831895012/?type=3&theater[March 2019].

16 http://wwf.panda.org/knowledge_hub/where_we_work/amazon/about_the_amazon/[March 2019].

17 http://wwf.panda.org/knowledge_hub/where_we_work/amazon/about_the_amazon/why_amazon_important/[March 2019].

18 http://wwf.panda.org/knowledge_hub/where_we_work/amazon/about_the_amazon/[March 2019].

19 https://e360.yale.edu/features/why-brazils-new-president-poses-an-unprecedented-threat-to-the-amazon[March 2019].

20 Natural England Research Report NERR043: *Carbon storage by habitat: Review of the evidence of the impacts of management decisions and condition of carbon stores and sources*, 2012.

21 https://jbs.com.br/en/imprensa/releases/jbs-couros-apresenta-tendencias-para-o-mercado-de-couros-na-china-leather-exhibition-2017/[March 2019].

22 https://reporterbrasil.org.br/2016/09/electroshocks-punching-and-beatings-the-life-of-cows-turned-into-meat-at-jbs/[March 2019].

23 Ibid.

24 http://www.leathermag.com/features/featurefour-tannery-workers-killed-at-marfrig-plant/[March 2019].

25 https://portal.minervafoods.com/en/about-us-minerva [March 2019].

26 https://www.reuters.com/article/us-cattle-shipment-santos/brazil-defends-live-cattle-export-after-injunction-temporarily-lifted-idUSKBN1FP2L9 [March 2019].

27 https://www.motherjones.com/politics/2015/10/ship-carrying-5000-cows-sank-brazil/ [March 2019].

28 https://www.reuters.com/article/brazil-slavery/more-than-300-brazilian-companies-busted-for-modern-day-slavery-campaigners-idUSL8N15U3CD [March 2019].

29 https://downloads.globalslaveryindex.org/ephemeral/GSI-2018_FNL_190828_CO_DIGITAL_P-1573046361.pdf [November 2019].

30 https://www.greenpeace.org/archive-international/Global/international/briefings/forests/2017/Greenpeace-Brazil-Amazon-Cattle-Agreement.pdf [March 2019].

31 https://www.maharam.com/stories/barbe_the-history-of-leather-tanning [March 2019].

32 https://newsmaven.io/indiancountrytoday/opinion/native-american-and-vegan-yes-it-s-possible-i-ve-done-it-for-18-years-JoTkBY5SeEqFxHJgTg6p6g/ [March 2019].

33 https://leatherpanel.org/sites/default/files/publications-attachments/future_trends_in_the_world_leather_and_leather_products_industry_and_trade.pdf [March 2019].

34 https://leathercouncil.org/information/statistics-sources-of-information/ [March 2019].

35 B. Thomson, DeGrowth Canada, http://www.web.net/~bthomson/fairtrade/fair6612.html [March 2019].

36 https://www.publiceye.ch/fileadmin/doc/_migration/CCC/ToughSTORYof_LEATHER_april_2016.pdf [March 2019].

37 http://www.fitreach.eu/sites/default/files/editor/Images/publiacations/Case%20story_Chromium_III.pdf [March 2019].

38 Switzerland Green Cross, *World's Top Ten Toxic Threats in 2013*, https://www.greencross.ch/wp-content/uploads/uploads/media/media_2013_11_05_top_ten_wwpp_en.pdf [March 2019].

39 https://www.theguardian.com/global-development/2012/dec/13/bangladesh-toxic-tanneries-intolerable-human-price & http://www.scielosp.org/scielo.php?pid=S0042-96862001000100018&script=sci_arttext [March 2019].

40 https://www.theguardian.com/world/2017/mar/21/plight-of-child-workers-facing-cocktail-of-toxic-chemicals-exposed-by-report-bangladesh-tanneries [March 2019].

41 https://www.hrw.org/sites/default/files/reports/bangladesh1012webwcover.

pdf[March 2019].

42 https://www.thedailystar.net/business/savar-leather-estate-project-delayed-again-1487905[June 2019].
    https://www.thedailystar.net/city/news/pm-opens-savar-tannery-city-two-industrial-parks-1657234[June 2019].

43 Supreme Court of Bangladesh writ petition document from 6 March 2017.

44 Supreme Court of Bangladesh documents from 10 January 2017-4 July 2019.

45 https://bdnews24.com/media-en/2018/08/28/harindhara-another-hazaribagh[March 2019].

46 http://www.thedailystar.net/business/leather-sectors-exports-cross-1b-second-year-127465[March 2019].

47 https://thefinancialexpress.com.bd/editorial/making-the-most-of-leather-tech-expo-1542903681[March 2019].

48 https://www.hrw.org/sites/default/files/reports/bangladesh1012webwcover.pdf[March 2019].

49 https://business.financialpost.com/pmn/business-pmn/toxic-tanneries-polluting-again-at-new-bangladesh-site[March 2019].

50 EU Rapid Alert System for dangerous non-food products, Weekly Overview
    Report No. 40, https://ec.europa.eu/consumers/consumers_safety/safety_
    products/rapex/alerts/[March 2019].

51 http://www.indianet.nl/pdf/DoLeatherWorkersMatter.pdf[March 2019].

52 Ibid.

53 http://ncdhr.org.in/front/dalits_untouchability[March 2019].

54 Ibid.

55 http://www.indianet.nl/pdf/DoLeatherWorkersMatter.pdf[March 2019].

56 https://www.aljazeera.com/indepth/features/2016/08/india-dalit-cattle-skinners-share-stories-abuse-160816122203107.html[March 2019].

57 https://blogs.wsj.com/indiarealtime/2015/08/06/where-you-can-and-cant-eat-beef-in-india/[December 2019].

58 https://www.hrw.org/news/2019/02/18/interview-killing-name-cows[December 2019].

59 https://www.reuters.com/article/us-india-cattle-bangladesh-feature/
    indias-push-to-save-its-cows-starves-bangladesh-of-beef-idUSKCN0PC2OW20150702[December 2019].

60 http://www.indianet.nl/pdf/DoLeatherWorkersMatter.pdf[March 2019].

61 https://www.thehindu.com/todays-paper/10-workers-killed-in-ranipet-tannery/article6843775.ece[March 2019].

62 http://cividep.org/wp-content/uploads/2017/04/Ranipet-Tanneries-CETP-Mishap-Report-compressed.pdf[October 2019].

63 http://www.aplf.com/en-US/leather-fashion-news-and-blog/news/38290/

italy-overview-of-tanning-industry-2017[March 2019].

64　Report: *Did You Know There's A Cow In Your Shoes?*, Centro Nuovo Modello di Sviluppo, November 2016.

65　https://www.publiceye.ch/fileadmin/doc/Mode/2016_CYS_A_tough_story_of_leather_Report.pdf[January 2020]. Please note, the source for the claim of what caused the blast is attributed to a local trade union.

66　Report: *Did You Know There's A Cow In Your Shoes?*, Centro Nuovo Modello di Sviluppo, November 2016.

67　MuSkin is being developed by an Italian company using mushroom caps.

68　The Ananas Anam company have developed Pinatex.

69　https://deborahbirdrose.com/144-2/[March 2019].

70　https://deborahbirdrose.com/2018/11/23/flying-foxes-on-my-mind/[March 2019].

7 · 폐기물이 되다

1　https://www.textile-recycling.org.uk/love-your-clothes/[March 2019].

2　https://www.nation.co.ke/lifestyle/saturday/Making-a-living-off-mitumba/1216-3342796-kgxre6/index.html[March 2019].

3　http://www.cuts-geneva.org/pdf/PACT2-STUDY-The_Impact_of_Second_Hand_Clothes_and_Shoes_in_East_Africa.pdf p. 11[March 2019].

4　https://www.primeugandasafaris.com/day-trips-in-uganda/kampala-tour.html[March 2019].

5　https://africanbusinessmagazine.com/sectors/commodities/rwandas-export-drive-reaps-success/[March 2019]; https://www.reuters.com/article/us-usa-trade-rwanda/trump-suspends-duty-free-status-for-clothes-imports-from-rwanda-idUSKBN1KK2JN[December 2019].

6　https://www.bbc.co.uk/news/world-africa-44252655[March 2019].

7　https://publications.parliament.uk/pa/cm201719/cmselect/cmenvaud/1952/report-files/195207.html[March 2019].

8　https://soex.uk/innovations/[March 2019].

9　https://www.theguardian.com/environment/2009/aug/23/repair-trainers-ethical-living[March 2019].

10　https://www.ibisworld.com/global/market-size/global-footwear-manufacturing/[January 2020].

11　http://www.ehs.org.uk/dotAsset/8634b481-29ac-458f-b640-07871cd46bb4.pdf[March 2019].

12　Ibid.

13　Ibid.

14　http://www.pnas.org/content/early/2018/07/31/1810141115[March 2019].

1   S. Jones, *Against Technology From the Luddites to Neo-Luddism*, Routledge, 2006;
     http://www.luddites200.org.uk/theLuddites.html[March 2019].
     https://www.smithsonianmag.com/history/what-the-luddites-really-fought-
     against-264412/[March 2019].

2   https://www.grammarphobia.com/blog/2010/09/sabotage.html[March 2019];
     https://www.etymonline.com/word/sabotage[March 2019].

3   https://www.trtworld.com/magazine/will-robots-completely-replace-
     humans-from-textile-factory-floors--14930[March 2019].

4   https://www.thersa.org/globalassets/pdfs/reports/rsa_the-age-of-automation-
     report.pdf[March 2019].

5   Ibid.

6   Ibid.

7   https://medium.com/@daveevansap/8-ways-automation-has-infiltrated-our-
     lives-and-you-didnt-even-know-it-2f2fdc36b618[March 2019].

8   https://medium.com/@thersa/what-is-the-difference-between-ai-robotics-
     d93715b4ba7f[March 2019].

9   http://sewbo.com/press/[March 2019].

10   https://www.youtube.com/watch?v=MkYczy6xub0[March 2019].

11   https://www.assemblymag.com/articles/93672-shoe-manufacturer-automates-
     production-in-unique-way[March 2019].

12   From interview with Jae-Hee Chang.

13   https://www.ft.com/content/585866fc-a841-11e7-ab55-27219df83c97[March
     2019].

14   https://www.worldfootwear.com/news/nike-flex-partnership-ends/3573.
     html[June 2019].

15   http://manufacturingmap.nikeinc.com/[March 2019].

16   https://uk.reuters.com/article/uk-adidas-manufacturing-
     idUKKCN0YF1YE[March 2019].

17   http://www.ilo.org/wcmsp5/groups/public/---ed_dialogue/---act_emp/
     documents/publication/wcms_579560.pdf[March 2019].

18   https://qz.com/966882/robots-cant-lace-shoes-so-sneaker-production-cant-
     be-fully-automated-just-yet/[March 2019].

19   From interview with Katja Schreiber, spokeswoman for adidas, in 2016.

20   https://uk.reuters.com/article/us-adidas-manufacturing-
     idUKKBN1XL16U[November 2019].

21   https://techcrunch.com/2019/11/11/adidas-backpedals-on-robotic-factories/
     [November 2019].

22   https://qz.com/966882/robots-cant-lace-shoes-so-sneaker-production-cant-

be-fully-automated-just-yet/[March 2019].

23   From interview with Katja Schreiber, spokeswoman for adidas, in 2016.

24   https://www.ilo.org/wcmsp5/groups/public/---ed_dialogue/---act_emp/
documents/publication/wcms_579553.pdf[March 2019].

25   https://www.thedailystar.net/round-tables/"target-us50-billion-we-need-
your-support-reach-it"-659905[March 2019]. Cambodia too: TCF accounted
for over 87 per cent of the country's total manufactured exports in 2014: http://
www.ilo.org/wcmsp5/groups/public/---ed_dialogue/---act_emp/documents/
publication/wcms_579560.pdf[March 2019].

26   https://www.theguardian.com/global-development-professionals-
network/2017/apr/06/kate-raworth-doughnut-economics-new-
economics[March 2019].

27   https://www.project-syndicate.org/commentary/innovation-impact-on-
productivity-by-dani-rodrik-2016-06[March 2019].

28   http://www.ilo.org/wcmsp5/groups/public/---ed_dialogue/---act_emp/
documents/publication/wcms_579560.pdf[March 2019].

29   https://medium.com/conversations-with-tyler/a-conversation-with-dani-
rodrik-e02cf8784b9d[March 2019].

30   Ibid.

31   http://drodrik.scholar.harvard.edu/files/dani-rodrik/files/premature-
deindustrialization.pdf?m=1435002429[March 2019].

32   https://www.project-syndicate.org/commentary/innovation-impact-on-
productivity-by-dani-rodrik-2016-06[March 2019].
http://drodrik.scholar.harvard.edu/files/dani-rodrik/files/premature-
deindustrialization.pdf?m=1435002429[March 2019].

33   https://www.youtube.com/watch?v=Mkg2XMTWV4g[March 2019].

34   https://foreignpolicy.com/2018/09/12/why-growth-cant-be-green/amp/[March
2019].

35   Online content from M. Mazzucato, author of *The Value of Everything*, https://
www.penguin.co.uk/books/280466/the-value-of-everything/9780241188811.
html[December 2019].

36   http://time.com/4504004/men-without-work/[March 2019].

37   https://www.iseapublish.com/index.php/2017/06/26/automation-expected-to-
disproportionately-affect-the-less-educated/[March 2019].

38   C. B. Frey, T. Berger, and C. Chen, 'Political machinery: did robots swing the 2016
US presidential election?', *Oxford Review of Economics Policy*, vol. 34, no. 3, 2018,
pp. 418–42.

39   https://time.com/5723787/chile-climate-change-cop25/[November 2019].

40   https://www.cnbc.com/2016/07/13/amazon-prime-day-is-biggest-day-for-
online-retailer-ever.html[March 2019].

41 https://www.ft.com/content/ed6a985c-70bd-11e2-85d0-00144feab49a[December 2019].

42 https://www.nytimes.com/2015/08/16/technology/inside-amazon-wrestling-big-ideas-in-a-bruising-workplace.html[November 2019].

43 https://www.theguardian.com/technology/2019/jan/01/amazon-fulfillment-center-warehouse-employees-union-new-york-minnesota[November 2019].

44 https://www.newyorker.com/books/under-review/the-deliberate-awfulness-of-social-media[March 2019].

45 https://www.etui.org/content/download/35667354684/file/working-in-a-modern-day-amazon-fulfilment-centres-in-the-uk.pdf[January 2020].

46 https://www.theguardian.com/business/2018/may/31/amazon-accused-of-treating-uk-warehouse-staff-like-robots[October 2019].

47 https://www.tandfonline.com/doi/abs/10.1080/19424280.2013.799543[March 2019].

48 https://www.economist.com/science-and-technology/2018/05/24/shoemakers-bring-bespoke-footwear-to-the-high-street[March 2019].

49 https://www.nytimes.com/2017/07/18/us/frances-gabe-dead-inventor-of-self-cleaning-house.html[March 2019].

50 http://lilybenson.com/news/[March 2019].

51 https://www.theverge.com/2019/3/10/18258134/alexandria-ocasio-cortez-automation-sxsw-2019[March 2019].

52 https://www.independent.co.uk/news/business/news/finland-universal-basic-income-lower-stress-better-motivation-work-wages-salary-a7800741.html[March 2019].

9 · 신발이 발에 맞으면

1 https://www.businessinsider.com/25-giant-companies-that-earn-more-than-entire-countries-2018-7?r=US&IR=T#nikes-profits-in-2017-were-greater-than-cameroons-gdp-16[March 2019].

2 Gary Younge quoting Benjamin Barber: https://www.theguardian.com/commentisfree/2014/jun/02/control-nation-states-corporations-autonomy-neoliberalism[March 2019].

3 https://www.rdwolff.com/capitalism_is_not_the_market_system[March 2019].

4 J. Stiglitz, *Globalization and Its Discontents*, W. W. Norton & Company, 2002, pp. 5, 21.

5 http://eradicatingecocide.com/our-earth/earth-justice/[December 2019].

6 https://theconversation.com/why-the-international-criminal-court-is-right-to-focus-on-the-environment-65920[March 2019].

7 https://www.climateliabilitynews.org/2018/12/26/legal-strategy-climate-lawsuits/[March 2019].

8   Paper: G. Brown, 'The corporate social responsibility mirage', *Industrial Safety and Hygiene News*, May 2017.

9   Paper: B. Rosenberg, *Working Conditions in Footwear Factories in China; a Brand Attempts Improvements through Corporate Responsibility*, Dept. of Public Health and Family Medicine, Tufts University School of Medicine.

10 Ibid.

11 Department Lecture Transcript: B. Rosenberg, *CSR: What Is It Good For?*, Dept. of Public Health and Family Medicine, Tufts University School of Medicine, October 2010.

12 https://foreignpolicy.com/2017/02/21/saving-the-world-one-meaningless-buzzword-at-a-time-human-rights/[March 2019].

13 https://edition.cnn.com/2012/05/02/business/eco-business-sustainabilitygrade/index.html[January 2020]; http://www.eiris.org/files/research%20publications/EIRISGlobalSustainbailityReport2012.pdf[January 2020]; https://about.puma.com/en/newsroom/corporate-news/2012/05-07-12-eiris[January 2020].

14 https://www.reuters.com/article/puma-cambodia-idUSL5E8DN8S820120223[January 2020].

15 https://foreignpolicy.com/2017/02/21/saving-the-world-one-meaningless-buzzword-at-a-time-human-rights/[March 2019].

16 The Rana Plaza factory contracted to Primark was New Wave Bottoms, on the second floor of the eight-storey building: https://www.primark.com/en/our-ethics/timeline-of-support[December 2019]; https://www.primark.com/en/our-ethics/building-inspection-programmes[December 2019].
    Primark paid £6m in compensation. Its parent company, ABF, has a turnover of £7.5b per year. https://www.retailgazette.co.uk/blog/2019/04/primark-half-year-profits-surge/[December 2019].

17 Research Paper: M. Cowgill and P. Huynh, *Weak minimum wage compliance in Asia's garment industry*, ILO, August 2016, https://www.ilo.org/wcmsp5/groups/public/---ed_protect/---protrav/---travail/documents/publication/wcms_509532.pdf[January 2020].

18 At the time, the eleven Nike executives who left the company denied requests for comment from media outlets. Daniel Tawiah told *The Oregonian/OregonLive* the accusations against him are false: 'I have never bullied anyone—neither directly or indirectly, male or female.' https://www.nytimes.com/2018/04/28/business/nike-women.html[March 2019].

19 http://blogs.lse.ac.uk/management/2018/03/09/taking-metoo-into-global-supply-chains/[March 2019].

20 http://www.brac.net/latest-news/item/1142-94-women-victims-of-sexual-harassment-in-public-transport[March 2019].

21 http://blogs.lse.ac.uk/management/2018/03/09/taking-metoo-into-global-

supply-chains/[March 2019].

22 https://www.ilo.org/wcmsp5/groups/public/---asia/---ro-bangkok/ documents/presentation/wcms_546534.pdf[March 2019].

23 http://www.coha.org/worker-rights-and-wrongs-fair-trade-zones-and-labor-in-the-americas/#_ednref11[March 2019].

24 https://www.ilo.org/wcmsp5/groups/public/---asia/---ro-bangkok/ documents/presentation/wcms_546534.pdf[March 2019].

25 https://www.theguardian.com/environment/ng-interactive/2018/feb/27/the-defenders-recording-the-deaths-of-environmental-defenders-around-the-world[March 2019].

26 https://www.oxfam.org/en/pressroom/pressreleases/2015-12-02/worlds-richest-10-produce-half-carbon-emissions-while-poorest-35[March 2019].

10 · 반격하라

1 400,000 in 2014: https://uk.reuters.com/article/yue-yuen-ind-results/ chinas-yue-yuen-h1-profit-falls-48-pct-on-staff-benefits-idUKL4N0QI2YN20140814[March 2019].

2 https://uk.reuters.com/article/yue-yuen-ind-workers/chinese-shoe-maker-yue-yuen-in-talks-to-resolve-worker-dispute-idUKL3N0N02FX20140408[March 2019].

3 https://clb.org.hk/content/china%E2%80%99s-social-security-system[March 2019].

4 https://www.youtube.com/watch?v=6Ca-hoozEGE&feature=youtu.be[March 2019].

5 https://uk.reuters.com/article/yue-yuen-ind-results/chinas-yue-yuen-h1-profit-falls-48-pct-on-staff-benefits-idUKL4N0QI2YN20140814[March 2019].

6 https://www.hongkongfp.com/2016/11/03/guangdong-labour-activist-meng-han-sentenced-1-year-9-months/[March 2019].

7 https://www.theguardian.com/world/2018/nov/12/ten-student-activists-detained-in-china-for-supporting-workers-rights[December 2019].

8 https://qz.com/827623/throwing-labor-activists-like-meng-han-in-jail-wont-solve-chinas-structural-problems/[March 2019].

9 https://usas.org/tag/nike/[March 2019].

10 https://qz.com/1042298/nike-is-facing-a-new-wave-of-anti-sweatshop-protests/[October 2019].

11 https://www.nytimes.com/1998/05/13/business/international-business-nike-pledges-to-end-child-labor-and-apply-us-rules-abroad.html?mtrref=www. google.com&gwh=A713FDE2B3A78461A9264AAD3250606D&gwt=pay[Octob er 2019]; https://www.business-humanrights.org/en/uk-ethical-consumer-

report-puts-starbucks-at-bottom-of-ethical-rating-of-coffee-chains-citing-workers-rights-concerns[October 2019]; https://www.peta.org/blog/mcdonalds-finally-agrees-to-use-less-cruel-slaughter-method-in-2024/ [October 2019].

12   https://www.iea.org/energyaccess/[March 2019].

13   https://www.marxists.org/archive/marx/works/subject/quotes/index.htm[March 2019].

Z. Bauman, *Work, Consumerism, & The New Poor*(Open University Press, 2005).

E. Cazdyn and I. Szeman, *After Globalisation*(John Wiley & Sons, 2011).

W. Ellwood, *The No-Nonsense Guide to Globalization*(New Internationalist Publications Ltd, 2010).

F. Grew and M. de Neergaard, *Shoes and Pattens-Medieval Finds from Excavations in London: 2*(Museum of London, 1988).

T. Hoskins, *Stitched Up-The Anti-Capitalist Book of Fashion*(Pluto Press, 2014).

S. Jones, *Against Technology from the Luddites to Neo-Luddism*(Routledge, 2006).

C. McDowell, *Shoes: Fashion & Fantasy*. Thames and Hudson, 1989.

P. Markkanen, *Shoes, Glues and Homework: Dangerous Work in the Global Footwear Industry*(Rougledge, 2017).

P. Newell, *Globalisation and the Environment*(Polity, 2012).

G. Riello, *A Foot in the Past*(Oxford University Press, 2006).

M. Roach, *Dr. Martens-The Story of an Icon*(Chrysalis, 2003).

J. Schor, *Plenitude: The New Economics of True Wealth*(Penguin Press, 2010).

___*The Overspent American*(HarperCollins, 1999).

E. Semmelhack, *Shoes: The Meaning of Style*(Reaktion Books, 2017).

M. B. Steger(ed.), *Globalisation-The Greatest Hits*(Paradigm Publisher, 2010).

J. Stiglitz, *Globalisation and Its Discontents*(W. W. Norton & Company, 2002).

J. Swann, *Shoemaking*(Shire Publications Ltd, 2003).

J. H. Thornton(ed.), *Textbook of Footwear Manufacture*(The National Trade Press, 1953).

D. K. Vajpeyi and R. Oberoi, *Globalization Reappraised-False Oracle or a Talisman*(Lexington Books, 2018).

A. Veldmeijer, *Stepping through Time: Footwear in Ancient Egypt*(exhibition guidebook, BLKVLD Uitgevers/Publishers 2017).

J. Waterer, *Leather and the Warrior*(Museum of Leathercraft, 1982).

풋 워크

초판 1쇄 인쇄 | 2022년 8월 23일
초판 1쇄 발행 | 2022년 8월 30일

지은이 | 탠시 E. 호스킨스
옮긴이 | 김지선
펴낸이 | 박남숙

펴낸곳 | 소소의책
출판등록 | 2017년 5월 10일 제2017-000117호
주소 | 03961 서울특별시 마포구 방울내로9길 24 301호(망원동)
전화 | 02-324-7488
팩스 | 02-324-7489
이메일 | sosopub@sosokorea.com

ISBN 979-11-88941-87-2 03300
책값은 뒤표지에 있습니다.